저작권법상 기술적 보호조치에 관한 연구

저작권법상 기술적 보호조치에 관한 연구

임 광 섭

景仁文化社

서 문

휴대폰이 등장한 것이 엊그제 같은데 이제 모든 사람들이 스마트폰을 사용한다. 비디오테이프로 영화를 보고 카세트테이프로 음악을 듣던 시절 DVD와 CD를 접하고 놀란 기억이 엊그제 같은데 이제 그런 매체가 심지어 구닥다리로 느껴진다. 기술이 너무나도 빨리 변해 콘텐츠를 소비하는 방식도 급속도로 변하고 있다. 디지털과 인터넷 시대에 걸맞게 모든 콘텐츠가 디지털 포맷으로 생성되고 소비된다. 저작권만으로는 디지털 콘텐츠에 대한 완전한 보호가 힘들고 디지털의 속성상 한번 유출되면 그 피해가 막심하기 때문에 저작자들은 디지털 콘텐츠의 보호를 위하여 콘텐츠에 기술적 보호조치를 적용하기 시작하였다. 저작권법은 기술적 보호조치를 보호함으로써 이러한 변화에 적극 대응하였다.

어느 날 갑자기 본인이 구입한 아마존 Kindle용 전자책을 애플의 iBooks에서도 읽을 수 있을까 하는 생각이 불현듯 떠올랐다. 그러기 위해서는 Kindle용 전자책에 적용된 기술적 보호조치를 무력화하여야 한다는 것을 알게 되었고 그것은 저작권법에서 금지하고 있다는 사실도 알게 되었다. 또한 이 무렵 아이폰 탈옥의 합법성에 관한 논란이 미국에서 이슈가 되었다. 이 역시도 기술적 보호조치와 관련된 논의라는 사실을 알게 되었다. 저작권의 보호와 이용자의 공정한 이용이 모두 중요한데 기술적 보호조치를 법적으로 보호하면서 지나치게 저작권자의 이익을 대변하는 것이 아닌가 하는 의문이 들었다. 이렇게 시작된 고민은 자연스럽게 기술적 보호조치에 대한 관심으로 이어지고 결과적으로 논문 주제가 되었다.

그러나 논문 주제를 일찌감치 정하였음에도 불구하고 막상 논문을 완성하는 데 꽤 많은 시간이 걸렸다. 과유불급이라고 했던가.

되돌아보면 너무 완벽한 논문을 완성하려던 무모한 욕심에 막상 글을 쓰지 못하면서 마음만 졸이던 지난 시간이 스쳐 지나간다. 물론 게으른 탓도 있으리라. 한편 변명처럼 들리겠지만 논문 작성과 직장 생활을 병행하는 것이 무척이나 힘들었다. 논문이 완성되고 졸저를 책으로 발간하게 된 것은 오로지 사랑하는 가족 덕분이다.

이 글은 본인의 법학박사 학위논문의 내용과 대동소이하다. 2017년 2월에 서울대학교에서 법학박사 학위를 취득하고 그 이후 나온 대법원 판례와 미국 저작권청의 기술적 보호조치에 관한 보고서의 내용을 다소 보충하였다.

이 글이 완성되기까지에는 지도교수님이신 정상조 교수님을 비롯하여 이상정 교수님, 권영준 교수님, 박준석 교수님 그리고 이원복 교수님의 지도와 조언이 절대적이었다. 이 분들께 이 자리를 빌려 감사드린다. 특히 졸저를 서울대학교 법학연구소의 법학연구총서로 출판할 수 있도록 추천해 주신 정상조 교수님께 감사드린다. 이젠 예전 직장이 되어 버렸지만 한국저작권위원회의 김현철 정책연구실장님과 임기현 과장님께도 감사드린다. 논문을 작성해 가는 과정에서 나누었던 토론과 촌철살인과 같은 조언이 논문의 완성도를 높이는 데 지대한 영향을 미쳤다.

모든 고마운 분들께 학문적 결실로 보답할 것을 약속드리며 앞으로 연구를 위해 정진할 것을 다짐한다.

2017년 8월 31일

임 광 섭

■서 문

제1장

서 론

제1절   연구의 목적

저작권법은 저작권자의 권리와 저작물 이용자의 특권[1]이 균형을 이루도록 설계되어 있고 "문화 및 관련 산업의 향상 발전에 이바지"하는 것을 목적으로 한다.[2] 저작권과 이용자의 특권 사이의 균형은 저작권법의 목적을 달성하기 위한 저작권 시스템의 중요한 특징 중 하나이다.

디지털 기술의 발전으로 기존의 저작물을 디지털 형식으로 변환할 수 있게 되었고 근자에 들어서는 음악, 사진, 영화 등의 분야에서 아예 처음부터 저작물을 디지털 형식으로 만드는 것이 대세가 되었다. 디지털 저작물의 복제는 그 과정에서 손실이 발생하지 않기 때문에 원래의 디지털 저작물과 완전히 동일한 복제물이 무한히 생성될 수 있고 복제 비용도 영에 가깝다. 디지털 저작물은 인터넷의 발전으로 인터넷을 사용할 수 있는 전 세계 어느 누구에게든지 전달될

---

1) 저작재산권에 대한 제한은 저작물 이용자에게 부여된 '특권'으로 볼 수 있다. Julie E. Cohen, Lydia Pallas Loren, Ruth L. Okediji & Maureen A. O'Rourke, Copyright in a Global Information Economy (4th ed. 2015), p. 861. 한편 1957. 1. 28. 법률 제432호로 제정된 저작권법 제64조는 "이미 발행된 저작물을 다음 방법에 의하여 복제하는 것은 이를 저작권 침해로 보지 않는다."라고 규정함으로써 복제권 제한에 대하여 규정하였다. 일반적인 저작재산권의 제한 규정은 1986. 12. 31. 법률 제3916호로 전부 개정된 저작권법에 처음 규정되었다(제22조 내지 제35조).
2) 저작권법 제1조 참조. 제정 저작권법의 목적은 "민족 문화의 향상 발전을 도모"하는 것이었고, 1986. 12. 31. 법률 제3916호로 전부 개정된 저작권법의 목적은 "문화의 향상 발전에 이바지"하는 것이었으며, 2009. 4. 22. 법률 제9625호로 개정된 저작권법은 기존의 저작권법과 컴퓨터프로그램 보호법을 통합하면서 "문화 및 관련 산업의 향상 발전에 이바지"하는 것을 그 목적으로 하였다. 그 후 2017. 3. 21. 법률 제14634호로 개정된 현행 저작권법에 이르기까지 동일한 목적이 유지되고 있다.

수 있다. 예를 들어 디지털 저작물은 이메일을 통하여 특정한 사람에게 전달될 수도 있고 피투피(P2P)나 인터넷 게시판을 통하여 공중에게 전달될 수도 있다. 한편 이용자는 컴퓨터, 스마트폰, 태블릿(tablet) 등의 기기에 디지털 저작물을 다운로드하여 이용할 수도 있고 다운로드 없이 스트리밍(streaming)을 통하여 이용할 수도 있다. 이와 같이 기술의 발전은 디지털 저작물을 복제하고 전달하고 이용하는 새로운 방법을 가능하게 함으로써 저작권법에 구현되어 있는 저작권자의 권리와 저작물 이용자의 특권 사이의 균형에 영향을 미쳐 왔다.[3]

국회는 대체로 새로운 대상이 저작권에 의한 보호를 받을 수 있도록 이를 저작권법에 추가하거나 저작권자에게 더 많은 권리를 부여함으로써 새로운 기술 발전에 대응하였다. 예를 들어 저작권에 의한 보호를 받을 수 있는 대상에 컴퓨터 프로그램을 추가한 것은 전자에 해당하고[4] 저작재산권에 전송권을 추가한 것은 후자에 해당한다.[5]

그런데 지난 수십 년 동안 기술 발전은 디지털 저작물의 복제 및 전달의 새로운 방법만 가능하게 한 것이 아니라 복제를 방지하는 새로운 방법도 가능하게 하였다. 그리고 저작권은 저작권자의 권리를 보호하는 유일한 수단이나 가장 효과적인 수단이 아니다. 저작권자는 이용자를 특정한 이용 약관에 구속시키기 위하여 계약을 이용함으로써 저작권에 의한 보호를 보충할 수도 있고, 오늘날과 같은 디지털 시대에는 저작권자가 저작물에 대한 접근을 통제하거나 저작

---

3) Cohen et al. (2015), p. 861.
4) 1986. 12. 31. 법률 제3916호로 전부 개정된 저작권법은 제4조 제1항 제9호에 '컴퓨터프로그램저작물'을 규정하였고, 같은 날 법률 제3920호로 컴퓨터프로그램보호법이 제정되었다.
5) 전송권은 2000. 1. 12. 법률 제6134호로 개정된 저작권법에 처음으로 도입되었다(제2조 제9호의2 및 제18조의2).

물의 이용을 제한하거나 감시하는 기술적 보호조치를 이용할 수도 있다.[6] 디지털 기술과 인터넷의 출현으로 대량 복제 및 유포를 방지하는 기술적 보호조치에 의존하는 저작권자는 점점 더 증가할 것으로 예상된다.

디지털 환경에서 저작물을 보호하는 일반적인 모델로서 기술적 보호조치에 의지하는 것은 완전히 새로운 정책적 우려를 낳게 된다. 계약과 마찬가지로 기술적 보호조치는 저작권법에 의한 보호보다 더 큰 보호를 얻기 위하여 또는 저작권법에 의한 보호와 완전히 다른 보호를 얻기 위하여 이용될 수 있다. 그러나 기술적 보호조치에 의한 보호는 저작권법이 공중에게 허용한 특권이나 이익을 침해할 수 있다. 예를 들어 저작권자는 공공 영역(public domain)에 있는 자료에 대한 접근 또는 그러한 자료의 이용을 막기 위하여 기술적 보호조치나 계약을 이용하거나 양자를 모두 이용할 수 있다. 저작권자는 또한 사적 복제[7]나 공정 이용[8]에 따라 허용된 복제를 포함하여 모든 복제를 통제할 수도 있다.[9]

한편 기술적 보호조치는 저작권자와 기술적 보호조치를 무력화하려고 하는 사람 사이의 기술 경쟁의 가능성을 제기한다. 그런데 기술적 보호조치가 적용된 저작물에 접근하여 저작물을 복제하려고 하는 사람이 그러한 행위를 하는 이유가 합법적인지 불법적인지를 생각하는 것은 중요하다. 저작권 산업의 입장에서는 그 대답이 명백하다. 그들은 저작권자가 저작물에 적용한 기술적 보호조치를 무력화할 합법적인 이유가 거의 없다고 생각할 것이다. 저작권 산업이 더 중요하게 생각하는 것은 저작물 이용자가 아무런 불이익을 받지

---

6) Cohen et al. (2015), p. 861.
7) 저작권법 제30조.
8) 저작권법 제35조의3.
9) Cohen et al. (2015), p. 861.

않고 기술적 보호조치를 무력화할 수 있으면 기술적 보호조치에 의하여 보장되는 안전은 완전히 환상에 불과할 것이므로 법은 그러한 행위를 한 사람에게 제재를 가하여야 한다는 것이다. 그러나 다른 사람들은 기술적 보호조치를 무력화하는 합법적인 이유가 존재하기 때문에 법은 불법적인 목적을 위하여 기술적 보호조치를 무력화하는 행위만 처벌하여야 한다고 반박한다.[10]

기술적 보호조치를 무조건적으로 보호하게 되면 법이 지나치게 권리자의 이익을 대변하게 되고 저작물을 비침해적으로 이용할 수 있는 이용자의 특권이 무용지물이 된다. 따라서 기술적 보호조치를 법적으로 보호하면서도 이용자의 특권을 고려한 예외를 설정하지 않을 수 없다. 현행 저작권법은 미국 저작권법의 영향을 받아 저작물에 대한 접근을 방지하거나 억제하는 기술적 조치의 무력화 금지에 대하여 개별적인 예외 규정을 두고 있고 그 범위에서는 무력화를 허용하고 있다.[11] 그리고 문화체육관광부 장관은 특정 종류의 저작물을 정당하게 이용하는 것이 불합리하게 영향을 받거나 받을 가능성이 있는 경우에 예외적으로 그러한 특정 종류의 저작물을 일정한 방식으로 이용할 수 있도록 기술적 보호조치의 무력화를 허용해 주는 고시를 정할 수 있다.[12] 결국 저작권법은 저작권 보호를 위하여 기술적 보호조치의 무력화를 금지하면서도 일정한 사유에 대하여 예외를 인정함으로써 기술적 보호조치와 관련하여 저작권자와 저작물 이용자 사이에서 일견 균형을 이룬 것으로 볼 수 있다. 그러나 저작권법은 공정 이용을 비롯하여 저작물의 비침해적 이용을 위한 일반적인 예외 규정을 두고 있지는 않다. 따라서 비침해적 이용이지만 개별적인 예외 규정에 포함되지 않는 경우에 무력화가 허용되는지

---

10) *Id.*, pp. 861-862.
11) 저작권법 제104조의2 제1항 제1호 내지 제7호.
12) 저작권법 제104조의2 제1항 제8호.

검토할 필요가 있고 허용되지 않는다면 이 문제를 어떻게 해결할 것인지에 대하여 연구할 필요가 있다.

저작물 이용자의 비침해적 이용을 위하여 무력화가 허용된다고 하더라도 이용자가 기술에 문외한이라서 무력화 도구를 직접 개발하지 못한다면 무력화의 허용은 아무런 의미가 없다. 따라서 일정한 예외 사유에 대하여 무력화를 허용하면서도 정작 무력화 도구의 거래를 원천적으로 금지하는 것이 지나치게 저작권자의 이익의 보호에 치중하고 저작권자와 이용자의 균형을 깨뜨리는 것이기 때문에 이에 대한 해결책이 필요하다. 실제로 기술적 보호조치와 관련된 다툼은 무력화 금지 위반보다는 무력화 도구의 거래 금지 위반이 주로 문제될 것이다. 따라서 이용자의 비침해적 이용을 실질적으로 보장하기 위하여 어떻게 무력화 도구의 거래를 허용할 것인지에 대한 논의가 필요하다.

한편 저작권자는 자신이 개발한 제품을 독점적으로 판매하기 위하여 인증 시스템과 같은 기술적 보호조치를 적용하는 경우가 많다. 예를 들어 완성품과 부속품이 일체로 작동하는 제품을 개발하여 판매하는 회사는 완성품과 부속품 사이에 인증 시스템을 적용하여 그 회사가 직접 생산하는 부속품을 완성품에 장착할 경우에만 완성품이 정상 작동하도록 할 수 있다. 이 경우 완성품과 호환되는 저가 부속품을 개발하여 판매하려는 경쟁 업체는 경쟁 부속품을 개발하기 위하여 기존 회사의 제품에 적용된 인증 시스템을 무력화할 필요가 있다. 그렇게 개발된 경쟁 부속품의 제조 및 판매가 기술적 보호조치의 무력화 도구를 거래한 것이라는 이유로 법적으로 금지된다면 부속품 시장에서의 경쟁이 제한되는 결과가 초래되고 소비자도 기존 업체가 생산하는 고가 부속품을 사용할 수밖에 없다. 이때 저작권자가 사용하는 기술적 보호조치의 핵심 기술은 주로 컴퓨터 프로그램인 경우가 많고, 저작권자가 그러한 기술적 보호조치를 사용하는 이유는 제품에 포함되어 있는 컴퓨터 프로그램으로서의 기술적 보호조치를 보호하기 위한 것이라기보다는 제품의 독점 판매를 통하여 이익을 극대화하기 위한 경우가 많을 것이다. 저작권자가 이러한 목적으로 기술적 보호조치와 관련하여 권리를 행사하는 경우 기술적 보호조치의 무력화 책임 또는 기술적 보호조치의 무력화 도구의 거래 책임을 묻는 저작권자의 청구에 대하여 권리남용 항변을 인정할 필요가 있다.

이 논문은 위와 같은 문제점들에 대한 해결을 염두에 두면서 기술적 보호조치와 관련한 현행 저작권법상의 법적 보호 체계를 연구 대상으로 한다. 그리고 이 연구의 목적은 현행 저작권법상의 기술적 보호조치 제도와 관련하여 저작권자가 받게 되는 이익과 기술적 보호조치가 적용된 저작물을 이용하려는 이용자의 이익 사이에서 저작권법의 대원칙인 균형이 제대로 이루어진 것인지 비판적으로 검토함으로써 현행 기술적 보호조치 제도에 대한 개선 방안을 도출하는 것이다.

제2절 연구의 범위

연구의 목적을 달성하기 위하여 먼저 제2장에서 기술적 보호조치가 우리 저작권법에 도입된 배경 및 입법 연혁을 살펴보기로 한다. 디지털 저작물에 대한 법적 보호와 관련하여 WIPO 저작권 조약과 WIPO 실연·음반 조약이 체결되면서 그 두 조약의 체약 당사국은 기술적 보호조치를 법적으로 보호하여야 하는 의무를 지게 되었다.

미국은 WIPO 저작권 조약 및 WIPO 실연·음반 조약에 따른 의무를 이행하기 위하여 미국 저작권법에 기술적 보호조치를 도입함으로써 세계 최초로 기술적 보호조치를 법적으로 보호하는 국가가 되었다. 그 후 미국은 FTA와 같은 양자 조약을 체결함으로써 상대 국가에 미국식 기술적 보호조치를 도입하도록 하였고 우리나라 역시 미국과 한미 FTA를 체결함으로써 미국식 기술적 보호조치를 저작권법에 도입하게 되었다. 그러나 한미 FTA의 규정은 큰 줄기에 있어서 미국의 규정과 거의 흡사하지만 세부적인 면에 있어서는 다소 차이가 있다. 그리고 우리 저작권법에 도입된 기술적 보호조치에 내재된 문제를 개선하기 위하여 저작권법을 개정하려고 하여도 한미 FTA 때문에 그 개정에는 일정한 한계가 있을 수밖에 없다. 그러므로 WIPO 저작권 조약과 WIPO 실연·음반 조약 및 미국 저작권법의 기술적 보호조치 규정을 검토하는 것은 입법 연혁의 첫걸음이 될 수밖에 없다.

한편 한·EU FTA 역시 우리 저작권법에 영향을 미쳤다. 한·EU FTA는 기술적 보호조치와 관련하여 EU 저작권 지침의 관련 규정을 거의 그대로 따르고 있다. 따라서 EU 저작권 지침의 관련 규정도 살펴보기로 한다.

제3장에서는 기술적 보호조치의 무력화 금지에 대한 예외가 주로 논의된다. 미국에서는 기술적 보호조치의 무력화 금지에 대한 면제

사유를 행정입법 절차를 통하여 미국 의회 도서관장이 3년마다 정한
다. 미국 저작권청장이 이 행정입법 절차를 관장하는데 이해관계인
이나 일반인의 의견 수렴 절차 특히 공청회와 서면 질의응답을 통하
여 제안된 면제를 검토하고 상무부 통신·정보 차관보와의 협의를 거
쳐 의회 도서관장에게 권고한다.

　2000년에 처음 시작된 미국의 행정입법 절차는 2015년 행정입법
절차에 이르기까지 총 여섯 번 이루어졌다. 2000년 행정입법에서는
단 두 가지 종류의 저작물, 즉 필터링(filtering) 프로그램에 의하여 차
단된 웹사이트 목록과 오작동·손상·노후화로 인하여 접근되지 않는,
기술적 보호조치에 의하여 보호되는 어문 저작물에 대하여 면제 사
유가 정해진 데 반하여, 2015년 행정입법에서는 교육·다큐멘터리·비
영리 목적을 위한 영화의 이용, 스마트폰·태블릿 등의 탈옥 및 잠금
해제, 진단·수리·변경을 목적으로 전동 육상 차량을 제어하는 컴퓨
터 프로그램에 접근하는 것, 보안 연구 목적으로 의료 장치를 작동
시키는 컴퓨터 프로그램에 접근하는 것 등에 이르는 22가지 유형의
이용에 대하여 면제 사유가 정해졌다.[1] 회가 거듭되면서 점점 면제
사유로 정해진 저작물의 종류가 많아진 것은 급격한 기술 발전과 그
에 따른 환경 변화를 반영하려는 노력이 이루어진 것으로 평가될 수
있을 것이다. 그러나 미국의 행정입법 절차는 공정 이용과 같이 일
반 규정으로서의 면제 사유는 특정한 종류의 저작물에 해당하지 않
는다는 이유로 줄기차게 채택되지 않는 것에서 볼 수 있는 것처럼
그 한계도 분명하게 존재한다.

　우리나라는 2012. 1.에 기술적 보호조치의 무력화 금지에 대한 예
외 고시를 처음 제정하였고 2015. 1.에 개정하였는데 그 내용은 당시
미국에서 시행 중이던 면제 규칙을 거의 그대로 수용하면서 좀 더

---

1) U.S. Copyright Office, Section 1201 of Title 17: A Report of the Register of Copyrights
　 (June 2017), pp. 25-26.

적용 범위를 넓힌 것으로 평가될 수 있다. 미국 행정입법 절차에서 비침해적 이용으로 볼 수 없다는 이유로 채택되지 않은 면제 사유가 많은데 이 사유들은 우리 저작권법이 인정하고 있는 사적 복제에 해당할 가능성이 높다. 이러한 사적 복제와 관련하여 예외 사유가 인정될 수 있는 여지가 있을 것이다. 따라서 미국의 행정입법 절차에서 제안된 면제 사유 중에서 그 채택 여부와 상관없이 우리나라에서 도입할 만한 것이 있는지 검토하기로 한다.

제4장에서는 공정 이용과 관련된 기술적 보호조치의 문제에 대하여 논하기로 한다. 이 부분은 이 연구의 핵심이라고 할 수 있다. 현행 기술적 보호조치 제도는 공정 이용 조항과 같은 일반 규정으로서의 예외 조항이 존재하지 않는다는 문제점과 무력화가 인정되지만 무력화 도구의 거래는 여전히 금지되고 있는 경우가 존재한다는 문제점을 내포하고 있다. 이 문제를 해결하기 위하여 먼저 기술적 보호조치의 무력화 금지 규정의 보호 범위를 검토하기로 한다. 저작재산권 제한 규정에는 개별적인 제한 규정뿐만 아니라 공정 이용이라는 일반적인 제한 규정이 존재하지만 기술적 보호조치의 무력화에 대해서는 개별적인 예외 규정만 존재하기 때문에 기술적 보호조치를 통한 보호가 저작권에 의한 보호보다 더 강력한 보호가 되는 상황이 발생하게 된다. 이 문제를 해결하기 위하여 현행 저작권법의 테두리 내에서 해결할 수 있는 방법을 먼저 모색하기로 한다. 기술적 보호조치의 정의 규정을 검토함으로써 기술적 보호조치 또는 무력화 도구에 대한 축소해석이 가능한지 검토하기로 한다. 또한 기술적 보호조치의 무력화 금지에 대한 예외 고시에 최대한으로 광범위한 예외 규정을 설정하는 것이 가능한지 검토하기로 한다.

두 번째 문제점으로 제기된 도구 거래 금지 조항은 일종의 이차적 책임 또는 방조 책임과 비교하여 생각할 수 있다. 저작권 침해에 대한 방조 책임은 저작권 침해 책임이 존재할 경우에만 성립한다.

따라서 이용자의 행위가 저작권 침해에 해당할지라도 그 행위가 공정 이용과 같은 제한 규정에 해당할 경우에는 그 이용자는 저작권 침해 책임을 지지 않고 그 행위와 관련하여 저작권 침해 도구를 제공한 사람 역시 저작권 침해에 대한 방조 책임을 지지 않는다. 그런데 기술적 보호조치와 관련하여서는 이용자의 무력화 행위가 예외 사유에 해당하여 무력화 금지 조항에 대한 위반이 아님에도 불구하고 여전히 무력화 도구의 거래 금지 조항에 위반되는 결과가 발생할 수 있다. 따라서 이러한 문제점을 해결하기 위하여 무력화 도구의 거래 책임에 대하여 축소 해석을 통한 해결이 가능할 것인지 검토하고 이와 더불어 입법론적 해결 방법도 함께 논하기로 한다.

제5장에서는 저작권자가 저작물에 기술적 보호조치를 적용한 목적이 저작물을 보호하기 위한 것이 아니라 경쟁을 제한하는 등 기술적 보호조치 제도의 취지에 부합하지 않는 경우 저작권자가 기술적 보호조치와 관련된 청구를 할 때 권리남용 항변이 가능한지에 관하여 논하기로 한다. 미국과 우리나라의 저작권 남용 사례로부터 저작권과 관련하여 어떠한 경우에 권리남용 법리가 적용될 수 있는지 추론하고 이러한 권리남용 법리가 기술적 보호조치에도 적용될 수 있는지 검토하기로 한다.

저작권자가 제품의 독점 판매 또는 불공정한 경쟁 제한을 위하여 기술적 보호조치의 무력화 또는 도구 거래의 위반 책임을 묻는 경우 먼저 저작권법상 예외 사유인 프로그램코드역분석 예외 항변이 적용될 수 있는지 검토하고 그러한 예외 사유가 적용되지 않을 경우 저작권자의 권리 행사가 권리남용에 해당하는지 살펴보기로 한다. 그 밖에도 기술적 보호조치와 관련하여 권리남용 법리가 적용될 여지가 있는 구체적인 사례를 살펴보기로 한다.

제6장에서는 기술적 보호조치가 접근통제조치에 해당하는지 권리통제조치에 해당하는지 구별하는 기준을 살펴보기로 한다. 접근

통제조치에 대해서는 그 정의 규정에 있는 저작권 행사와의 관련성
이 무엇을 의미하는지를, 권리통제조치에 대해서는 기술적 조치가
저작권 침해를 방지한다는 것의 의미가 무엇인지를 상세하게 검토
하기로 한다.

이 연구의 결과 도출되는 여러 가지 쟁점에 대한 판단이 새롭게
도입된 기술적 보호조치 규정에 대한 이해를 높이고 기술적 보호조
치 제도의 개선에도 일조하기를 기대한다.

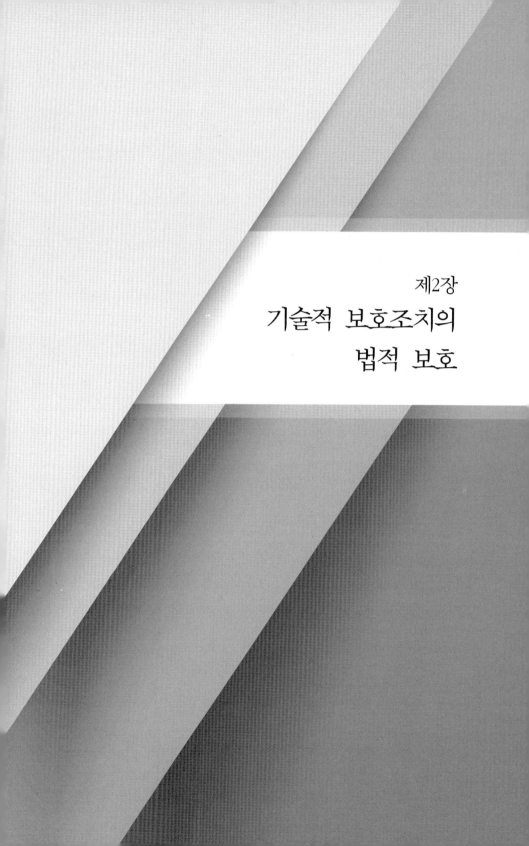

제2장

기술적 보호조치의
법적 보호

제1절 기술적 보호조치의 의의

저작권법에 의하면 기술적 보호조치는 저작권, 그 밖에 저작권법에 따라 보호되는 권리[1]의 행사와 관련하여 저작물 등[2]에 대한 접근을 효과적으로 방지하거나 억제하기 위하여 또는 저작권에 대한 침해 행위를 효과적으로 방지하거나 억제하기 위하여 저작권자나 저작권자의 동의를 받은 사람이 적용하는 기술적 조치를 말한다.[3]

기술적 보호조치는 기술적 조치가 통제하는 '대상'에 따라 구별된다. 저작권법 제2조 제28호 (가)목의 기술적 보호조치는 저작권의 행사와 관련하여 저작물에 대한 접근을 효과적으로 방지하거나 억제하기 위하여 적용된 기술적 조치로서 '저작물에 대한 접근'을 방지하거나 억제하는 데 반하여, (나)목의 기술적 보호조치는 저작권에 대한 침해 행위를 효과적으로 방지하거나 억제하기 위하여 적용된 기술적 조치로서 '저작권 침해 행위'를 방지하거나 억제한다.

'방지'와 '억제'를 포괄하는 개념어로 '통제'를 사용하여 (가)목의 기술적 보호조치를 '접근통제조치'라고 부르기로 한다. 그리고 저작권 침해 행위를 방지하거나 억제하는 것은 결국 저작권을 구성하는 개별 권리의 행사를 통제하는 것이기 때문에 (나)목의 기술적 보호조치를 '권리통제조치'라고 부르기로 한다.[4]

---

1) 실연자의 권리, 음반제작자의 권리, 방송사업자의 권리 및 데이터베이스제작자의 권리를 의미한다. 이하 편의를 위하여 저작권만 언급하기로 한다.
2) '저작물 등'은 저작물, 실연·음반·방송 또는 데이터베이스를 말한다(저작권법 제2조 제7호). 이하 편의를 위하여 저작물만 언급하기로 한다.
3) 저작권법 제2조 제28호.
4) '권리통제조치' 대신에 '이용통제 기술적 보호조치'라는 표현이 사용되기도 한다. 강기봉, "기술적 보호조치의 정의에 관한 소고 - 대법원 2015.7.9. 선고 2015도3352 판결을 중심으로 -", 창작과 권리 제80호 (2015. 9.), 3면; 민

한편 저작권법 제104조의2는 제1항에서 접근통제조치를 제거하거나 변경하거나 우회하는 등의 방법으로 무력화하는 행위를 금지하고 있고, 제2항에서 기술적 보호조치의 무력화를 주목적으로 하는 장치, 제품, 부품을 제조하거나 수입하거나 배포하거나 전송하거나 판매하거나 대여하거나 공중에 대하여 청약하거나 판매나 대여를 위하여 광고하거나 유통을 목적으로 보관하거나 소지하거나 기술적 보호조치의 무력화를 주목적으로 하는 서비스를 제공하는 것을 금지하고 있다. 제1항은 접근통제조치를 무력화하는 행위 그 자체를 금지하므로 '무력화 금지 조항'이라고 부르기로 하고, 제2항은 기술적 보호조치의 무력화를 주목적으로 하는 도구의 거래를 금지하므로 '도구 거래 금지 조항'이라고 부르기로 한다.[5]

무력화 금지 조항은 접근통제조치에만 적용되고 권리통제조치에는 적용되지 않는다. 따라서 권리통제조치를 무력화하더라도 무력화 행위 그 자체에 대해서는 아무런 책임을 물을 수 없다. 다만 권리

경재, "DVD 지역코드 우회기술의 기술적 보호조치의 면책범위 포함에 관한 연구 - 룰메이킹 절차에 의한 해결을 중심으로 -", 소비자문제연구 제43호 (2012. 12.), 118면. 저작권 침해 행위를 방지하거나 억제하는 기술적 조치가 저작물에 적용되면 이용자가 기술적 조치를 무력화하지 않는 이상 저작물과 관련하여 저작권을 구성하는 개별 권리를 행사할 수 없다는 점에서 기술적 조치가 저작권의 개별 '권리'의 행사를 통제한다고 볼 수 있다. 반면에, '이용통제'라는 표현은 저작물과 관련한 모든 이용을 통제한다는 의미로 읽힐 여지가 있다. 따라서 이 논문에서는 '권리통제조치'라는 용어를 사용하기로 한다.

5) 장치, 제품, 부품 및 서비스를 포함하는 개념어를 '도구'라고 표현하기로 한다. 또한 제조, 수입, 배포, 전송, 판매, 대여, 공중에 대한 청약, 판매나 대여를 위한 광고, 유통을 목적으로 하는 보관 또는 소지, 제공을 포괄하는 개념어를 '거래'라고 표현하기로 한다. 한미 FTA와 미국 저작권법이 "traffic in"이라는 표현을 사용하고 있는 것을 고려할 때 '거래'라는 표현은 적절한 것으로 생각된다. 한미 FTA 제18.4조 제7항 (a)호 제2목 및 17 U. S. C. § § 1201(a)(2), (b)(1).

통제조치를 무력화하고 권리통제조치가 보호하고 있는 개별 권리를 무단으로 행사함으로써 그 권리를 침해하면 저작권법에 따라 그 개별 권리에 대한 침해 책임을 물을 수 있을 뿐이다. 권리통제조치는 저작권을 구성하는 개별 권리를 직접적으로 보호하는 것을 주목적으로 하기 때문에 개별 권리에 대한 침해 책임만으로 저작권의 개별 권리의 보호라는 권리통제조치의 목적을 충분히 달성할 수 있다. 따라서 권리통제조치의 무력화 행위 그 자체를 금지할 필요가 없을 것이다. 그러나 접근통제조치의 무력화는 금지되기 때문에 접근통제조치의 무력화 이후에 저작권 침해가 실제로 발생하지 않더라도 무력화 행위 그 자체에 대하여 책임을 물을 수 있다.

접근통제조치를 무력화하고 저작물에 접근하는 것은 접근통제조치의 무력화 금지 조항이 도입되기 전에는 적어도 저작권법에 따르면 위법한 행위가 아니었다. 그러나 디지털 저작물이 보편화된 이후 요금을 지급한 사람에게만 디지털 저작물에 대한 접근을 허용하여 저작물을 이용할 수 있도록 하는 사업 방식이 유행하게 되자 저작물에 접근통제조치를 적용할 필요성이 생기게 되었다. 따라서 접근통제조치의 무력화 금지 규정은 기존의 저작재산권에 더하여 저작물에 대한 접근을 허용할지 말지를 결정할 수 있는 새로운 권리를 저작권자에게 부여한 것이라고 볼 수 있다.

접근통제조치는 저작권을 구성하는 복제, 배포, 공연 등 개별 권리에 대한 침해 행위 그 자체를 직접적으로 방지하거나 억제하는 것은 아니지만 저작물이 수록된 매체의 재생, 작동 등을 통한 저작물의 내용에 대한 접근을 방지하거나 억제함으로써 저작권을 보호하는 조치를 의미하고, 권리통제조치는 저작권을 구성하는 개별 권리에 대한 침해 행위 그 자체를 직접적으로 방지하거나 억제하는 보호조치를 의미한다.[6] 따라서 접근통제조치는 저작물에 대한 접근을 효과적으로 통제함으로써 저작권을 '간접적으로' 보호하는 기능을 하는 데 반하여, 권리통제조치는 저작권 침해 행위를 효과적으로 통제함으로써 저작권을 '직접적으로' 보호하는 기능을 한다.

한편 접근통제조치를 무조건적으로 보호하게 되면 저작물을 비침해적으로 이용할 수 있는 저작물 이용자의 특권에 중대한 영향을 미치게 된다. 따라서 저작물의 비침해적 이용이라고 평가될 수 있는 유형에 대하여 접근통제조치의 무력화가 예외적으로 인정되는데 이러한 사유는 법률에 규정된 일곱 가지의 법정 예외 사유[7]와 문화체육관광부 장관이 정하는 고시에 의한 예외 사유[8]로 구별된다.

도구 거래 금지 조항은 접근통제조치와 권리통제조치에 모두 적용된다. 이 조항은 기술적 보호조치를 무력화하려고 하는 사람에게 무력화 도구를 제공하는 것에 대하여 책임을 묻기 위하여 규정되었다. 기술적 보호조치를 무력화하려고 하는 의사를 가지고 있다 하더라도 기술 전문가가 아닌 이상 무력화 도구가 없으면 직접 무력화를 할 수 없다. 따라서 무력화 도구를 제공하는 것은 직접 무력화하려고 하는 사람의 무력화 행위를 방조하는 것과 유사하다. 도구 거래 금지 조항에 대해서도 무력화 금지 조항과 마찬가지로 일정한 예외 사유가 인정되는데 접근통제조치와 권리통제조치에 대하여 인정되는 예외 사유가 서로 상이하다.[9]

---

6) 대법원 2015. 7. 9. 선고 2015도3352 판결(공2015하, 1187). 다만 이 판결에서 접근통제조치와 관련하여 본문에서 서술한 표현 외에도 "저작물이 수록된 매체에 대한 접근을 방지하거나 억제"한다는 표현이 나온다. 그런데 예를 들어 영상저작물에 해당하는 영화가 DVD에 기록되어 있는 경우를 생각해 보면 '저작물이 수록된 매체'인 DVD에 대한 접근을 방지한다는 것은 그 의미의 외연이 너무 넓어서 금고에 보관된 DVD에 접근하기 위하여 금고를 파괴하는 것도 접근통제조치를 무력화하는 것으로 해석될 여지가 있다. 본문에서는 이러한 오해의 소지가 있는 부분을 삭제하고 인용하였다.
7) 저작권법 제104조의2 제1항 제1호 내지 제7호.
8) 저작권법 제104조의2 제1항 제8호.
9) 저작권법 제104조의2 제3항.

결론적으로 접근통제조치에 대해서는 기술적 보호조치의 무력화와 무력화 도구의 거래가 모두 금지되는 데 반하여, 권리통제조치에 대해서는 무력화 도구의 거래만 금지된다.

제2절 기술적 보호조치의 입법례

디지털 시대의 도래로 디지털 저작물이 대세가 되자 이전의 저작권 법제를 디지털 시대에 부응하게 하려는 세계 각국의 노력의 일환으로 WIPO 저작권 조약과 WIPO 실연·음반 조약(이하 이 두 조약을 'WIPO 조약'이라고 한다)이 국제적 규범으로 성립하게 되었다. WIPO 조약의 체약 당사국 중 하나인 미국이 디지털 밀레니엄 저작권법(Digital Millennium Copyright Act, 이하 'DMCA'라고 한다)을 통하여 최초로 기술적 보호조치 법제를 미국 저작권법에 도입하였고 미국과 FTA를 체결하는 상대 국가는 미국식 기술적 보호조치 제도를 도입하게 되었다. 우리나라도 미국과 한미 FTA를 체결하였고 그 이후 미국 제도를 근간으로 하는 기술적 보호조치 규정이 우리 저작권법에 도입되었다. 이러한 일련의 과정을 그 출발점이 되는 WIPO 조약부터 시작하여 상세하게 살펴보기로 한다.

1. WIPO 조약

기술적 보호조치를 세계 최초로 규범화한 국제조약은 WIPO 저작권 조약과 WIPO 실연·음반 조약이다.

1) WIPO 저작권 조약

(1) 의의

WIPO 저작권 조약(WIPO Copyright Treaty, WCT)은 '디지털 환경'에서의 저작물의 보호와 저작자의 권리를 다루는 베른 협약의 특별 협정이다.[1] 체약 당사국은 베른 협약에 구속되지 않는 경우에도 베른 협약의 실체법적 규정[2]을 준수하여야 한다.

디지털 환경을 고려하여 WCT에 새롭게 도입된 내용을 살펴보면 다음과 같다.

WCT에 따라 체약 당사국은 컴퓨터 프로그램과 데이터베이스를 저작권의 보호 대상으로 규정하고 저작자에게 베른 협약이 인정한 권리 이외에 배포권, 대여권 및 공중 전달권을 부여하여야 한다.[3]

체약 당사국은 또한 권리의 행사와 관련하여 저작자가 사용한 암호화와 같은 기술적 조치의 무력화 및 권리관리정보의 제거나 변경에 대하여 각각 법적 구제 수단을 마련하여야 한다.[4]

(2) 경과

외교 회의(Diplomatic Conference)는 1996년 12월 20일 스위스 제네바에서 WCT를 채택하였다. 인도네시아가 1997년 6월 5일에 비준서를 기탁한 것을 필두로 하여 가봉이 2001년 12월 6일에 가입 문서를 기탁함으로써 총 30개국이 비준서 또는 가입 문서를 WIPO 사무총장에게 기탁하게 되었고 그때부터 3개월이 지난 2002년 3월 6일에 WCT가 발효하였다. 2017년 8월 현재 한국, 미국, EU, 일본, 중국 등을 포함하여 총 95개국이 이 조약을 비준하였거나 이 조약에 가입하였다.[5]

한국은 2004년 3월 24일에 가입 문서를 기탁함으로써 46번째 체약

---

1) http://www.wipo.int/treaties/en/ip/wct/summary_wct.html 참조(최종 방문일: 2017년 8월 30일).
2) 베른 협약 제1조 내지 제21조 및 부칙을 의미한다(WCT 제1조 제4항).
3) WCT 제4조 내지 제8조. 공중 전달권(right of communication to the public)은 이용 제공권(right of making available)을 포함한다. 공중 전달권은 우리 저작권법상의 공중송신권에 해당하고 이용 제공권은 전송권에 해당한다(제2조 제7호 및 제10호, 제18조).
4) WCT 제11조 및 제12조.
5) http://www.wipo.int/treaties/en/ShowResults.jsp?search_what=N&treaty_id=16 참조(최종 방문일: 2017년 8월 30일).

당사국이 되었고, 한국에서는 2004년 6월 24일에 WCT가 발효하였다.[6]

(3) 기술적 보호조치 규정

WCT 제11조는 "기술적 조치에 관한 의무"라는 제목 아래 "체약 당사국은 이 조약 또는 베른 협약에 따른 권리의 행사와 관련하여 저작자가 사용하고 저작물에 관하여 관련 저작자로부터 허락받지 않거나 법에 의하여 허용되지 않는 행위를 제한하는 효과적인 기술적 조치의 무력화에 대하여 충분한(adequate) 법적 보호와 효과적인 법적 구제 수단을 마련하여야 한다."라고 규정하고 있다.

2) WIPO 실연·음반 조약

(1) 의의

WIPO 실연·음반 조약(WIPO Performances and Phonograms Treaty, WPPT)은 '디지털 환경'에서의 실연자와 음반제작자의 권리를 다룬다.[7]

WPPT에 따라 체약 당사국은 실연자에게 음반에 고정된 실연에 대한 저작재산권으로 복제권, 배포권, 대여권 및 이용 제공권을 부여하고[8] 고정되지 않은 라이브 실연과 관련하여 실연자에게 방송권(재방송권 제외), 공중 전달권(방송 실연 제외) 및 고정권을 부여하여야 한다.[9] 체약 당사국은 또한 실연자에게 인격권으로 성명 표시권과 동일성 유지권을 부여하여야 한다.[10]

한편 음반제작자는 음반에 대한 저작재산권으로 복제권, 배포권,

---

6) http://www.wipo.int/treaties/en/notifications/wct/treaty_wct_48.html 참조(최종 방문일: 2017년 8월 30일).
7) WPPT 제2장(제5조 내지 제10조) 및 제3장(제11조 내지 제14조).
8) WPPT 제7조 내지 제10조.
9) WPPT 제6조.
10) WPPT 제5조.

대여권 및 이용 제공권을 향유한다.[11]

실연자와 음반제작자는 방송이나 공중 전달을 위하여 상업적 목적으로 발행된 음반의 직간접적인 사용에 대한 정당한 보상을 받을 권리를 향유한다.[12] 다만 체약 당사국은 이 권리를 제한하거나 유보할 수 있다.[13]

WPPT는 WCT와 마찬가지로 체약 당사국에 기술적 조치의 무력화와 권리관리정보의 제거나 변경에 대하여 법적 구제 수단을 마련하도록 의무를 부과한다.[14]

(2) 경과

외교 회의는 1996년 12월 20일 스위스 제네바에서 WCT와 함께 WPPT를 채택하였다. 몰도바가 1998년 3월 13일에 비준서를 기탁한 것을 필두로 하여 온두라스가 2002년 2월 20일에 가입 문서를 기탁함으로써 30개국이 비준서 또는 가입 문서를 WIPO 사무총장에게 기탁하게 되었고 그때부터 3개월이 지난 2002년 5월 20일에 WPPT가 발효하였다. 2017년 8월 현재 한국, 미국, EU, 일본, 중국 등을 포함하여 총 95개국이 이 조약을 비준하였거나 이 조약에 가입하였다.[15]

한국은 2008년 12월 18일에 가입 문서를 기탁하였고, 한국에서는 2009년 3월 18일에 WPPT가 발효하였다.[16]

---

11) WPPT 제11조 내지 제14조.
12) WPPT 제15조 제1항.
13) WPPT 제15조 제3항.
14) WPPT 제18조 및 제19조.
15) http://www.wipo.int/treaties/en/ShowResults.jsp?search_what=N&treaty_id=20 참조 (최종 방문일: 2017년 8월 30일).
16) http://www.wipo.int/treaties/en/notifications/wppt/treaty_wppt_75.html 참조(최종 방문일: 2017년 8월 30일).

(3) 기술적 보호조치 규정

WPPT 제18조는 "기술적 조치에 관한 의무"라는 제목 아래 "체약 당사국은 이 조약에 따른 권리의 행사와 관련하여 실연자 또는 음반 제작자가 사용하고 실연 또는 음반에 관하여 관련 실연자 또는 음반 제작자로부터 허락받지 않거나 법에 의하여 허용되지 않는 행위를 제한하는 효과적인 기술적 조치의 무력화에 대하여 충분한 법적 보호와 효과적인 법적 구제 수단을 마련하여야 한다."라고 규정하고 있다.

이 규정은 '저작물'이 '실연 또는 음반'으로, '저작자'가 '실연자 또는 음반제작자'로 바뀌었다는 것과 베른 협약이 빠졌다는 것을 제외하고는 WCT 제11조와 완전히 동일하다.

3) 평가

WIPO 조약의 기술적 보호조치 규정은 효과적인 기술적 조치가 무엇을 의미하는지, 기술적 조치에 어떠한 종류가 있는지 등과 같은 구체적인 내용은 담고 있지 않으며 체약 당사국에 기술적 조치의 무력화에 대하여 충분한 법적 보호와 효과적인 법제 구제 수단을 마련하도록 의무를 부과하고 있을 뿐이다. 따라서 WIPO 조약은 기술적 보호조치에 대한 법적 보호의 설계에 대하여 체약 당사국에 상당한 융통성을 부여하고 있다.[17)]

기술적 보호조치를 최초로 입법화한 체약 당사국은 미국이다. 미국은 다른 국가와 FTA를 체결하는 과정에서 미국식 기술적 보호조치를 채택하도록 하였다. 따라서 미국과 FTA를 체결한 국가들의 기술

---

17) Pamela Samuelson, *Intellectual Property and the Digital Economy: Why the Anti-Circumvention Regulations Need to Be Revised*, 14 Berkeley Tech. L. J. 519, 563 (1999).

적 보호조치 법제는 큰 틀에서 상당히 유사한 것을 알 수 있다. 우리
나라의 경우도 마찬가지이다. 먼저 미국의 기술적 보호조치와 관련
된 입법 과정과 그 내용을 검토하기로 한다.

2. 미국의 DMCA

1) 배경

미국에서는 WIPO 조약이 체결되기 훨씬 전부터 기술의 발달과 산
업의 필요에 의하여 기술적 보호조치에 대한 논쟁이 격렬하게 이루
어졌고 입법적 논의도 이미 진행되고 있었다. 그런데 WIPO 조약이
체결됨으로써 체약 당사국이었던 미국은 구체적인 입법에 박차를
가하게 되었다.

먼저 WIPO 조약이 체결되기 전에 있었던, 기술적 보호조치에 대
한 논쟁부터 실제로 관련 입법이 이루어지는 과정까지 살펴보기로
한다.

현재 미국에서의 기술적 보호조치에 대한 논쟁은 모든 종류의 디
지털 저작물에 적용될 수 있는 기술적 보호조치에 초점을 맞추고 있
지만 원래 기술적 보호조치와 관련된 법률 조항은 특정한 매체에 국
한된 것이었다. 1980년대의 세 가지 실험적 사례와 뒤따른 1992년 오
디오 홈 리코딩 법률(Audio Home Recording Act of 1992, AHRA)은 저작
권에 의하여 보호되는 자료의 무단 이용에 대하여 기술적 울타리를
세우기 위하여 설계된 여러 가지 제한을 탐구한 결과라고 할 수 있
다.[18]

1980년대 초 미국의 영화 산업은 영화 비디오테이프의 무단 복제

---

[18] Cohen et al. (2015), p. 862.

를 방지하기 위하여 '매크로비전(Macrovision)'이라는 특허 기술을 채택하였다. 매크로비전이 의도된 대로 작동하기 위해서는 녹화 매체와 가정용 영상 녹화 장비 모두 특별한 방식으로 기능할 필요가 있었다. 따라서 가전제품 산업의 협조가 매크로비전 사업에 필수적이었다. 그러나 영화 산업은 매크로비전을 공테이프에 적용하지 않았고 Sony 판결[19]에서 미국 대법원이 공정 이용이라고 판결하였던 가정에서의 방송 프로그램 녹화와 같은 영상 녹화 기술도 다루지 않았다. 해커들이 매크로비전을 무력화할 수 있는 블랙박스(Black-Box)를 개발하였지만 그 장치는 평범한 소비자들 사이에서 널리 퍼지지 않았고 그 장치에 대한 법적 보호를 얻으려는 영화 산업의 노력도 성공하지 못하였다.[20]

1980년대에 위성·유선 방송 사업자는 가입하지 않은 시청자의 무단 시청을 방지하기 위하여 방송 신호를 암호화하기 시작하였다.[21] 해커들은 한 번 더 재빨리 방송 신호의 암호화를 무력화하는 장치를 개발하였다.[22] 미국 의회는 위성·유선 방송 신호를 해독하는 데 사용될 수 있는 장치의 제조나 배포를 금지하기 위하여 미국 통신법(Communications Act of 1934)에 처벌 규정을 추가하였다.[23] 이 입법은 암호화된 방송 신호의 해독을 통한 무단 시청이라는 특정 목적 이외에 다른 용도는 없는 장치를 목표로 하였기 때문에 거의 논란을 불

---

19) *Sony Corp. of America v. Universal City Studios, Inc.*, 464 U. S. 417 (1984).
20) Cohen et al. (2015), p. 862.
21) *Id.*, pp. 862-863.
22) *Id.*, p. 863.
23) 전자적, 기계적 또는 그 밖의 다른 장치나 장비가 주로 위성 케이블 프로그래밍(satellite cable programming) 또는 직접 수신 위성 서비스(direct-to-home satellite services)의 무단 해독에 도움이 된다는 것을 알거나 알 수 있는 이유가 있으면서 그 장치나 장비를 제조·조립·개조·수입·수출·판매·배포하는 사람은 각 위반 행위에 대하여 50만 달러 이하의 벌금 또는 5년 이하의 징역에 처하거나 두 형을 병과한다. 47 U. S. C. § 605(e)(4).

러일으키지 않았고 반대자도 거의 없었다.[24]

1980년대에 있었던 기술적 보호조치의 세 번째 사례는 컴퓨터 소프트웨어와 관련된 것이다. 소프트웨어 개발업체들은 소프트웨어가 너무 쉽게 복제되고 유포될 수 있는 것에 놀라서 복제를 방지하기 위한 다양한 장치들을 고안하였다. 이 장치들은 이용자에게 보이지 않는 방식으로 작동되었던 매크로비전이나 방송 신호의 암호화와는 달리 종종 시스템 충돌과 주변 장치 고장을 일으켰다. 게다가 그것들은 이용자의 백업 복제를 막았고 때때로 하드 디스크에 설치된 합법적 소프트웨어를 램으로 로딩을 하는 것, 즉 저작권법이 허용하는 관행조차 막았다.[25] 고객들은 크게 저항하였고 다른 프로그래머들은 소프트웨어 회사들이 새로운 복제 방지 기술을 개발하는 것만큼이나 신속하게 그것을 무력화하는 방법을 개발하고 유포하였다. 개인 고객과 기업 고객 모두 열광적으로 이 소프트웨어의 기술 경쟁에 참여하였다. 미국 국방부를 포함하여 몇몇 주요 기관 이용자들은 마침내 소프트웨어 판매자들에게 복제 방지 소프트웨어를 구입하지 않을 것이라고 알렸다.[26] 소프트웨어 회사들은 광범위한 저항에 직면하여 복제 방지에 관한 노력을 포기하였고 이 논란이 진행되는 동안 미국 의회는 침묵을 지켰다.[27]

개인용 컴퓨터가 회사와 가정에 더 광범위하게 확산되었고 점점 더 다양한 저작물을 저장하고 전달하기 위하여 디지털 포맷이 개발되었기 때문에 기술적 보호조치라는 개념은 저작물을 제작하고 전달하는 모든 산업에 더 중요하게 되었다. 매체에 국한된 기술적 보

---

24) Cohen et al. (2015), p. 863.
25) 17 U. S. C. § 117(a)(1). 한국 저작권법 제35조의2와 유사하다.
26) Julie E. Cohen, *Lochner in Cyberspace: The New Economic Orthodoxy of "Right Management,"* 97 Mich. L. Rev. 462, 524-525 (1998).
27) Cohen et al. (2015), p. 863.

호조치 모델은 해체되기 시작하였고 그 자리에 디지털 시대에 적합한 범용 기술적 보호조치가 들어섰다.[28]

디지털 기술 발전의 첫 번째 조짐으로 일본에서 디지털 오디오테이프(digital audiotape, DAT) 녹음 포맷, 즉 녹음된 오디오의 완벽한 복제물을 만들 수 있는 첫 번째 복제 포맷이 발명되었다. 가정용 녹음 장비의 제조업체들은 그 새로운 장치를 수입하여 소비자에게 판매하려고 하였다. 이번에는 음악과 음반 산업의 구성원들이 법원에 제소하기보다는 미국 의회에 보호를 요청하였다. 미국 의회는 영향을 받는 산업들 사이에서 타협을 모색하였고 그 타협의 결과 AHRA가 제정되었다.[29]

AHRA는 복제를 방지하기 위하여 혼합 모델을 채택하였다는 점에 그 의의가 있다.

첫째, AHRA는 모든 디지털 오디오 녹음 장치(digital audio recording device)가 DAT를 위한 기술적 프로토콜인 순차적 복제 관리 시스템(Serial Copy Management System, SCMS)을 포함하도록 하였다. 이 프로토콜은 현저한 질적 저하 없이 최초의 복제물이 생성되는 것을 허용하지만 그 이후의 복제물이 생성되는 것은 방지한다.[30] AHRA는 또한 SCMS를 무력화하는 장치를 제조하거나 배포하거나 SCMS를 무력화하는 서비스를 제공하는 것을 불법화하였다.[31]

둘째, AHRA는 제조업체가 디지털 오디오 녹음 장치와 디지털 오디오 녹음 매체(digital audio recording medium)에 대하여 로열티를 지불하도록 하였다.[32] 로열티는 저작권청이 징수해서 재무부에 예치하는데[33] 이 로열티는 녹음물(sound recording) 및 음악 저작물의 저작권자,

---

28) Id.
29) Id.
30) Id., pp. 863-864.
31) 17 U. S. C. § 1002(c).
32) 17 U. S. C. § 1004.

주된 녹음 실연자(featured recording artist), 보조적 뮤지션(nonfeatured musician)·보컬리스트에게 분배된다.[34]

셋째, AHRA는 디지털 오디오 녹음 장치 또는 디지털 오디오 녹음 매체의 제조업체나 유통업체를 상대로 한 침해 소송과 디지털 음악 녹음을 위하여 디지털 오디오 녹음 장치 또는 디지털 오디오 녹음 매체를 비영리적으로 이용하는 소비자를 상대로 한 침해 소송을 금지시켰다.[35]

이 혼합 모델의 여러 가지 특징 중의 하나가 불완전한 복제 방지인데 이 모델은 복제 방지와 관련하여 저작권 산업이나 미국 의회가 이전에 시도한 것과는 완전히 다른 접근법이었다. 그러나 관련 시장은 AHRA가 규정한 디지털 오디오 녹음 장치와 디지털 오디오 녹음 매체의 좁은 정의를 너무나도 빨리 회피하였기 때문에 이 혼합 모델이 얼마나 잘 작동하였는지를 말하는 것은 불가능하다.[36]

1980년대에 있었던 소프트웨어의 기술 경쟁 후에 저작권 산업은 디지털 저작물을 위한 기술적 보호조치가 무력화될 수 있다는 것을 잘 알게 되었다. 저작권 산업은 또한 인터넷을 통한, 통제되지 않은 복제와 유포의 위협이 너무 크기 때문에 저작권자가 적용하는 기술적 보호조치의 무력화에 대한 추가적인 법적 보호가 필요하다고 주장하였다. 미국 의회에 처음 제출된 무력화 금지법안은 저작권을 보호하기 위하여 고안된 기술적 보호조치의 무력화를 주목적으로 하는 장치, 제품 또는 서비스의 제조나 배포를 금지하려고 하였다.[37]

---

33) 17 U. S. C. § 1005.
34) 음반제작자에게 38과 2/5 퍼센트, 주된 실연자에게 25와 3/5 퍼센트, 음악 출판사(music publisher)와 작곡·작사자에게 각각 16과 2/3 퍼센트가 분배되고, 보조적 뮤지션에게 1과 3/4 퍼센트, 보조적 보컬리스트에게 11/12 퍼센트가 분배된다. 17 U. S. C. § 1006.
35) 17 U. S. C. § 1008.
36) Cohen et al. (2015), p. 864.

이 무력화 금지법안은 의회에 제출되자마자 교육자, 사서, 과학자, 소프트웨어 회사, 온라인서비스제공자 및 가정용 녹화 장치의 제조업체를 포함하여 다양한 이익 집단으로부터 강한 반대에 부딪혔다. 이들 중 몇몇 집단은 그 법안으로 인하여 공정 이용과 그 밖의 다른 저작권 제한이 무의미하게 되고 공공 영역 저작물과 저작권에 의한 보호를 받을 수 없는 아이디어가 보호되는 결과가 초래될까 두려워하였고 또 다른 집단은 그 법안으로 인하여 장비 제조업체와 통신 서비스 제공자가 전례 없는 침해 책임을 지게 되는 시대가 도래할까 두려워하였다.[38]

한편 미국 내에서조차 무력화 금지법안에 대한 상당한 저항이 있었음에도 불구하고 미국 정부는 무력화에 대한 보호를 국제조약에 포함시키려고 하였다. WCT의 초안을 작성하기 위한 1996년 외교 회의에서 미국은 자국 내에서 제안된 법안의 문구와 대동소이하게 무력화 금지 보호를 제안하는 텍스트를 제출하였다. 그러나 각국 대표들은 그 텍스트의 채택을 거절하였고 그 대신에 각국의 입법 재량을 허용하는 더 개방적인 서술[39]에 합의하였다.[40]

WCT가 체결되고 미국 제105대 의회가 1997년 1월에 개회하였을 때 무력화 금지법안에 대한 다툼이 다시 시작되었다. 이 법안은 전과 같이 강한 반대에 부딪혔고 많은 논쟁을 초래하였다.[41] 무력화 금지법안의 반대자들은 저작권에 가해진 제한을 이용하는 사람이 그러한 제한의 범위 내에서 저작물을 이용하기 위하여 무력화하는 것을 금지하거나 좌절시켜서는 안 된다고 주장하였으나, 저작권 산

---

37) *Id.*, p. 865.
38) *Id.*
39) WCT 제11조와 WPPT 제18조는 체약 당사국이 기술적 조치에 대하여 '충분한' 법적 보호와 '효과적인' 법적 구제 수단을 마련하도록 규정하고 있다.
40) Cohen et al. (2015), p. 865.
41) *Id.*

업은 무력화 금지 조항이 목표로 하는 행위가 대가를 지불하지 않은 저작물을 훔치기 위하여 잠겨 있는 건물에 침입하는 것과 다를 바 없다고 주장하였다.[42] 이번에는 새롭게 체결된 WCT가 이 법안의 지지자들에게 힘을 실어 주었고, 그들은 WCT가 일단 발효하고 나면 미국이 그것을 준수하기 위하여 무력화 금지법안이 필요하다고 주장하였다.[43] 무력화 금지에 관한 최초의 법안은 21개월이 넘는 기간 동안 점점 수정되었고 여러 가지 면제 사유가 도입되었다.[44]

결국 미국 의회는 WIPO 조약에 따른 의무를 이행하고 디지털 시대의 저작권 보호를 강화하기 위하여 1998년에 디지털 밀레니엄 저작권법(Digital Millennium Copyright Act, DMCA)을 제정하였다.[45] 그런데 기술적 보호조치의 법적 보호에 관한 미국 저작권법 제1201조는 이익 집단의 영향으로 복잡하고 장황하며 고도로 기술적인 조항이 되었다.[46]

2) 미국 저작권법 제1201조의 개요

기본적으로 미국 저작권법 제1201조는 두 가지를 중요하게 구별한다. 첫 번째는 저작권에 의하여 보호되는 저작물에 대한 접근을 제한하는 기술적 보호조치와 저작권 침해를 방지하기 위하여 고안된 기술적 보호조치의 구별이고, 두 번째는 개별적인 무력화 행위와 기술적 보호조치를 무력화하기 위하여 고안된 도구 거래의 구별이다.[47]

---

42) *Id.*, p. 866.
43) *Id.*, p. 865.
44) *Id.*
45) H. R. Rep. No. 105-551, pt. 2, p. 20 (1998); *Universal City Studios, Inc. v. Corley*, 273 F. 3d 429, 435 (CA2 2001).
46) Cohen et al. (2015), p. 866.
47) *Id.*

기술적 보호조치를 무력화하기 위하여 고안된 도구의 거래 금지
는 접근통제조치와 권리통제조치에 모두 적용된다.[48] 무력화 행위는
기술적 보호조치의 유형에 따라 다르게 취급된다. 제1201조는 접근
통제조치의 무력화를 금지하지만 권리통제조치의 무력화는 금지하
지 않는다.[49]

3) 접근통제조치

(1) 의의
접근통제조치는 저작권법에 따라 보호되는 저작물에 대한 접근
을 효과적으로 통제하는 기술적 조치를 의미한다.[50] 기술적 조치가
정상적인 작동 과정에서 저작권자로부터 부여받은 권한을 가지고
저작물에 접근하기 위하여 정보의 적용, 즉 프로세스 또는 처리
(treatment)를 요하면 그 조치는 저작물에 대한 접근을 효과적으로 통
제하는 것이다.[51]

기술적 보호조치의 무력화 금지는 저작권법에 따라 보호되는 저
작물에 대한 접근을 통제하는 기술적 조치에만 적용되기 때문에 저
작권의 존속기간이 만료된 저작물과 같이 공공 영역에 있는 자료에
대한 접근을 효과적으로 통제하는 기술적 조치는 무력화 금지 조항
의 적용을 받는 접근통제조치에 해당하지 않는다.

(2) 무력화 금지
누구든지 접근통제조치를 무력화하여서는 안 된다.[52] 접근통제조

---

48) 17 U. S. C. § § 1201(a)(2), (b)(1).
49) 17 U. S. C. § 1201(a)(1).
50) Id.
51) 17 U. S. C. § 1201(a)(3)(B).
52) 17 U. S. C. § 1201(a)(1)(A).

치의 무력화 자체가 금지되며 접근통제조치에 대해서만 무력화가 금지된다.

접근통제조치를 무력화하는 것은 저작권자로부터 부여받은 권한 없이 뒤섞인(scrambled) 저작물을 복호화하거나(descramble) 암호화된 저작물을 해독하거나 또는 그 밖에 접근통제조치를 피하거나 우회하거나 제거하거나 비활성화하거나(deactivate) 손상시키는 것을 의미한다.[53]

4) 권리통제조치

(1) 의의

권리통제조치는 저작물에 대한 저작권자의 권리를 효과적으로 보호하는 기술적 조치를 의미한다.[54] 따라서 권리통제조치는 저작권을 구성하는 개별 권리를 직접적으로 보호하는 기술적 보호조치이다.

기술적 조치가 정상적인 작동 과정에서 저작권자의 권리 행사를 막거나 제한하거나 그 밖에 한정하면 그 조치는 저작권자의 권리를 효과적으로 보호한다.[55]

(2) 권리통제조치의 무력화

미국 의회는 접근통제조치와 달리 권리통제조치의 무력화를 금지하지 않았고 대신에 권리통제조치를 무력화하기 위하여 고안된 도구를 거래하는 행위만 금지하였다. 권리통제조치를 무력화하는 도구의 거래만 금지하고 권리통제조치의 무력화를 금지하지 않은

---

53) 17 U. S. C. § 1201(a)(3)(A).
54) 17 U. S. C. § 1201(b)(1).
55) 17 U. S. C. § 1201(b)(2)(B).

이유는 권리통제조치의 무력화를 금지하게 되면 공정 이용과 같은 비침해적 행위를 한 사람이 처벌을 받을 수 있을 것이라는 우려 때문이었다.[56]

권리통제조치를 무력화하는 것은 권리통제조치를 피하거나 우회하거나 제거하거나 비활성화하거나 그 밖에 손상시키는 것을 의미한다.[57]

5) 도구 거래 금지

누구든지 무력화 도구를 제조하거나 수입하거나 공중에게 청약하거나 제공하거나 그 밖에 거래하여서는 안 된다.[58] 여기서 무력화 도구는 (1) 기술적 보호조치의 무력화를 주목적으로 고안되거나 생산된 도구 또는 (2) 기술적 보호조치를 무력화하는 것 외에는 상업적으로 중요한 목적이나 용도가 제한적인 도구 또는 (3) 기술적 보호조치를 무력화하는 데 사용된다는 것을 아는 사람 또는 그 사람과 협력하여 행동하는 다른 사람이 판촉을 하는 도구를 말한다.[59] 무력화

---

56) U.S. Copyright Office, Exemption to Prohibition on Circumvention of Copyright Protection Systems for Access Control Technologies, 65 Fed. Reg. 64556, 64557 (Oct. 27, 2000) ("2000 Final Rule").

57) 17 U. S. C. § 1201(b)(2)(A).

58) 17 U. S. C. §§ 1201(a)(2), (b)(1).

59) Id. § 1201(a)(2)는 "저작물에 대한 접근을 효과적으로 통제하는 기술적 조치를 무력화하는 것"이라고 규정하고 있는 데 반해 § 1201(b)(1)은 "저작권자의 권리를 효과적으로 보호하는 기술적 조치가 제공하는 보호를 무력화하는 것"이라고 규정하고 있다. 문언을 엄격하게 해석하면 접근통제조치의 무력화 도구의 거래 금지로 인하여 보호되는 대상은 '저작물에 대한 접근을 효과적으로 통제하는 기술적 조치', 즉 '접근통제조치'인 데 반해 권리통제조치의 무력화 도구의 거래 금지로 인하여 보호되는 대상은 '저작권자의 권리를 효과적으로 보호하는 기술적 조치가 제공하는 보호', 즉 '권리통제조치가 제공하는 보호'이다. 그러나 제9 순회 항소법원은 이 두 규정

도구의 세 가지 요건이 '또는(or)'으로 연결되어 있기 때문에 어떠한 도구가 이 세 가지 요건 중 어느 하나에 해당하면 그 도구는 거래가 금지되는 무력화 도구가 된다.[60] 도구 거래 금지는 접근통제조치와 권리통제조치에 모두 적용된다.[61]

도구 거래 금지 조항에는 금지되는 무력화 도구의 예로 '기술', '제품', '서비스', '장치', '부품(component)' 또는 기술·제품·서비스·장치·부품의 '일부(part)'가 규정되어 있다.[62] 무력화 도구의 대부분을 차지할 것으로 예상되는 컴퓨터 프로그램은 기술에 포함된다.[63]

금지되는 거래 행위의 유형은 제조, 수입, 공중에 대한 청약, 제공 및 '거래'이다.

6) 무력화 금지에 대한 면제

미국 의회는 접근통제조치에 대한 무력화 행위를 금지하면서도 그러한 금지가 저작물의 비침해적 이용에 악영향을 미치는 것을 방지하기 위하여 무력화를 허용하는 일곱 가지의 면제(exemption) 사유를 저작권법에 직접 규정하였다. 각 면제 사유에 대하여 상세히 살펴보기로 한다.

의 의미가 실질적으로 같은 것이라고 해석하였다. *MDY Industries, LLC v. Blizzard Entertainment*, 629 F. 3d 928, 946 n. 8 (CA9 2010).

60) *321 Studios v. Metro Goldwyn Mayer Studios, Inc.*, 307 F. Supp. 2d 1085, 1094 (ND Cal. 2004) ; *Chamberlain Group, Inc. v. Skylink Technologies, Inc.*, 381 F. 3d 1178, 1203 (CA Fed. 2004).

61) 17 U. S. C. § § 1201(a)(2), (b)(1).

62) *Id.*

63) 뉴욕 남부 지방법원은 '컴퓨터 프로그램'이 의문의 여지없이 기술에 해당한다고 판단하였다. *Universal City Studios, Inc. v. Reimerdes*, 111 F. Supp. 2d 294, 317 (SDNY 2000).

(1) 비영리 도서관, 기록 보존소 및 교육기관을 위한 면제

저작권법에 따라 허용되는 행위에만 관여할 목적으로 상업적으로 활용된 저작물의 복제물을 구입할지 여부를 선의로(good faith) 결정하기 위하여 그 저작물에 접근한 비영리 도서관, 기록 보존소[64] 또는 교육기관은 접근통제조치의 무력화 금지를 위반한 것이 아니며, 이 복제물은 구입 여부에 대한 선의의 결정을 하는 데 필요한 것보다 더 오래 보유될 수 없고 그 밖의 다른 목적을 위하여 사용될 수 없다.[65] 다만 이 면제는 그 저작물과 동일한 다른 형태의 복제물을 합리적으로 구할 수 없을 때에만 적용된다.[66]

이 조항은 접근통제조치 또는 권리통제조치의 무력화 도구의 거래 금지에 따른 청구에 대한 항변으로 사용될 수 없고 비영리 도서관, 기록 보존소 또는 교육기관이 무력화 도구를 거래하는 것도 허용되지 않는다.[67] 따라서 비영리 도서관, 기록 보존소 또는 교육기관이 이 면제의 혜택을 받아 허용되는 무력화를 하려고 할 경우에는 직접 무력화 도구를 제작하여야 하고 제3자로부터 무력화 도구를 취득하는 경우 무력화 도구를 제공하는 제3자는 이 면제 조항을 항변으로 사용할 수 없다.

결론적으로 도서관 면제 조항은 접근통제조치의 무력화 금지에 대한 면제 사유에 해당하지만 기술적 보호조치와 관련한 도구 거래 금지에 대한 면제 사유에는 해당하지 않는다.

---

64) 도서관이나 기록 보존소가 이 면제 사유의 적용을 받으려면 도서관이나 기록 보존소의 소장품은 공중에게 개방되거나 도서관이나 기록 보존소와 제휴한 또는 도서관이나 기록 보존소가 일원인 협회와 제휴한 연구자와 전문화된 분야의 다른 연구자가 이용할 수 있어야 한다. 17 U. S. C. § 1201(d)(5).

65) 17 U. S. C. § 1201(d)(1).

66) 17 U. S. C. § 1201(d)(2).

67) 17 U. S. C. § 1201(d)(4).

(2) 법 집행 활동, 정보활동 및 다른 정부 활동

제1201조는 공무원 또는 정부와의 계약에 따라 행동하는 사람의 수사, 보호, 정보 보호 또는 정보활동을 금지하지 않는다.[68] 따라서 이러한 활동을 위하여 접근통제조치를 무력화하거나 기술적 보호조치를 무력화하는 도구를 거래하는 것은 허용된다.

'정보 보호(information security)'는 정부의 컴퓨터, 컴퓨터 시스템 또는 컴퓨터 네트워크의 취약성을 확인하고 처리하기 위하여 수행되는 활동을 의미한다.[69]

결론적으로 정부 활동 면제 조항은 접근통제조치의 무력화 금지에 대한 면제 사유에 해당할 뿐만 아니라 기술적 보호조치의 무력화 도구의 거래 금지에 대한 면제 사유에도 해당한다.

(3) 리버스 엔지니어링

접근통제조치의 무력화 금지 조항에도 불구하고 컴퓨터 프로그램의 복제물의 사용권을 합법적으로 취득한 사람은 컴퓨터 프로그램 중 호환성(interoperability)[70]을 달성하는 데 필요한 특정 부분에 대한 접근통제조치를 무력화할 수 있다.[71] 이러한 무력화 행위를 § 1201(f)의 제목과 같이 '리버스 엔지니어링(reverse engineering)'[72]이라고 한다. 다만 리버스 엔지니어링은 이전에 호환성과 관련된 컴퓨터 프로그램의 특정 부분을 쉽게 이용할 수 없었던 경우에만 가능하다. 리버

---

68) 17 U. S. C. § 1201(e).
69) Id.
70) '호환성'은 컴퓨터 프로그램들이 정보를 교환하고 교환된 정보를 서로 사용할 수 있는 능력을 의미한다. 17 U. S. C. § 1201(f)(4).
71) 17 U. S. C. § 1201(f)(1).
72) 우리 저작권법은 리버스 엔지니어링을 '프로그램코드역분석'이라고 지칭하며 "독립적으로 창작된 컴퓨터프로그램저작물과 다른 컴퓨터 프로그램과의 호환에 필요한 정보를 얻기 위하여 컴퓨터프로그램저작물 코드를 복제 또는 변환하는 것"이라고 정의하고 있다(제2조 제34호).

스 엔지니어링을 하려고 하는 사람은 호환성과 관련된 컴퓨터 프로
그램 요소를 확인하고 분석하는 목적을 위해서만 그리고 그러한 확
인 및 분석 행위가 저작권법에 따른 침해가 되지 않는 한도에서만
무력화할 수 있다.[73]

접근통제조치 및 권리통제조치의 무력화 도구의 거래 금지 조항
에도 불구하고 누구든지 컴퓨터 프로그램 중 호환성 관련 요소의 확
인과 분석을 가능하게 하거나 호환성을 가능하게 할 목적으로 기술
적 조치 또는 기술적 조치가 제공하는 보호를 무력화하는 기술적 수
단을 개발하고 사용할 수 있다.[74]

리버스 엔지니어링을 한 사람 또는 리버스 엔지니어링을 위하여
기술적 보호조치를 무력화하는 기술적 수단을 개발하고 사용한 사
람은 리버스 엔지니어링을 통하여 얻은 정보와 리버스 엔지니어링
수단을 호환성을 가능하게 할 목적으로만 다른 사람들에게 제공할
수 있고, 그러한 정보와 수단의 제공은 저작권법에 따른 침해 또는
제1201조 이외의 적용 가능한 법 위반이 되지 않아야 한다.[75] 리버스
엔지니어링을 통하여 호환 정보를 취득하거나 리버스 엔지니어링
수단을 개발한 사람만 호환 정보 또는 리버스 엔지니어링 수단을 다
른 사람들에게 제공할 수 있기 때문에 리버스 엔지니어링과 무관하
고 리버스 엔지니어링 수단을 개발하지 않은 사람이 호환 정보 또는
리버스 엔지니어링 수단을 다른 사람들에게 제공한 경우에는 리버
스 엔지니어링 면제 사유를 주장할 수 없다.[76]

결론적으로 리버스 엔지니어링 면제 조항은 접근통제조치의 무

---

73) 17 U. S. C. § 1201(f)(1).
74) 17 U. S. C. § 1201(f)(2).
75) 17 U. S. C. § 1201(f)(3).
76) *Universal City Studios, Inc. v. Reimerdes*, 111 F. Supp. 2d 294, 319-320 (SDNY 2000).

력화 금지에 대한 면제 사유에 해당할 뿐만 아니라 기술적 보호조치의 무력화 도구의 거래 금지에 대한 면제 사유에도 해당한다.

(4) 암호화 연구

접근통제조치의 무력화 금지 조항에도 불구하고 누구든지 선의로 암호화 연구(encryption research)[77]를 하는 과정에서 공표된 저작물의 복제물 등[78]에 적용된 접근통제조치를 무력화하는 것은, (1) 그 사람이 그 공표된 저작물의 암호화된 복제물 등을 합법적으로 취득하였고 (2) 그 무력화 행위가 그러한 암호화 연구를 수행하는 데 필요하며 (3) 그 사람이 그 무력화 전에 권한을 얻기 위하여 성실한(good faith) 노력을 하였고 (4) 그 무력화 행위가 저작권법에 따른 침해가 되지 않거나 다른 적용 가능한 법에 위반되지 않는 경우, 접근통제조치의 무력화 행위 금지 조항에 위반되지 않는다.[79]

법원은 어떤 사람이 암호화 연구 면제의 자격이 있는지 여부를 판단함에 있어서 암호화 연구의 결과가 저작권 침해를 용이하게 하는 방식으로 전파되었다기보다는 암호화 기술의 지식 상태를 향상시키기 위하여 합리적으로 계산된 방식으로 전파되었는지 여부, 당사자가 정당한 암호화 연구나 업무에 종사하고 있는지 여부 및 연구 결과가 저작권자에게 적시에 전달되었는지 여부를 검토하여야 한다.[80]

---

77) '암호화 연구'는 암호화 기술 분야의 지식 상태를 향상시키거나 암호화 제품의 개발에 도움이 되도록 하기 위하여 저작물에 적용된 암호화 기술의 결함과 취약성을 확인하고 분석하는 데 필요한 활동을 의미하고, '암호화 기술'은 수학적 공식 또는 알고리듬을 이용한 정보의 뒤섞기와 복호화를 의미한다. 17 U. S. C. § 1201(g)(1).

78) 복제물 등은 복제물, 음반(phonorecord), 실연(performance) 또는 전시(display)를 말한다. 17 U. S. C. § 1201(g)(2).

79) Id.

접근통제조치의 무력화 도구 금지 조항에도 불구하고 누구든지 (1) 선의로 암호화 연구를 수행할 목적으로만 접근통제조치를 무력화하는 기술적 수단을 개발하고 사용하는 것과 (2) 선의로 암호화 연구를 수행할 목적으로 또는 자신과 함께 협력해서 일하고 있는 다른 사람이 자신의 선의의 암호화 연구 행위를 확인하게 할 목적으로 그 다른 사람에게 그 기술적 수단을 제공하는 것은 접근통제조치의 무력화 도구 금지 조항에 위반되지 않는다.[81]

암호화 연구는 전자상거래의 성장과 활력에 중요하기 때문에 무력화 금지에 대한 예외 사유로 도입되었다.[82]

결론적으로 암호화 연구 면제 조항은 접근통제조치의 무력화 금지 및 접근통제조치의 무력화 도구의 거래 금지에 대한 면제 사유에 해당하지만 권리통제조치의 무력화 도구의 거래 금지에 대한 면제 사유에는 해당하지 않는다.

(5) 미성년자에 관한 면제

법원은, 부품이나 일부에 접근통제조치 조항을 적용함에 있어서, 그 부품이나 일부를 기술·제품·서비스·장치에 의도적으로 그리고 실제로 포함시키는 것이 (1) 그 자체로 저작권법의 규정에 위반되지 않고 (2) 미성년자가 인터넷상의 자료에 접근하는 것을 막는 것이 유일한 목적인 경우 그렇게 포함시키는 것이 필요한지 여부에 대하여 검토할 수 있다.[83]

접근통제조치의 무력화 금지 조항은 부모가 인터넷상의 포르노그래피와 유해 자료로부터 자녀를 보호하는 것을 의도치 않게 불법

---

80) 17 U. S. C. § 1201(g)(3).
81) 17 U. S. C. § 1201(g)(4).
82) H. R. Rep. No. 105-551, pt. 2, p. 43 (1998).
83) 17 U. S. C. § 1201(h).

화하거나 자녀의 보호를 가능하게 하는 제품의 제작자에게 의도하지 않은 법적 책임을 지게 할 수 있다. 미성년자에 관한 면제 조항은 이러한 점을 우려하여 도입되었다.[84]

부모가 인터넷상에서 자녀를 인도함에 있어서 의심스러운 자료를 복제하거나 배포하는 것이 필요할 것이라고는 예상되지 않기 때문에 이 면제 조항은 접근통제조치와 관련해서만 적용되도록 규정되었고,[85] 따라서 이 면제 조항은 접근통제조치의 무력화 도구의 거래만 허용한다.

결론적으로 미성년자에 관한 면제 조항은 접근통제조치의 무력화 금지 및 접근통제조치의 무력화 도구의 거래 금지에 대해서만 면제 사유에 해당한다.

(6) 개인 식별 정보의 보호

접근통제조치를 무력화하는 것은, (1) 그 접근통제조치 또는 그것이 보호하는 저작물이 저작물에 접근하려고 하는 자연인의 온라인 활동을 반영하는 개인 식별 정보를 수집하거나 전파하는 능력을 가지고 있고, (2) 그 접근통제조치 또는 그것이 보호하는 저작물이 정상적인 작동 과정에서 저작물에 접근하려고 하는 사람에 대한 개인 식별 정보를 수집하거나 전파하면서도 그 사람에게 눈에 띄는 통지도 하지 않고 그러한 수집이나 전파를 막거나 제한할 수 있는 능력도 제공하지 않으며, (3) 그 무력화 행위가 개인 식별 정보를 수집하거나 전파하는 능력을 확인하고 무력화하는 효과만 가질 뿐 저작물에 접근할 수 있는 다른 사람의 능력에는 아무런 영향을 미치지 아니하고, (4) 그 무력화 행위가 저작물에 접근하려고 하는 자연인에 대한 개인 식별 정보의 수집이나 전파를 막는 목적으로만 이루어지

---

84) H. R. Rep. No. 105-551, pt. 2, p. 45 (1998).
85) S. Rep. No. 105-190, p. 14 (1998).

고 어떠한 다른 법에도 위반되지 않는 경우, 접근통제조치의 무력화 금지 조항에 위반되지 않는다.[86]

개인 식별 정보의 보호를 위한 면제 조항은 개인 식별 정보를 수집하거나 전파하지 않고 이용자에게 그러한 능력을 가지고 있지 않거나 사용하지 않는 것으로 밝혀진 접근통제조치 또는 그것이 보호하는 저작물에는 적용되지 않는다.[87]

예를 들어 어떤 컴퓨터 프로그램은 이용자가 그 컴퓨터 프로그램을 설치할 때 특정한 개인 식별 정보를 제공할 것을 요구하고 그 컴퓨터 프로그램뿐만 아니라 워드 프로세서, 사진 편집용 컴퓨터 프로그램, 음악 재생용 컴퓨터 프로그램과 같은 제휴 컴퓨터 프로그램의 이용을 몰래 관찰하기 위해서 그러한 정보를 이용할 수 있다.[88] 이와 같이 컴퓨터 프로그램의 설치나 이용에 특정한 정보를 요하는 것은 컴퓨터 프로그램의 정상적인 설치나 이용 과정에서 정보의 적용을 요하는 것이므로 그 컴퓨터 프로그램에 대한 접근통제조치로 볼 수 있고 그러한 기능을 무력화하는 것은 일견 접근통제조치의 무력화 금지 조항에 위반된다. 그러나 이 면제 조항의 요건을 만족하는 경우 그러한 무력화는 허용될 것이다.

결론적으로 개인 식별 정보 면제 조항은 접근통제조치의 무력화 금지에 대한 면제 사유에 해당하지만 기술적 보호조치의 무력화 도구의 거래 금지에 대한 면제 사유에는 해당하지 않는다.

(7) 보안 테스트

누구든지 보안 테스트(security testing)[89] 활동에 관여하는 것은, 그

---

86) 17 U. S. C. § 1201(i)(1).
87) 17 U. S. C. § 1201(i)(2).
88) Cohen et al. (2015), p. 876.
89) '보안 테스트'는 컴퓨터 등의 소유자 또는 오퍼레이터로부터 권한을 얻어

활동이 저작권법에 따른 침해가 되지 않고 제1201조 이외의 적용 가능한 법에 위반되지 않으면, 접근통제조치의 무력화 금지 조항에 위반되지 않는다.[90]

어떤 사람이 보안 테스트 면제의 자격이 있는지 판단함에 있어서 검토되어야 할 요소는 보안 테스트에서 얻은 정보가 컴퓨터 등의 소유자 또는 오퍼레이터의 보안을 증진시키기 위해서만 사용되었거나 그러한 컴퓨터 등의 개발자와 직접 그 정보를 공유하였는지 여부 및 보안 테스트에서 얻은 정보가 저작권법에 따른 침해 또는 프라이버시 침해나 보안 침해를 포함하여 제1201조 이외의 적용 가능한 법 위반을 용이하게 하지 않는 방식으로 사용되었거나 유지되었는지 여부를 포함한다.[91]

누구든지 보안 테스트 활동을 수행하는 목적으로만 기술적 수단을 개발하거나 생산하거나 배포하거나 사용하는 것은 접근통제조치의 무력화 도구의 거래 금지 조항 위반이 아니다.[92]

결론적으로 보안 테스트 면제 조항은 접근통제조치의 무력화 금지 및 접근통제조치의 무력화 도구의 거래 금지에 대한 면제 사유에 해당하고 권리통제조치의 무력화 도구의 거래 금지에 대한 면제 사유에는 해당하지 않는다.

보안 결함이나 취약성을 선의로 테스트하거나 조사하거나 보정할 목적으로만 그러한 컴퓨터 등에 접근하는 것을 의미한다. '컴퓨터 등'은 컴퓨터, 컴퓨터 시스템 또는 컴퓨터 네트워크를 말한다. 17 U. S. C. § 1201(j)(1).

90) 17 U. S. C. § 1201(j)(2).

91) 17 U. S. C. § 1201(j)(3).

92) 17 U. S. C. § 1201(j)(4). 입법 이유서에 해당하는 하원 사법 위원회, 하원 상무 위원회 및 상원 사법 위원회의 보고서를 모두 살펴보아도 보안 테스트 면제가 접근통제조치와 관련해서만 무력화 도구의 거래 금지에 대한 면제 사유로 인정되는 이유가 분명하게 제시되어 있지 않다.

7) 행정입법을 통한 면제의 설정

접근통제조치의 무력화 금지는 저작권법상 일곱 가지 법정 면제 사유 이외에도 의회 도서관장(Librarian of Congress)이 정하는 면제 규칙[93]의 적용을 받는다.

저작권청(Copyright Office)이 면제 규칙을 정하는 행정입법 절차를 실제로 주도한다. 저작권청장(Register of Copyrights)이 상무부(Department of Commerce) 통신·정보 차관보(Assistant Secretary for Communications and Information)와 협의하여 의회 도서관장에게 면제 사유에 해당하는 저작물의 유형을 권고하면 의회 도서관장은 이를 바탕으로 면제 규칙을 정하게 된다.[94] 의회 도서관장은 접근통제조치의 무력화 금지가 특정한 종류의 저작물의 이용자가 그 저작물을 비침해적으로 이용할 수 있는 능력에 악영향을 미친다고 판단하면 그 특정한 종류의 저작물을 3년마다 규칙으로 제정할 수 있고, 그 특정한 종류의 저작물의 이용자는 그 저작물에 적용된 접근통제조치를 무력화할 수 있다.[95]

접근통제조치의 무력화를 금지하면 기술적 보호조치의 도입 이전보다 훨씬 더 저작권자를 보호하게 되는 결과를 낳아 저작권법의 근간인 저작권자와 이용자 사이의 균형이 깨지기 때문에 이용자의 특권을 보장해 주는 차원에서 면제 규칙이 마련된 것이라고 할 수 있다.

일곱 가지 법정 면제 사유에 더하여 행정입법으로 3년마다 추가적인 면제 사유를 정하도록 한 취지는 기술의 발달에 따른 환경 변화에서 신속하게 적응하고 새로운 균형을 달성하도록 하기 위한 것이라고 할 수 있다.

---

93) 37 CFR § 201.40.
94) 17 U. S. C. § 1201(a)(1)(C).
95) Id.

한편 행정입법 절차에 따라 제정된 면제 사유는 기술적 보호조치의 무력화 도구의 거래 금지 조항의 위반 책임을 묻는 청구에 대한 항변이 되지 않는다.[96]

8) 저작권 보호 시스템의 무력화와 공정 이용

DMCA는 기술적 보호조치 제도를 새로이 도입하면서 공정 이용, 저작권 침해에 대한 2차적 책임, 표현의 자유 등을 포함한 기존의 법리에 부정적인 영향을 미치지 않도록 하는 조항을 신설하였다.

제1201조의 어느 규정도 (1) 저작권법에 따른 권리, 구제 수단, 제한 또는 공정 이용을 포함한 저작권 침해에 대한 항변에 영향을 미치지 않고,[97] (2) 기술·제품·서비스·장치·부품 또는 그 일부와 관련하여 저작권 침해에 대한 대위 책임 또는 기여 책임을 확장하거나 축소하지 않으며,[98] (3) 가전제품 등[99]의 일부나 부품 또는 그러한 일부나 부품이 통합된 제품이 달리 기술적 보호조치의 무력화 도구의 거래 금지 조항에 해당하지 않는 한, 가전제품 등의 디자인이 또는 가전제품 등의 일부 및 부품의 디자인 및 선택이 특정한 기술적 조치에 대한 대응책을 마련할 것을 요하지 않고,[100] (4) 가전제품 등을 이용하는 활동에 대하여 언론의 자유나 출판의 권리를 확장하거나 축소하지 않는다.[101]

§ 1201(c)(1)로 인하여 기술적 보호조치의 무력화 도구의 거래 금

---

96) 17 U. S. C. § 1201(a)(1)(E).
97) 17 U. S. C. § 1201(c)(1).
98) 17 U. S. C. § 1201(c)(2).
99) 가전제품 등은 가전제품(consumer electronics), 전기통신(telecommunications) 또는 전산 제품(computing product)을 말한다. 17 U. S. C. § 1201(c)(3).
100) *Id.*
101) 17 U. S. C. § 1201(c)(4).

지에 대한 공정 이용 면제가 인정될 여지가 있다. 그러나 제2 순회법
원은 이에 반대하면서 § 1201(c)(1)로 인하여 무력화 발생 이후의 저
작물 이용에는 DMCA가 관여하지 않는 것이 분명하고 DMCA에 의하
여 불법화된 방식으로 획득된 정보의 공정한 이용이 금지되지 않는
다고 해석하였다.[102]

§ 1201(c)(3)은 제1201조의 어느 규정도 가전제품 등의 제조업체가
특정한 기술적 보호조치에 대응하기 위하여 제품 또는 부품을 디자
인할 것을 요하지 않는다는 점을 분명히 하고 있다.[103] 따라서 디지
털 장비 제조업체는 특정한 기술적 보호조치에 대응하는 제품을 설
계할 적극적인 의무를 부담하지 않는다.[104] 이 조항은 또한 특정한
기술적 보호조치에 대응하는 제품을 제공하지 않는 것만으로는 책
임을 지지 않지만 그러한 제품이 무력화 도구에 해당하면 그 제품을
거래한 사람의 책임은 면제되지 않는다는 점을 분명히 하고 있다.[105]

9) 미국식 기술적 보호조치 제도의 전파

미국은 다른 국가들이 기술적 보호조치와 관련하여 DMCA에 반영
된 미국식 접근법을 채택하도록 장려하였다. 미국 무역 대표부
(United States Trade Representative)는 일련의 양자 간 FTA와 지역적 FTA
를 협상하면서 협정 조건 중에 WCT에의 가입을 포함시켰다.[106] 이러
한 협정들 중 몇몇은 FTA 체약 당사국에 DMCA 스타일로 기술적 보
호조치를 보호하도록 의무를 부과하고 있다.[107]

---

102) *Universal City Studios, Inc. v. Corley*, 273 F. 3d 429, 443 (CA2 2001).
103) S. Rep. No. 105-190, p. 30 (1998).
104) Dan L. Burk, *Anticircumvention Misuse*, 50 UCLA L. Rev. 1095, 1104 (2003); Samuelson (1999), p. 536.
105) S. Rep. No. 105-190, pp. 30-31 (1998).
106) Cohen et al. (2015), p. 884.

10) 평가

미국이 도입한 기술적 보호 시스템의 가장 큰 특징은 기술적 보호조치를 접근통제조치와 권리통제조치로 구별하였다는 점이다. 권리통제조치는 저작권을 보호하는 기술적 조치라는 점에서 기존의 저작권 체계를 크게 바꾸지 않는다. 접근통제조치는 저작권을 직접 보호하기보다는 저작물에 대한 접근을 보호하는 기술적 조치이다. 접근통제조치의 무력화에 대한 금지는 저작물의 비침해적 이용에 영향을 미치지 않을 수 없다. 이 문제점을 해결하기 위한 일환으로 DMCA는 일곱 가지 면제 조항도 규정하였고 제1201조가 기존의 공정이용과 같은 저작권 침해에 대한 항변에 영향을 미치지 않는다는 § 1201(c)(1)과 같은 조항도 규정하였다. 그러나 미국 법원은 이 규정에 대하여 아주 좁게 해석함으로써 단순한 선언적 규정으로 전락시켰다.

한편 DMCA의 입법은 여러 이해관계인의 상충되는 이익을 조정하는 과정에서 특정한 이익 집단의 요구에 맞춰 규정을 만들다 보니 지나치게 복잡하고 이해하기 힘든 규정이 되었다.[108]

3. EU 저작권 지침

EU와 대다수의 EU 회원국 역시 WIPO 조약의 체약 당사국이다. EU는 2001년에 저작권 지침[109]을 제정하여 WIPO 조약에 반영된 디지털

---

107) 미국·싱가포르 FTA(2003. 5. 6.) 제16.4조, 미국·칠레 FTA(2003. 6. 6.) 제17.7조, 도미니카공화국·중앙아메리카·미국 FTA(2004. 8. 5.) 제15.5조, 미국·콜롬비아 FTA(2006. 2. 27.) 제16.7조, 미국·파나마 FTA(2007. 6. 28.) 제15.5조, 한미 FTA(2007. 6. 30.) 제18.4조 참조.

108) David Nimmer, *A Riff on Fair Use in the Digital Millennium Copyright Act*, 148 U. Pa. L. Rev. 673, 675 (2000).

의제와 관련된 내용을 포함시켰다.[110] EU 저작권 지침 중 기술적 보호조치에 관한 규정을 살펴보기로 한다.

1) 기술적 보호조치의 무력화

회원국은 무력화를 실행하는 사람이 그 목적을 추구하고 있다는 것을 알면서 또는 알 수 있는 합리적인 이유를 가지고서, 즉 고의 또는 과실로 실행하는 효과적인 기술적 조치의 무력화에 대하여 충분한 법적 보호를 마련하여야 한다.[111]

'기술적 조치'는 정상적인 작동 과정에서 저작물 등과 관련하여 권리자[112]로부터 허락받지 않은 행위를 방지하거나 제한하기 위하여 고안된 기술, 장치 또는 부품을 의미한다. 권리자가 저작물 등의 암호화, 뒤섞기 또는 그 밖의 다른 변환과 같이 보호 목적을 달성하는 접근 통제 내지 보호 프로세스의 적용을 통하여 또는 보호 목적을 달성하는 복제 통제 메커니즘의 적용을 통하여 보호되는 저작물 등의 이용을 통제하는 경우 기술적 조치는 '효과적인' 것으로 간주된다.[113]

회원국은 또한 무력화 도구의 거래에 대하여 충분한 법적 보호를 마련하여야 한다.[114] 여기서 무력화 도구는 (1) 효과적인 기술적 조치의 무력화가 목적이라고 홍보·광고·판촉이 되는 장치·제품·부품·

---

109) Directive 2001/29/EC of the European Parliament and of the Council of 22 May 2001 on the harmonisation of certain aspects of copyright and related rights in the information society. 이하 'EU 저작권 지침'이라고 한다.

110) EU 저작권 지침 전문 중 제15리사이틀(recital 15).

111) EU 저작권 지침 제6조(article 6) 제1항(paragraph 1).

112) 권리자에는 저작권자, 저작인접권자 및 데이터베이스 지침(96/9/EC)의 제3장에 규정된 고유한 권리(sui generis right)의 보유자, 즉 데이터베이스제작자가 포함된다. EU 저작권 지침 제6조 제3항.

113) Id.

114) EU 저작권 지침 제6조 제2항.

서비스 또는 (2) 효과적인 기술적 조치를 무력화하는 것 외에는 상업적으로 중요한 목적이나 용도가 제한적인 장치·제품·부품·서비스 또는 (3) 효과적인 기술적 조치의 무력화를 가능하게 하거나 용이하게 하는 것을 주목적으로 고안되거나 생산되거나 개조되거나 실행되는 장치·제품·부품·서비스를 의미한다.[115] 금지되는 거래의 유형은 무력화 장치·제품·부품에 대해서는 제조, 수입, 배포, 판매, 대여, 판매나 대여를 위한 광고 또는 상업적 목적을 위한 소지이고 무력화 서비스에 대해서는 제공이다.[116]

2) 기술적 보호조치의 무력화에 대한 예외

(1) 필수적 예외 사유

회원국은 EU 저작권 지침에 따라 권리자의 자발적 조치가 없을 경우 복제권, 공중 전달권 및 이용 제공권의 제한 규정 중 일부에 대하여 그 제한 규정에 따른 혜택을 받는 데 필요한 한도에서 권리자가 혜택을 받을 수 있는 수단을 제공하도록 입법하여야 한다.[117] 따라서 회원국은 이러한 필수적 예외 사유에 해당하는 영역에서 기술적 보호조치의 무력화를 허용하는 것에만 그치는 것이 아니라 아예 권리자가 그 영역의 수혜자에게 혜택을 받는 데 필요한 수단까지 제공하도록 입법하여야 한다.

복제권에 대한 제한 규정 중 필수적 예외 사유는 (1) 사진 기술을 사용한 종이 복제,[118] (2) 공중이 이용할 수 있는 도서관, 교육기관 또는 박물관에 의한 복제 또는 직간접적으로 경제적 또는 영리적 이익

---

115) Id.

116) Id.

117) EU 저작권 지침 제6조 제4항 제1문단(first subparagraph).

118) EU 저작권 지침 제5조 제2(a)항[paragraph 2(a)].

을 추구하지 않는 기록 보존소에 의한 복제,[119] (3) 방송 단체가 자체 시설로 자체 방송을 위하여 저작물을 일시적으로 녹음하거나 녹화하는 것[120] 또는 (4) 병원이나 교도소와 같이 비영리적 목적을 추구하는 사회단체에 의한 방송의 복제[121]이다.

　공중 전달권 및 이용 제공권에 대한 제한 규정 중 필수적 예외 사유는 (1) 수업이나 과학적 연구를 위한 일러스트레이션을 유일한 목적으로 하는 이용,[122] (2) 장애인을 위한 이용[123] 또는 (3) 공공 보안이나 행정·입법·사법 절차를 위한 이용[124]이다.

(2) 선택적 예외 사유

　회원국은 권리자가 아직 사적 이용을 위한 복제[125]를 가능하게 하지 않은 경우 사적 이용을 위한 복제 조항에 따른 예외나 제한의 혜택을 받는 데 필요한 한도에서 권리자가 수혜자에게 혜택을 받을 수 있는 수단을 제공하도록 하는 조치를 취할 수 있다.[126] 이 규정은 의무 규정이 아니라 선택 규정이기 때문에 회원국이 그러한 조치를 취할지 여부를 선택할 수 있다. 회원국은 사적 이용을 위한 복제와 관련하여 조치를 취하더라도 권리자가 복제 횟수와 관련하여 적절한 조치를 채택하는 것을 막을 수는 없다.[127]

---

119) EU 저작권 지침 제5조 제2(c)항.
120) EU 저작권 지침 제5조 제2(d)항.
121) EU 저작권 지침 제5조 제2(e)항.
122) EU 저작권 지침 제5조 제3(a)항.
123) EU 저작권 지침 제5조 제3(b)항.
124) EU 저작권 지침 제5조 제3(e)항.
125) 사적 이용을 위한 복제는 자연인이 사적 이용을 위하여 그리고 직간접적 비영리적 목적을 위하여 실행하는 복제를 의미한다. EU 저작권 지침 제5조 제2(b)항.
126) EU 저작권 지침 제6조 제4항 제2문단.
127) *Id.*

3) 평가

EU 저작권 지침은 '효과적인' 기술적 조치와 관련하여 '접근 통제 프로세스'와 '복제 통제 메커니즘'을 모두 규정하고 있기 때문에 EU 저작권 지침에 따른 효과적인 기술적 조치는 접근통제조치와 권리통제조치를 모두 포함한다. 회원국은 EU 저작권 지침 제6조 제1항에 따라 효과적인 기술적 조치의 무력화에 대하여 충분한 법적 보호를 마련하여야 하기 때문에 접근통제조치의 무력화와 권리통제조치의 무력화에 대하여 모두 법적 보호를 하여야 한다. 이것은 접근통제조치의 무력화만 금지하고 권리통제조치의 무력화는 허용하는 미국의 DMCA와 구별되는 점이다.

한편 EU 저작권 지침에 따른 무력화 도구의 세 가지 요건과 금지되는 거래 유형은 대체로 미국 저작권법의 관련 조항과 유사하다.

그러나 EU 저작권 지침은 효과적인 기술적 조치의 무력화와 무력화 도구의 거래에 대하여 '충분한 법적 보호'를 마련하도록 규정하고 있을 뿐 구체적으로 어떠한 법적 보호를 마련하는 것이 충분한 법적 보호인지에 대해서는 아무런 내용이 없다.

EU 저작권 지침에서 규정하고 있는 기술적 보호조치의 무력화에 대한 예외 사유는 단순히 공정한 보상을 요건으로 하거나[128] 비영리적인 목적과 공정한 보상을 요건으로 하는[129] 정도에 불과하기 때문에 미국 저작권법의 면제 사유보다는 그 범위가 넓은 것으로 보인다. 특히 사적 이용을 위한 복제인지 여부는 이용 형태보다는 비영리성이라는 이용 목적에 따라 결정되기 때문에[130] 무력화 금지나 도구 거래 금지에 대하여 사적 복제 예외가 허용될 경우에는 상당히

---

128) EU 저작권 지침 제5조 제2(a)항.
129) EU 저작권 지침 제5조 제2(e)항.
130) EU 저작권 지침 제5조 제2(b)항.

넓은 범위의 이용 형태와 관련하여 그 예외가 인정되는 결과가 될
것이다.

제3절 기술적 보호조치의 연혁

1. WIPO 조약에의 가입을 위한 기술적 보호조치의 제·개정

1) 컴퓨터프로그램 보호법상 기술적 보호조치

우리나라 법률에 최초로 기술적 보호조치가 도입된 것은 2000년 1월 28일 법률 제6233호로 전부 개정된 컴퓨터프로그램보호법이다. 이 법은 '기술적 보호조치'를 프로그램에 관한 식별 번호 또는 고유 번호의 입력, 암호화 등을 통하여 프로그램 저작권을 보호하는 조치로 정의하였다.[1] 이 법은 기술적 보호조치의 무력화를 금지하였을 뿐만 아니라 무력화 기기·장치·부품의 양도·대여·유통 및 무력화 프로그램의 전송·배포를 금지하였다.[2] 한편 이 법에 규정되어 있는 모든 제한 규정에 대하여 무력화 금지에 대한 예외를 인정함으로써 예외의 범위를 광범위하게 설정하면서도 도구 거래 금지에 대해서는 예외를 인정하지 않았다.[3]

이 법은 그 제정 이유를 "최근 정보 기술의 발달로 인하여 프로그램 저작권의 침해가 다양하고 광범위하게 이루어짐에 따라 프로그램 저작권자의 권리를 보호하고, 프로그램 저작권 보호 제도의 수준을 신저작권조약의 내용을 반영하여 국제적 수준으로 높임으로써 프로그램 산업 발전의 기반을 조성하려는 것"이라고 밝히고 있다.[4]

---

1) 컴퓨터프로그램보호법(법률 제6233호) 제2조 제9호.
2) 컴퓨터프로그램보호법(법률 제6233호) 제30조.
3) *Id.*
4) 컴퓨터프로그램보호법(법률 제6233호) 입법 이유서.

아직 WCT에 가입하지 않은 상황에서 이 조약에 가입하기 위한 조치
의 일환으로 기술적 보호조치를 도입하였다는 사실을 알 수 있다.

2001년 1월 26일 법률 제6357호로 개정된 컴퓨터프로그램보호법에
서 주목할 만한 개정 내용은 기술적 보호조치의 무력화 금지에 대한
예외 사유에 연구·교육 등의 목적으로 프로그램과 관련된 암호화 분
석을 하기 위하여 필요한 경우를 추가한 점[5]과 무력화 기기·장치·부
품의 제조·수입을 금지함으로써 금지되는 거래 유형을 추가하고 무
력화 기술의 제공을 금지함으로써 무력화 도구에 '기술'을 추가한 점
이다.[6]

2002년 12월 30일 법률 제6843호로 개정된 컴퓨터프로그램보호법
은 '기술적 보호조치'를 권리를 효과적으로 보호하는 핵심 기술 또는
장치 등을 통하여 프로그램 저작권을 보호하는 조치로 정의함으로
써 "효과적으로"라는 문구를 삽입하였다.[7]

2) 저작권법상 기술적 보호조치

기술적 보호조치가 최초로 도입된 저작권법은 2003년 5월 27일 개
정된 법률 제6881호이다. 이 법은 '기술적 보호조치'를 저작권에 대한
침해 행위를 효과적으로 방지하기 위하여 저작권자나 저작권자의
동의를 얻은 사람이 적용하는 기술적 조치로 정의함으로써[8] 기술적
보호조치에 권리통제조치만 규정하였다. 무력화 도구의 예로 기술·
서비스·제품·장치 또는 그 주요 부품을 들고 있으며 금지되는 거래
의 예로 제공·제조·수입·양도·대여 또는 전송을 들고 있다.[9]

---

5) 컴퓨터프로그램보호법(법률 제6357호) 제30조 제1항 제6호.
6) 컴퓨터프로그램보호법(법률 제6357호) 제30조 제2항.
7) 컴퓨터프로그램보호법(법률 제6843호) 제2조 제9호.
8) 저작권법(법률 제6881호) 제2조 제20호.
9) 저작권법(법률 제6881호) 제92조 제2항.

한편 이 법은 그 제정 이유를 "저작권자 등이 불법 복제로부터 자신의 권리를 보호하기 위하여 행하는 기술적 보호조치를 다른 사람이 침해하지 못하도록 보호하는 등 디지털 네트워크 환경에서의 저작권 보호를 강화하려는 것"이라고 밝히고 있다.[10]

2. 한미 FTA와 한·EU FTA에 따른 개정

1) 한미 FTA

(1) 배경

한국과 미국은 2007년 6월 30일에 대한민국과 미합중국 간의 자유무역협정(Free Trade Agreement between the Republic of Korea and the United States of America, 이하 '한미 FTA'라고 한다)에 서명하였고 2010년 12월 3일에 이전의 협정을 수정하여 새로운 협정을 체결하였다. 이 협정은 2011년 11월 22일에 국회의 비준 동의를 얻었고 한국과 미국이 합의한 날인 2012년 3월 15일에 발효하였다.

(2) 관련 규정

저작자 등[11]이 권리의 행사와 관련하여 사용하고 저작물 등[12]에 대하여 허락받지 않은 행위를 제한하는 효과적인 기술적 조치의 무력화에 대하여 충분한 법적 보호와 효과적인 법적 구제 수단을 마련하기 위하여, 각 당사국은 (1) 고의로 또는 과실로 접근통제조치를 권한 없이 무력화하는 사람 또는 (2) 무력화 도구를 거래하는 사람이

---

10) 저작권법(법률 제6881호) 입법 이유서.
11) 저작자 등은 저작자, 실연자 및 음반제작자를 말한다. 한미 FTA 제18.4조 제7항 (a)호.
12) 저작물 등은 저작물, 실연 및 음반을 말한다. *Id.*

민사책임을 지고 이러한 금지 행위를 영리를 위하여 고의로 한 경우에는 형사책임을 지도록 규정하여야 한다.[13] 여기서 무력화 도구는 (1) 효과적인 기술적 조치의 무력화가 목적이라는 것을 아는 사람이 또는 그 사람과 협력하여 행동하는 다른 사람이 홍보·광고·판촉을 하는 장치·제품·부품·서비스 또는 (2) 기술적 조치를 무력화하는 것 외에는 상업적으로 중요한 목적이나 용도가 제한적인 장치·제품·부품·서비스 또는 (3) 효과적인 기술적 조치의 무력화를 가능하게 하거나 용이하게 하는 것을 주목적으로 고안되거나 생산되거나 실행되는 장치·제품·부품·서비스를 의미한다.[14] 금지되는 거래 행위의 유형은 무력화 장치·제품·부품에 대해서는 제조, 수입, 배포, 공중에 대한 청약, 제공 또는 거래이고 무력화 서비스에 대해서는 공중에 대한 청약 또는 제공이다.[15]

'효과적인 기술적 조치'는 정상적인 작동 과정에서 보호되는 저작물 등에 대한 접근을 통제하거나 저작권 또는 저작인접권을 보호하는 기술·장치·부품을 의미하므로[16] 효과적인 기술적 조치에 접근통제조치와 권리통제조치가 모두 포함된다.

어느 당사국도 가전제품 등[17]이 달리 도구 거래 금지 조항에 위반되지 않는 한 가전제품 등의 디자인이나 가전제품 등의 일부·부품의 디자인·선택이 특정한 기술적 조치에 대한 대응책을 마련하도록 요구할 의무를 지지 않는다.[18]

각 당사국은 기술적 조치의 무력화 금지 위반 및 도구 거래 금지

---

13) *Id.*
14) *Id.*
15) *Id.*
16) 한미 FTA 제18.4조 제7항 (f)호.
17) 가전제품 등은 가전제품, 전기통신 또는 전산 제품을 말한다. 한미 FTA 제18.4조 제7항 (b)호.
18) *Id.* 이 조항은 미국 저작권법 § 1201(c)(3)이 반영된 규정이다.

위반을 저작권 및 저작인접권 침해가 발생하였는지 여부와 독립된 별개의 청구원인(cause of action)으로 규정하여야 한다.[19]

무력화 금지와 도구 거래 금지에 대한 예외는 다음의 여덟 가지 활동에 국한되는데[20] 무력화 금지에 대한 예외 사유와 도구 거래 금지에 대한 예외 사유가 서로 다르다.[21]

첫 번째 예외는 합법적으로 취득한 컴퓨터 프로그램의 복제물과 관련하여 쉽게 이용할 수 없었던 그 컴퓨터 프로그램의 특정한 요소에 대하여 다른 컴퓨터 프로그램과의 호환성을 위해서만 선의로 수행한 비침해적인 리버스 엔지니어링 활동이다.[22]

두 번째 예외는 적절한 자격을 갖춘 연구자가 저작물의 복제물 등[23]을 합법적으로 취득하고 정보의 뒤섞기 및 복호화를 위한 기술의 결함 및 취약성을 확인·분석하는 것으로 이루어진 연구만을 위하여 필요한 한도에서 수행한 비침해적인 선의의 활동이다.[24] 다만 그 연구자는 그러한 활동을 위한 권한을 얻으려고 성실한 노력을 하였어야 한다.[25]

세 번째 예외는 미성년자가 부적절한 온라인 콘텐츠에 접근하는 것을 막는 목적으로만 기술·제품·서비스·장치에 부품이나 일부를 삽입하는 것이다.[26] 다만 그 기술·제품·서비스·장치는 그 자체로 도구 거래 금지 조항에 위반되지 않아야 한다.[27]

---

19) 한미 FTA 제18.4조 제7항 (c)호.
20) 한미 FTA 제18.4조 제7항 (d)호.
21) 한미 FTA 제18.4조 제7항 (e)호.
22) 한미 FTA 제18.4조 제7항 (d)호 제1목.
23) 저작물의 복제물 등은 (1) 저작물의 복제물, 고정되지 않은 실연이나 전시, (2) 실연 또는 (3) 음반을 말한다.
24) 한미 FTA 제18.4조 제7항 (d)호 제2목.
25) *Id.*
26) 한미 FTA 제18.4조 제7항 (d)호 제3목.
27) *Id.*

네 번째 예외는 컴퓨터 등[28]의 보안을 테스트하거나 조사하거나 보정하기 위한 비침해적인 선의의 활동이다.[29] 다만 그러한 활동을 할 수 있도록 컴퓨터 등의 소유자로부터 권한을 부여받은 경우이어야 한다.[30]

다섯 번째 예외는 저작물에 접근할 수 있는 능력에 영향을 미치지 않는 방식으로 자연인의 온라인 활동을 반영하는 개인 식별 정보의 비공개적인 수집 또는 전파 능력을 확인하고 무력화하기 위한 비침해적인 활동이다.[31]

여섯 번째 예외는 공무원이 법 집행 목적, 정보 목적, 안전 보장 목적 또는 유사한 정부 목적을 위하여 수행하는, 합법적으로 승인된 활동이다.[32]

일곱 번째 예외는 비영리 도서관, 기록 보존소 또는 교육기관이 달리 저작물 등을 사용할 수 없을 경우 그 구입을 결정하기 위하여 저작물 등에 접근하는 것이다.[33]

여덟 번째 예외는 특정한 종류의 저작물 등의 비침해적 이용이다.[34] 다만 그러한 비침해적 이용에 미치는 실제 악영향 또는 가능성 있는 악영향이 입법 절차 또는 행정 절차에서 실질적 증거에 의하여 증명된 경우에 한하고 이렇게 채택된 예외는 그 절차가 완료된 날부터 3년을 초과하지 아니하는 기간 동안 유효하며 그 기간은 갱신이 가능하다.[35] 이 규정은 미국 저작권법상의 행정입법 절차에 기

---

28) '컴퓨터 등'은 컴퓨터, 컴퓨터 시스템 또는 컴퓨터 네트워크를 말한다. 한미 FTA 제18.4조 제7항 (d)호 제4목.
29) *Id.*
30) *Id.*
31) 한미 FTA 제18.4조 제7항 (d)호 제5목.
32) 한미 FTA 제18.4조 제7항 (d)호 제6목.
33) 한미 FTA 제18.4조 제7항 (d)호 제7목.
34) 한미 FTA 제18.4조 제7항 (d)호 제8목.
35) *Id.*

초한 규정이다.

접근통제조치의 무력화 금지에 대해서는 이 여덟 가지 예외가 모두 적용될 수 있는 반면에, 접근통제조치의 무력화 도구의 거래 금지에 대해서는 첫 번째, 두 번째, 세 번째, 네 번째 및 여섯 번째 예외만 적용될 수 있고 권리통제조치의 무력화 도구의 거래 금지에 대해서는 첫 번째와 여섯 번째 예외만 적용될 수 있다.[36]

각 당사국은 한미 FTA의 발효 후 확인한, 예외 규정과 유사한 성격의 활동을 어떻게 다룰 것인지 검토하기 위하여 다른 당사국에 협의를 요청할 수 있다.[37] 이 규정으로 인하여 한미 양국은 한미 FTA에 규정된 예외 사유 이외의 다른 예외 사유를 국내법에 규정하기 위해서는 먼저 서로 협의하여야 한다.

(3) **평가**

한미 FTA는 기술적 보호조치와 관련하여 접근통제조치와 권리통제조치를 구별하고 그 보호 범위를 달리하는 점에서 기본 틀은 미국 저작권법과 동일하지만 도구 거래 금지 조항과 관련하여 세부적으로 두 가지 차이점이 있다.

첫 번째 차이점은 무력화 도구에 유형물로 보이는 장치·제품·부품과 무형물로 보이는 서비스를 분리하여 거래 유형을 달리 규정하였다는 것이다.

두 번째 차이점은 무력화 도구의 예에 미국 저작권법에는 포함되어 있는 '기술'과 '일부'가 빠졌다는 것이다. 이 차이가 큰 문제를 야기할 것으로 보이지는 않지만 '기술'이 빠진 점은 다소 의문의 여지가 있다. 기술적 보호조치뿐만 아니라 기술적 보호조치의 무력화 도구가 대부분 컴퓨터 프로그램 자체이거나 컴퓨터 프로그램을 포함

---

36) 한미 FTA 제18.4조 제7항 (e)호.

37) 한미 FTA 제18.4조 제7항 (e)호 주 14.

하고 있는 경우가 많을 것이기 때문에 무력화 도구에 기술이 포함되어 있지 않을 경우 무력화 도구로서 기능하는 컴퓨터 프로그램이 '장치', '제품', '부품', '서비스' 중 어디에 포함될 것인지에 관한 문제가 발생한다. 이 문제에 대해서는 우리 저작권법의 관련 부분에서 면밀히 검토하기로 한다.

2) 한·EU FTA

(1) 배경

대한민국과 유럽연합 및 그 회원국 간의 자유무역협정(Free Trade Agreement between the Republic of Korea, of the one part, and the European Union and its Member States, of the other part, 이하 '한·EU FTA'라고 한다)은 2010년 10월 6일 벨기에 브뤼셀에서 서명이 되었다.

국회는 2011년 5월 4일 한·EU FTA의 비준에 동의하였고 이 협정은 2011년 7월 1일에 발효하였다.

(2) 관련 조문

각 당사국은 무력화를 실행하는 사람이 고의 또는 과실로 실행하는 효과적인 기술적 조치의 무력화에 대하여 충분한 법적 보호를 마련하여야 한다.[38] 기술적 조치는 정상적인 작동 과정에서 저작물 등에 관하여 권리자로부터 허락받지 않은 행위를 방지하거나 제한하기 위하여 고안된 기술·장치·부품을 의미하고, 권리자가 저작물 등의 암호화, 뒤섞기 또는 그 밖의 다른 변환과 같이 보호의 목적을 달성하는 접근 통제 내지 보호 프로세스의 적용을 통하여 또는 보호의 목적을 달성하는 복제 통제 메커니즘의 적용을 통하여 보호되는 저

---

38) 한·EU FTA 제10.12조 제1항.

작물 등의 이용을 통제하는 경우 기술적 조치는 효과적인 것으로 간주된다.[39]

각 당사국은 또한 무력화 도구의 거래에 대하여 충분한 법적 보호를 마련하여야 한다.[40] 여기서 무력화 도구는 (1) 효과적인 기술적 조치의 무력화가 목적이라고 홍보·광고·판촉이 되는 장치·제품·부품·서비스 또는 (2) 기술적 조치를 무력화하는 것 외에는 상업적으로 중요한 목적이나 용도가 제한적인 장치·제품·부품·서비스 또는 (3) 효과적인 기술적 조치의 무력화를 가능하게 하거나 용이하게 하는 것을 주목적으로 고안되거나 생산되거나 개조되거나 수행되는 장치·제품·부품·서비스를 말한다.[41] 금지되는 거래의 유형은 무력화 장치·제품·부품에 대해서는 제조, 수입, 배포, 판매, 대여, 판매나 대여를 위한 광고 또는 상업적 목적을 위한 소지이고 무력화 서비스에 대해서는 제공이다.[42]

각 당사국은 무력화 금지와 도구 거래 금지에 대한 예외를 규정할 수 있다.[43] 여덟 가지 예외 사유를 규정하고 있는 한미 FTA와 달리 한·EU FTA는 무력화 금지와 도구 거래 금지에 대하여 예외를 둘 수 있다고 규정하고 있을 뿐 구체적인 예외 사유를 규정하고 있지는 않다.

(3) 평가

한·EU FTA에 있는 기술적 보호조치에 관한 규정은 EU 저작권 지침의 관련 규정과 거의 동일하다.

효과적인 기술적 조치에 접근통제조치와 권리통제조치가 모두

---

39) 한·EU FTA 제10.12조 제3항.
40) 한·EU FTA 제10.12조 제2항.
41) *Id.*
42) *Id.*
43) 한·EU FTA 제10.12조 제4항.

포함되지만 두 가지 기술적 조치에 대하여 법률효과를 구별하고 있지 않다. 한·EU FTA는 효과적인 기술적 조치의 무력화에 대하여 충분한 법적 보호를 마련하여야 한다고 규정하고 있기 때문에 각 당사국은 접근통제조치의 무력화와 권리통제조치의 무력화를 모두 금지하고 그 위반 행위에 대하여 충분한 법적 보호를 마련하여야 한다.

EU 저작권 지침은 회원국이 몇몇 특정한 저작권 제한 사유에 대하여 권리자는 이용자에게 그 혜택을 누릴 수 있도록 하는 수단을 제공하도록 조치를 취하여야 한다고 규정하고 있는 데 반하여 한·EU FTA는 무력화 금지와 도구 거래 금지에 대하여 단지 예외를 둘 수 있다고 규정하고 있을 뿐이다.

3) 한국 저작권법

(1) 입법 경과

한미 FTA가 한·EU FTA보다 먼저 체결되었지만 국회의 비준 문제로 한·EU FTA는 2011년 7월 1일에 발효하고 그 뒤인 2012년 3월 15일에 한미 FTA가 발효하였다. 한·EU FTA의 체결에 따라 2011년 6월 30일에 저작권법은 법률 제10807호로 개정되었고[44] 이 법은 한·EU FTA의 발효일인 2011년 7월 1일부터 시행되었다.

(2) 입법 개요

저작권법[45]은 우선 제2조 제28호에서 (가)목과 (나)목에 각각 접근

---

44) 이 법의 입법 이유서는 그 개정 이유를 "대한민국과 유럽연합 및 그 회원국 간의 자유무역협정'을 이행하기 위하여 기술적 보호조치를 무력화하는 행위를 금지하려는 것"이라고 밝히고 있으며, 이에 따라 기술적 보호조치의 정의 규정과 금지에 대한 예외 규정 등이 개정되었다.

45) 2011년 6월 30일 법률 제10807호로 개정된 저작권법부터 현행 저작권법까지 기술적 보호조치에 관한 규정은 아무런 개정 없이 그대로 유지되고 있

통제조치와 권리통제조치를 정의하고 제104조의2 제1항에서 접근통제조치의 무력화를 금지함으로써 접근통제조치도 법적 보호를 받게 되었다.

저작권법 제104조의2 제1항은 접근통제조치를 제거·변경하거나 우회하는 등의 방법으로 무력화하여서는 안 된다고 규정하면서 단서와 각 호에 접근통제조치의 무력화 금지에 대한 여덟 가지 예외 사유를 규정하고 있다. 제1호 내지 제7호는 저작권법이 직접 규정하고 있는 법정 예외 사유이고 제8호는 문화체육관광부 장관이 정하는 고시를 통하여 정해지는 예외 사유이다.

일곱 가지의 법정 예외 사유는 (1) 암호 연구자가 저작물의 복제물을 정당하게 취득하여 저작물에 적용된 암호 기술의 결함이나 취약점을 연구하기 위하여 필요한 범위에서 무력화하는 경우,[46] (2) 미성년자가 온라인상의 유해 저작물에 접근하는 것을 방지하기 위하여 기술·제품·서비스·장치에 기술적 보호조치를 무력화하는 구성요소나 부품을 포함시키는 경우,[47] (3) 개인의 온라인상 행위를 파악할 수 있는 개인 식별 정보를 비공개적으로 수집·유포하는 기능을 확인하고 이를 무력화하기 위하여 필요한 경우,[48] (4) 국가의 법 집행, 합법적인 정보 수집 또는 안전 보장 등을 위하여 필요한 경우,[49] (5) 교육기관, 교육 지원 기관, 비영리 도서관 또는 기록물관리기관이 저작물의 구입 여부를 결정하기 위하여 필요한 경우,[50] (6) 정당

기 때문에 이하에서는 현행 저작권법을 기준으로 서술하고 단순히 '저작권법'이라고 지칭하기로 한다.

46) 저작권자로부터 연구에 대한 허락을 받기 위하여 상당한 노력을 하였으나 허락받지 못한 경우에 한한다(저작권법 제104조의2 제1항 제1호).

47) 도구 거래 금지 규정(저작권법 제104조의2 제2항)에 따라 금지되지 아니하는 경우에 한한다(저작권법 제104조의2 제1항 제2호).

48) 다른 사람들이 저작물에 접근하는 것에 영향을 미치는 경우는 제외한다(저작권법 제104조의2 제1항 제3호).

49) 저작권법 제104조의2 제1항 제4호.

한 권한을 가진 프로그램 이용자가 다른 프로그램과의 호환을 위하
여 필요한 범위에서 프로그램코드역분석을 하는 경우[51] 및 (7) 정당
한 권한을 가진 사람이 오로지 컴퓨터 또는 정보통신망의 보안을 검
사·조사·보정하기 위하여 필요한 경우[52]이다. 이 법정 예외 사유는
한미 FTA의 내용이 그대로 반영된 것임을 쉽게 알 수 있다.

예외 고시에 따른 예외 사유는 접근통제조치의 무력화 금지에 의
하여 특정 종류의 저작물을 정당하게 이용하는 것이 불합리하게 영
향을 받거나 받을 가능성이 있다고 인정되어 대통령령으로 정하는
절차에 따라 문화체육관광부 장관이 정하여 고시하는 경우이다.[53]

저작권법 제104조의2 제2항은 정당한 권한 없이 무력화 도구를 거
래하는 것을 금지한다. 여기서 무력화 도구는 (1) 기술적 보호조치의
무력화가 목적이라고 홍보·광고·판촉이 되고, (2) 기술적 보호조치를
무력화하는 것 외에는 상업적인 목적이나 용도가 제한적이며, (3) 기
술적 보호조치를 무력화하는 것을 가능하게 하거나 용이하게 하는
것을 주목적으로 고안·제작·개조되거나 기능하는 장치·제품·부품·
서비스를 의미한다.[54] 금지되는 거래의 유형은 무력화 장치·제품·부

---

50) 기술적 보호조치를 무력화하지 아니하고는 접근할 수 없는 경우에 한한다
(저작권법 제104조의2 제1항 제5호).
51) 저작권법 제104조의2 제1항 제6호.
52) 저작권법 제104조의2 제1항 제7호.
53) 이 경우 예외의 효력은 3년으로 한다(저작권법 제104조의2 제1항 제8호).
54) 저작권법 제104조의2 제2항에 "다음과 같은 장치, 제품 또는 부품을 제조...
판매... 하거나, 서비스를 제공하여서는 아니 된다."라고 규정되어 있는데
이 조항은 무력화 도구의 세 가지 요건을 가리키는 "다음과 같은"이라는
수식어구가 '장치, 제품 또는 부품'만을 수식하고 '서비스'는 수식하지 않
는 문장 구조로 되어 있다. 그러나 내용적 측면 및 한미 FTA와 한·EU FTA
의 관련 규정을 고려하면 무력화 도구의 세 가지 요건은 '서비스'에도 적
용되어야 한다. 따라서 "다음과 같은"이라는 수식어구를 '서비스' 바로 앞
에 삽입하여 "다음과 같은 장치, 제품 또는 부품을 제조... 판매... 하거나,
다음과 같은 서비스를 제공하여서는 아니 된다."로 개정하는 것이 바람직

품에 대해서는 제조, 수입, 배포, 전송, 판매, 대여, 공중에 대한 청약, 판매나 대여를 위한 광고, 유통을 목적으로 하는 보관이나 소지이고 무력화 서비스에 대해서는 제공이다.

한편 저작권법 제104조의2 제3항은 무력화 도구의 거래 금지 조항인 같은 조 제2항에 대한 예외를 규정하고 있는데, 접근통제조치와 관련하여 암호 연구, 미성년자 보호, 법 집행, 프로그램코드역분석, 보안 검사를 위한 무력화 도구의 거래가 허용되는 데 반하여 권리통제조치와 관련해서는 법 집행과 프로그램코드역분석을 위한 무력화 도구의 거래만 허용된다.

(3) 평가

우리 저작권법에 따른 기술적 보호조치에 접근통제조치와 권리통제조치가 모두 포함되는 점에서는 한미 FTA와 한·EU FTA와 동일하다. 한미 FTA는 접근통제조치와 권리통제조치를 각각 정의하고 있는 데 반하여 한·EU FTA는 암호화, 뒤섞기 또는 변환을 접근통제조치의 예로 들고 있을 뿐 접근통제조치와 권리통제조치의 의미를 규정하고 있지 않다. 우리 저작권법은 미국 저작권법과 마찬가지로 접근통제조치의 무력화만 금지하고 권리통제조치의 무력화는 금지하지 않는다. 그런데 한·EU FTA에 따르면 접근통제조치의 무력화와 마찬가지로 권리통제조치의 무력화에 대해서도 충분한 법적 보호가 마련되어야 하므로 기술적 보호조치의 무력화에 관한 우리 저작권법 제104조의2 제1항은 한·EU FTA의 규정에 반한다. 이 점에서 우리 저작권법은 기술적 보호조치의 무력화와 관련하여 한·EU FTA의 입장을 배척하고 한미 FTA의 입장을 그대로 따랐다고 할 수 있다.

저작권법은 접근통제조치의 무력화와 기술적 보호조치의 무력화

할 것이다.

도구의 거래를 금지하면서도 각각에 대하여 예외를 인정하고 있는
데 이 점에 있어서도 저작권법은 한미 FTA의 규정을 그대로 따르고
있다.

한미 FTA와 한·EU FTA가 무력화 장치·제품·부품과 무력화 서비스
에 대하여 금지되는 거래 유형을 구별하는 점에서는 두 협정이 동일
한 입장을 취하고 있다. 그러나 구체적인 거래 금지 유형에서는 약
간의 차이가 있다. 즉, 무력화 장치·제품·부품에 대해서 한미 FTA는
제조, 수입, 배포, 공중에 대한 청약, 제공 또는 거래를 금지하고 한·
EU FTA는 제조, 수입, 배포, 판매, 대여, 판매나 대여를 위한 광고 또
는 상업적 목적을 위한 소지를 금지한다. 그리고 무력화 서비스에
대해서 한미 FTA는 공중에 대한 청약 또는 제공을 금지하고 한·EU
FTA는 제공을 금지한다.

2011년 6월 30일 법률 제10807호로 개정되기 전의 저작권법에는 금
지되는 무력화 도구의 거래 유형으로 제공·제조·수입·양도·대여·전
송이 규정되어 있었으나, 개정 저작권법에는 제조·수입·배포·전송·
판매·대여·제공, 공중에 대한 청약, 판매나 대여를 위한 광고, 유통
목적의 보관·소지가 규정되었다. 개정 저작권법에 새로 추가된 거래
유형은 배포·판매, 공중에 대한 청약, 판매나 대여를 위한 광고, 유통
목적의 보관·소지이고 삭제된 거래 유형은 양도이다.

양도는 재산권의 이전이라는 물권변동 행위이고 양도의 원인행
위에는 유상행위인 매매, 무상행위인 증여 등이 있다. 판매는 상인
이 매매계약을 체결하는 행위라고 할 수 있다. 따라서 판매가 금지
되면 매매로 인한 양도 역시 금지된다. 배포는 저작물 등의 원본 또
는 그 복제물을 공중에게 대가를 받거나 받지 아니하고 양도 또는
대여하는 것[55]이기 때문에 증여로 인한 양도는 배포에 해당한다. 따

---

55) 저작권법 제2조 제23호.

라서 배포가 금지되면 증여로 인한 양도 역시 금지된다. 그러므로 배포와 판매가 금지되면 양도의 원인행위인 매매 또는 증여도 금지되고 결과적으로 양도 역시 금지된다. 개정 저작권법이 거래 유형에 배포와 판매를 추가하면서 양도를 삭제한 것은 이러한 취지로 이해할 수 있다.

무력화 도구의 거래 금지와 관련하여 개정 저작권법, 한미 FTA 및 한·EU FTA의 관계는 다음과 같다.

첫째, 개정 저작권법이 무력화 장치·제품·부품의 거래 유형과 무력화 서비스의 거래 유형을 구별하고 있는 것은 한미 FTA 및 한·EU FTA와 같다.

둘째, 개정 저작권법에 새로 추가된 거래 유형인 배포·판매, 공중에 대한 청약, 판매나 대여를 위한 광고, 유통 목적의 보관·소지 중에서 배포는 한미 FTA와 한·EU FTA에 모두 규정되어 있고 판매, 판매나 대여를 위한 광고 및 유통 목적의 보관·소지[56]는 한·EU FTA에만 규정되어 있으며 공중에 대한 청약은 한미 FTA에만 규정되어 있다.

셋째, 한미 FTA에만 규정되어 있는 '거래'는 개정 저작권법에 규정되지 않았다.

결론적으로 한·EU FTA를 이행하기 위하여 개정된 저작권법 중 기술적 보호조치와 관련된 규정은 접근통제조치의 무력화만 금지하고 일정한 예외를 인정한다는 점과 무력화 도구의 거래 금지와 관련하여 장치·제품·부품과 서비스에 대하여 금지되는 거래 유형을 달리하고 있다는 점에 비추어 볼 때 실질적으로 한·EU FTA보다 한미 FTA의 내용을 따르고 있다고 할 수 있다.[57] 다만 구체적인 거래 유형 중 일부는 한·EU FTA의 규정에 따른 것이다.

---

56) 한·EU FTA에는 상업적 목적을 위한 소지라고 규정되어 있는데 이것은 유통 목적의 보관·소지와 유사하다고 할 수 있다.
57) 동지: 강기봉(2015), 3면 주 4.

제4절 저작권법상 기술적 보호조치

1. 의의

  기술적 보호조치는 저작권[1]의 행사와 관련하여 저작물에 대한 접근을 효과적으로 방지하거나 억제하기 위하여 저작권자나 저작권자의 동의를 받은 사람이 적용하는 접근통제조치와 저작권에 대한 침해 행위를 효과적으로 방지하거나 억제하기 위하여 저작권자나 저작권자의 동의를 받은 사람이 적용하는 권리통제조치로 나뉜다.[2] 기술적 보호조치의 정의 중 주목할 부분은 접근통제조치의 정의에 들어 있는 "저작권의 행사와 관련하여"라는 부분이다. 동일한 문구가 WCT와 한미 FTA에도 규정되어 있다.[3] 이 문구는 뒤에서 보는 것처럼 접근통제조치의 축소해석과 관련하여 중요한 의미를 지닌다.

  저작권법 제104조의2 제1항은 접근통제조치의 무력화를 금지한다. 그러나 권리통제조치에 대해서는 무력화 금지 규정이 없다. 한편 제104조의2 제2항은 기술적 보호조치의 무력화 도구의 거래를 금지한다. 이 조항은 접근통제조치와 권리통제조치에 모두 적용된다. 접근통제조치의 무력화 금지에 대해서는 일곱 가지 법정 예외 사유

---

1) 이하에서 저작권은 저작재산권 이외에 저작인접권도 포함하는 개념으로, 저작물은 저작물 이외에 실연, 음반, 방송 및 데이터베이스도 포함하는 개념으로, 저작권자는 저작권자 이외에 실연자, 음반제작자, 방송사업자 및 데이터베이스제작자도 포함하는 개념으로 사용하기로 한다.
2) 저작권법 제2조 제28호.
3) WCT 제11조는 "WCT 또는 베른 협약에 따른 '권리의 행사와 관련하여' 저작자가 사용한 효과적인 기술적 조치의 무력화"라고 규정하고 있고, 한미 FTA 제18.4조 제7항 (a)호는 "'권리의 행사와 관련하여' 저작자가 사용한 효과적인 기술적 조치의 무력화"라고 규정하고 있다.

와 예외 고시에 따른 예외 사유가 적용된다. 도구 거래 금지에 대한 예외는 기술적 보호조치의 종류에 따라 서로 다르다.

접근통제조치와 권리통제조치의 의미를 좀 더 쉽게 이해할 수 있도록 예를 들어 보기로 한다. 어떤 사람이 온라인상에서 대금을 지급하고 30일 동안 전자책을 사용할 수 있는 권리를 취득하였는데, 그 전자책에는 기술적 보호조치가 취해져 있기 때문에 그 사람은 그 전자책을 그 전자책이 최초로 다운로드가 된 컴퓨터에서만 읽을 수 있고 그 전자책의 내용을 프린트할 수는 없다고 가정해 보자.[4]

프린트는 복제 행위에 해당하므로 프린트를 불가능하게 하는 기술적 보호조치는 복제권 침해 행위를 통제하기 위한 권리통제조치에 해당한다. 따라서 프린트 금지 조치를 무력화하는 것은 금지되지 않는다. 프린트 금지 조치를 무력화한 다음에 그 전자책의 내용을 실제로 프린트할 경우 그 행위가 사적 이용을 위한 복제, 공정 이용 등 저작재산권 제한 사유에 해당할 경우에는 저작권 침해도 되지 않는다. 그러나 프린트 금지 조치를 무력화하기 위하여 개발된 컴퓨터 프로그램을 인터넷 게시판이나 블로그에 업로드를 하는 것은 무력화 도구를 전송하는 것이므로 제104조의2 제2항에 위반된다.

한편 30일이 지난 후에 전자책을 읽을 수 없도록 하는 기술적 보호조치는 30일 이후에 전자책에 대한 접근을 막는 접근통제조치에 해당한다. 이 접근통제조치의 무력화는 제104조의2 제1항에 위반된다. 이 접근통제조치를 무력화하고 전자책에 접근하는 데 사용되는 도구를 전송하는 것은 제104조의2 제2항에 위반된다. 또한 전자책이 최초로 다운로드가 된 컴퓨터 이외의 기기에서는 읽힐 수 없도록 하는 기술적 보호조치 역시 다른 컴퓨터나 기기로부터 그 전자책에 접근하는 것을 막는 접근통제조치에 해당한다. 따라서 이 기술적 보호

---

4) Cohen et al. (2015), p. 866.

조치를 무력화하는 것은 제104조의2 제1항에 위반되고 무력화 도구를 전송하면 제104조의2 제2항에 위반된다.

2. 기술적 보호조치와 관련된 권리의 성질

저작권자는 기술적 보호조치에 관한 저작권법 제104조의2의 규정을 위반한 사람에 대하여 손해배상이나 이를 갈음하는 법정 손해배상의 청구를 할 수 있고, 위반하는 사람에 대하여 침해[5]의 정지를 청구할 수 있으며, 위반할 우려가 있는 사람에 대하여 침해의 예방 또는 손해배상의 담보를 청구할 수 있다.[6]

저작권자는 또한 고의 또는 과실 없이 접근통제조치를 무력화하는 사람에 대해서 무력화의 정지를 청구할 수 있고 무력화할 우려가 있는 사람에 대하여 무력화의 예방 또는 손해배상의 담보를 청구할 수 있다.[7]

그러므로 기술적 보호조치와 관련된 권리는 저작권자에게 귀속한다.

저작권자가 접근통제조치를 무력화하는 사람이나 무력화 도구를 거래하는 사람에 대하여 침해의 정지·예방 또는 손해배상의 담보를 청구하는 것은 마치 소유자가 소유권을 방해하는 사람에 대하여 방해제거청구권 및 방해예방청구권을 청구하는 것과 흡사하다. 저작권자는 또한 고의나 과실 없이 접근통제조치를 무력화하는 사람에 대해서도 무력화의 정지·예방 또는 손해배상의 담보를 청구할 수 있기 때문에 접근통제조치의 무력화와 관련된 권리는 그 요건으로 고

---

5) 여기서 침해는 정당한 권한 없이 접근통제조치를 무력화하거나 정당한 권한 없이 기술적 보호조치의 무력화 도구를 거래하는 것을 의미한다.
6) 저작권법 제104조의8.
7) *Id.*

의나 과실을 요하지 않는다. 따라서 기술적 보호조치와 관련된 권리
는 물권적 성질을 지닌다. 즉, 이 권리는 특정의 상대방이라는 것이
없고 일반인을 의무자로 하여 모든 사람에게 주장할 수 있는 절대권
으로서 배타적 권리이다.

저작권자는 접근통제조치와 관련된 권리를 접근통제조치를 무력
화한 사람에 대하여 행사할 수 있기 때문에 이 권리를 '무력화 금지
권'[8]이라고 부를 수 있다. 또한 접근통제조치는 저작물에 대한 접근
을 통제하는 기술적 조치이고 접근통제조치를 무력화한 사람은 접
근통제조치가 적용된 저작물에 접근할 수 있기 때문에 이 권리를
'접근권'[9]이라고 부를 수도 있다.

한편 무력화 금지권 또는 접근권은 저작권 그 자체는 아니지만
저작권에 준하는 권리라는 의미에서 '준저작권(paracopyright)'이라는
표현이 사용되기도 한다.[10]

3. 접근통제조치와 권리통제조치에 대한 법적 보호의 범위

저작권법은 접근통제조치를 무력화하는 행위 자체를 금지한다.
그러나 그 금지는 권리통제조치에는 적용되지 않는다. 권리통제조
치를 무력화하는 대부분의 행동은 저작권에 영향을 미치는 행위 과

---

8) *MDY Industries, LLC v. Blizzard Entertainment*, 629 F. 3d 928, 945 (CA9 2010). 이
  판결에서 제9 순회법원은 § 1201(a)가 저작권자에게 새로운 무력화 금지권
  (anti-circumvention right)을 부여한다고 해석하였다.

9) Jane C. Ginsburg, *From Having Copies to Experiencing Works: the Development of
  an Access Right in U.S. Copyright Law*, 50 J. Copyright Soc'y USA 113 (2003).

10) H. R. Rep. No. 105-551, pt. 2, p. 24 (1998); Burk (2003), p. 1095; Rebecca Tushnet,
  I Put You There: User-Generated Content and Anti-Circumvention, 12 Vand. J. Ent.
  & Tech. L. 889, 907 (2010).

정에서 발생할 것이라고 예상된다.[11] 권리통제조치의 무력화에 대한 책임은 권리통제조치를 무력화하였다는 사실에 달려 있는 것이 아니라 오히려 무력화를 한 사람이 무력화 후에 취하는 행동에 적용되는 저작권법상의 규정에 달려 있다. 즉, 권리통제조치를 무력화한 사람은 복제, 공연, 공중송신, 전시, 배포, 대여 또는 2차적 저작물 작성을 하였는지 여부, 저작물 이용 행위에 대하여 저작권자로부터 명시적으로 또는 묵시적으로 허락받았는지 여부 또는 저작재산권 제한 중 하나에 해당하는지 여부에 따라 그 책임 여부가 결정된다. 결국 권리통제조치를 무력화하는 행동의 불법은 권리통제조치를 무력화하는 행위에 달려 있는 것이 아니라 그 행위가 저작권을 구성하는 개별적인 배타적 권리를 침해하는지 여부에 달려 있다.[12]

접근통제조치를 무력화하는 행위는 종종 사적으로 일어날 것이기 때문에 그것이 탐지될 개연성은 크지 않다. 예를 들어 1주일 동안만 볼 수 있도록 접근통제조치가 취해진 영화를 1주일이 지나서도 볼 수 있도록 그 접근통제조치를 무력화하고 영화의 복제물을 만든 사람이 그 복제물을 인터넷 게시판이나 블로그에 업로드를 하면 자신의 집에서 사적으로 이용하는 것보다 무력화 행위가 있었다는 사실이 더 잘 탐지될 것이다.[13]

한편 접근통제조치를 무력화한 당사자는 무력화 이후의 행위 때문에 저작권 침해 책임을 지지 않음에도 불구하고 무력화에 대하여 책임을 지게 되는 경우도 있다. 예를 들어 저작물의 패러디 작품을 만드는 것과 같이 저작물의 공정한 이용을 위하여 접근통제조치를 무력화하고 나서 그 패러디 작품을 공중의 이용에 제공한 사람은 저

---

11) S. Rep. No. 105-190, p. 29 (1998).

12) R. Anthony Reese, *Will Merging Access Controls and Rights Controls Undermind the Structure of Anticircumvention Law?*, 18 Berkeley Tech. L. J. 619, 624 (2003).

13) *Id.*, pp. 624-625.

작권 침해에 대한 책임을 지지는 않겠지만 그 사람이 그 패러디 작품을 공중의 이용에 제공함으로써 자신이 무력화를 하였다는 사실을 드러냈기 때문에 제104조의2 제1항에 따른 책임에 직면할 수 있다. 이 경우 저작권법이 저작권과 관련해서 저작권자에게 아무런 구제 수단을 제공하지 않음에도 불구하고 저작권자는 접근통제조치의 무력화 금지 조항 위반을 이유로 패러디 작품을 만든 사람에 대하여 무력화 금지권을 행사할 수 있다. 권리통제조치를 무력화하는 사람을 상대로 해서는 그러한 구제 수단이 제공되지 않는다.[14]

요컨대 무력화 금지가 접근통제조치에만 적용되기 때문에 이 점에 있어서 접근통제조치는 권리통제조치보다 더 큰 보호를 받는다.

한편 접근통제조치와 관련하여 암호화 연구, 미성년자 보호, 법 집행, 프로그램코드역분석 및 보안 검사를 위한 예외 사유에 해당할 경우에는 무력화 도구를 거래할 수 있고, 권리통제조치와 관련해서는 법 집행과 프로그램코드역분석을 위한 경우에만 무력화 도구를 거래할 수 있다.[15] 그런데 대부분의 이용자가 기술 전문가라기보다는 기술에 대한 문외한인 경우가 많을 것이기 때문에 무력화 도구를 구할 수 없으면 무력화 행위가 허용되더라도 그러한 무력화를 할 수 없다. 따라서 도구 거래 금지에 대한 예외를 인정할 경우에만 무력화를 허용하는 예외 사유가 의미를 가지게 된다.

접근통제조치와 관련해서는 다섯 가지 예외 사유에 대하여 무력화 도구의 거래가 인정되고 권리통제조치와 관련해서는 두 가지 예외 사유에 대해서만 무력화 도구의 거래가 인정된다. 일견 예외 사유의 개수가 더 적은 권리통제조치가 접근통제조치보다 더 강력한 보호를 받는다고 볼 수 있다. 그런데 도구 거래에 대하여 접근통제조치와 관련해서만 인정되고 권리통제조치와 관련해서는 인정되지

---

14) *Id.*, pp. 626-627.
15) 저작권법 제104조의2 제3항.

않는 예외 사유는 암호화 연구, 미성년자 보호 및 보안 검사이다. 이 중 암호화 연구와 보안 검사는 컴퓨터와 관련된 예외 사유로서 그 예외를 활용할 주체가 대부분 컴퓨터 분야의 전문가들이라고 예상된다. 따라서 컴퓨터 전문가들이 이 두 가지 예외 사유를 활용하기 위하여 무력화 도구를 개발하는 것은 그다지 어렵지 않을 것이다. 그래서 이 두 분야에서 무력화 도구의 거래가 허용되는 것은 일반 이용자의 입장에서는 큰 차이가 없을 것이다. 결국 접근통제조치와 관련해서 도구 거래가 허용되지만 권리통제조치와 관련해서는 도구 거래가 허용되지 않는 예외 사유 중 실질적으로 일반인에게 의미가 있는 것은 미성년자 보호를 위한 예외 사유 한 가지라고 할 수 있다. 따라서 도구 거래와 관련하여 권리통제조치가 접근통제조치보다 약간 더 보호되지만 실질적 차이는 크지 않다고 생각된다.

결론적으로 무력화 금지의 인정 여부와 무력화 도구 거래의 예외 사유의 개수 이 두 가지 측면을 모두 고려하면 접근통제조치가 권리통제조치보다 법적으로 더 강한 보호를 받는다고 할 수 있다.[16]

4. 접근 통제의 의미

1) 의의

접근통제조치는 저작권의 행사와 관련하여 저작권법에 따라 보호되는 저작물에 대한 접근을 효과적으로 방지하거나 억제하기 위하여 저작권자나 저작권자의 동의를 받은 사람이 적용하는 기술적 조치이다. 따라서 접근통제조치의 가장 기본적인 전제는 기술적 조치가 저작물에 대한 접근을 통제하여야 한다는 것이다. 그런데 오히려 어떠한 기술적 조치가 접근을 통제하지 않는 경우에 해당하는 사

---

16) Reese (2003), p. 640.

례를 살펴봄으로써 접근을 통제한다는 것의 의미를 명확하게 파악
하기로 한다.

2) 구체적 사례

(1) 인증 시퀀스

Lexmark 사건[17]의 원고 Lexmark는 인증 시퀀스(authentication sequence)
를 갖춘 레이저 프린터를 판매하였다. 원고 회사의 프린터에 내장되
어 있는, 저작권에 의하여 보호되는 프린터 엔진 프로그램이 인증
시퀀스를 확인하는데 이 인증 시퀀스는 원고 회사의 토너 카트리지
가 원고 회사의 프린터에 삽입될 경우에만 원고 회사의 프린터가 작
동되도록 한다.[18] 피고 Static Control Components는 원고 회사가 아닌
다른 제조업체의 카트리지가 원고 회사의 프린터와 호환되도록 인
증 시퀀스를 만들어 내는 마이크로칩(microchip)을 판매하였다.[19]

원고 회사의 프린터를 구입한 사람은 누구든지 인증 시퀀스의 유
무에 관계없이 프린터 엔진 프로그램의 문자 코드를 프린터 메모리
로부터 직접 읽을 수 있으며 그렇게 읽어 들인 데이터는 읽을 수 있
는 소스 코드(source code)로 전환될 수 있고 그 후 그 복제물은 자유
롭게 배포될 수 있다. 따라서 원고 회사의 인증 시퀀스가 프린터 엔
진 프로그램에 대한 접근을 통제하는 것이 아니라 원고 회사의 프린
터를 구입하였다는 사실 때문에 그 프로그램에 접근할 수 있는 것이
다.[20] 달리 말하면 프린터 엔진 프로그램 코드에 대한 접근을 막는
어떠한 보안 장치도 없고, 따라서 그 프로그램 코드에 접근하기 위

---

17) *Lexmark Int'l, Inc. v. Static Control Components, Inc.*, 387 F. 3d 522 (CA6 2004).
18) *Id.*, p. 530.
19) *Id.*
20) *Id.*, p. 546

하여 어떠한 것도 무력화할 필요가 없다.[21)]

인증 시퀀스가 '접근'의 한 가지 형태, 즉 프린터가 작동되지 않게 함으로써 프린터 엔진 프로그램을 이용할 수 있는 능력을 막는 것은 사실이지만 그것이 접근의 다른 형태, 즉 컴퓨터 프로그램의 복제물을 취득하거나 그 프로그램의 문자 요소를 이용할 수 있는 능력을 막는 것은 아니다. 달리 저작물에 접근할 수 있을 때에는 접근통제 조치의 무력화 도구의 거래 금지 조항이 당연히 적용되지 않는다. 어떤 집의 앞문에는 자물쇠가 없는데 뒷문에 있는 자물쇠가 그 집에 대한 접근을 통제한다고 말할 수 없는 것처럼 그리고 주택의 매수인이 열쇠를 받은 후에는 그 주택의 문에 달려 있는 자물쇠가 그 주택에 대한 접근을 통제한다고 말할 수 없는 것처럼, 접근통제조치의 무력화 도구의 거래 금지 조항이 달리 쉽게 접근할 수 있는 저작물에 적용된다고 말하는 것은 타당하지 않다. 또한 DMCA는 접근을 통제하는 기술적 조치를 요할 뿐만 아니라 기술적 조치가 접근을 '효과적으로' 통제할 것을 요하기 때문에 접근통제조치의 무력화 도구의 거래 금지 조항은 접근의 한 형태만 제한하고 나머지 길은 활짝 열어 놓은 기술적 조치에는 당연히 확장되지 않는다.[22)]

결론적으로 이 사건 법원은 원고 회사의 인증 시퀀스가 원고 회사의 컴퓨터 프로그램에 대한 접근을 제한하지 않기 때문에 접근통제조치의 무력화 도구의 거래 금지 조항이 적용되지 않는다고 판단하였다.[23)]

(2) 자동 사냥 프로그램

MDY 사건[24)]에서 피고 Blizzard는 'World of Warcraft'(이하 'WoW'라고

---

21) *Id.*, p. 547.
22) *Id.*
23) *Id.*, p. 548.

한다)라는 게임의 개발자이다.[25] 원고 MDY는 'Glider'라는 컴퓨터 프로그램을 개발하고 판매하였다.[26] Glider는 일종의 '봇(bot)'[27]으로서 플레이어(player)를 위하여 WoW의 초기 단계의 플레이를 자동적으로 해 준다.[28]

Blizzard는 봇을 사용하는 플레이어가 WoW 서버에 접속하는 것을 막기 위하여 'Warden'이라는 기술을 개발하였다. Warden은 Glider를 탐지할 수 있었고 Blizzard는 즉시 대부분의 Glider 이용자들을 금지시키기 위하여 Warden을 사용하였다. MDY는 탐지를 피하기 위하여 Glider를 수정하였다.[29]

한편 WoW 소프트웨어는 플레이어가 컴퓨터에 설치하는 '게임 클라이언트 소프트웨어'와 플레이어가 WoW 서버에 접속함으로써 접근하는 '게임 서버 소프트웨어'로 구성된다.[30] WoW 소프트웨어의 세 가지 요소는 (1) 게임 클라이언트 소프트웨어의 '문자 요소(literal element)', 즉 플레이어의 하드 드라이브에 저장된 소스 코드, (2) '개별 비문자 요소(individual non-literal element)', 즉 괴물의 시각적 이미지나 포효와 같은 게임의 개별적인 시각적 요소와 가청 요소 및 (3) 게임의 '동적 비문자 요소(dynamic non-literal element), 즉 다른 세상으로의 여행, 다른 세상의 소리 듣기, 다른 세상의 구조물 보기, 거주자와 괴물과의 조우 및 다른 플레이어들과의 조우와 같은 실시간 경험이다.[31]

---

24) *MDY Industries, LLC v. Blizzard Entertainment*, 629 F. 3d 928 (CA9 2010).
25) *Id.*, p. 934.
26) *Id.*, pp. 934-935.
27) '봇'은 로봇(robot)의 줄임말이다. *Id.*, p. 935.
28) *Id.*
29) *Id.*, p. 936.
30) *Id.*, p. 935.
31) *Id.*, pp. 942-943.

이 사건 법원인 제9 순회법원은 Warden이 WoW의 문자 요소 및 개별 비문자 요소에 대한 접근을 효과적으로 통제하지 않기 때문에 MDY의 Glider가 이 두 요소와 관련하여 § 1201(a)(2)에 위반되지 않는다는 제1심 법원의 판단에 다음과 같은 이유로 동의하였다. 첫째, 게임 클라이언트 소프트웨어가 설치되면 플레이어의 하드 드라이브에서 WoW의 문자 요소, 즉 게임 클라이언트 소프트웨어의 코드를 이용할 수 있기 때문에 Warden은 WoW의 문자 요소에 대한 접근을 통제하지 않는다. 둘째, "이용자는 서버에 로그인을 하지 않고도 WoW의 개별 비문자 요소에 접근할 수 있다. 게임 클라이언트 소프트웨어의 소유자는 게임 클라이언트 소프트웨어 내의 시각적 이미지나 녹음된 소리를 불러내기 위하여 별개로 구입한 컴퓨터 프로그램을 사용할 수 있다. 예를 들어 이용자는 그 게임 내에서 특정한 괴물이 내는 포효를 불러내서 들을 수 있다. 또는 그 이용자는 그 괴물의 시각적 이미지를 불러낼 수 있다."라는 제1심 법원의 판단에 비추어 보면 플레이어가 WoW의 개별 비문자 요소에 접근하기 위하여 Warden과 맞닥뜨릴 필요가 없기 때문에 Warden은 개별 비문자 요소에 대한 접근을 효과적으로 통제하지 않는다.[32]

제9 순회법원은 이러한 결론이 Lexmark 사건에서의 제6 순회법원의 판결과 일치한다고 설시하였다.[33] 플레이어가 WoW의 게임 클라이언트 소프트웨어를 구입하면 그 플레이어는 WoW의 문자 요소와 개별 비문자 요소에 접근할 수 있다. Warden은 이 두 요소에 대하여 한 가지 형태의 접근, 즉 WoW 서버에 접속되어 있는 동안 이 두 요소에 대한 접근만을 막는다. 그러나 Warden은 이용자의 컴퓨터를 통하여 이 두 요소에 대한 직접적인 접근을 열어 두고 있다. 따라서 제9 순회법원은 Warden이 WoW의 문자 요소 및 개별 비문자 요소와 관

---

32) *Id.*, p. 952.
33) *Id.*

련하여 효과적인 접근통제조치가 아니고 MDY가 이 두 요소와 관련
하여 접근통제조치의 무력화 도구의 거래 금지 조항을 위반하지 않
았다고 판결하였다.[34]

3) 평가

접근통제조치의 전제 조건은 접근 통제이다. 저작물에 접근할 수
있는 방법이 두 가지 이상 존재할 때 어떠한 기술적 조치가 한 가지
접근 방법을 제한하였지만 나머지 접근 방법을 제한하지 않은 경우
에는 그 기술적 조치가 저작물에 대한 접근을 통제한다고 말할 수
없다.

그러므로 어떤 기술적 조치가 접근을 통제한다는 것은 그 기술적
조치가 저작물에 대한 모든 형태의 접근을 통제하는 경우를 의미한다.

5. 효과적인 기술적 조치

1) 의의

저작권법에 따른 정의 규정을 보면 기술적 보호조치는 저작물에
대한 접근이나 저작권에 대한 침해 행위를 '효과적으로' 방지하거나
억제하기 위하여 저작권자가 적용하는 기술적 조치이다.[35] 따라서
어떤 기술적 조치가 효과적이지 않으면 저작권법에 의하여 보호되
는 기술적 보호조치라고 할 수 없다. 그렇다면 어떤 기술적 조치가
저작물에 대한 접근이나 저작권에 대한 침해 행위를 어느 정도로 통
제할 때 그 기술적 조치가 효과적이라고 할 수 있는지에 대한 판단

---

34) *Id.*, p. 953.
35) 저작권법 제2조 제28호.

이 필요하다.

저작권법에는 별도의 규정이 없으므로 한미 FTA와 한·EU FTA 및 미국 저작권법과 EU 저작권 지침의 관련 규정을 살펴보기로 한다.

한미 FTA는 효과적인 기술적 조치를 정상적인 작동 과정에서 보호되는 저작물에 대한 접근을 통제하거나 저작권을 보호하는 기술, 장치 또는 부품이라고 정의[36]하고 있고 한·EU FTA는 저작권자가 접근 통제 프로세스 또는 복제 통제 메커니즘의 적용을 통하여 보호되는 저작물의 이용을 통제하는 경우 기술적 조치는 효과적인 것으로 간주된다고 정의[37]하고 있을 뿐이어서 두 규정 모두 큰 도움이 되지 않는다.

EU 저작권 지침의 관련 규정[38]은 한·EU FTA의 규정과 동일하다. 한편 미국 저작권법의 관련 규정을 보면 '효과적인 접근통제조치'는 정상적인 작동 과정에서 저작물에 접근하기 위하여 저작권자로부터 부여받은 권한을 가지고 정보의 적용, 즉 프로세스 또는 처리를 요구하는 기술적 조치를 의미하고 '효과적인 권리통제조치'는 정상적인 작동 과정에서 저작권의 행사를 막거나 제한하거나 그 밖에 한정하는 기술적 조치를 의미한다.[39] 미국 저작권법에 따른 효과적인 기술적 조치에 대한 정의는 우리 저작권법의 해석에 많은 도움을 줄 것으로 생각된다.

그러므로 어떤 기술적 조치가 정상적인 작동 과정에서 '정보의 적용', 즉 '프로세스' 또는 '처리'를 요하면 그 기술적 조치는 효과적인 기술적 조치로서 접근통제조치에 해당하고, 어떤 기술적 조치가 정상적인 작동 과정에서 저작권의 행사를 막거나 제한하면 그 기술

---

36) 한미 FTA 제18.4조 제7항 (f)호.
37) 한·EU FTA 제10.12조 제3항.
38) EU 저작권 지침 제6조 제3항.
39) 17 U. S. C. §§ 1201(a)(3)(B), (b)(2)(B).

적 조치는 효과적인 기술적 조치로서 권리통제조치에 해당한다고 말할 수 있다.

2) 구체적 사례

(1) Reimerdes 사건

이 사건[40]에서 피고들은 40비트 암호화 키에 기반을 두고 있는 칸텐트 스크램블 시스템(Content Scamble System, CSS)이 저작물에 대한 접근을 효과적으로 통제하지 않는 약한 암호라고 주장하였다. 세 개의 키를 적용하지 않으면 DVD에 있는, CSS에 의하여 보호되는 저작물에 접근할 수 없다.[41] 저작권자가 권한을 부여한 DVD 복제 통제 협회(DVD Copy Control Association)와 라이선스 계약을 체결하거나 그 키가 들어 있는 DVD 플레이어 또는 컴퓨터 드라이브를 구입하지 않고서는 그 키에 합법적으로 접근할 수 없다.[42]

이 사건 법원은 CSS가 DVD 영화에 대한 접근을 효과적으로 통제하고 그것은 CSS가 강한 보호 수단이든 아니든 마찬가지라고 판단하였으며 저작권법이 '효과적으로(effectively)'라는 단어를 사용하고 있기 때문에 저작권법은 '성공적(successful)'이거나 '효능이 있는 (efficacious)' 접근통제조치만을 보호한다는 피고들의 주장도 배척하였다.[43]

(2) 321 Studios 사건

이 사건[44]에서 DVD 복제 소프트웨어의 판매업체인 원고는 CSS 액

---

40) *Universal City Studios, Inc. v. Reimerdes*, 111 F. Supp. 2d 294 (SDNY 2000).

41) *Id.*, p. 317.

42) *Id.*, pp. 317-318.

43) *Id.*, p. 318.

44) *321 Studios v. Metro Goldwyn Mayer Studios, Inc.*, 307 F. Supp. 2d 1085 (ND Cal.

세스 키가 인터넷에서 통용된다는 이유를 들어 CSS가 DVD의 효과적인 기술적 조치인지 여부에 대하여 문제를 제기하였다.[45]

　이 사건 법원은 원고의 주장이 마치 암시장에서 마스터키(skeleton key)를 쉽게 찾을 수 있기 때문에 데드볼트(deadbolt)[46]가 문에 대한 효과적인 자물쇠가 아니라고 주장하는 것과 같다는 비유를 들면서 CSS는 DVD에 대한 접근을 효과적으로 통제하고 저작권자의 권리도 효과적으로 보호하는 기술적 조치라고 판단하였다.[47]

3) 평가

　기술적 조치가 효과적인지 여부에 대하여 접근통제조치와 관련된 미국 사례를 살펴보았다. 미국 법원은 미국 저작권법에 따라 어떤 기술적 조치가 정상적인 작동 과정에서 정보의 적용, 즉 프로세스 또는 처리를 요할 경우에는 효과적인 기술적 조치로서 접근통제조치라고 판단한다. 특히 접근통제조치가 접근을 통제하는 정도의 강약은 기술적 조치가 효과적인지 여부를 판단하는 데 영향을 미치지 않는다.

2004).

45) Id., p. 1095.

46) 데드볼트(dead bolt, deadbolt)는 열쇠로 자물쇠 실린더를 회전시키는 것 이외의 방법으로는 열린 위치로 이동될 수 없기 때문에 스프링 볼트 자물쇠와 구별되는 잠금장치 메커니즘이다. 더 일반적인 자물쇠인 스프링 볼트 자물쇠는 볼트 자체에 힘을 가함으로써 수축되는 스프링을 이용하여 볼트를 고정시킨다. 따라서 데드볼트는 원래의 열쇠 없이 문을 열고 들어가려는 것에 더 잘 버틸 수 있다. 데드볼트는 건물의 출입문에 있는 스프링 볼트 자물쇠를 보완하기 위하여 종종 사용된다. https://en.wikipedia.org/wiki/Dead_bolt 참조(최종 방문일: 2017년 8월 30일).

47) *321 Studios v. Metro Goldwyn Mayer Studios, Inc.*, 307 F. Supp. 2d 1085, 1095 (ND Cal. 2004).

결론적으로 기술적 조치가 저작물에 대한 접근을 효과적으로 통제한다는 것은 뚫을 수 없는 방패(impervious shield)로 저작물을 둘러싸서[48] 기술적 조치가 성공적이거나 효능이 있을 것을 요하지 않고[49] 기술적 조치가 강하거나 무력화가 불가능할 것도 요하지 않으며 오히려 접근통제조치가 저작물에 대한 접근을 어느 정도 통제할 것을 요할 뿐이다.[50]

한편 접근통제조치와 관련하여 도출된 이러한 결론은 권리통제조치에도 그대로 적용될 수 있을 것이다. 따라서 어떠한 조치가 효과적인 기술적 조치로서 권리통제조치에 해당하기 위해서 그 기술적 조치가 통제하고 있는 권리의 행사가 완전히 불가능할 필요는 없고 정상적인 작동 과정에서 권리의 행사를 어느 정도 통제하는 것으로 충분하다고 생각한다.

4) 사례에의 적용

한국의 사례 중에서 기술적 조치가 효과적인지 여부를 직접적으로 다룬 것은 없지만 이와 관련된 사례가 하나 있다. 이 사건[51]의 사실관계를 살펴본 후 효과적인 기술적 조치와 관련하여 도출된 법리를 적용해 보기로 한다.

---

48) *Lexmark Int'l, Inc. v. Static Control Components, Inc.*, 387 F. 3d 522, 549 (CA6 2004).
49) *Universal City Studios, Inc. v. Reimerdes*, 111 F. Supp. 2d 294, 318 (SDNY 2000).
50) *MDY Industries, LLC v. Blizzard Entertainment*, 629 F. 3d 928, 954 n. 17 (CA9 2010).
51) 서울고등법원 2008. 11. 19. 선고 2008나35779 판결(미간행). 이 판결은 대법원 2010. 3. 11. 선고 2009다4343 판결(공2010상, 718)에 의하여 파기되었다. 그러나 대법원은 본문에서 논하는 부분과 관련한 원심 판단은 정당하다고 판단하였다.

(1) 사실관계

피고 회사는 이미지 검색 프로그램을 이용하여 각종 인터넷 웹사이트에 게시된 이미지 파일을 무작위로 검색·수집하여 그 섬네일 이미지(thumbnail image)와 원래 이미지가 저장된 인터넷 주소를 피고 회사의 서버에 저장해 두었다가 이용자가 검색어를 입력하면 피고 회사의 웹사이트 화면 창(window)을 상·하단으로 나눈 다음 상단에는 검색 결과에 해당하는 섬네일 이미지 목록과 원래의 이미지가 게시된 웹사이트에 대한 인터넷 주소 등의 정보를, 하단에는 이용자가 클릭한 섬네일 이미지의 원래 이미지가 저장된 인터넷 주소에 링크를 하여 원래의 웹 페이지의 모습을 보여 주며 화면의 상단과 하단 사이에 "본 이미지 원본은 하단의 사이트에 위치하고 있습니다"라는 문구가 표시된다. 이용자가 상단에 위치한 '프레임 닫기' 기능을 선택하면 링크에 의하여 원래의 이미지가 게시된 웹페이지로 이동한다.

원고는 자신의 사진 작품을 게시한 웹사이트에 마우스 오른쪽 버튼의 기능을 차단함으로써 복제를 방지하는 조치를 취하였다. 원고는 피고 회사가 링크를 통하여 복제 방지 조치를 무단으로 제거하였고 피고 회사가 이러한 링크 기술이나 서비스를 제공하는 것은 권리 통제조치의 무력화 도구를 거래하는 행위에 해당한다고 주장하였다. 이 사건 법원은 별다른 설시 없이 원고의 주장에 대하여 증거 부족으로 이유 없다고 배척하였다.

(2) 적용

이 사건에서 원고가 취한 기술적 조치가 저작권법에 따른 기술적 보호조치에 해당하는지 검토하기로 한다.

원고의 웹사이트에서 마우스 오른쪽 버튼의 클릭 기능을 사용할 수 없도록 한 기술적 조치는 이 웹사이트의 방문자가 웹사이트에 게시된 사진을 감상하는 데는 아무런 제한을 가하지 않지만 원래의 사진 이미지 파일을 복사하는 것을 불가능하게 한다. 기술적 조치가 취해진 상태에서도 사진을 감상하는 데 아무런 제한을 받지 않기 때문에 이 기술적 조치는 사진에 대한 접근을 통제한다고 할 수 없다. 따라서 이 기술적 조치는 접근통제조치에 해당하지 않는다. 그러나 이 기술적 조치는 직접적으로 복제권의 행사를 막는 기능을 한다. 따라서 이 기술적 조치가 복제권을 효과적으로 통제하는 기술적 조치인지 검토하기로 한다.

HTML을 이용하여 홈페이지를 제작할 때 마우스의 오른쪽 버튼 클릭 기능이나 드래그 기능을 금지하는 방법은 간단한 명령어를 삽입하는 것만으로도 가능하다.[52] 또한 이러한 기술적 조치를 무력화하는 방법은 인터넷 검색을 통하여 쉽게 찾을 수 있는데, 금지 기능을 해제하는 플러그인(plug-in)을 이용자의 브라우저에 설치하거나 자바스크립트(JavaScript)를 직접 수정하는 방식으로 무력화할 수 있다.

이와 같이 복제 방지 조치로서 구현되는 기술적 조치가 HTML 소스 코드에 한두 줄의 명령어를 삽입하는 것으로서 매우 간단할 뿐만 아니라 그 조치를 무력화하는 수단인 플러그인이나 자바스크립트의 수정 역시 인터넷 검색을 통하여 쉽게 찾을 수 있기 때문에 사실상 이러한 기술적 조치가 복제권에 대한 침해를 효과적으로 통제하는 기술적 조치에 해당하는지 의문이 들 수 있다.

그러나 기술적 조치가 복제권을 효과적으로 보호하는 권리통제 조치에 해당하기 위하여 복제가 절대로 불가능할 것이 요구되지는 않는다.[53] 또한 무력화 도구를 인터넷상에서 쉽게 구할 수 있다고

---

52) 예를 들어 HTML 코드에서 "oncontextmenu='return false'"라는 명령어는 마우스의 오른쪽 버튼 클릭 방지를, "onselectstart='return false'"라는 명령어는 선택 방지를, "ondragstart='return false'"라는 명령어는 드래그 방지를 의미한다. 따라서 이 세 가지 명령어를 HTML 코드 내에 삽입하면 이용자는 해당 웹사이트에서 콘텐츠를 복사할 수 없게 된다.

53) *MDY Industries, LLC v. Blizzard Entertainment*, 629 F. 3d 928, 954 n. 17 (CA9 2010).

해서 무력화의 대상이 되는 기술적 조치가 효과적이지 않다고 할 수도 없다.[54]

미국 저작권법의 규정에 따르면 어떤 기술적 조치가 정상적인 작동 과정에서 저작권의 행사를 막거나 제한하면 그 기술적 조치는 저작권을 효과적으로 보호하는 것이다.[55] 복제 방지 조치가 취해진 웹사이트를 방문한 이용자는 오른쪽 마우스를 클릭하는 기능을 사용할 수 없기 때문에 원하는 사진 이미지를 복제할 수가 없다. 따라서 웹사이트에 적용된, 마우스 오른쪽 버튼의 클릭을 사용할 수 없게 하는 기술적 조치는 정상적인 작동 과정에서 웹사이트 이용자가 복제하는 것을 막기 때문에 이 기술적 조치는 복제권을 효과적으로 보호한다. 다시 말해 이 기술적 조치는 복제권에 대한 침해 행위를 효과적으로 통제한다. 따라서 이 기술적 조치는 권리통제조치에 해당한다고 생각한다.

6. 기술적 조치의 무력화

1) 정당한 권한 없이

(1) 문제의 제기

무력화 금지 조항은 '정당한 권한 없이' 접근통제조치를 무력화하는 것을 금지하고 도구 거래 금지 조항은 '정당한 권한 없이' 무력화 도구를 거래하는 것을 금지한다.[56] 이 두 조항에 공통적으로 '정당한 권한 없이'라는 문구가 포함되어 있다.

저작권법 제104조의2 제1항 중 '정당한 권한 없이'를 "무력화하여

---

54) *321 Studios v. Metro Goldwyn Mayer Studios, Inc.*, 307 F. Supp. 2d 1085, 1095 (ND Cal. 2004).

55) 17 U. S. C. § 1201(b)(2)(B).

56) 저작권법 제104조의2 제1항 및 제2항.

서는 아니 된다."라는 부분과 함께 연결해서 읽으면 정당한 권한의 대상은 무력화 행위가 된다. 그러나 접근통제조치는 저작물에 대한 접근을 통제하는 기술적 조치이므로 접근통제조치의 직접적인 보호 대상은 '저작물'이 아니라 저작물에 대한 '접근'이라는 점을 고려할 경우에는 정당한 권한의 대상이 접근이라고 해석할 수 있다.

두 해석의 차이점은 접근통제조치가 적용된 저작물의 복제물을 합법적으로 취득한 경우에 발생한다. 권한의 대상을 무력화로 볼 경우에는 저작물의 복제물을 합법적으로 취득하여 그 복제물의 소유자가 된 사람이라고 하더라도 저작권자로부터 무력화 권한을 부여받지 못한 경우에는 여전히 그 저작물에 적용된 접근통제조치를 무력화하는 행위가 금지된다. 반면에, 권한의 대상을 접근으로 볼 경우에는 복제물을 합법적으로 취득함으로써 그 저작물에 대한 접근 권한을 이미 얻었기 때문에, 즉 저작물에 접근할 수 있는 정당한 권한을 가지고 있기 때문에 접근통제조치를 무력화하더라도 무력화 금지 규정에 위반되지 않는다.

그러므로 저작권법 제104조의2에 규정되어 있는 '권한'의 대상이 무엇인지 검토하기로 한다.

(2) 미국의 사례

한미 FTA에는 무력화 금지와 관련하여 '권한 없이(without authority)'라는 문구가 규정되어 있고 도구 거래 금지와 관련해서는 그러한 규정이 없다.[57] 이러한 규정 방식은 미국 저작권법에서도 마찬가지이다.[58]

---

57) 한미 FTA 제18.4조 제7항 (a)호 제1목 및 제2목.
58) '접근통제조치를 무력화하는 것'의 정의 규정에 "저작권자로부터 부여받은 권한 없이(without the authority of the copyright owner)"라는 문구가 포함되어 있는 데 반하여 '권리통제조치에 의하여 제공되는 보호를 무력화하는 것'

'권한 없이'와 관련하여 권한의 '대상'이 무엇인지에 관한 미국 항소법원의 해석은 갈린다.

연방 순회법원은 피고의 무력화 장치로 인하여 제3자가 저작권자로부터 부여받은 권한 없이 저작물에 '접근'할 수 있게 되었다는 것을 원고가 증명하여야 한다고 판결하였다.[59] 따라서 연방 순회법원은 권한의 대상을 '접근'으로 파악하는 것으로 평가된다.

한편 Corley 사건[60]에서 항소인들은 DVD를 구입한 개인은 저작권자로부터 부여받은, DVD를 볼 수 있는 권한을 가지고 있기 때문에 그 구매자가 Linux와 같은 경쟁 플랫폼에서 DVD를 보기 위하여 암호화 기술을 무력화할 때 § 1201(a)(3)(A)에 따라 책임이 면제된다고 주장하였다.[61] 그러나 제2 순회법원은 § 1201(a)(3)(A)로 인하여 저작권자로부터 부여받은 권한을 가지고 암호화된 DVD를 해독한 사람의 책임이 면제되는 것이지 저작권자로부터 부여받은 권한을 가지고 DVD를 본 사람의 책임이 면제되는 것은 아니라고 판단하였다.[62] 이 판단은 저작권자로부터 부여받은 권한의 대상이 접근이 아니라 무력화라는 전제에 서 있는 것으로 평가된다.

그런데 제9 순회법원은 제2 순회법원의 견해가 더 타당한 해석이라고 판단하였다.[63]

(3) 소결

권한의 대상을 접근으로 보는 견해는 다음과 같은 입장이라고 예

의 정의 규정에는 그러한 문구가 없다. 17 U. S. C. § § 1201(a)(3)(A), (b)(2)(A).

59) *Chamberlain Group, Inc. v. Skylink Technologies, Inc.*, 381 F. 3d 1178, 1193 (CA Fed. 2004).

60) *Universal City Studios, Inc. v. Corley*, 273 F. 3d 429 (CA2 2001).

61) *Id.*, p. 444.

62) *Id.*

63) *MDY Industries, LLC v. Blizzard Entertainment*, 629 F. 3d 928, 953 n. 16 (CA9 2010).

상할 수 있다. 무력화 금지 조항이 궁극적으로 보호하려고 하는 것
은 접근통제조치가 아니라 접근통제조치가 적용된 저작물이므로 권
한의 대상은 저작물에 대한 접근이다. 만약 디지털 저작물에 대한
접근을 막기 위하여 디지털 저작물을 에워싸고 있는 디지털 금고가
파괴되면 저작권자는 파괴된 디지털 금고 자체를 염려하기보다는
금고 안에 들어 있는 저작물이 다른 사람들에게 유포될까 염려하게
될 것이다. 또한 자물쇠로 채운 자판기 안에 들어 있는 신문을 이용
하기 위하여 자물쇠를 파괴하는 사례를 상정해 보면 저작권법은 궁
극적으로 자물쇠 파괴 행위를 통하여 취득한 신문을 이용하는 행위
가 저작권 침해에 해당하는지 여부만 규율할 뿐이며 권한 없이 자물
쇠를 파괴한 행위에 대해서는 저작권법이 아니라 형법이 관여하여
야 할 것이다. 따라서 무력화 금지 규정에서 말하는 정당한 권한의
대상은 접근이다.

그러나 우리 저작권법 제104조의2 제1항은 누구든지 정당한 권한
없이 접근통제조치를 무력화하여서는 안 된다고 규정하고 있다. 이
규정에 대하여 반대해석을 하면 정당한 권한을 가진 사람은 접근통
제조치를 무력화할 수 있다. 따라서 우리 저작권법의 문언을 충실하
게 따르면 정당한 권한의 대상은 '접근'이라기보다는 '무력화'라고
해석할 수밖에 없다고 생각한다. 이 해석에 따르면 접근통제조치가
적용된 저작물의 복제물을 합법적으로 취득한 사람의 경우에도 저
작권자로부터 무력화를 할 수 있는 권한을 부여받지 못한 경우에는
비록 저작물에 접근할 수 있는 정당한 권한이 있음에도 불구하고 여
전히 접근통제조치를 무력화할 수 없다. 또한 저작물의 복제물을 합
법적으로 취득한 복제물 소유자가 가지는 접근권의 범위 역시 저작
권자가 인정하는 방식의 접근만 허용된다고 보는 것이 타당하다. 예
를 들어 DVD 구매자는 저작권자가 승인한 DVD 플레이어 또는 컴퓨
터 드라이브를 통해서 DVD에 접근할 수 있는 것이지 DVD를 무력화

하고 승인된 기기 이외의 플랫폼에서 DVD에 접근하는 것까지도 접근권에 포함된다고 볼 것은 아니라고 생각한다.

한편 저작권법 제104조의2 제2항의 '정당한 권한 없이'는 FTA 규정이나 미국 저작권법에 상응하는 규정이 없다. 이 조항은 누구든지 정당한 권한 없이 무력화 도구를 거래하여서는 안 된다고 규정하고 있기 때문에 권한의 대상은 '거래', 즉 제조, 수입, 배포, 전송, 판매, 대여, 공중에 대한 청약, 판매나 대여를 위한 광고, 유통을 목적으로 하는 보관이나 소지 또는 제공이다. 도구 거래 금지 조항과 관련하여 이와 다른 해석을 상정하는 것은 가능하지 않은 것으로 보인다.

2) 무력화 행위

(1) 의의

저작권법 제104조의2 제1항에 따르면 기술적 보호조치를 무력화하는 방법은 제거·변경·우회, 그 밖에 이와 상응하는 방법을 의미한다. 한미 FTA나 한·EU FTA에는 무엇이 무력화 행위인지에 대한 명시적인 규정이 없다. 다만 한·EU FTA와 EU 저작권 지침에는 접근통제조치의 구체적인 예로 저작물의 암호화, 뒤섞기 또는 그 밖의 변환이 규정되어 있을 뿐이다.[64] 미국 저작권법에 따르면 접근통제조치를 무력화하는 것은 저작권자로부터 부여받은 권한 없이 뒤섞인 저작물을 복호화하거나 암호화된 저작물을 해독하거나 그 밖에 기술적 조치를 피하거나 우회하거나 제거하거나 비활성화하거나 손상시키는 것을 의미하고[65] 권리통제조치를 무력화하는 것은 기술적 조치를 피하거나 우회하거나 제거하거나 비활성화하거나 손상시키는 것을 의미한다.[66] 이 정의는 우리 저작권법의 해석에 참조할 만하다.

---

64) 한·EU FTA 제10.12조 제3항 및 EU 저작권 지침 제6조 제3항.
65) 17 U. S. C. § 1201(a)(3)(A).

(2) 미국 사례

I.M.S. 사건[67]에서 원고 I.M.S.는 'e-Basket'이라고 알려진 웹 기반 서비스를 운영하면서 광고 추적 정보를 출판사, 광고주 등에게 제공하는 서비스업체이다. 원고 회사의 고객은 아이디와 패스워드를 이용하여 원고의 웹사이트에 있는 e-Basket 서비스와 정보에 접근한다. 피고 Berkshire는 경쟁 추적 서비스를 도입하여 운영한다. 원고 회사의 주장에 의하면 피고 회사는 제3자에게 발행된 아이디와 패스워드를 이용하여 원고 회사로부터 부여받은 권한도 없이 e-Basket 서비스에 접근하여 그 콘텐츠를 복제하였다.[68]

원고 회사는 피고 회사가 제3자의 아이디와 패스워드를 권한 없이 사용하여 원고 회사의 웹 서비스 컴퓨터 시스템에 접근함으로써 접근통제조치의 무력화 금지를 위반하였다고 주장하였다.[69]

이 사건에서는 저작권자가 발행한 패스워드를 권한 없이 사용하여 저작물에 접근하는 것이 DMCA에 따른 무력화에 해당하는지 여부가 쟁점이 되었다.[70]

이용자가 원고 회사의 웹 서비스에 접근하기 위하여 정상적인 작동 과정에서 패스워드를 입력할 필요가 있는데 그것은 정보의 적용이므로 원고 회사의 패스워드 보호는 접근통제조치에 해당한다.[71]

그러나 이 사건 법원은 제3자의 아이디와 패스워드를 권한 없이 이용하여 e-Basket에 접근한 피고 회사의 행위가 접근통제조치를 피하거나 우회한 것이라고 할 수 없고 오히려 피고 회사가 피하고 우

---

66) 17 U. S. C. § 1201(b)(2)(A).

67) *I.M.S. Inquiry Management Systems, Ltd. v. Berkshire Information Systems, Inc.*, 307 F. Supp. 2d 521 (SDNY 2004).

68) *Id.*, p. 523.

69) *Id.*, p. 531.

70) *Id.*

71) *Id.*

회한 것은 원고 회사의 '허락(permission)'이라고 판단하였다.[72] DMCA
는 저작권에 의하여 보호되는 자료를 지키는 디지털 벽의 무력화를
목표로 하기 때문에 단순히 권한 없이 부당하게 그 자료에 접근하는
것만으로는 DMCA에 따른 청구원인이 발생하지 않는다.[73]

피고 회사는 권한 없이 원고 회사의 웹사이트에 접근하기 위하여
기술적 조치를 극복하거나 손상시키거나 피하지 않았고 대신에 원
고 회사가 다른 사람에게 발행한 패스워드를 의도적으로 사용하였
을 뿐이다.[74] 이 사건 법원은 이 사건을 Corley 사건[75]과 비교하면서
피고 회사가 원고 회사의 웹 서비스에 들어가기 위하여 사용한 패스
워드는 DeCSS 해독 코드에 해당하는 것이 아니라 DVD 플레이어에
해당한다고 판시하였다.[76] 그러나 원고 회사는 피고 회사가 아닌 다
른 사람에게 그 DVD 플레이어를 사용할 수 있는 권한을 부여하였고
피고 회사는 그것을 원고 회사의 허락 없이 빌렸다.[77] 이 사건 법원
은 피고 회사의 행위가 아무리 부적절하더라도 DMCA의 무력화 금
지 규정이 문제 삼는 행위는 이러한 종류의 행위가 아니라고 판시
하였다.[78]

(3) 평가

접근통제조치가 적용된 저작물에 권한 없이 접근하는 것만으로
는 접근통제조치를 무력화하는 것이 아니다. 적어도 접근통제조치
를 제거하거나 변경하거나 우회하거나 이에 준하는 행위가 있어야

---

72) *Id.*, p. 532.
73) *Id.*
74) *Id.*, pp. 532-533.
75) *Universal City Studios, Inc. v. Corley*, 273 F. 3d 429 (CA2 2001).
76) *Id.*, p. 533.
77) *Id.*
78) *Id.*

접근통제조치를 무력화하는 것이다. 미국 저작권법과 같이 뒤섞인 저작물을 복호화하거나 암호화된 저작물을 해독하거나 그 밖에 접근통제조치를 피하거나 비활성화하거나 손상시키는 것도 접근통제조치를 무력화하는 것에 포함된다.

7. 무력화 도구의 거래 금지

1) 의의

기술적 보호조치의 무력화 도구의 거래를 금지하는 조항은 접근통제조치와 권리통제조치에 모두 적용된다.[79] 기술적 보호조치의 무력화 도구의 거래를 금지하는 것은 기술적 보호조치의 무력화를 금지하는 것만으로는 기술적 보호조치의 법적 보호에 충분하지 못할 것이라는 생각에 바탕을 두고 있다. 그런데 무력화 도구를 거래하는 것은 기술적 보호조치를 무력화하려는 사람을 방조하는 것이라고 할 수 있다. 저작권 침해에 대한 방조는 저작권 침해 책임이 존재할 경우에만 그 책임이 성립한다. 그런데 권리통제조치의 무력화는 금지되지 않음에도 불구하고 권리통제조치의 무력화 도구의 거래는 금지된다. 따라서 도구 거래 금지 조항은 기술적 보호조치의 무력화에 대한 방조 행위에 해당하지만 기술적 보호조치의 무력화 행위와 무관하게 그 거래 행위에 대하여 독자적인 책임을 묻는 규정이라고 할 수 있다. 이 점에서 도구 거래 금지 조항은 저작권자에게 기술적 보호조치와 관련하여 강력한 무기를 쥐어 주는 것이라고 평가될 수 있다.

그러나 어떤 기술적 조치가 저작권법에 의하여 보호되는 접근통제조치 또는 권리통제조치에 해당하지 않을 경우에는 그 기술적 조

---

79) 저작권법 제104조의2 제2항.

치를 무력화하는 도구를 거래하는 경우에도 도구 거래 책임을 지지 않는다.

2) 도구

(1) 의의

저작권법 제104조의2 제2항은 무력화 도구로 장치·제품·부품 또는 서비스를 규정하고 있다. 한미 FTA와 한·EU FTA 역시 무력화 도구로 장치·제품·부품 또는 서비스를 규정하고 있다.[80] 그러나 한미 FTA에 따른 '효과적인 기술적 조치'에 기술·장치·부품이 포함[81]되기 때문에 한미 FTA는 장치·제품·부품 또는 서비스와 기술을 구별하고 있는 것으로 보인다. 한편 미국 저작권법에 따른 무력화 도구에는 기술·제품·서비스·장치·부품 또는 그 일부가 포함[82]되기 때문에 기술과 제품을 분명하게 구별하고 있다.

우리 저작권법에 따른 무력화 도구에 명시적으로 포함되지 않는 기술이 장치·제품·부품 또는 서비스 중 어느 하나에 해당할 여지가 있는지 검토하기로 한다.

(2) 장치·제품 또는 서비스

저작권법에 장치·제품·부품 또는 서비스에 대한 정의가 없다. 따라서 각각에 대한 사전적 정의부터 살펴보기로 한다.

'장치'는 어떤 목적에 따라 기능하도록 그 장소에 장착한 기계, 도구 따위를 말한다.[83] 이 정의로부터 장치는 유체물이라고 추론할 수

---

80) 한미 FTA 제18.4조 제7항 (a)호 제2목 및 한·EU FTA 제10.12조 제2항.
81) 한미 FTA 제18.4조 제7항 (f)호.
82) 17 U. S. C. § § 1201(a)(2), (b)(1).
83) 국립국어원, "표준국어대사전" 참조.

있다. 달리 무체물이 장치에 해당할 여지가 있다고 해석하는 것은 지나친 억측이라고 생각된다.

'제품'은 원료를 써서 만들어 낸 물품을 말하고 '물품'은 일정하게 쓸 만한 값어치가 있는 물건 또는 부동산을 제외한 모든 유체물을 의미한다.[84] 이 정의만 놓고 보면 제품 역시 유체물에 해당한다고 해석할 수밖에 없다. 그러나 디지털 시대에는 음원, 전자책, 비디오게임 등 다양한 디지털 형태의 제품이 존재할 수 있다. 음원, 전자책, 비디오게임은 결국 디지털 파일의 형태로 존재하는데 그것이 반드시 CD, DVD 등 유형물에 고정된 것만 제품이라고 말하지 않는다. 다운로드 형태로 디지털 파일 형식의 대상을 구입할 수 있는 경우에는 특히 그러하다. 사전적 의미에 따르면 제품은 유체물이어야 하지만 디지털 시대 상황에서는 무형물도 제품이 될 수 있다고 해석하여야 한다.

마지막으로, '서비스'는 생산된 재화의 운반·배급 또는 생산·소비에 필요한 노무의 제공을 의미한다.[85]

(3) 기술
① 연혁

2011년 6월 30일 법률 제10807호로 개정되기 전의 저작권법에 따르면 권리통제조치의 무력화 도구에는 기술, 서비스, 제품, 장치, 부품이 규정되어 있었다.[86] 한미 FTA와 한·EU FTA를 반영하여 법률 제10807호로 개정된 저작권법은 무력화 도구로 기술을 규정하고 있지 않다. 한미 FTA와 한·EU FTA에 기술이 명시적으로 규정되어 있지 않기 때문에 기술을 의도적으로 삭제한 것이라고 추정할 수 있다. 그

---

84) *Id.*
85) *Id.*
86) 저작권법(법률 제9785호) 제124조 제2항.

러나 미국 저작권법의 내용을 반영한 것으로 평가되는 한미 FTA에서
왜 무력화 도구의 종류에 기술이 규정되지 않은 것인지 그 이유를
알 길은 없다.

　② 컴퓨터 프로그램

　먼저 기술적 보호조치를 무력화하는 컴퓨터 프로그램과 관련된
미국 사례를 살펴보기로 한다. Reimerdes 사건[87]에서 CSS는 접근통제
조치에 해당하고[88] CSS를 무력화하는 컴퓨터 프로그램인 DeCSS는 무
력화 도구에 해당한다.[89] DeCSS의 개발자인 요한센(Johansen)은 자신
의 웹사이트에 DeCSS를 게시하였는데 이 파일은 실행 가능한 오브젝
트 코드(object code)였다.[90] 한편 피고들은 오브젝트 코드와 소스 코
드[91]를 게시하였다.[92] 제1심 법원은 DeCSS가 의심할 여지없이 미국

---

87) *Universal City Studios, Inc. v. Reimerdes*, 111 F. Supp. 2d 294 (SDNY 2000).

88) *Id.*, p. 318.

89) *Id.*, pp. 318-319.

90) *Universal City Studios, Inc. v. Corley*, 273 F. 3d 429, 438 (CA2 2001).

91) 소스 코드와 오브젝트 코드의 차이는 다음과 같다. 컴퓨터는 전기적 차지
　에 반응하는데 전기적 차지의 유무는 '1'과 '0'이라는 문자로 표시된다. 엄
　밀히 말해서 '오브젝트 코드'는 1과 0의 문자열로 구성된다. 어떤 사람들은
　오브젝트 코드를 읽을 수도 있고 오브젝트 코드로 코딩할 수도 있겠지만
　그것은 불편하고 비효율적이며 대부분의 사람들에게는 아마도 그렇게 하
　는 것이 불가능할 것이다. BASIC, C, Java 등과 같은 프로그래밍 언어는 컴
　퓨터 프로그램의 작성과 읽기를 쉽게 하기 위하여 사용되는데 그러한 프
　로그래밍 언어로 작성된 컴퓨터 프로그램이 '소스 코드'이다. 소스 코드는
　오브젝트 코드보다 훨씬 더 쉽게 읽힌다는 이득이 있지만 일반적으로 컴
　퓨터가 소스 코드를 이해하기 위해서는 먼저 소스 코드가 오브젝트 코드
　로 번역되어야 한다. 이 작업은 대개 컴파일러라고 불리는 컴퓨터 프로그
　램에 의하여 수행된다. *Id.*, pp. 438-439. 한편 국립국어원의 "표준국어대사
　전"에 의하면 '원시 프로그램'은 원시 언어로 나타나는 프로그램으로서 어
　셈블리 언어나 고급 언어로 작성되며 실행하기 위해서는 컴파일러, 어셈
　블러, 인터프리터 따위를 이용하여 번역하여야 하고 '목적 프로그램'은 고

저작권법 § 1201(a)(2)에 규정된 무력화 '기술'에 해당한다고 판단하
였다.[93]

　우리 저작권법에 따른 무력화 도구의 종류에는 '기술'이 규정되어
있지 않다. 그런데 기술적 보호조치의 무력화 수단의 대부분은 컴퓨
터 프로그램과 밀접한 관련이 있을 것으로 예상된다. 따라서 무력화
기능을 가진 컴퓨터 프로그램이 우리 저작권법에 따르면 무력화 도
구에 해당할 것인지 여부 및 해당한다면 구체적으로 장치·제품·부품
또는 서비스 중 어디에 해당할 것인지에 대하여 분석할 필요가 있다.

　미국 저작권법과 같이 기술이 명시적으로 도구의 종류로 규정되
어 있다면 컴퓨터 프로그램은, 그것이 소스 코드이든 오브젝트 코드
이든, 기술에 해당한다는 데 의문의 여지가 없다. 그런데 저작권법
을 개정하면서 기존의 기술을 삭제하였고 기술과 장치·제품·부품 또
는 서비스를 구별하는 한미 FTA의 무력화 도구 조항에도 기술이 규
정되어 있지 않다는 점 및 미국 법원이 컴퓨터 프로그램을 기술로
이해하였다는 점에 비추어 보면 컴퓨터 프로그램은 장치·제품·부품
또는 서비스에 해당하지 않기 때문에 무력화 도구가 될 수 없다는
해석이 가능하다. 따라서 무력화를 수행하는 컴퓨터 프로그램을 거
래하는 것은 도구 거래 금지 조항에 위반되지 않는다. 그러나 이러
한 결론은 기술적 보호조치를 무력화하는 수단의 대부분이 컴퓨터
프로그램 그 자체이거나 컴퓨터 프로그램을 포함하고 있을 것으로
예상되는 현실에서 채택하기 어려운 해석으로 보인다.

　오브젝트 코드는 그 자체만으로 실행이 가능하기 때문에 무력화
'제품'에 해당한다고 볼 수 있다. 그런데 소스 코드는 제품이 아니라

급 언어에서 기계어나 다른 저급 언어로 번역된 프로그램으로서 중앙처리
장치가 이해하여 실행할 수 있다.

92) *Id.*, p. 439.

93) *Universal City Studios, Inc. v. Reimerdes*, 111 F. Supp. 2d 294, 317 (SDNY 2000).

제품의 바로 전 단계에 해당한다. 그런데 기본적인 프로그래밍 실력을 갖추고 있는 사람이라면 소스 코드에 해당하는 프로그래밍 언어와 관련된 컴파일러를 이용하여 그 소스 코드를 오브젝트 코드로 컴파일을 하는 데 그다지 어려움을 느끼지 않을 것이다. 따라서 규범적으로는 소스 코드가 제품에 포함되는 것으로 해석될 여지가 있다. 다만 소스 코드가 완성된 상태가 아니라서 그 자체로 바로 컴파일이 되지 않는다면 그 소스 코드는 제품에 포함된다고 보기 힘들다. 따라서 우리 저작권법에 의하더라도 컴퓨터 프로그램은 제품에 포함되는 것으로 해석할 수 있다고 생각한다.

③ 알고리듬

컴퓨터 프로그램의 생성 과정은 알고리듬(algorithm)[94]에서 시작된다고 할 수 있다. 소스 코드는 아이디어 단계인 알고리듬을 구체적으로 표현한 것이다. 알고리듬이 소스 코드로 구체적으로 표현되지 않은 경우 알고리듬 그 자체만으로 무력화 도구에 해당할 여지가 있는지 검토하기로 한다. 이와 관련된 미국 사례는 논문에 공개된 아이디어 또는 알고리듬이 기술에 포함될 수 있는지에 관한 것이다.

프린스턴 대학교(Princeton University)의 컴퓨터 공학과 Edward Felten 교수와 그의 연구 팀은 디지털 음악 파일을 위한 기술적 보호 사양의 시제품을 깨뜨려 보라는 음반 산업의 공개 도전에 응하였다. 그러나 음반 산업은 연구 결과가 공개되지 않아야 하고 시큐어 디지털 뮤직 이니셔티브(Secure Digital Music Initiative, SDMI)의 지적재산이 된다는 데 동의할 것을 요구하였기 때문에 Felten 교수와 그의 팀은 음반 산업이 제공한 상금을 요구하지 않기로 결정하였다. Felten 교수는 그 결과물을 유명한 연구 콘퍼런스(conference)에 제출하려고 준비

---

94) 어떤 문제의 해결을 위하여, 입력된 자료를 토대로 하여 원하는 출력을 유도하여 내는 규칙의 집합. 국립국어원, "표준국어대사전" 참조.

하는 동안에 미국 음반 산업 협회(Recording Industry Association of America, RIAA)의 대표가 그 콘퍼런스의 주최자 및 프린스턴 대학교의 법률 고문과 접촉하고 그 논문의 발표는 DMCA에 위반된다고 경고하였다. 그 후 곧 그 콘퍼런스 주최자 중 한 사람이 Felten 교수에게 RIAA와 SDMI가 서면으로 동의하지 않으면 그의 논문이 게재될 수 없을 것이라고 통지하였다.[95]

Felten 사건은 컴퓨터 공학 커뮤니티에 엄청난 논란을 불러일으켰다. 그 논문이 제출되기로 예정된 날 이틀 전에 그 콘퍼런스 주최자들이 그들의 결정을 번복하였지만 Felten 교수와 그의 동료 연구원들은 결국 그 논문을 제출하지 않기로 결정하였다. RIAA는 곧 진지하게 제소할 의도가 없었다고 표명하는 공식 발표를 하였다.[96]

Felten 교수는 그 후 그 논문의 발표가 § 1201(a)(2)에 위반되지 않는다고 주장하면서 RIAA를 상대로 제소하였다. 법원은 Felten 교수가 그의 연구를 다른 콘퍼런스에 제출할 수 있기 때문에 그 논쟁이 실제 다툼으로 무르익지 않았다고 판단하였다.[97]

이 사건의 본안 심리가 이루어졌더라면 학문적인 연구 논문이 '기술'에 해당하는지 여부가 문제되었을 것이다. 논문 자체를 확인할 길은 없지만 아마도 이 논문에 기술된 내용은 알고리듬이었을 것으로 추측된다. 전문적인 컴퓨터 프로그래머 사이에서는 알고리듬이 충분히 구체화되면 그 알고리듬을 프로그래밍 언어를 사용하여 코딩하는 것이 그다지 어렵지 않을 것이다. 따라서 프로그래머의 입장에서 논문에 공개된 알고리듬만으로 새로운 아이디어를 전혀 추가하지 않고도 코딩하는 데 문제가 없다면 그 알고리듬은 기술에 포함되는 것으로 해석할 여지가 있다.

---

95) Cohen et al. (2015), p. 877.
96) *Id.*
97) *Id.*

그러나 우리 저작권법에는 도구의 예로 기술이 들어 있지 않기 때문에 연구 논문이 장치, 제품, 부품의 하나에 해당하는지 검토하여야 할 것이다. 제품을 아무리 넓게 해석한다고 하더라도 논문은 아이디어 단계의 알고리듬을 담고 있는 것에 불과할 것이므로 제품에 포함된다고 해석하기는 어렵다고 생각한다. 따라서 무력화 도구에 이용될 수 있는 연구 논문을 저널에 게재하는 것만으로는 도구 거래 금지 조항에 위반되지 않는다고 해석하는 것이 타당하다.

또한 뒤에서 논의하는 것처럼 어떤 도구가 우리 저작권법상 무력화 도구에 해당하기 위해서는 제104조의2 제2항의 세 가지 요건을 모두 충족하여야 한다. 그런데 논문 게재를 기술적 보호조치의 무력화를 목적으로 홍보·광고·판촉을 하는 것이라고 볼 수 없기 때문에[98] 이 점에 있어서도 논문 게재는 무력화 도구의 거래라고 보기 힘들다.

(4) 부품

미국 저작권법에 따른 무력화 도구에는 기술·제품·서비스·장치·부품(component) 또는 기술·제품·서비스·장치·부품의 일부(part)가 포함되므로 미국 저작권법은 '부품'과 '일부'를 구별한다고 할 수 있다.[99]

'부품(component)'의 사전적 의미는 '구성 요소 내지 성분(a constituent part: ingredient)'[100] 또는 '더 큰 전체의 일부나 요소 특히 기계나 차량의 일부(a part or element of a larger whole, especially a part of a machine or vehicle)'[101]이다. 따라서 사전적 의미만 놓고 보면 부품과 일부는 엄밀히 구별되지 않는다. 그런데 미국 저작권법에 규정된 무력화 도구에는 '부품의 일부'도 무력화 도구에 포함되므로 미국 저작권법상

---

98) 저작권법 제104조의2 제2항 제1호.
99) 17 U. S. C. § § 1201(a)(2), 1201(b)(1).
100) Merriam-Webster Dictionary, http://www.merriam-webster.com 참조.
101) Oxford Dictionaries, https://www.oxforddictionaries.com 참조.

'부품'은 유체물로서의 부품으로, '일부'는 일부분을 의미하는 추상명사로 해석하는 것이 적절하다고 생각한다.

그러나 우리 저작권법은 한미 FTA 및 한·EU FTA에 규정된 것처럼 '부품(component)'만을 규정하고 있다. '부품'은 '기계 따위의 어떤 부분에 쓰는 물품'이고 '물품'은 '일정하게 쓸 만한 값어치가 있는 물건' 또는 '부동산을 제외한 모든 유체물'로 정의되어 있다.[102) 따라서 '부품'의 사전적 의미는 '기계 따위의 어떤 부분에 쓰는, 일정하게 쓸 만한 값어치가 있는 물건 또는 유체물'이라고 할 수 있다. 저작권법에 규정된 '부품'은, 비록 그 용어가 한미 FTA 및 한·EU FTA에 규정된 'component'를 번역한 것이라고 하더라도, 한국어의 의미 내에서 해석이 이루어져야 할 것이다. 따라서 사전적 의미가 물건이나 유체물로 정의되어 있는 부품을 일부라는 의미를 가진 추상명사도 포함하는 것으로 해석하기는 힘들다고 생각한다. 특히 업으로 또는 영리를 목적으로 저작권법 제104조의2 제2항을 위반한 사람을 3년 이하의 징역 또는 3천만 원 이하의 벌금에 처하거나 이를 병과할 수 있다[103) 는 점에 비추어 보면 더욱 그러하다.

소프트웨어의 '일부'가 무력화 도구에 해당하는지에 관한 321 Studios 사건[104)에서 DVD 복제 소프트웨어를 판매하는 회사인 원고는 DVD 복제 소프트웨어가 주로 기술적 조치를 무력화하기 위하여 고안되고 생산된 것이 아니라 이용자들이 DVD 전체 또는 그 일부의 복제물을 만들 수 있도록 고안되고 생산된 것이며 CSS를 해독하는 능력은 그 소프트웨어의 여러 가지 기능 중 하나일 뿐이라고 주장하였다.[105)

---

102) 국립국어원, "표준국어대사전" 참조.
103) 저작권법 제136조 제2항 제3호의3.
104) *321 Studios v. Metro Goldwyn Mayer Studios, Inc.*, 307 F. Supp. 2d 1085 (ND Cal. 2004).

이 사건 법원은 무력화하는 것을 주목적으로 고안되거나 생산된 기술·제품·서비스·장치·부품 또는 그 일부의 거래가 금지되기 때문에 소프트웨어의 '일부'가 CSS를 무력화하는 것만으로 원고 회사가 그 소프트웨어의 거래에 대한 책임을 진다고 판단하였다.[106]

이 판결로부터 어떤 무력화 제품이 기술적 보호조치를 무력화하는 것 외에도 상업적으로 중요한 목적이나 용도를 가지고 있다 하더라도 그 제품에 기술적 보호조치를 무력화하는 것 외에는 상업적으로 중요한 목적이나 용도가 제한적인 부품이 포함되어 있다면 여전히 그 부품은 무력화 도구에 해당한다는 법리를 도출할 수 있다.

3) 무력화 도구

(1) 의의

무력화 도구는 첫째, 기술적 보호조치의 무력화를 목적으로 홍보·광고·판촉이 되는 도구, 둘째, 기술적 보호조치를 무력화하는 것 외에는 상업적 목적 또는 용도가 제한적인 도구, 셋째, 기술적 보호조치의 무력화를 가능하게 하거나 용이하게 하는 것을 주목적으로 고안·제작·개조되거나 기능하는 도구를 의미한다.[107] 여기서 어떤 도구가 금지되는 무력화 도구에 해당하기 위해서는 세 가지 요건을 모두 충족하여야 하는지 세 가지 요건 중 한 가지만 충족하면 되는지에 대한 검토가 필요하다.

먼저 무력화 도구의 세 가지 요건의 각각에 대하여 살펴보고 각 요건 사이에 어떤 관계가 있는지 검토하기로 한다.

---

105) *Id.*, pp. 1089, 1098.
106) *Id.*, p. 1098.
107) 저작권법 제104조의2 제2항.

(2) 무력화 도구의 요건

① 기술적 보호조치의 무력화를 목적으로 홍보·광고·판촉이 되는 것

"기술적 보호조치의 무력화를 목적으로 홍보·광고·판촉이 되는" 이라는 문구는 한미 FTA와 한·EU FTA에 동일하게 규정되어 있는 "are promoted, advertised or marketed ... for the purpose of circumvention of"[108] 를 번역한 것으로 보인다. 이 문구는 무력화 도구의 목적이 기술적 보호조치를 무력화하는 것이거나 무력화 도구가 기술적 보호조치를 무력화하는 데 사용된다[109]고 홍보·광고·판촉을 한다는 의미이다.

한편 홍보·광고·판촉에서 기술적 보호조치의 무력화를 명시적으로 언급하지 않았다고 하더라도 홍보·광고·판촉에서 설명하는 도구의 목적이나 용도가 기술적 보호조치의 무력화를 당연한 전제로 하고 있다면 이 요건에 해당한다고 보아야 할 것이다.

② 기술적 보호조치를 무력화하는 것 외에는 제한적으로
　상업적인 목적 또는 용도만 있는 것

"제한적으로 상업적인 목적 또는 용도만 있는"이라는 문구는 '상업적인 목적 또는 용도가 제한적인'이라고 이해할 수 있다. 따라서 어떤 도구의 상업적인 목적이나 용도가 기술적 보호조치를 무력화하는 것 외에는 제한적인 경우를 말한다. 반면에, 어떤 도구가 기술적 보호조치를 무력화하는 것 외에도 그 밖의 다른 상업적 목적이나 용도가 있는 경우 그 도구는 무력화 도구가 될 수 없다.

어떤 제품에 두 가지 이상의 부품이 포함되어 있고 그중 한 가지

---

108) 한미 FTA 제18.4조 제7항 (a)호 제2(A)목 및 한·EU FTA 제10.12조 제2항 (a)호.

109) 미국 저작권법은 "기술적 조치를 무력화하는 데 사용된다고 판촉이 되는 (is marketed ... for use in circumventing a technological measure)"이라는 표현을 사용하고 있다. 17 U. S. C. §§ 1201(a)(2)(C), (b)(1)(C).

부품은 기술적 보호조치를 무력화하는 것 외에는 상업적인 목적이나 용도가 제한적인 데 반하여 나머지 부품은 기술적 보호조치를 무력화하는 것 외에도 상업적인 목적이나 용도를 가지는 경우를 가정해 보자. 이 경우 제품 자체는 기술적 보호조치의 무력화 외에도 상업적인 목적이나 용도를 가진다고 할 수 있지만 이 제품에 포함된 부품 중 하나가 무력화 도구에 해당한다. 따라서 이 경우에는 무력화 부품의 거래 책임을 지게 된다.[110]

③ 기술적 보호조치를 무력화하는 것을 가능하게 하거나 용이하게
    하는 것을 주된 목적으로 고안·제작·개조되거나 기능하는 것

   어떤 도구의 목적이 여러 가지가 존재할 때 그중 주된 목적이 기술적 보호조치를 무력화하는 것을 가능하게 하거나 용이하게 하는 것일 때 그 도구는 거래가 금지되는 무력화 도구가 된다. 도구의 목적이 무엇인지에 대한 판단은 도구 제작자의 주관적 의사에 의할 것이 아니라 구체적 사실에 기초하여 객관적으로 이루어져야 한다. 도구의 여러 가지 목적 중 주된 목적이 무엇인지에 대한 판단 역시 마찬가지이다.

   도구의 여러 가지 목적이 서로 독립적인 경우에는 구체적인 사실에 입각하여 개별적으로 판단하여야 한다. 그러나 도구의 여러 가지 목적이 개념적으로 서로 연관되어 있기 때문에 그중 선결적 목적이 존재하면 그 선결적 목적이 주된 목적이라고 보아야 한다. 선결적 목적이 달성되지 않으면 나머지 목적은 존재 의의를 상실하기 때문이다. 예를 들어 CSS에 의하여 보호되는 DVD 영화의 복제물을 만들기 위해서는 CSS의 무력화와 복제물의 생성이 필요하다. CSS를 무력화하는 것과 영화의 복제물을 만드는 것은 개념적으로 서로 선후 관

---

110) *321 Studios v. Metro Goldwyn Mayer Studios, Inc.*, 307 F. Supp. 2d 1085, 1098 (ND
    Cal. 2004).

계로서 무력화가 선결적으로 완료되어야 영화 복제물을 만드는 것
이 가능하다. 이 경우 CSS를 무력화하는 것은 도구의 선결적 목적으
로서 주된 목적이라고 할 수 있다.

(3) 무력화 도구의 세 가지 요건 사이의 관계

저작권법 제104조의2 제2항은 누구든지 "다음과 같은" 도구를 거
래하여서는 안 된다고 규정하면서 각 호에서 무력화 도구의 세 가지
요건을 규정하고 있다. 그런데 제104조의2 제1항과 제3항 단서는 각
각 무력화 금지에 대한 예외 사유와 도구 거래 금지에 대한 예외 사
유를 규정하면서 "다음 각 호의 어느 하나에 해당하는"이라는 문구
를 사용하고 있다. 제104조의2의 각 항이 이렇게 서로 다른 수식어구
를 사용하여 구별한 취지는 대상을 서로 달리 취급하려고 하였던 것
이라고 추정할 수 있다.

한미 FTA와 한·EU FTA에는 세 가지 요건의 관계가 '또는(or)'으로
연결되어 있고[111] 미국 저작권법과 EU 저작권 지침도 마찬가지이
다.[112] 미국 법원은 어떤 도구가 세 가지 요건 중 하나만 충족시키면
그 도구는 무력화 도구에 해당한다고 판단하였다.[113]

"다음 각 호의 어느 하나에 해당하는"이라는 문구가 "다음과 같은"
이라는 문구와 구별되고 "다음 각 호의 어느 하나에 해당하는"이라
는 문구는 세 가지 요건이 '또는'으로 연결되는 것을 의미하므로 "다
음과 같은"이라는 문구는 세 가지 요건이 '그리고'로 연결되는 것을
의미한다고 생각된다. 따라서 우리 저작권법 제104조의2 제2항에 따

---

111) 한미 FTA 제18.4조 제7항 (a)호 제2목 및 한·EU FTA 제10.12조 제2항.
112) 17 U. S. C. §§ 1201(a)(2), (b)(1) 및 EU 저작권 지침 제6조 제2항.
113) *321 Studios v. Metro Goldwyn Mayer Studios, Inc.*, 307 F. Supp. 2d 1085, 1094 (ND Cal. 2004) ; *Chamberlain Group, Inc. v. Skylink Technologies, Inc.*, 381 F. 3d 1178, 1203 (CA Fed. 2004).

르면 어떤 도구가 무력화 도구에 해당하기 위해서는 세 가지 요건이 모두 충족되어야 한다. 세 가지 요건 중 두 가지 요건에 해당하더라도 나머지 한 가지 요건이 충족되지 않으면 그 도구는 거래가 금지되는 무력화 도구에 해당하지 않는다. 따라서 우리 저작권법에 따른 무력화 도구의 해당 여부에 대한 심사는 세 가지 요건을 모두 판단하여야 한다.

반면에, 이러한 해석과 달리 비록 문구에는 "다음과 같은"이라고 되어 있지만 세 가지 요건 중 어느 하나에 해당하기만 하면 무력화 도구가 된다는 해석도 가능하다. 그러나 본 연구자가 세 가지 요건이 모두 충족되어야 한다고 주장하는 또 다른 이유 중의 하나는 뒤에서 언급하는 것처럼 도구 거래 책임의 축소해석과 관련된다. 세 가지 요건이 모두 충족될 것을 요구하게 되면 무력화 도구에 해당할 가능성이 줄어들기 때문이다.

4) 무력화 도구의 거래

(1) 거래의 의미

우리 저작권법은 금지되는 무력화 도구의 거래를 무력화 장치·제품·부품의 제조, 수입, 배포, 전송, 판매, 대여, 공중에 대한 청약, 판매나 대여를 위한 광고, 유통을 목적으로 하는 보관이나 소지 또는 무력화 서비스의 제공으로 규정하고 있다.[114]

도구의 거래 유형 중 '제조'의 사전적 의미는 '공장에서 큰 규모로 물건을 만드는 것'[115]이기 때문에 적어도 이용자가 스스로 기술적 보호조치를 무력화하기 위하여 무력화 도구를 만드는 것은 제조에 포함되지 않는다고 해석하여야 한다.[116] 개인적 이용을 위하여 무력화

---

114) 저작권법 제104조의2 제2항.
115) 국립국어원, "표준국어대사전" 참조.

도구를 제작하거나 개발하는 것도 제조에 포함된다고 해석할 경우에는 접근통제조치의 무력화에 대한 예외 사유에 해당하여 무력화가 허용되는 경우에도 이용자가 스스로 무력화 도구를 만드는 행위조차 도구 거래 금지 조항에 위반되는 결과가 되어 예외적으로 무력화 행위를 허용하는 것이 아무런 의미를 가질 수 없게 된다.

(2) 무력화 도구에 대한 링크의 게시가 거래에 해당하는지 여부

무력화 도구를 제공하는 사이트에 대한 링크를 인터넷 게시판이나 블로그에 게시하는 것이 도구 거래 금지 조항에 위반되는 것인지 검토하기로 한다. 먼저 링크와 관련하여 각국 법원의 입장을 살펴보기로 한다.

① 미국

Reimerdes 사건[117)]에서 법원은 링크의 게시와 관련하여 먼저 거래, 제공 및 청약의 사전적 의미로부터 해석을 시작하였다. '거래하는 (traffic in)' 것은 거래 행위(dealings)에 관여하는 것으로서 거래 대상의 성질에 대한 인식과 필연적으로 연관되는 행위이고, '제공하는 (provide)' 것은 이용할 수 있게 하거나 공급하는 것이며, '청약하는 (offer)' 것은 대가를 위하여 제시하거나 내놓는 것이다. 그러므로 DMCA의 거래 금지 조항에서 말하는 금지 행위는 무력화 도구의 성질을 알면서 다른 사람들이 그것을 취득하는 것을 허용할 목적으로 제시하거나 내놓거나 이용할 수 있게 하는 것을 의미한다.[118)]

---

116) 제조에 해당하는 한미 FTA와 한·EU FTA의 용어는 'manufacture'라고 되어 있다. 미국 저작권법상의 'manufacture'에 대하여 같은 입장은 Reese (2003), p. 655 n. 121.

117) *Universal City Studios, Inc. v. Reimerdes*, 111 F. Supp. 2d 294 (SDNY 2000).

118) *Id.*, p. 325.

이용자가 피고들의 하이퍼링크에 의하여 이동되자마자 DeCSS의 다운로드 과정이 자동적으로 시작되는 사이트에 링크를 거는 경우에는 피고들은 DeCSS 코드를 이용자에게 직접 전달하는 것과 기능적으로 동등한 일에 관여하는 것이다. 단순히 DeCSS 코드에 지나지 않는 것을 보여 주는 웹 페이지에 대한 하이퍼링크 또는 이용자가 DeCSS의 다운로드를 선택할 수 있을 뿐이고 그 밖에 아무런 다른 콘텐츠가 없는 웹 페이지에 대한 하이퍼링크도 실질적으로 마찬가지이다.[119]

잠재적으로 곤란한 상황은 DeCSS 이외의 많은 콘텐츠를 제공하는 동시에 DeCSS의 다운로드를 위한 하이퍼링크나 DeCSS를 다운로드할 수 있는 페이지로 이동시키는 하이퍼링크도 제공하는 웹 페이지에 대한 링크에 대하여 발생한다. 예컨대 로스앤젤레스 타임스(Los Angeles Times)의 웹사이트 어딘가에 DeCSS 코드가 포함되어 있다고 가정할 때 목적이나 링크가 묘사된 방식과 상관없이 단지 우연히 링크가 걸린 사이트에서 DeCSS를 사용할 수 있기 때문에 로스앤젤레스 타임스 웹사이트에 링크를 건 사람이 DeCSS를 청약하거나 제공하거나 거래하였다고 말하는 것은 잘못된 것이다.[120]

이 사건 법원은 링크를 게시하는 행위가 이와 같은 일정한 경우 도구 금지 조항에 위반되는 것으로 판단하였지만 그것이 청약, 제공, 거래 중 구체적으로 어디에 해당한다고 단정하지는 않았다.

② EU

사법재판소[121]는 GS Media 사건[122]에서 하이퍼링크가 공중 전달에

---

119) *Id.*

120) *Id.*

121) 1952년에 설립되고 룩셈부르크에 위치하고 있는 'EU 사법재판소(Court of Justice of the European Union)'는 '사법재판소(Court of Justice)'와 1988년에 만

해당하는지 여부와 관련하여 판결하였다. 이 사건의 사실관계, EU
저작권 지침에 따른 공중 전달의 개념 및 링크가 공중 전달에 해당
하는지에 관한 법리를 차례로 살펴보기로 한다.

'플레이보이(Playboy)'의 발행인인 Sanoma의 요청으로 2011년 10월
13일과 14일에 한 사진작가가 이 사건 사진들을 찍었고, 그 사진들은
2011년 12월 호에 게재될 예정이었으며, 그 사진작가는 그 사진들에
대한 공표권 및 이용권을 Sanoma에 부여하였다.[123) 한편 GS Media는
네덜란드 뉴스 분야의 10대 웹사이트 중 하나인 GeenStijl을 운영한
다.[124) 2011년 10월 26일 GeenStijl 웹사이트의 편집인은 호주 웹사이트
Filefactory.com에서 관리되고 있는 전자 파일에 대한 하이퍼링크가 포
함된 익명의 메시지를 받았는데 그 파일에는 이 사건 사진들이 들어
있었다.[125) 2011년 10월 27일 이 사건 사진들과 관련된 기사가 GeenStijl
웹사이트에 게시되었는데 그 기사의 마지막에는 이 사건 사진들에
관한 유인 문구와 그에 수반하는 하이퍼링크가 있었고 그 하이퍼링
크를 클릭하면 Filefactory 웹사이트로 연결되었다.[126)

'공중 전달'의 개념은 저작물의 '전달 행위'와 저작물을 '공중'에게
전달하는 것을 포함하는데[127) 어떠한 행위가 공중 전달에 해당하는

들어진 '일반 재판소(General Court)'로 이루어져 있다. 2004년에 설립된
'Civil Service Tribunal'은, EU의 사법 구조 개혁의 맥락에서, 그 관할이 일반
재판소로 넘어가고 2016년 9월 1일부로 그 운영이 중지되었다. 본문에서
기술하고 있는 '사법재판소'는 'EU 사법재판소' 중의 하나인 '사법재판소'
를 의미한다. 이상은 http://curia.europa.eu/jcms/jcms/Jo2_6999/en/ 참조(최종
방문일: 2017년 8월 30일).

122) Judgment of 8 September 2016, *GS Media*, (C-160/15, EU:C:2016:644).
123) *Id.*, paragraph 6.
124) *Id.*, paragraph 7.
125) *Id.*, paragraph 8.
126) *Id.*, paragraph 10.
127) *Id.*, paragraph 32.

지 여부는 상호 의존적인 세 가지 기준을 고려하여 개별적으로 판단하여야 한다.[128] 첫 번째 기준은 이용자의 필수적 역할과 개입의 고의성이다. 이용자가 행위의 결과를 완전히 알고서 고객들이 보호되는 저작물에 접근할 수 있도록 개입한 때 특히 그 개입이 없으면 고객들이 원칙적으로 저작물을 향유할 수 없을 경우에 이용자가 그러한 개입을 한 때 그 이용자의 개입은 전달 행위에 해당한다.[129] 두 번째 기준은 '공중'의 개념이 불특정 다수를 의미한다는 것이다.[130] 공중 전달에 해당하기 위해서는 보호되는 저작물이 이전에 사용된 기술적 수단과는 다른 특정한 기술적 수단을 사용하여 전달되거나 그렇지 않은 경우 새로운 공중, 즉 저작권자가 저작물의 최초 전달에 대한 권한을 부여할 당시에 고려되지 않았던 공중에게 전달되어야 한다.[131] 세 번째 기준은 전달의 영리성이다.[132]

먼저 저작권자의 동의를 얻어 다른 웹사이트에서 자유롭게 이용할 수 있는 저작물에 대한 하이퍼링크를 웹사이트에 게시하는 것은 공중 전달에 해당하지 않는다.[133] 그러나 저작권자가 저작물을 인터넷상에서 공표하는 데 동의하지 않았기 때문에 다른 웹사이트에서 공표된 저작물에 대한 링크의 모든 게시를 자동적으로 공중 전달의 범주에 넣는 것은 표현과 정보의 자유에 대한 매우 제한적인 결과를 초래할 뿐만 아니라 공익과 저작권자의 이익 사이에서 EU 저작권 지침이 추구하는 권리 균형과도 일치하지 않는다.[134] 인터넷은 사실상 표현과 정보의 자유에 특별히 중요하고 하이퍼링크는 엄청난 양의

---

128) *Id.*, paragraphs 33 and 34.
129) *Id.*, paragraph 35.
130) *Id.*, paragraph 36.
131) *Id.*, paragraph 37.
132) *Id.*, paragraph 38.
133) *Id.*, paragraphs 40 and 41.
134) *Id.*, paragraph 44.

정보를 이용할 수 있다는 특징을 지닌 네트워크에서 의견과 정보의 교환에 기여할 뿐만 아니라 인터넷의 건전한 운영에도 기여한다.[135]

링크를 게시하려는 개인이 링크에 연결되어 있는 웹사이트에서 보호되는 저작물에 접근할 수 있는지 여부 및 저작권자가 인터넷에서의 게시에 동의하였는지 여부를 확인하는 것은 어려울 수 있다.[136] 따라서 영리를 추구하지 않는 사람이 다른 웹사이트에서 자유롭게 이용할 수 있는 저작물에 대한 하이퍼링크를 게시할 경우 그 사람은 그 저작물이 저작권자의 동의 없이 인터넷에 공표되었다는 것을 모르고 합리적으로 알 수도 없다는 사실을 고려할 필요가 있다.[137] 그 사람은 고객들이 인터넷에 불법적으로 게시된 저작물에 접근할 수 있도록 하기 위하여 자신의 행위의 결과를 완전히 알고서 개입하는 것이 아니다.[138]

이에 반해 그 사람이 예컨대 저작권자의 통지를 받았기 때문에 자신이 게시한 하이퍼링크가 인터넷상에서 불법적으로 게시된 저작물에 접근할 수 있게 해 준다는 것을 알았거나 알 수 있었던 경우에는 그 링크의 제공이 공중 전달에 해당한다.[139] 링크가 게시된 웹사이트의 이용자들이 보호되는 저작물이 게시된 사이트에서 가입자들에게만 접근을 허용하기 위하여 가해진 제한을 그 링크를 통해 우회할 수 있는 경우에도 마찬가지로 그러한 링크를 게시하는 것은 고의적인 개입에 해당한다.[140]

영리를 위하여 하이퍼링크를 게시하는 사람은 관련 저작물이 하이퍼링크가 연결된 웹사이트에 불법적으로 공표되지 않았다는 것을

---

135) *Id.*, paragraph 45.
136) *Id.*, paragraph 46.
137) *Id.*, paragraph 47.
138) *Id.*, paragraph 48.
139) *Id.*, paragraph 49.
140) *Id.*, paragraph 50.

보장하기 위하여 필요한 확인을 하여야 하기 때문에 그러한 사람은 저작물이 보호된다는 것과 인터넷에서의 공표에 저작권자의 동의가 없었다는 것을 완전히 알고서 게시하였다고 추정된다. 그러한 상황에서는 추정이 번복되지 않는 한 인터넷에 불법적으로 게시된 저작물에 대한 하이퍼링크를 게시하는 행위는 공중 전달에 해당한다.[141]

GS Media가 운영하는 GeenStijl 웹사이트는 Filefactory 웹사이트에서 관리되는, 이 사건 사진들이 포함된 파일에 대한 하이퍼링크를 영리를 위하여 제공하였고 Sanoma는 이 사건 사진들을 인터넷에 공표할 수 있는 권한을 부여하지 않았다. 따라서 GS Media가 그러한 링크를 게시하는 것은 공중 전달권 침해에 해당한다.[142]

한편 EU 저작권 지침과 한·EU FTA에 의하면 무력화 도구의 거래 행위의 구체적 유형은 무력화 장치·제품·부품의 제조, 수입, 배포, 판매, 대여, 판매나 대여를 위한 광고 또는 영리 목적의 소지 및 무력화 서비스의 제공이다.[143] 무력화 도구에 대한 링크를 게시하는 행위는 거래 금지 유형 중 해당할 여지가 있는 것은 배포이다. 그런데 EU 저작권 지침에 따른 배포권은 저작물의 원본이나 그 복제물을 대상으로 한다는 점,[144] EU 저작권 지침이 공중 전달권 및 이용 제공권[145]과 배포권[146]을 구별하고 있다는 점 및 사법재판소가 링크의 게시를 배포권 침해가 아니라 공중 전달권 침해인지 여부로만 판단한 점에 비추어 보면 링크의 게시가 EU 저작권 지침에 따른 배포에 해당할 여지는 없다고 생각한다.

그러므로 EU 법 아래에서는 무력화 도구에 대한 링크를 게시하더

---

141) *Id.*, paragraph 51.
142) *Id.*, paragraph 54.
143) EU 저작권 지침 제6조 제2항 및 한·EU FTA 제10.12조 제2항.
144) EU 저작권 지침 제4조.
145) EU 저작권 지침 제3조.
146) EU 저작권 지침 제4조.

라도 그 행위는 무력화 도구의 거래 금지 조항에 위반되지 않는다.

③ 한국

우리 대법원은 링크가 전송에 해당하는지에 대해서는 확고하게 이를 부정하고 있다. 대법원은 인터넷 링크가 인터넷에서 링크를 하고자 하는 웹 페이지나 웹사이트 등의 서버에 저장된 개개의 저작물 등의 웹 위치 정보나 경로를 나타낸 것에 불과하기 때문에 비록 인터넷 이용자가 링크 부분을 클릭함으로써 링크가 되어 있는 웹 페이지나 개개의 저작물에 직접 연결된다 하더라도 링크를 하는 행위는 저작권법이 규정하는 전송에 해당하지 않는다고 판시하였다.[147] 따라서 무력화 도구에 대한 링크를 게시하는 행위 역시 전송에 해당하지 않는다.

④ 검토

우리 저작권법에 의할 경우 링크의 게시 행위가 전송 이외의 거래 유형에 해당할 여지가 있는지 검토하기로 한다. 일견 가능성이 있는 것은 배포, 공중에 대한 청약으로 압축된다.

저작권법 제2조 제23호는 '배포'를 저작물의 원본 또는 그 복제물을 공중에게 대가를 받거나 받지 아니하고 양도 또는 대여하는 것이라고 정의하고 있다. 대법원은 저작권법 제2조에서 말하는 배포란 저작물의 원작품 또는 그 복제물을 '유형물'의 형태로 일반 공중에게 양도 또는 대여하는 것을 말한다고 판시하였다.[148]

---

147) 대법원 2009. 11. 26. 선고 2008다77405 판결(공2010상, 15), 대법원 2010. 3. 11. 선고 2009다4343 판결(공2010상, 718), 대법원 2015. 3. 12. 선고 2012도 13748 판결(공2015상, 583), 대법원 2015. 8. 19. 선고 2015도5789 판결(공2015 하, 1363).

148) 대법원 2007. 12. 14. 선고 2005도872 판결(공2008상, 91).

링크를 거는 사람은 링크의 대상이 되는 무력화 도구를 직접 보유하고 있는 것이 아니라 무력화 도구 또는 무력화 도구가 있는 웹사이트에 링크를 거는 것에 불과하고 링크를 통하여 전달되는 무력화 도구를 유형물의 형태로 양도 또는 대여하는 것도 아니므로 링크의 게시 행위는 우리 저작권법에 따르더라도 배포에 해당하지 않는다.

이제 링크의 게시가 '청약'에 해당하는지 검토하기로 한다. '공중에 대한 청약'은 한미 FTA의 이행 입법 과정에서 우리 저작권법에 편입되었다. 한미 FTA는 그 밖에도 '제공' 또는 '거래'라는 표현을 사용하고 있지만[149] 이 두 가지는 우리 저작권법에 규정되지 않았다.[150] 만약 '제공'이나 '거래'가 저작권법에 규정되었더라면 Reimerdes 법원이 판단한 것처럼 링크는 청약, 제공 또는 거래에 해당한다고 말할 수 있을 것이다.

'청약'은 일정한 계약을 성립시킬 것을 목적으로 하는 일방적·확정적 의사표시이다.[151] 청약은 상대방 있는 의사표시이지만 그 상대방은 특정인이 아니더라도 상관없고 불특정 다수인에 대한 것도 유효하다.[152] 한편 증여는 당사자 일방이 무상으로 재산을 상대방에 수여하는 의사를 표시하고 상대방이 이를 승낙함으로써 그 효력이 생긴다.[153] 증여는 채권계약이며 증여자에게 재산 급여의 의무를 부담케 하는 것이므로 증여자 이외의 다른 사람의 재산도 증여의 목적으로 할 수 있다.[154]

---

149) 한미 FTA 제18.4조 제7항 (a)호 제2목.
150) 엄밀하게 말하자면 무력화 장치·제품·부품의 거래 유형에는 '제공'이 규정되지 않았지만 무력화 서비스의 거래 유형에는 '제공'만 규정되었다(저작권법 제104조의2 제2항).
151) 곽윤직, 채권각론(제6판), 박영사 (2003), 35면.
152) 곽윤직(2003), 36면.
153) 민법 제554조.
154) 곽윤직(2003), 116면.

그러므로 무력화 도구 또는 무력화 도구가 있는 웹사이트에 대한 링크를 게시하는 행위는 증여 또는 증여와 유사한 계약의 성립을 위한, 공중에 대한 청약으로 볼 여지가 있다. 그러나 모든 종류의 링크 게시에 대하여 청약으로 볼 수는 없고 Reimerdes 판결과 마찬가지로 클릭하자마자 자동적으로 다운로드가 진행되는 링크 또는 무력화 도구만 제공되고 그 이외에 아무런 콘텐츠도 없는 웹 페이지에 대한 링크와 같이 실질적으로 링크가 되어 있는 무력화 도구를 이용자에게 제공하는 것과 동등한 기능을 수행하는 경우의 링크는 청약에 포함되는 것으로 해석할 수 있다.[155]

---

155) 대법원 2003. 7. 8. 선고 2001도1335 판결[공2003.8.15.(184), 1739]: 음란한 부호 등으로 링크를 해 놓는 행위자의 의사의 내용, 그 행위자가 운영하는 웹사이트의 성격 및 사용된 링크 기술의 구체적인 방식, 음란한 부호 등이 담겨져 있는 다른 웹사이트의 성격 및 다른 웹사이트 등이 음란한 부호 등을 실제로 전시한 방법 등 모든 사정을 종합하여 볼 때, 링크를 포함한 일련의 행위 및 범의가 다른 웹사이트 등을 단순히 소개·연결할 뿐이거나 또는 다른 웹사이트 운영자의 실행 행위를 방조하는 정도를 넘어 이미 음란한 부호 등이 불특정·다수인에 의하여 인식될 수 있는 상태에 놓여 있는 다른 웹사이트를 링크의 수법으로 사실상 지배·이용함으로써 그 실질에 있어서 음란한 부호 등을 직접 전시하는 것과 다를 바 없다고 평가되고 이에 따라 불특정·다수인이 이러한 링크를 이용하여 별다른 제한 없이 음란한 부호 등에 바로 접할 수 있는 상태가 실제로 조성되었다면, 그러한 행위는 전체로 보아 음란한 부호 등을 공연히 전시한다는 구성요건을 충족한다고 봄이 상당하다.
대법원 2017. 6. 8. 선고 2016도21389 판결(공2017하, 1499): 성폭력처벌법 제13조에서 "성적 수치심을 일으키는 그림 등을 상대방에게 도달하게 한다."라는 것은 '상대방이 성적 수치심을 일으키는 그림 등을 직접 접하는 경우뿐만 아니라 상대방이 실제로 이를 인식할 수 있는 상태에 두는 것'을 의미한다. 따라서 행위자의 의사와 그 내용, 웹페이지의 성격과 사용된 링크 기술의 구체적인 방식 등 모든 사정을 종합하여 볼 때 상대방에게 성적 수치심을 일으키는 그림 등이 담겨 있는 웹페이지 등에 대한 인터넷 링크를 보내는 행위를 통해 그와 같은 그림 등이 상대방에 의하여 인식될 수 있는 상태에 놓이고 실질에 있어서 이를 직접 전달하는 것과

8. 기술적 보호조치의 침해에 대한 구제 수단

1) 민사적 구제

저작권자는 제104조의2의 규정을 위반한 사람에 대하여 손해배상이나 이를 갈음하는 법정 손해배상의 청구를 할 수 있고, 위반하는 사람에 대하여 침해[156]의 정지를 청구할 수 있으며, 위반할 우려가 있는 사람에 대하여 침해의 예방 또는 손해배상의 담보를 청구할 수 있다.[157] 저작권자는 또한 고의 또는 과실 없이 접근통제조치를 무력화하는 사람에 대하여 무력화의 정지를 청구할 수 있으며 무력화할 우려가 있는 사람에 대하여 무력화의 예방 또는 손해배상의 담보를 청구할 수 있다.[158]

민사적 구제의 중요한 특징은 제104조의2의 규정 위반에 대하여 저작권 침해에 준하는 구제가 주어지며 고의나 과실 없이 접근통제조치를 무력화하는 경우에도 침해의 정지나 예방을 청구할 수 있다는 점이다.

다를 바 없다고 평가되고, 이에 따라 상대방이 이러한 링크를 이용하여 별다른 제한 없이 성적 수치심을 일으키는 그림 등에 바로 접할 수 있는 상태가 실제로 조성되었다면, 그러한 행위는 전체로 보아 성적 수치심을 일으키는 그림 등을 상대방에게 도달하게 한다는 구성요건을 충족한다고 보아야 한다.

대법원 2001도1335 판결은 저작권법상 '전시'에 관한 판결이고 대법원 2016도21389 판결은 성폭력처벌법상 '도달'에 관한 것이지만, 링크의 '실질적 기능'에 주목하여 링크가 '전시' 또는 '도달'에 해당한다고 판단한 점은 본 연구자의 견해와 유사하다고 할 수 있다.

156) 여기서 침해는 정당한 권한 없이 접근통제조치를 무력화하거나 정당한 권한 없이 기술적 보호조치의 무력화 도구를 거래하는 것을 의미한다.

157) 저작권법 제104조의8.

158) *Id.*

2) 형사적 처벌

저작권법 제136조 제2항 본문 및 제3호의3에 의하면, 업으로 또는 영리를 목적으로 제104조의2 제1항 또는 제2항을 위반한 사람을 3년 이하의 징역 또는 3천만 원 이하의 벌금에 처하거나 이를 병과할 수 있다. 이 죄는 고소가 없더라도 공소를 제기할 수 있다.[159]

형사적 구제는 민사적 구제와 달리 '업으로 또는 영리를 목적으로' 침해한 사람에 대해서만 책임을 물을 수 있다.

'업으로'의 의미에 관한 대법원 입장에 따르면 어떠한 행위를 업으로 한다 함은 반복 계속하여 영업으로 그 행위를 하는 것을 의미한다고 해석하여야 할 것이므로 어떠한 행위를 업으로 하였는지의 여부는 그 행위의 반복 계속성, 영업성 등의 유무와 그 행위의 목적이나 규모, 횟수, 기간, 태양 등 여러 사정을 종합적으로 고려하여 사회 통념에 따라 판단하여야 하고[160] 사실상 반복 계속하여 그 행위를 한 경우뿐만 아니라 반복 계속할 의사로써 그 행위를 하면 단 한 번의 행위도 이에 해당된다.[161]

---

159) 저작권법 제140조 제2호.
160) 대법원 1988. 8. 9. 선고 88도998 판결[공1988.9.15.(832), 1219].
161) 대법원 1989. 1. 10. 선고 88도1896 판결[공1989.2.15.(842), 257].

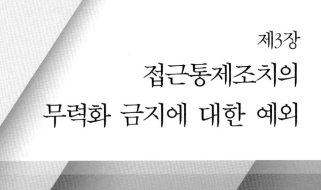

제3장
접근통제조치의
무력화 금지에 대한 예외

제1절 의의

접근통제조치의 무력화는 원칙적으로 금지된다. 그러나 저작권법에 규정된 일곱 가지 법정 예외 사유에 해당하는 무력화와 위임명령에 따른 예외 사유에 해당하는, 특정 종류의 저작물과 관련한 무력화는 허용된다. 한편으로는 기술적 보호조치를 법적으로 보호함으로써 저작권자의 이익을 보장하면서도 다른 한편으로는 이용자가 저작물을 비침해적으로 이용할 수 있는 이익을 보장하기 위하여 접근통제조치의 무력화에 대하여 일정한 예외를 인정한 것이라고 할 수 있다.

저작권법 제104조의2 제1항에 규정되어 있는 무력화 금지에 대한 일곱 가지의 법정 예외 사유와 예외 고시에 따른 예외 사유는 저작권자의 무력화 금지권에 대한 제한 규정이다. 법정 예외 사유는 앞에서 자세히 살펴보았기 때문에 이 장에서는 예외 고시에 의한 예외 사유를 중심으로 살펴보기로 한다.

제2절 위임명령에 따른 예외 사유

1. 의의

접근통제조치의 무력화 금지에 대한 예외는 법정 예외 사유 외에 저작권법의 위임을 받아 문화체육관광부 장관이 정하는 고시에 의해서도 정해진다. 접근통제조치의 무력화 금지에 의하여 이용자가 특정 종류의 저작물을 정당하게 이용하는 데 불합리하게 영향을 받거나 받을 가능성이 있다고 인정되어 문화체육관광부 장관이 정하여 고시하는 경우에는 접근통제조치의 무력화 금지가 적용되지 않는다.[1]

이 제도는 한미 FTA의 내용을 반영하여 도입되었는데 2012년에 예외 고시가 처음으로 제정되었고 2015년에 첫 번째 개정이 있었다. 이 두 번의 예외 고시는 그 내용이 실제로 미국의 행정입법 절차에서 정해진 면제 규칙의 내용을 거의 그대로 수용하고 있다. 따라서 접근통제조치의 무력화 금지에 대한 면제 규칙을 정하는 미국의 행정입법 절차와 그 절차에서 정해진 면제 규칙을 먼저 살펴보기로 한다.

2. 미국의 행정입법 절차

1) 의의

미국 저작권법 § 1201(a)(1)은 의회가 '안전장치(fail-safe)' 메커니즘[2]이라고 특징지은 행정입법 절차를 포함하고 있다. 저작권청장이 그

---

1) 저작권법 제104조의2 제1항 본문 및 제8호.
2) H. R. Rep. No. 105-551, pt. 2, p. 36 (1998).

절차를 수행하며 의회 도서관장은 저작권청장의 권고에 기초하여 면제 규칙을 결정한다.[3] 저작권청장은 권고문의 작성 과정에서 미국 전기통신·정보청(National Telecommunications and Information Administration, NTIA)을 관장하는 상무부 통신·정보 차관보와 협의하여야 한다.[4]

행정입법 절차에서 저작권청장과 의회 도서관장의 주된 책무는 접근통제조치의 무력화 금지가 저작물을 비침해적으로 이용할 수 있는 개인의 능력을 손상시키는지 여부를 평가하는 것이다. 저작권청장은 이를 위하여 공중의 관심 있는 구성원이 제출한 정보를 바탕으로 광범위한 행정 기록을 만들고 그 기록에 의하여 정당화되는 면제 사유를 채택하도록 의회 도서관장에게 권고한다.[5]

의회 도서관장은 (1) 저작물의 이용 가능성, (2) 비영리적 보관, 보존 및 교육적 목적을 위한 저작물의 이용 가능성, (3) 저작물에 적용된 기술적 조치의 무력화 금지가 비판, 비평, 뉴스 보도, 수업, 학문 또는 연구에 미치는 영향, (4) 기술적 조치의 무력화가 저작물 시장 또는 가치에 끼치는 영향 및 (5) 의회 도서관장이 적절하다고 생각하는 그 밖의 다른 요소를 검토하여야 하는데[6] 저작권청장 역시 마찬가지이다. 저작권청장은 또한 권고문을 마련함에 있어서 상무부 통신·정보 차관보와 협의하고 그의 견해에 대하여 보고하고 논평하여야 한다.[7] 의회 도서관장은 저작권청장의 권고문에 기초하여 면제되는 종류의 저작물을 규정하는 최종 면제 규칙을 공포할 책임을 진다.[8]

---

3) 17 U. S. C. § 1201(a)(1)(C).
4) *Id.*
5) U.S. Copyright Office, Exemption to Prohibition on Circumvention of Copyright Protection Systems for Access Control Technologies, 80 Fed. Reg. 65944 (Oct. 28, 2015) ("2015 Final Rule").
6) 17 U. S. C. § 1201(a)(1)(C).
7) *Id.*

§ 1201(a)(1)에 따른 규칙이 정한 면제 사유는 접근통제조치를 무력화하는 행위에만 적용된다. 의회 도서관장은 도구 거래 금지에 대한 면제를 채택할 권한은 없다.[9] 면제 사유에 따라 수행되는 활동은 여전히 다른 적용 가능한 법을 준수하여야 한다. 따라서 면제 사유가 특별히 우려되는 다른 법을 구체적으로 참조할 수 있지만 면제 사유에 따라 수행되는 모든 활동은 합법적이어야 한다.[10]

한편 행정입법 절차에서 접근통제조치의 무력화 금지의 영향을 평가함에 있어서 접근통제조치가 저작권에 의하여 보호되는 자료의 이용 가능성에 미치는 악영향뿐만 아니라 긍정적인 영향도 검토하여야 한다. 접근통제조치는 저작권에 의하여 보호되는 자료의 불법 복제와 그 밖에 경제적으로 유해한 무단 이용을 막기 위하여 적용될 뿐만 아니라 저작권에 의하여 보호되는 자료를 이용자에게 전파하는 새로운 길을 지원하고 개인이 그러한 자료를 합법적으로 이용할 수 있도록 그 유용성을 보호하기 위해서도 적용될 수 있기 때문이다.[11]

2) 행정입법 기준

(1) 증명책임

제1차 행정입법은 행정입법 기준과 관련하여 먼저 증명책임과 증명의 정도에 관하여 논하고 있다.

§ 1201(a)(1)은 무력화 금지로부터 면제되어야 하는 종류의 저작물

---

8) 17 U. S. C. § 1201(a)(1)(D).

9) 행정입법을 통한 면제는 § 1201(a)(1) 이외의 규정에 따른 소송에서 항변으로 사용될 수 없다. 17 U. S. C. § 1201(a)(1)(E).

10) 2015 Final Rule, p. 65945.

11) Staff of H. Comm. on the Judiciary, 105th Cong., Section-by-Section Analysis of H.R. 2281 as Passed by the United States House of Representatives on August 4, 1998, p. 6 (Comm. Print 1998).

의 제안자와 반대자의 증명과 관련하여 어떠한 지침도 제공하지 않는다. 법률 규정의 목적을 유지하기 위하여 면제는 제한적으로 해석되어야 한다는 것이 법률 해석의 일반적 규칙이다. 더욱이 특정한 종류의 저작물을 접근통제조치의 무력화 금지로부터 면제하기 위한 증명책임은 면제의 제안자에게 있다. 어떤 종류의 저작물을 무력화 금지로부터 면제하려는 결정은 그 금지가 그 특정한 종류의 저작물의 비침해적 이용에 '실질적 악영향(substantial adverse effect)'을 끼친다는 결정에 기초하여야 한다.[12]

NTIA는 § 1201(a)(1)(C)의 어디에도 '실질적'이라는 단어가 나타나지 않는데 '실질적' 악영향을 증명할 필요가 있는 것인지에 대하여 의문을 제기하면서 '합리적으로 기대되는 영향(reasonably anticipated impacts)'을 증명하는 것으로 충분하다고 주장하였다.[13]

그러나 제1차 행정입법은 저작권청장의 입장에 따라 증명의 정도와 특정한 종류의 저작물에 대한 기준을 매우 엄격하게 해석하였다. 따라서 면제를 주장하는 사람은 실질적인 악영향을 증명하여야 한다. 그러나 증명책임의 정도를 이렇게 엄격하게 설정하게 되면 현재 악영향이 있는 것은 아니지만 향후 3년 동안에 실질적인 악영향이 있을 것으로 예상되는 면제에 대한 증명이 결코 쉽지 않을 것으로 보인다.

제2차 행정입법에 의하면 면제 제안자는 이용자의 비침해적 이용에 실질적인 악영향을 끼치거나 끼칠 수 있다는 것을 증거 우위(preponderance of the evidence)에 의하여 증명하여야 한다.[14] 따라서

---

12) 2000 Final Rule, p. 64558.

13) Id., p. 64561.

14) U.S. Copyright Office, Exemption to Prohibition on Circumvention of Copyright Protection Systems for Access Control Technologies, 68 Fed. Reg. 62011, 62012 (Oct. 31, 2003) ("2003 Final Rule").

면제 제안자는 최소한 (1) 무력화 금지에 의하여 영향을 받는 이용이 비침해적이거나 비침해적일 가능성이 높다는 사실과 (2) 접근통제조치의 무력화 금지가 이용자의 비침해적 이용에 악영향을 미치고 있거나 향후 3년 안에 악영향을 미칠 가능성이 높다는 사실을 보여 주어야 한다.[15)

면제를 위한 근거는 3년마다 이루어지는 행정입법 절차에서 매번 새로이(de novo) 정립되어야 한다. 기존의 면제를 다시 채택하도록 청구하는 제안자는 이전의 면제를 채택하도록 한 조건이 지금도 계속 존재한다는 것을 증명하거나 그 면제를 정당화하는 새로운 조건이 존재한다는 것을 증명할 수 있다.[16)

(2) 특정한 종류의 저작물

접근통제조치의 무력화 금지에 대한 면제는 '특정한 종류의 저작물(a particular class of copyrighted works)'에 기초하여 규정되어야 한다.[17)

저작권청장은 '특정한 종류의 저작물'이라는 법문에 따라 '저작물의 종류'를 저작물 자체의 성질에 기반을 두고 확인하여야 하는 것이지 저작물의 의도된 이용 또는 이용자와 같은 외부적 기준을 고려하여서는 안 된다고 판단하였다.[18) 따라서 저작권청장은 저작물의 '특정한 종류'의 정의에 대한 시작점은 미국 저작권법 제102조의 '범주(category)' 중의 하나이어야 하므로 실제로 '종류(class)'가 '텔레비전 프로그램'과 같이 제102조의 범주의 부분집합이 될 것이며 사서 또는 학문적 연구와 같이 이용자나 이용의 유형을 고려하여 저작물을 분

---

15) 2015 Final Rule, p. 65945.
16) Id.
17) 17 U. S. C. § 1201(a)(1)(C).
18) 2000 Final Rule, p. 64559.

류하는 것은 허용되지 않는다고 판단하였다.[19]

상무부 통신·정보 차관보는 '저작물의 종류'와 관련하여 저작권에 의하여 보호되는 자료의 이용에 대한 사실적 검토에 기반을 두고 면제되는 저작물의 종류를 정하여야 한다는 견해를 피력하였다. 이러한 견해를 염두에 두고 상무부 통신·정보 차관보는 도서관과 학계에 의하여 제안된 면제, 즉 이용자가 저작물의 복제물을 합법적으로 취득하고 그것을 비침해적으로 이용하려고 하는 경우 그 복제물에 구현된 저작물에 대한 면제를 지지하였다.

그러나 저작권청장은 법률 문구와 입법 연혁에 기초하여 상무부 통신·정보 차관보의 견해에 동의하지 않았다. 저작권청장은 특정한 종류의 저작물이 주로 저작물 자체의 성질과 관련되어야 하고 저작물이 고정된 물체나 저작물에 적용된 특정한 기술과 같이 저작물과 무관한 요소와 관련되어서는 안 되며 특정한 종류는 전형적으로 § 102(a)에 규정된 범주 또는 그 부분집합(예를 들어 영화 또는 비디오게임)에 기반을 두고 그 저작물 자체의 성질을 주로 고려하여 정의되어야 한다고 결론지었다. 저작권청장은 또한 합법적으로 취득한 복제물을 비침해적으로 이용하려는 경우 그 복제물과 관련하여 제안된 면제는 행정입법 절차보다는 입법 과정에 더 적합한 제안이므로 '특정한 종류의 저작물'은 그렇게 광범위하게 해석될 수 없다고 판단하였다.[20]

요컨대 제1차 행정입법에서 저작권청장은 기초가 되는 이용이 공정한 것으로 간주될 때마다 미국 저작권법 제1201조의 법문이 그 무력화 금지에 대한 면제를 허용한다는 주장을 배척하고 '특정한 종류의 저작물'이라는 법정 기준은 면제가 제한적으로 도출될 것을 요구한다고 판단하였다. 저작권청장은 또한 면제가 '실질적 악영향'의 증

---

19) *Id.*, p. 64660.
20) *Id.*, p. 64562.

명에 기반을 두어야 한다고 판단하였다.[21]

2006년에 완료된 제3차 행정입법은 처음 두 번의 행정입법에서 확립된 좁게 정의된 면제의 패턴을 이어 갔다. 저작권청장은 면제의 제안자가 비침해적 이용에 대한 '실질적 악영향'을 증거의 우위에 의하여 증명하여야 한다는 요건을 되풀이하였다.[22] 그러나 저작권청장은 어떤 상황에서는 특정한 종류의 저작물이 면제를 활용할지 모르는 '이용자'의 유형이나 면제에 따른 저작물의 '이용' 유형을 고려하여 정의될 수 있다고 판단하였다.[23]

면제로 권고되는 저작물 종류의 적절한 범위를 결정할 때 면제가 저작물의 시장이나 가치에 미치는 악영향도 참작될 수 있다.[24]

3) 면제 규칙의 연혁

(1) 제1차 행정입법

의회 도서관장과 저작권청장은 접근통제조치의 무력화 금지에 대한 면제와 관련하여 제1차 행정입법 절차를 완료하고 두 가지 종류의 저작물을 결정하여 2000년 면제 규칙[25]을 제정하였다. 첫 번째 저작물은 필터링 소프트웨어가 차단하는 웹사이트 목록으로 구성된 편집저작물(compilation)이고, 두 번째 저작물은 오작동, 손상 또는 노후화로 접근을 허용하지 않는 접근 통제 메커니즘이 보호하는 어문 저작물이고 여기에는 컴퓨터 프로그램과 데이터베이스가

---

21) Cohen et al. (2015), p. 881.
22) U.S. Copyright Office, Exemption to Prohibition on Circumvention of Copyright Protection Systems for Access Control Technologies, 71 Fed. Reg. 68472, 68473 (Nov. 27, 2006) ("2006 Final Rule").
23) Cohen et al. (2015), p. 881.
24) 2006 Final Rule, p. 65946.
25) 2000 Final Rule.

포함된다.[26)]

한편 2000년 면제 규칙에는 채택되지 않은 열 가지의 면제안에 대해서도 그 이유가 상세하게 제시되어 있다.[27)] 그중 주목할 만한 가치가 있는 두 가지 면제안을 살펴보기로 한다.

먼저 DVD상의 시청각 저작물(audiovisual works)[28)]에 대하여 보기로 한다. DVD상의 영상물을 위한 면제 제안자들은 네 가지 논거를 제시하였다. 먼저 CSS는 접근통제조치와 권리통제조치가 결합된 것이다. 의회는 접근통제조치의 무력화 행위만 금지하였기 때문에 권리통제조치의 무력화는 허용된다. 그런데 접근통제조치와 권리통제조치가 결합된 기술적 보호조치에 대하여 접근통제조치를 무력화하지 않으면 권리통제조치를 무력화할 수 없는 경우 접근통제조치의 무력화를 허용할 수 없다고 해석하면 의회가 권리통제조치의 무력화를 허용한 취지를 넘어서는 것이다. 따라서 먼저 접근통제조치를 무력화하여야 권리통제조치를 무력화할 수 있는 경우에 접근통제조치를 무력화하는 것은 § 1201(a)(1)(A)에 위반되지 않는다. 그러나 저작권청장은 권리통제조치가 § 1201(a)(1)에 위반되지 않고서는 무력화될 수 없다는 증명이 없다고 판단하였다. 한편 저작권청장은 의회가 입법 당시 결합된 기술적 보호조치를 예상하지 못하였고 이러한 조치가 저작물에 적용되면 접근통제조치와 권리통제조치를 상이하게 다루고 있는 의회의 결정을 약화시킬 수 있으므로 결합된 기술적 조치의 문제가 중요한 문제가 될 수 있다는 점은 인정하였다.[29)]

두 번째 논거는 DVD 드라이브를 갖춘 컴퓨터를 소유하고 있고 DVD상의 시청각 저작물의 합법적 복제물을 구매한 Linux 이용자는

---

26) *Id.*, p. 64574.
27) *Id.*, pp. 64566-64574.
28) 우리 저작권법상 '영상저작물'에 해당한다.
29) 2000 Final Rule, p. 64568.

이 저작물을 볼 수 있어야 한다는 것이다. 저작권청장은 이용자에게 특정 기계나 장치에서 저작물에 접근할 수 있는 무조건적인 권리는 없고 오히려 DVD상의 영상물에 대한 면제는 저작물을 DVD로 배포하려고 하는 유인을 감소시킬 수 있으며 DVD상의 기술적 조치로 인하여 공중의 일부가 불편할 수 있다 하더라도 오히려 공중이 시청각 저작물을 구입할 수 있는 가능성이 증가한 것으로 보인다고 판단하였다.[30]

　세 번째 논거는 DVD가 다른 장치나 운영체제와 호환될 수 있도록 리버스 엔지니어링을 할 필요가 있다는 것이다. 저작권청장은 Reimerdes 판결이 DVD와 관련하여 § 1201(f)에 따른 리버스 엔지니어링 면제를 적용하지 않은 상황에서 의회가 명시적으로 규정한 관련 조항의 범위를 넘어서는 리버스 엔지니어링 면제를 정할 때에는 조심스럽게 진행하여야 하고 DVD의 리버스 엔지니어링이 정당화될 수 있는 더 강력한 논거가 제시되어야 한다고 판단하였다.[31]

　DVD상의 시청각 저작물을 위한 면제를 지지하는 마지막 논거는 영화 산업이 접근통제조치로서 지역 코드를 사용한다는 데 기반을 두었다. 그러나 저작권청장은 이 문제가 비교적 적은 수의 이용자에 국한된 것으로 보이는 점, DVD 플레이어상의 지역 코드 옵션의 재설정이 가능하다는 점, 다른 지역 코드를 가진 플레이어를 구입할 수도 있다는 점 등 외국 DVD에 접근하려고 하는 개인들에게 이용 가능한 많은 옵션이 있기 때문에 지역 코드가 실제의 해악 또는 해악의 가능성을 초래하기보다는 불편함을 초래하는 것에 불과한 것으로 보인다고 판단하였다.[32]

---

30) *Id.*, pp. 64568-64569.
31) *Id.*, p. 64569.
32) *Id.* 그러나 여기서 예를 들고 있는 다른 옵션들이 적절한 옵션인지 의문이다. 먼저 DVD 플레이어의 지역 코드 옵션의 리셋은 그 수가 제한되어 있

또 다른 주목할 만한 면제안은 이용자가 합법적으로 저작물의 복제물을 취득하고 그것을 비침해적으로 이용하려고 하는 경우에 있어서 그 저작물을 위한 면제이다. 앞에서 보았던 것처럼 상무부 통신·정보 차관보는 이 면제안을 지지하였다. 이 면제의 제안자들은 '지속적인 접근 통제'라고도 불리는 '페이퍼유스(pay-per-use)' 사업 모델이 저작물에 접근할 때마다 요금을 강제하게 될 것이라는 점을 우려하였다. 그들은 또한 지속적인 접근 통제가 최초의 접근 이후에 공정 이용을 포함하여 달리 허용되는 이용을 할 수 있는 이용자의 능력을 제한하는 데 사용될 수 있다는 점을 우려하였다. 이 면제는 저작권자가 저작물의 복제물의 배포와 저작물에 대한 최초의 접근 권한을 통제하는 것을 허용하면서도 이용자가 합법적으로 저작물의 복제물을 취득한 후에 비침해적인 이용을 위하여 접근통제조치를 무력화하는 것은 허용할 것이다.[33]

그러나 저작권청장은 특정한 종류의 저작물은 저작물의 이용자나 이용의 종류로써 한정될 수 없다는 점과 이러한 우려가 현실화되었다거나 앞으로 현실화될 것이라는 강력한 논거를 제시하지 않았다는 점을 이유로 이 면제안에 반대하였다.[34]

저작권청장은 또한 '저작물에 최초의 합법적인 접근을 한' 이용자가 비침해적인 이용을 할 수 있는 능력에 악영향을 미칠 경우 그 저작물에 대해서는 무력화 금지가 적용되지 않는다는 규정[35]이 입법과정에서 하원을 통과하였지만 최종적으로 채택되지 않았다는 점을 지적하며 의회가 DMCA를 제정할 때 결국 이러한 접근법을 기각하

다. 또한 각각의 지역 코드에 맞는 DVD 플레이어를 모두 사는 것도 과연 적절한 대체 방안인지 의문의 여지가 있다.

33) *Id.*, pp. 64572-64573.

34) *Id.*, p. 64573.

35) H. R. 2281 EH, Section 1201(a)(1)(B). https://www.govtrack.us/congress/bills/105/hr2 281/text/eh 참조(최종 방문일: 2017년 8월 30일).

고 삭제하였다는 사실을 이유로 이 면제안은 행정입법 절차의 대
상이라기보다는 입법 대상으로 보는 것이 더 적절하다고 판단하
였다.[36]

(2) 제2차 행정입법

2003년 면제 규칙[37]에는 2000년 면제 규칙의 두 가지 면제가 모두
채택되면서 그 범위가 더 제한되었고 두 가지 새로운 종류의 저작물
이 추가되었다.

2000년 면제 규칙의 '필터링 소프트웨어가 차단하는 웹사이트 목
록으로 구성된 편집저작물'에서 스팸(spam) 방지 소프트웨어와 백신
(antivirus) 소프트웨어가 차단하는 '인터넷 소재(Internet locations)'[38] 목
록이 제외되었다. 또한 2000년 면제 규칙의 '오작동, 손상 또는 노후
화로 접근을 허용하지 않는 접근 통제 메커니즘이 보호하는 어문 저
작물'을 유지하는 것을 정당화하기 위하여 제출된 유일한 증거가 컴
퓨터 소프트웨어와 관련되었기 때문에 그 범위가 어문 저작물에서
컴퓨터 프로그램으로 축소되었다.

결과적으로 의회 도서관장은 다음과 같은 네 가지 종류의 저작물
을 결정하였다.

첫 번째 저작물은 도메인, 웹사이트 또는 웹사이트의 일부에 대한
접근을 막는 상업용 필터링 소프트웨어가 차단하는 인터넷 소재 목
록으로 구성된 편집저작물이다. 그러나 백신 소프트웨어와 스팸 방
지 소프트웨어가 차단하는 인터넷 소재 목록은 포함되지 않는다.[39]

---

36) 2000 Final Rule, p. 64573.
37) 2003 Final Rule.
38) '인터넷 소재'는 도메인, URL, IP 어드레스(address) 숫자 또는 그 조합을 포
   함한다. *Id.*, p. 62018.
39) *Id.*

두 번째 저작물은 오작동이나 손상 때문에 접근을 막고 노후화된[40] 동글(dongle)[41]에 의하여 보호되는 컴퓨터 프로그램이다.[42]

세 번째 저작물은 노후화되고 접근 조건으로 원래의 매체나 하드웨어를 요구하는 포맷으로 배포된 컴퓨터 프로그램과 비디오게임이다.[43]

네 번째 저작물은 어문 저작물의 모든 현존하는 전자책 판이 전자책 낭독(read-aloud) 기능과 스크린 리더(screen reader)의 사용을 막는 접근통제조치를 포함하고 있는 경우에 전자책 포맷으로 배포된 어문 저작물이다.[44]

2003년 면제 규칙에서도 스물다섯 가지의 채택되지 않은 면제안과 채택되지 않은 간략한 이유가 설명되었다. 그중 한 가지만 살펴보기로 한다. 앞에서 보았던 Lexmark 사건[45]의 당사자인 SCC는 프린터와 토너 카트리지에 내장된 호환 기능을 통제하는 컴퓨터 프로그램에 적용된 접근통제조치의 무력화를 허용하는 면제를 제안하였다. 저작권청장은 리버스 엔지니어링 면제가 그러한 재생산업체의 염려를 다루기 때문에 그 면제안은 불필요하다고 결론지었다.[46]

(3) 제3차 행정입법

2006년 면제 규칙[47]에서는 2003년 면제 규칙의 네 가지 저작물 중

---

40) '노후화된(obsolete)'의 의미는 더 이상 제조되지 않거나 시장에서 합리적으로 구입할 수 없게 된 것을 의미한다. *Id.*

41) 동글은 컴퓨터에 꽂는 작은 장치인데 특정 소프트웨어의 사용을 가능하게 하는 어댑터 또는 보안 수단으로 사용된다. Merriam-Webster Dictionary, https://www.merriam-webster.com 참조.

42) 2003 Final Rule, p. 62018.

43) *Id.*

44) *Id.*

45) *Lexmark Int'l, Inc. v. Static Control Components, Inc.*, 387 F. 3d 522 (CA6 2004).

46) 2003 Final Rule, p. 62017.

두 가지가 그대로 갱신되었고 한 가지는 그 범위가 축소되었으며 나머지 한 가지는 갱신되지 않았다.

갱신된 두 가지 저작물은 오작동이나 손상 때문에 접근을 막고 노후화된 동글에 의하여 보호되는 컴퓨터 프로그램 및 어문 저작물의 모든 현존하는 전자책 판이 전자책 낭독 기능과 스크린 리더의 사용을 막는 접근통제조치를 포함하고 있는 경우에 전자책 포맷으로 배포된 어문 저작물이다.

2003년 면제 규칙에 있었던 노후화되고 접근 조건으로 원래의 매체나 하드웨어를 요구하는 포맷으로 배포된 컴퓨터 프로그램과 비디오게임에 대한 면제는 그 이용자의 범위가 도서관과 기록 보존소로 제한되었고 그 이용의 범위도 보존이나 보관 목적의 복제를 위한 무력화로 제한되었다. 이 면제 사유는 제3차 행정입법 절차에서 처음 도입된 기준, 즉 이용자와 이용의 종류에 의해서도 '특정한 종류의 저작물'이 제한될 수 있다는 기준이 적용된 결과이다.

그러나 도메인, 웹사이트 또는 웹사이트의 일부에 대한 접근을 막는 상업용 필터링 소프트웨어가 차단하는 인터넷 소재 목록으로 구성된 편집저작물에 대해서는 그 제안자들이 지난 행정입법 절차에서 제출되었던 기록에만 의존하고 현재도 여전히 면제될 필요가 있는 증거를 제시하지 않았기 때문에 갱신이 거절되었다.[48]

한편 제3차 행정입법 절차에서는 세 가지 면제가 추가되었다. 결과적으로 의회 도서관장이 정한 여섯 가지 종류의 저작물은 다음과 같다.

첫 번째 저작물은 대학의 영화학과 또는 언론학과의 교육 도서관에 소장되어 있는 시청각 저작물이다. 다만 언론학 또는 영화학 교수가 강의실에서 교육용으로 사용하기 위하여 시청각 저작물의 일

---

47) 2006 Final Rule.
48) Id., pp. 68477-68478.

부로 편집저작물을 만들 목적으로 무력화하는 경우에 한한다.[49]

두 번째 저작물은 노후화되고 접근 조건으로 원래의 매체 또는 하드웨어를 요구하는 포맷으로 배포된 컴퓨터 프로그램과 비디오 게임이다. 다만 도서관 또는 기록 보존소가 공표된 디지털 저작물을 보존 또는 보관을 위한 복제 목적으로 무력화하는 경우에 한한다.[50]

세 번째 저작물은 오작동 또는 손상 때문에 접근을 막고 노후화된 동글에 의하여 보호되는 컴퓨터 프로그램이다.[51]

네 번째 저작물은 어문 저작물의 모든 현존하는 전자책 판이 전자책 낭독 기능 또는 스크린 리더를 막는 접근통제조치를 포함하고 있는 경우에 전자책 포맷으로 배포된 어문 저작물이다.[52]

다섯 번째 저작물은 무선 전화기가 무선 전화 통신망에 접속하도록 해 주는 펌웨어의 형태로 되어 있는 컴퓨터 프로그램이다. 다만 무선 전화 통신망에 합법적으로 접속하기 위한 목적으로 무력화가 수행되는 경우에 한한다.[53] 이 면제는 휴대폰 잠금 해제 기능을 위한 것이다.

여섯 번째 저작물은 CD 포맷으로 배포되고 접근통제조치에 의하여 보호되는 녹음물 및 그 녹음물과 관련된 시청각 저작물이다. 다만 접근통제조치가 개인용 컴퓨터의 보안을 손상시키는 보안 결함 또는 취약성을 만들거나 이용하는 경우 무력화가 그러한 보안 결함이나 취약성을 선의로 테스트하거나 조사하거나 보정하기 위한 목적으로 수행되는 경우에 한한다.[54]

---

49) *Id.*, p. 68480.
50) *Id.*
51) *Id.*
52) *Id.*
53) *Id.*
54) *Id.*

(4) 제4차 행정입법

의회 도서관장은 2010년 면제 규칙[55]에 여섯 가지 종류의 저작물을 규정하였다.

첫 번째 저작물은 합법적으로 제작되고 획득된, CSS에 의하여 보호되는 DVD상의 영상물(motion picture)이다. 다만 비판 또는 비평 목적으로 영상물의 짧은 일부를 새로운 저작물에 포함시키기 위하여 무력화가 수행되고 무력화에 관여하는 사람이 교육, 다큐멘터리 영화 제작 및 비영리적 동영상(video)에서의 사용 목적을 이루는 데 무력화가 필요하다고 믿고 그렇게 믿을 만한 합리적인 이유가 있는 경우에 한하며 교육 용도의 사용 주체는 대학교수와 영화·언론학과 학생에 한한다.[56]

2006년 면제 규칙에서는 이 면제가 영화학 또는 언론학 교수에게만 적용되었는데 2010년 면제 규칙에서는 이용자의 범위가 대학교수 전체로 확장되었을 뿐만 아니라 영화·언론학과 학생에게까지 확장되었다. 많은 경우 동영상 캡처(capture)와 같이 무력화에 대한 대체 방안이 있기 때문에 비판 또는 비평 목적을 달성하는 데 고화질이 필요한지 합리적으로 결정하여야 하고 캡처와 같은 대체 방안이 비판 또는 비평 목적을 달성하는 데 충분할 경우에는 DVD의 무력화가 허용되지 않는다.[57]

두 번째 저작물은 무선 전화기가 애플리케이션(application)을 실행하도록 해 주는 컴퓨터 프로그램이다. 다만 애플리케이션과 전화기에 있는 컴퓨터 프로그램의 호환성을 가능하게 할 목적으로 무력화

---

55) U.S. Copyright Office, Exemption to Prohibition on Circumvention of Copyright Protection Systems for Access Control Technologies, 75 Fed. Reg. 43825 (July 27, 2010) ("2010 Final Rule").

56) Id., p. 43839.

57) Id., p. 43828.

가 수행되고 애플리케이션을 합법적으로 취득한 경우에 한한다.[58]

이 면제는 제4차 행정입법에서 처음 도입되었다. 이 무력화 행위는 전화기의 '탈옥(jailbreaking)'으로 알려져 있다. 그런데 스마트폰 소유자의 탈옥은 리버스 엔지니어링 면제에 해당하지 않는다.[59] 스마트폰 소유자는 호환성을 달성하는 데 필요한 프로그램 요소를 확인하고 분석한 사람이 아니다. 오히려 스마트폰 소유자는 호환 요소를 확인하고 분석한 사람이 쏟은 노력의 수혜자이고 스마트폰에 독립적으로 개발된 애플리케이션을 설치하고 실행하기 위하여 호환 요소의 확인 및 분석을 한 사람이 제공하는 수단을 사용하는 사람일 뿐이다.[60] 리버스 엔지니어링 면제는 호환성에 필요한 프로그램 요소의 확인과 분석을 위한 무력화에만 제한되고 그 분석이 수행된 이후의 무력화는 다루지 않는다.[61] 따라서 스마트폰 탈옥을 합법화하기 위해서는 이 면제가 필요하다.

세 번째 저작물은 개통된 무선 전화기를 무선 통신망에 접속하게 하는 펌웨어 또는 소프트웨어의 형태로 되어 있는 컴퓨터 프로그램이다. 다만 그 컴퓨터 프로그램의 복제물 소유자가 무선 통신망에 접속하기 위해서 무력화하고 그 망의 운영자로부터 그 망에 대한 접근 권한을 부여받은 경우에 한한다.[62] 이 면제는 2006년의 면제를 연장한 것이다.

네 번째 저작물은 개인용 컴퓨터에서 접근할 수 있고 접근통제조

58) *Id.*, p. 43839.
59) Recommendation of the Register of Copyrights in RM 2008-8, Rulemaking on Exemptions from Prohibition on Circumvention of Copyright Protection Systems for Access Control Technologies, pp. 93-94 (June 11, 2010).
60) *Id.*, p. 94 n. 318.
61) U.S. Copyright Office, Section 1201 Study: Request for Additional Comments, 81 Fed. Reg. 66296, 66298 (Sep. 27, 2016) ("Section 1201 Study").
62) 2010 Final Rule, p. 43839.

치에 의하여 보호되는 비디오게임이다. 다만 보안 결함 또는 취약성
을 선의로 테스트하거나 조사하거나 보정하기 위해서 무력화가 수
행되는 경우에 한한다. 보안 테스트로부터 얻은 정보는 주로 컴퓨터
등의 소유자 또는 오퍼레이터의 보안을 증진하기 위하여 사용되어
야 하고 저작권 침해 또는 적용 가능한 법 위반을 조장하지 않는 방
식으로 사용되거나 유지되어야 한다.[63]

다섯 번째 저작물은 오작동 또는 손상 때문에 접근을 막고 노후
화된 동글에 의하여 보호되는 컴퓨터 프로그램이다.[64]

여섯 번째 저작물은 어문 저작물의 모든 현존하는 전자책 판이
전자책 낭독 기능 및 스크린 리더의 사용을 막는 접근통제조치를 포
함하고 있는 경우에 전자책 포맷으로 배포된 어문 저작물이다.[65]

스마트폰 탈옥과 관련된 면제는 참고할 만한 가치가 있으므로 좀
더 상세하게 살펴보기로 한다.

일렉트로닉 프런티어 파운데이션(Electronic Frontier Foundation, EFF)
은 제3자의 애플리케이션이 스마프폰에 설치되고 실행되는 것을 막
는, 스마트폰에 적용된 기술적 조치의 무력화를 허용하는 면제를 제
안하였다. 이 면제는 주로 Apple의 iPhone에 초점이 맞춰져 있다. 애
플리케이션이 iPhone에서 사용되려면 iPhone의 작동을 통제하는 펌웨
어의 확인을 받아야 한다. 이 확인 과정은 iPhone 소유자가 Apple의
승인을 받지 않은 애플리케이션을 iPhone에 설치하고 사용하는 것을
불가능하게 만들기 위하여 의도된 것이다.[66]

EFF는 탈옥이 세 가지 이유로 비침해적인 활동이라고 주장하였다.
첫째, 적어도 몇몇 경우에 Apple이 iPhone 이용자에게 부여한 라이

---

63) *Id.*
64) *Id.*
65) *Id.*
66) *Id.*, p. 43828.

선스에 따라 허용되는 범위 내에서 탈옥이 가능하다. 새로운 프린터 드라이버(driver)를 컴퓨터에 추가하는 것이 그 컴퓨터에 이미 설치된 운영체제의 수정에 해당하지 않는 것과 마찬가지로 탈옥 기술이 iPhone 펌웨어를 구성하는 개별적인 소프트웨어 프로그램을 수정하지 않고 펌웨어에 단순히 추가적인 소프트웨어 요소를 부가하는 한 탈옥의 실행은 iPhone 소프트웨어를 이용하기 위한 라이선스의 범위를 넘지 않거나 Apple 소프트웨어 요소의 수정에 해당하지 않는다.[67]

둘째, 탈옥 기술이 저작권자로부터 부여받은 라이선스나 권한의 범위를 넘어 기존 펌웨어의 복제나 개작을 요구하는 한 그것은 § 117(a)[68]의 범위에 들어간다. iPhone 소유자는 또한 iPhone에 있는 펌웨어 복제물의 소유자이고, 펌웨어의 변경이 저작권자의 이익에 해가 되지 않는 한 탈옥은 새로운 성능을 부가하기 위하여 복제물을 개작할 수 있는 소유자의 특권에 해당한다.[69]

마지막으로, 탈옥은 스마트폰을 작동시키는 기능적 저작물인 컴퓨터 소프트웨어를 순전히 비영리적으로 그리고 사적으로 이용하는 것이기 때문에 탈옥은 펌웨어의 공정 이용에 해당한다. 스마트폰 소유자는 자신이 그 스마트폰을 사용하기 위하여 펌웨어를 수정하는

---

67) Id., pp. 43828-43829.
68) 17 U. S. C. § 117 (배타적 권리의 제한: 컴퓨터 프로그램) (a) 복제물 소유자에 의한 추가적 복제물 또는 개작물(adaptation)의 제작 - 제106조의 규정에도 불구하고 컴퓨터 프로그램 복제물의 소유자가 그 컴퓨터 프로그램의 또 하나의 복제물 또는 개작물을 제작하거나 제작할 권한을 부여하는 것은 다음 중 어느 하나에 해당하는 경우에는 침해가 아니다. (1) 기계와 함께 그 컴퓨터 프로그램의 활용에 있어서 그러한 새로운 복제물 또는 개작물이 필수적 단계로서 생성되고 그것이 그 밖의 다른 방식으로 사용되지 않을 것 (2) 그러한 새로운 복제물 또는 개작물이 보관 목적만을 위한 것이고 그 컴퓨터 프로그램의 계속적인 소지가 정당성을 상실한 경우에 모든 보관용 복제물이 폐기될 것
69) 2010 Final Rule, p. 43829.

것이기 때문에 펌웨어 시장에 해가 되지 않는다.[70]

Apple은 구매자의 iPhone 탈옥이 접근통제조치의 무력화 금지 위반이고 Apple의 인증 시스템이 해악으로부터 소비자와 Apple을 보호하기 위하여 필요하다고 진술하였다. Apple은 또한 Apple의 운영체제를 수정하는 것은 2차적 저작물 작성권 침해에 해당하고 iPhone 구매자는 iPhone에 들어 있는 컴퓨터 프로그램의 소유자가 아니라 라이선시(licensee)이기 때문에 미국 저작권법 제117조가 개작권(adaptation right)에 대한 제한으로 적용될 수 없다고 주장하였다.[71]

저작권청장은 iPhone의 컴퓨터 프로그램에 대한 암호화와 인증과정은 저작권에 의하여 보호되는 펌웨어에 대한 접근통제조치이고 이 기술적 조치가 iPhone에 애플리케이션을 추가하는 데 악영향을 미치고 있다고 판단하였다. 중요한 문제는 iPhone에 애플리케이션을 추가하려고 iPhone을 탈옥하는 것이 비침해적 이용에 해당하는지 여부이다.[72]

저작권청장은 Apple과 iPhone 구매자 사이의 계약이 iPhone을 수정할 수 있는 권한을 부여하지 않는다고 판단하였다. 더욱이 저작권청장은 여러 버전의 iPhone 계약이 iPhone에 들어 있는 컴퓨터 프로그램 복제물의 판매 계약인지 라이선스 계약인지 명백히 결정할 수 없었다고 판단하였다.[73] Apple이 컴퓨터 프로그램의 소유자라 하더라

---

70) *Id.*

71) *Id.*

72) *Id.*

73) 현재의 Apple iOS 소프트웨어 라이선스 약관(agreement)은 Apple이 구매자에게 iOS 소프트웨어를 판매한 것이 아니라 그 이용을 위한 라이선스를 부여한 것이고 Apple은 iOS 소프트웨어 자체에 대한 저작권 및 구매자에게 명시적으로 부여되지 않은 모든 권리를 보유하며[제1조 (a)항 참조] 이용자에게는 iOS 소프트웨어를 이용할 수 있는 비배타적(non-exclusive) 라이선스가 부여된 것[제2조 (a)항 참조]이라고 규정하고 있다. http://images.apple.com/legal/sla/docs/iOS10.pdf 참조(최종 방문일: 2017년 8월 30일).

도 계약에 따라 분명히 iPhone의 소유권은 이용자에게 귀속된다. 컴퓨터 프로그램의 복제물이 장치의 하드웨어에 고정되어 있기 때문에 그 장치에 들어 있는 컴퓨터 프로그램의 특정한 복제물에 어떤 소유권 상태가 주어질 것인지 불분명하다. Apple이 무형 저작물의 저작권자라는 것은 의문의 여지가 없지만 그 저작물의 특정한 복제물의 소유권은 불분명하다.[74] 그러나 저작권청장은 제안자의 공정 이용 논거가 설득력이 있다고 판단하였다.[75]

운영체제 수정의 목적과 성격은 수정을 하는 사람이 소유하고 있는 장치에 기능을 추가하기 위하여 사적·비영리적으로 운영체제를 이용하는 것이다. 이용자가 장치의 사적 이용을 위하여 탈옥할 경우 이용자는 펌웨어를 상업적으로 이용하는 것이 아니다. Apple이 승인되지 않은 애플리케이션의 설치와 이용을 반대하는 것은 iPhone에 내장된 컴퓨터 프로그램의 저작권자로서의 이익과 무관하고 승인되지 않은 애플리케이션을 작동하는 것은 Apple의 이익에 악영향을 끼치지 않는다. 오히려 Apple의 반대는 iPhone이라는 장치의 제조업체와 판매업체로서의 이익과 관련된다. 더욱이 미국 의회는 컴퓨터 프로그램의 호환 목적으로 리버스 엔지니어링을 하는 것은 특정한 요건이 충족될 때 바람직하다고 결정하고 그 경우 무력화 금지의 예외로 규정하였다. 탈옥하는 iPhone 소유자가 리버스 엔지니어링 면제에 해당하지는 않지만 iPhone 펌웨어가 iPhone 전용 애플리케이션과 호환되도록 하기 위하여 탈옥한다는 사실은 공정 이용의 첫 번째 요소인 '이용의 목적과 성격'의 측면에서 유리하게 작용한다.[76]

제3자의 프로그램이 기능적 저작물인 운영체제와 호환되도록 하는 것은 통상적이다. 컴퓨터 운영체제의 저작권자가 반대함에도 불

---

74) 2010 Final Rule, p. 43829.
75) Id.
76) Id.

구하고 응용 프로그램을 컴퓨터에서 실행하는 것은 저작권자의 배타적 권리를 침해하지 않는다. 따라서 Apple이 Apple 컴퓨터에서 실행될 수 있는 컴퓨터 프로그램을 제한하려고 한다면 그러한 사업 모델을 보호함에 있어서 Apple에 도움이 되는 저작권법의 토대는 존재하지 않을 것이다. '저작물의 성질'이라는 공정 이용의 두 번째 요소도 공정 이용이라는 판단에 유리하게 작용한다.[77]

iPhone을 작동하기 위하여 Apple 펌웨어가 필요하기 때문에 iPhone을 탈옥하려고 하는 사람은 원래의 펌웨어의 대부분을 재사용하는 것이 필요하다. 그러나 전형적인 탈옥에서 이용된 저작물의 양은 8백만 바이트의 코드 중 50 바이트보다 적거나 저작물 전체의 약 16만분의 1에 불과하다. 2차적 저작물 작성권 침해가 문제되고 수정된 양이 미미한 경우 iPhone 이용자가 iPhone 펌웨어의 거의 전부를 이용한다는 사실은 저작물 전체와 비교하여 '이용된 부분의 양과 실질'이라는 공정 이용의 세 번째 요소의 중요성을 떨어뜨린다. 세 번째 요소가 불리하게 작용하지만 세 번째 요소에 주어지는 무게는 경미하다.[78]

'이용이 저작물의 잠재적 시장 또는 가치에 미치는 영향'이라는 공정 이용의 네 번째 요소에 관하여 EFF는 iPhone 펌웨어가 별개로 판매되는 것이 아니라 iPhone을 구입할 때 포함되어 있다는 것을 지적하면서 펌웨어는 독립적인 경제적 가치가 있는 것이 아니고 이용자가 탈옥을 통하여 제3자의 애플리케이션을 더 많이 활용할 수 있기 때문에 스마트폰을 합법적으로 탈옥할 수 있는 능력은 스마트폰 판매를 오히려 증진시킬 것이라고 주장하였다. Apple은 그러한 이용이 Apple에 대하여 저작물의 가치를 감소시킨다고 반응하였다. 그러나 Apple은 탈옥이 펌웨어 또는 iPhone 판매를 대체할까 염려하는 것

---

77) *Id.*
78) *Id.*, pp. 43829-43830.

이 아니다. iPhone을 취득하지 않으면 탈옥도 할 수 없기 때문에 그렇게 주장하기 어려울 것이다. 오히려 Apple이 우려하는 것은 명성에 대한 해악이다. Apple은 iPhone '생태계(ecosystem)'의 완전성(integrity)을 깨뜨릴까 염려한다고 보아야 한다.[79]

NTIA는 iPhone 탈옥을 허용하는 것이 혁신을 용이하게 하고 고객에게 더 도움이 되며 오픈 플랫폼을 활용하려는 시장을 장려할 수 있다는 점을 인정하면서도 그것이 개발자의 개발 비용과 혁신에 대하여 보상을 받지 못하게 함으로써 혁신을 저해할 수 있다고 믿었기 때문에 탈옥을 허용하는 면제를 지정하는 것을 지지하지 않았다.[80]

저작권청장은 스마트폰의 운영체제가 스마트폰 제조업체 또는 운영체제 개발자가 승인하지 않은, 독립적으로 작성된 애플리케이션과 호환되도록 하기 위하여 스마트폰의 탈옥이 이루어진 경우 그러한 호환성의 목적으로만 이루어진 수정은 공정 이용이라고 결론지었다. 저작권청장은 또한 호환성 목적으로 탈옥을 허용하는 것이 저작권자에 대하여 저작물의 시장 또는 가치에 악영향을 끼치지 않을 것이라고 판단하였다.[81]

요컨대 스마트폰 탈옥은 미국 저작권법 § 117(a)에 따라 허용되는 행위이거나 § 107의 공정 이용에 해당하는 행위이므로 탈옥이 허용되지 않으면 이용자의 비침해적 이용 능력에 악영향을 미칠 뿐만 아니라 탈옥을 허용하더라도 저작권자의 저작물 시장이나 가치에 악영향을 끼치지 않기 때문에 스마트폰 탈옥이 무력화 행위에 대한 면제 사유로 지정되었다.

우리 저작권법 아래에서 스마트폰 탈옥을 검토해 보기로 한다.

먼저 저작권법 제101조의3 제1항 및 제3호에 의하면 가정과 같은

---

79) *Id.*, p. 43830.
80) *Id.*
81) *Id.*

한정된 장소에서 영리를 목적으로 하지 아니하고 개인적인 목적으로 공표된 프로그램을 복제할 수 있지만 프로그램의 종류·용도, 프로그램에서 복제된 부분이 차지하는 비중 및 복제의 부수 등에 비추어 프로그램 저작재산권자의 이익을 부당하게 해치는 경우에는 그러하지 아니하다. 이 규정은 프로그램 복제물의 소유 여부를 따지지 않는다. 그리고 iPhone에 승인되지 않은 애플리케이션을 설치하고 그것을 사용하는 것은 비영리적이고 개인적인 목적에 해당한다. 따라서 iPhone 소유자가 iPhone 펌웨어의 소유자이든 라이선시에 불과하든 상관없이 승인되지 않은 애플리케이션을 설치하고 사용하기 위하여 iPhone 펌웨어를 복제할 수 있다. 다만 iPhone 탈옥 과정에서 펌웨어의 복제가 아니라 개작이 이루어진다고 판단될 경우에는 미국 저작권청장의 해석과 마찬가지로 탈옥 행위는 우리 저작권법 제35조의3에 따른 공정 이용에 해당한다고 해석하는 것이 타당하다고 생각한다.

(5) 제5차 행정입법

2012년 면제 규칙[82)]에서는 DVD 발췌를 위한 면제, 휴대폰 탈옥을 위한 면제 및 전자책을 위한 보조 기술(assistive technology)을 가능하게 하기 위한 면제가 갱신되었고 청각장애인을 위하여 시청각 저작물에 자막을 넣고 시각장애인을 위하여 음성 해설의 제공을 용이하게 하기 위한 연구 개발의 목적만을 위한 무력화를 허용하는 새로운 면제가 인정되었다. 그러나 저작권청장은 태블릿 기기의 종류가 광범위하고 불분명하다는 이유로 탈옥 면제를 iPad와 같은 태블릿 기기에까지 확장하는 것을 거절하였다.[83)] 한편 이제 소비자가 이용할

---

82) U.S. Copyright Office, Exemption to Prohibition on Circumvention of Copyright Protection Systems for Access Control Technologies: Final Rule, 77 Fed. Reg. 65260 (Oct. 26, 2012) ("2012 Final Rule").

수 있는 다양한 잠금 해제된(unlocked) 휴대폰 옵션이 있을 정도로 시장이 진화하였다는 것에 주목하면서 개통된 휴대폰을 위한 제한적인 면제 이외에는 저작권청장이 휴대폰 잠금 해제(unlocking)를 허용하는 면제의 갱신을 거절하였다.

결론적으로 의회 도서관장이 무력화 금지에 대한 면제로 정한 여덟 가지 종류의 저작물은 다음과 같다.

첫 번째 저작물은 낭독 기능의 사용을 막거나 스크린 리더 또는 보조 기술을 방해하는 기술적 조치에 의하여 보호되는 전자적으로 배포된 어문 저작물이다. 다만 그러한 저작물의 복제물이 시각장애인에 의하여 합법적으로 획득되고 저작권자가 그 복제물의 주류에 대한 통상적인 가격으로 보상을 받은 경우 또는 그러한 저작물이 관련 비영리 단체에 의하여 합법적으로 획득되고 사용된 극본 아닌 (nondramtic) 어문 저작물인 경우에 한한다.[84]

두 번째 저작물은 무선 전화기가 합법적으로 획득된 애플리케이션을 실행하는 것을 가능하게 하는 컴퓨터 프로그램이다. 다만 그러한 애플리케이션이 그 전화기에 있는 컴퓨터 프로그램과 호환되게 할 목적으로 무력화가 수행되는 경우에 한한다.[85]

세 번째 저작물은 이 면제의 발효일 후 90일이 경과하기 이전에 무선 전기통신망 사업자 또는 소매상으로부터 최초로 취득한 무선 전화기를 다른 무선 전기통신망에 연결할 수 있게 해 주는 펌웨어 또는 소프트웨어의 형태로 되어 있는 컴퓨터 프로그램이다. 다만 그 전화기가 묶인 무선 전기통신망 사업자가 무선 전화기 소유자의 요청을 받고 합리적인 기간 내에 잠금 해제를 해 주지 않고 그러한 무선 전화기에 있는 컴퓨터 프로그램의 복제물 소유자인 개인 소비자

---

83) *Id.*, p. 65264.
84) *Id.*, p. 65278.
85) *Id.*

가 다른 무선 전기통신망에 접속하기 위하여 무력화를 수행하고 그
망에 대한 그러한 접속이 그 망의 사업자로부터 허락받은 경우에 한
한다.[86] 이 면제는 이 면제 규칙이 발효한 후 90일이 지나기 전에 무
선 전기통신망 사업자 또는 소매상으로부터 최초로 취득한 무선 전
화기에만 적용되기 때문에 그 후에 취득한 무선 전화기에 대해서는
잠금 해제를 위한 무력화가 허용되지 않는다.

네 번째 저작물과 다섯 번째 저작물은 합법적으로 제작되고 획득
된, CSS에 의하여 보호되는 DVD상의 영상물과 합법적으로 제작되고
온라인 배포 서비스를 통하여 취득한, 다양한 기술적 보호조치에 의
하여 보호되는 영상물이다. 다만 무력화에 관여하는 사람은 무력화
하지 않는 방법이나 스크린 캡처 소프트웨어의 이용과 같이 합리적
으로 이용할 수 있는 대체 방안이 그러한 영상물에 대한 비판이나
비평을 하는 데 필요한 수준의 고화질 콘텐츠를 만들 수 없기 때문
에 무력화가 필요하다고 믿고 그 사람에게 그렇게 믿을 만한 합리적
인 이유가 있어야 한다. 그리고 (1) '비영리적 동영상(noncommercial
video)',[87] (2) 다큐멘터리 영화, (3) 영화 분석을 제공하는 논픽션 멀티
미디어 전자책 및 (4) 교육적 목적을 위하여 대학 직원, 대학생 및 유
치원에서 고등학교까지의 교육자의, 영화·미디어 발췌 부분의 정밀
한 분석을 요하는 영화 연구 또는 그 밖의 강좌의 경우, 영상물의 짧
은 일부를 비판 또는 비평 목적으로 사용하기 위하여 무력화가 수행
되는 경우에 한한다.[88]

제4차 행정입법 절차에서 저작권청장은 스크린 캡처 기술이 특정
한 이용에 대하여 영상물의 복제를 허용하는, 비용에 있어서 효율적

---

86) Id.
87) 위탁한 주체가 비영리적으로 이용하는 경우 유상으로 위탁을 받아 제작된
동영상을 포함한다. Id.
88) Id.

인 대체 기술을 제공한다고 결정하였다. 그러나 저작권청장이 스크린 캡처 기술을 가능한 대체 방안으로 제기하였던 지난번 절차와 달리 이번 절차에서는 스크린 캡처 이미지의 품질이 그동안 향상되었음에도 불구하고 스크린 캡처 이미지는 여전히 영상물에 대한 접근통제조치의 무력화에 의하여 얻을 수 있는 것보다 화질이 떨어진다고 판단하였다.[89]

여섯 번째 저작물과 일곱 번째 저작물은 합법적으로 제작되고 획득된, CSS에 의하여 보호되는 DVD상의 영상물과 합법적으로 제작되고 온라인 배포 서비스를 통하여 획득된, 다양한 기술적 보호조치에 의하여 보호되는 영상물이다. 다만 영상물 콘텐츠가 합법적으로 해독된 후 그러한 콘텐츠의 복제를 가능하게 하는 것으로 합리적으로 표현되고 공중에게 제공된 스크린 캡처 기술을 이용하여 무력화하고 그러한 기술의 이용자가 그러한 표현을 합리적으로 신뢰한 경우에 한한다. 무력화에 관여하는 사람은 무력화가 자신이 바라는 비판 또는 비평을 달성하는 데 필요하다고 믿고 그 사람에게 그렇게 믿을 만한 합리적인 이유가 있어야 한다. 그리고 (1) 비영리적 동영상, (2) 다큐멘터리 영화, (3) 영화 분석을 제공하는 논픽션 멀티미디어 전자책에서 그리고 (4) 대학 직원, 대학생 및 유치원에서 고등학교까지의 교육자가 교육적 목적을 위하여, 영상물의 짧은 일부를 비판 또는 비평 목적으로 사용하기 위하여 무력화가 수행되는 경우에 한한다.[90]

저작권청장은 특정한 비디오 캡처 소프트웨어가 비침해적이라는 것을 인정하였지만 여전히 모든 저작권자가 이 견해를 공유한다는 보장이 없다고 판단하였다. 이 면제의 제안자들은 접근통제조치에 의하여 보호되는 콘텐츠를 취득하는 유사한 방법의 사용에 대한 소

---

89) *Id.*, p. 65268.
90) *Id.*, pp. 65278-65279.

송[91]이 있었다는 사실을 주장하였다.[92] 따라서 저작권청장은 스크린 캡처 기술을 사용하고 있는 경우에 영화의 무력화를 다루기 위하여 제한적인 면제가 필요하다고 판단하였다.[93]

저작권청장은 또한 고화질의 발췌가 특정한 이용에 대하여 필수적인 경우에는 CSS에 의하여 보호되는 DVD와 보호되는 온라인 포맷의 무력화를 허용하는 면제가 적절하지만 고화질 자료가 중요하지 않은 이용에 대해서는 스크린 캡처 기술이 무력화에 대한 적절한 대체 방안이고 그러한 기술의 이용을 허용하는 면제가 적절하다고 판단하였다.[94]

여덟 번째 저작물은 CSS에 의하여 보호되는 DVD상의 영상물과 그밖의 시청각 저작물 또는 온라인 서비스에 의하여 배포되고 접근통제조치에 의하여 보호되는 영상물과 그 밖의 시청각 저작물이다. 다만 그러한 저작물의 복제물을 합법적으로 취득한 시각장애인 또는 청각장애인이 그 저작물을 지각할 수 있도록 하기 위하여 그러한 저작물의 음성 부분의 시각적 표현과 시각적 부분의 음성 표현을 만들 수 있는 플레이어를 생산하기 위한 연구·개발을 수행할 목적으로 그러한 저작물의 복제물에 들어 있는 재생헤드(playhead) 및 관련된 시간 코드 정보에 접근하기 위하여 무력화가 수행되는 경우에 한한다. 그러나 그 결과 생산된 플레이어가 작동하는 데 기술적 조치의 무력

---

91) *Association for Information Media and Equipment v. Regents of the University of California*, 2011 WL 7447148 (CD Cal. Oct. 3, 2011). 이 사건은 DVD의 아날로그 아웃풋을 복제하는 소프트웨어의 이용이 DMCA에 위반되는지 여부에 대한 소송이다.

92) Section 1201 rulemaking: Fifth Triennial Proceeding to Determine Exemptions to the Prohibition on Circumvention, Recommendation of the Register of Copyrights (Oct. 2012), 137.

93) 2012 Final Rule, p. 65269.

94) *Id.*

화를 요하지 않아야 한다.[95]

그 밖에 저작권청장은 공공 영역에 있는 어문 저작물에 접근하기 위한 면제, 합법적으로 취득하였지만 판매자가 승인하지 않은 소프트웨어를 비디오게임 콘솔에서 이용하기 위한 면제, 대체 운영체제를 포함하여 다른 소프트웨어를 설치하기 위하여 개인용 전산 장치에 있는 컴퓨터 프로그램의 무력화를 허용하는 면제 및 합법적으로 취득한 시청각 저작물의 복제물의 '스페이스시프팅(space-shifting)', 즉 대체 장치에서의 사적 이용을 가능하게 하는 저작물 전부의 복제 행위를 허용하는 면제를 인정해 달라는 요청을 거절하였다.[96]

제5차 행정입법 절차에 따른 면제 규칙이 시행되고 난 이후 휴대폰 잠금 해제를 위한 면제의 중단[97]은 논란을 불러일으켰다. 미국 대통령이 그 문제에 개입해 달라고 총 11만 4322명이 백악관에 청원하였고 결국 이 규칙에 반대하는 공식 성명까지 나오게 되었다.[98]

더 넓은 면제를 위한 청원에 대한 응답으로 '잠금 해제 소비자 선택 및 무선 경쟁 법률(Unlocking Consumer Choice and Wireless Competition Act)'(이하 '잠금 해제 법률'이라 한다)이 제정되고 2014년 8월 1일에 발효하였다. 이 법률은 2012년 잠금 해제 면제 조항을 제4차 행정입법 절차에서 채택되었던 잠금 해제 면제 조항으로 대체하였고 단말기 또는 장치의 소유자 등이 무선 단말기나 그 밖의 다른 무선 장치에 적용 가능한 장래의 면제에 따라 허용된 무력화뿐만 아니라 복원

---

95) Id., p. 65279.
96) Id., pp. 65271-65277.
97) 2012년 면제 규칙의 발효일 후 90일이 경과하고 나서 무선 통신망 사업자 또는 소매상으로부터 최초로 취득한 무선 전화기에 대해서는 잠금 해제를 위한 무력화가 허용되지 않기 때문에 결과적으로 이 면제는 중단되는 결과를 낳는다.
98) https://petitions.obamawhitehouse.archives.gov/petition/make-unlocking-cell-phones-legal 참조(최종 방문일: 2017년 8월 30일).

된 2010년 면제 규칙에 따라 허용된 무력화를 할 수 있다고 규정하였다. 이 법률은 또한 의회 도서관장에게 다음 행정입법 절차에서 잠금 해제 면제를 다른 유형의 무선 장치에 확장할지 여부를 검토하도록 명령하였다.[99]

한편 제5차 행정입법 절차에서 거절된 면제안 중 주목할 만한 것 한 가지를 살펴보기로 한다. 그것은 스페이스시프팅을 위하여 DVD 상의 영상물에 적용된 접근통제조치의 무력화를 허용하는 것이다. 이 면제의 제안자 중 하나인 Public Knowledge는 합법적으로 취득한 DVD상의 영상물을 태블릿 컴퓨터와 랩톱 컴퓨터와 같이 DVD 드라이브가 없는 소비자 전자 장치로 옮기려는 바람을 표명하였다. 이 면제안은 제3차 행정입법 절차에서의 제안과 다를 바 없다. 제3차 행정입법 절차에서 저작권청장은 제안자가 스페이스시프팅이 비침해적 이용이라는 설득력 있는 논거를 제공하지 않았기 때문에 스페이스시프팅 면제안을 거절하였다.[100] 저작권청장은 제2차 행정입법 절차에서도 '테더링(tethering)'과 관련된 면제안을 검토하면서 스페이스시프팅을 다루었다.[101] 저작권청장은 2003년 권고문[102]에서 어느 법원도 스페이스시프팅이 공정 이용이라고 판결하지 않았다고 서술하였다.[103] Public Knowledge는 스페이스시프팅이 저작물의 이용 가능성에 부정적인 영향을 끼치지 않으며 저작물 시장에 해를 입히지도 않

---

99) U.S. Copyright Office, Exemption to Prohibition on Circumvention of Copyright Protection Systems for Wireless Telephone Handsets, 79 Fed. Reg. 50552, 50553 (Aug. 25, 2014).

100) 2006 Final Rule, p. 68478.

101) 2003 Final Rule, p. 62016.

102) Register of Copyrights, Recommendation of the Register of Copyrights in RM 2002-4; Rulemaking on Exemptions from Prohibition on Circumvention of Copyright Protection Systems for Access Control Technologies, (Oct. 27, 2003) ("2003 Recommendation").

103) Id., p. 130.

고 불법 복제에도 기여하지 않을 것이라고 주장하였다.[104]

저작권청장은 소비자가 이 면제에 대하여 중요한 이익을 가지고 있다는 것을 인식하였으나 제안자가 이러한 이용이 비침해적이라는 것을 증명하지 못했다고 판단하였다. Public Knowledge는 스페이스시프팅이 공정 이용이라고 촉구하면서 개인용 장치에서 사용하기 위한 영상물 복제의 특징을 '전형적 비영리적 사적 이용(paradigmatic noncommercial personal use)'이라고 규정지었으나 저작권청장은 이에 동의하지 않았다.[105]

결국 저작권청장이 스페이스시프팅을 위한 무력화 면제를 권고하지 않은 가장 중요한 이유는 스페이스시프팅이 비침해적 이용이 아니라는 점이다. 그러나 우리나라의 경우에는 사적 이용을 위한 복제가 허용되기 때문에 스페이스시프팅을 비침해적 이용이라고 볼 수 있다. 그렇다면 미국의 행정입법 절차에서 채택되지 않은 스페이스시프팅이 우리나라의 예외 고시에서는 채택될 여지가 있다고 생각한다.

(6) 제6차 행정입법

2015년 면제 규칙[106]은 제6차 행정입법 절차를 통해 제정되었는데 이 규칙에서 무력화가 허용되는 열 가지 특정한 종류의 저작물이 정해졌다.

첫 번째 종류의 저작물은 영상물이다. 스크린 캡처 기술을 이용하여 무력화가 수행되는 경우 또는 스크린 캡처 기술이 요구되는 수준의 고화질 콘텐츠를 만들 수 없을 때에는 DVD 또는 블루레이(Blu-ray) 디스크에서 또는 디지털 전송을 통하여 합법적인 영상물을

---

104) 2012 Final Rule, p. 65276.
105) Id., p. 65277.
106) 2015 Final Rule.

만드는 경우 대학 직원과 학생, 대형 온라인 공개강좌(massive open online course, MOOC)의 직원, 유치원부터 고등학교까지의 교육자 및 도서관과 박물관의 교육자가 다큐멘터리 영화 제작, 비상업적 동영상 및 영화 분석을 제공하는 논픽션 전자책에서 사용하기 위한 무력화가 허용된다.[107]

두 번째 종류의 저작물은 전자책이 시각장애인을 위한 접근 용이성을 가능하게 하는 것을 막을 때의 어문 저작물이다.[108]

세 번째 종류의 저작물은 이동전화, 태블릿, 휴대용 핫스팟(hotspot) 및 착용 장치를 무선 통신망에 접속시키는 것을 가능하게 하는 컴퓨터 프로그램이다. 권한을 가지고 접속하기 위한 목적에 대해서만 무력화가 허용된다.[109] 휴대폰 잠금 해제와 관련된 면제 사유이다.

네 번째 종류의 저작물은 이동전화와 휴대용 범용 이동 전산 장치에 있는 컴퓨터 프로그램이다. 제3자의 애플리케이션과의 호환성을 가능하게 하기 위하여 또는 그러한 애플리케이션의 제거를 위하여 무력화가 허용된다.[110] 호환성과 관련된 무력화는 스마트폰의 탈옥을 의미한다.

다섯 번째 종류의 저작물은 스마트 텔레비전에 있는 컴퓨터 프로그램이다. 합법적으로 취득한 애플리케이션과의 호환성을 가능하게 할 목적으로만 무력화가 허용된다.[111]

여섯 번째 종류의 저작물은 전동 육상 차량의 기능을 통제하는 컴퓨터 프로그램이다. 진단, 수리 또는 합법적 수정을 가능하게 하기 위해서만 무력화가 허용된다.[112]

---

107) *Id.*, pp. 65961-65962.
108) *Id.*
109) *Id.*, pp. 65962-65963.
110) *Id.*
111) *Id.*
112) *Id.*, p. 65963.

일곱 번째 종류의 저작물은 투표 집계기, 전동 육상 차량 또는 의료 장치에 있는 컴퓨터 프로그램이다. 선의의 보안 연구를 위해서만 무력화가 허용된다.[113]

여덟 번째 종류의 저작물은 저작권자가 인증을 위한 서버 접근의 제공을 중단하였을 때 완전한 게임(complete game)[114]으로서 합법적으로 취득한 비디오게임이다. 로컬 게임플레이(local gameplay)[115] 또는 자격이 있는 도서관, 박물관 또는 기록 보존소에 의한 플레이가 가능한 형태로 보존하기 위해서만 무력화가 허용된다.[116]

아홉 번째 종류의 저작물은 3차원 프린터를 작동시키는 컴퓨터 프로그램이다. 대체 공급 원료(feedstock)를 이용하기 위해서만 무력화가 허용된다.[117]

열 번째 종류의 저작물은 몸에 전부 또는 부분적으로 이식된 의료 장치에 의하여 또는 그러한 장치의 모니터링 시스템에 의하여 생성된 데이터의 편집저작물로 구성된 어문 저작물이다. 환자가 자신의 데이터에 접근하는 것을 가능하게 하기 위해서만 무력화가 허용된다.[118]

제6차 행정입법에서도 스페이스시프팅과 관련하여 전자적으로 배포된 시청각 저작물과 어문 저작물에 대한 면제가 제안되었으나 채택되지 않았다. 그러나 이 면제안은 사적 이용과 관련된 제안으로

---

113) *Id.*
114) '완전한 게임'은 이용자가 외부 컴퓨터 서버에 저장된 또는 이전에 저장되었던 저작권에 의하여 보호되는 콘텐츠에 접근하거나 복제하지 않고도 플레이를 할 수 있는 비디오게임을 의미한다. *Id.*
115) '로컬 게임플레이'는 온라인 서비스 또는 설비(facility)를 통하지 않고 개인용 컴퓨터 또는 비디오게임 콘솔에서 또는 로컬로 연결된 개인용 컴퓨터 또는 콘솔에서 수행되는 게임플레이를 의미한다. *Id.*
116) *Id.*
117) *Id.*
118) *Id.*, pp. 65963-65964.

서 우리나라에 시사하는 바가 큰 것으로 생각되어 검토하기로 한다.

이 면제안은 이용자가 사적 이용을 위한 대체 장치에서 영상물, 전자책 및 그 밖의 다른 시청각 저작물 또는 어문 저작물을 보는 것을 가능하게 하거나 백업 복제하는 것을 가능하게 하기 위하여 그러한 저작물을 보호하는 기술적 조치의 무력화를 가능하게 할 것이다. 이러한 활동은 '스페이스시프팅' 또는 '포맷시프팅(format-shifting)'이라고 불린다.[119]

Public Knowledge는 DVD, 블루레이 디스크 및 다운로드 파일로 배포된 영상물의 비영리적 스페이스시프팅을 위한 면제를 요청하였다. 한 제안자는 구체적으로 Linux에서 DVD를 재생하기 위하여 DVD상의 접근통제조치의 무력화를 허용하기 위한 면제를 요청하였다. 또 다른 제안자는 소비자가 기술적 보호조치에 의하여 보호되는 전자책을 대체 플랫폼에서 보고 백업 복제를 할 수 있도록 전자책의 비영리적 스페이스시프팅 또는 포맷시프팅에 관여하기 위한 면제를 제안하였다.[120]

제안자들은 사적 비영리적 이용을 위한 스페이스시프팅 또는 포맷시프팅은 공정 이용이라고 주장하였다. 지난 네 번의 행정입법에서 시청각 저작물, 전자책 및 그 밖의 다른 저작물의 스페이스시프팅 또는 포맷시프팅이 비침해적 이용이라고 판단하는 데 충분한 법적 또는 사실적 증거를 제출하지 못했다는 이유로 저작권청장은 그러한 이용을 위한 면제안을 거절하였고 의회 도서관장 역시 그러한 면제의 채택을 거절하였다. 반대자들은 비영리적 스페이스시프팅 또는 포맷시프팅이 저작권법에 비추어 볼 때 공정 이용이 아니라고 주장하였다. NTIA는 저작물이 대체 디지털 포맷의 복제물이 수반되지 않을 경우에 한해 무력화를 허용하는 좁은 버전의 면제를 지지하

---

119) *Id.*, p. 65960.
120) *Id.*

였다. 저작권청장은 이번에도 역시 광범위한 스페이스시프팅 또는 포맷시프팅이 공정 이용이 아니라는 이유로 면제안을 채택하지 말 것을 권고하였다. 동시에 저작권청장은 이 제안에 대한 소비자의 호소와 광범위한 포맷으로 되어 있는 영화와 책에 접근하려는 소비자 욕구를 충족시키려는 시장의 노력을 인식하였다. 그러나 저작권청장은 저작물의 스페이스시프팅 또는 포맷시프팅을 위한 새로운 면제를 만드는 것을 둘러싸고 있는 정책 판단은 복잡하기 때문에 의회나 법원에 맡기는 것이 최선이라고 판단하였다.[121]

4) 평가

미국의 행정입법 절차는 이해관계인들이 전자문서를 통한 의견 제출·답변 및 공청회를 통하여 폭넓게 참여하고 1년 이상 진행된다.[122] 행정입법 절차를 실질적으로 주도하는 저작권청뿐만 아니라 NTIA도 이 절차에 관여하여 적극적으로 의견을 피력한다. 면제를 요청하는 사람과 그에 반대하는 사람은 서로 의견을 제출하고 저작권청은 이러한 모든 의견을 공개할 뿐만 아니라 일일이 검토한다.[123] 이와 같이 이해관계인의 적극적인 참여로 인하여 무력화에 대한 면제 사유와 관련된 미국의 행정입법 절차는 민주적 정당성을 충분히 확보하는 것으로 평가된다.

기일에 늦게 제출된 문서는 검토 대상에서 제외되고 소송절차에서 요하는 증명책임을 요구하는 등 미국의 행정입법 절차는 소송절

---

121) *Id.*

122) 최근에 완료된 제6차 행정입법 절차는 2014년 9월에 개시되어 2015년 10월에 면제 규칙이 제정되었다. U.S. Copyright Office, Exemption to Prohibition on Circumvention of Copyright Protection Systems for Access Control Technologies, 79 Fed. Reg. 55687 (Sep. 17, 2014); 2015 Final Rule, p. 65944.

123) 2000 Final Rule, p. 64557.

차와 다름없을 정도로 엄격하게 운영된다. 그러나 제안된 모든 면제에 대하여 채택 여부를 판단하고 그 이유를 공개하는 것은 매우 바람직한 것으로 보인다. 다만 행정입법 절차가 새로 개시될 때마다 기존의 모든 면제 사유에 대해서도 완전히 새롭게 판단하는 것은 어떤 기술적 보호조치가 이용자의 비침해적 이용 능력에 끼치는 악영향이 시간에 따라 변화할 수 있다는 점을 고려한 것으로 보이지만 지나치게 형식 논리에 치우치는 면도 있다. 오히려 이미 채택된 면제를 삭제하기 위해서는 그 면제를 반대하는 사람에게 증명책임을 전환하는 것이 더 낫지 않을까 생각한다.

　한편 제1차 행정입법에서 특정한 종류의 저작물은 저작물 자체에 기초하여 제한되어야 하며 저작물 이용자 또는 이용의 유형에 기초하여 제한되어서는 안 된다고 하였으나 제3차 행정입법부터는 일정한 경우 저작물 이용자 또는 이용의 유형에 근거하여 제한될 수도 있다고 그 입장이 바뀌었다. 면제되는 저작물의 종류를 저작물 자체에 기초하여 제한한 제1차 행정입법과 제2차 행정입법에서는 각각 두 가지와 네 가지 종류의 저작물이 채택되었는데 새로운 기준을 도입한 제3차 행정입법부터는 그 종류의 수가 점점 증가하였고 가장 최근의 제6차 행정입법에서는 열 가지 종류의 저작물이 채택되기에 이르렀다. 제1차 행정입법과 제2차 행정입법처럼 지나치게 엄격하게 특정한 종류의 저작물을 한정하는 것보다는 저작물 이용자나 이용의 유형에 따른 제한을 허용하는 새로운 기준이 다양한 비침해적 이용을 커버할 수 있는 적절한 해석이라고 생각된다.

　블루레이 디스크에 대한 무력화, 일반적인 스마트 기기에 대한 무력화, 자동차와의 무선 통신에 대한 무력화, 의료 기기에 대한 무력화, 삼차원 프린터에 대한 무력화에서 볼 수 있는 것처럼 제6차 행정입법에서는 최근에 새롭게 대두된 신기술에 대한 평가와 검토가 상세하게 이루어지고 그러한 신기술과 관련한 면제 사유가 많이 채택되었다.

우리나라의 예외 고시가 거의 미국의 면제 규칙을 따라가고 있다는 점을 고려할 때 미국의 2015년 면제 규칙의 열 가지 면제 사유는 향후 우리나라의 예외 고시를 개정할 때 참조되어야 할 것으로 보인다. 다만 3년마다 예외 고시를 개정하는 것이 급변하는 기술 환경에의 적응성이 떨어지는 결과를 낳기 때문에 미국의 잠금 해제 법률의 사례와 같이 개정 기한이 도래하기 전이라도 필요성이 확인된 예외 사유에 대해서는 즉각적으로 이를 반영하는 것이 필요할 것으로 보인다.

미국의 면제 규칙이 점점 많은 종류의 저작물을 채택함으로써 무력화에 대한 예외를 넓히고 있는 점은 그 의미가 있지만 개별적이고 구체적인 방식으로 면제 사유를 정하는 방법만으로는 이용자의 모든 비침해적 이용을 포함시키는 것이 불가능하다는 한계가 존재한다.

제3절 한국의 예외 고시

1. 예외 고시의 제·개정 절차

우리나라 저작권법에 의하면 접근통제조치의 무력화 금지에 의하여 특정 종류의 저작물을 정당하게 이용하는 것이 불합리하게 영향을 받거나 받을 가능성이 있다고 인정되면 문화체육관광부 장관은 예외를 정하여 고시할 수 있고 이 경우 그 예외의 효력 기간은 3년이다.[1]

문화체육관광부 장관은 접근통제조치의 무력화 금지에 대한 예외를 정하여 고시하는 경우에는 미리 저작물 이용자를 포함한 이해관계인의 의견을 들은 후 한국저작권위원회의 심의를 거쳐야 한다.[2]

2. 예외 고시의 연혁

접근통제조치의 법적 보호가 2011년에 개정된 저작권법에 도입되었고 그에 따른 후속 절차로 2012년 1월 31일 '기술적 보호조치의 무력화 금지에 대한 예외' 고시[3]가 제정되어 바로 그날부터 시행되었다. 3년이 지난 2015년 1월 31일 예외 고시가 개정되고 개정된 예외 고시 역시 개정된 그날부터 시행되고 있다.

1) 제1차 예외 고시

처음 제정된 예외 고시는 다섯 가지의 예외 사유를 규정하였다.

---

1) 저작권법 제104조의2 제1항 제8호.
2) 저작권법 시행령 제46조의2.
3) 문화체육관광부 고시 제2012-5호.

첫 번째 예외 사유는 비평 또는 논평을 목적으로 합법적으로 제작·취득한 고화질 영상 기록 매체에 수록된 영상물의 일부를 (1) 영화 미디어 관련 교육적 이용, (2) 다큐멘터리 영화의 제작 또는 (3) 비상업적인 영상물에 이용하기 위하여, 고화질 영상 기록 매체에 적용된 CSS를 무력화하는 경우이다. 이 예외 사유는 미국의 2010년 면제 규칙과 유사하다. 이 예외 사유에 규정된 고화질 영상 기록 매체는 DVD를 의미한다. CSS가 적용된 매체는 DVD이기 때문이다.

미국의 해당 규정과 이 규정의 차이는 다음과 같다.

첫째, 미국 규정은 영상물의 '짧은 일부'라고 되어 있는데 우리 규정은 단순히 영상물의 '일부'라고만 되어 있다. 따라서 우리 규정이 허용하는 예외의 범위가 미국 규정보다 다소 넓은 것으로 보인다.

둘째, 미국 규정은 무력화에 관여하는 사람에게 해당 이용 목적을 달성하는 데 무력화가 필요하다고 믿을 만한 합리적인 이유가 있을 것을 요구하는 데 반하여 우리 규정은 그러한 주관적 요건을 요구하지 않는다. 앞에서 본 것처럼 이러한 주관적 요건은 원하는 목표를 달성하는 데 굳이 고화질이 요구되지 않는 경우에는 무력화가 허용되지 않도록 하기 위한 것이다.

마지막으로, 미국 규정은 대학교수와 영화·언론학과 학생의 교육적 이용이라고 규정하고 있는 데 반하여 우리 규정은 영화 미디어 관련 교육적 이용이라고 되어 있다. 고등학교 이하의 학교에서 이루어지는 영화 미디어 관련 교육을 위한 무력화가 가능하기 때문에 이 점에서도 우리 규정이 인정하는 예외의 범위가 더 넓은 것으로 보인다. 그러나 미국 규정이 대학교수의 교육적 이용과 관련하여 아무런 조건을 부가하고 있지 않기 때문에 대학교수가 영화나 미디어와 관련되지 않은 교육을 위해서도 무력화를 할 수 있다는 점에서는 미국 규정의 예외 범위가 더 넓다.

두 번째 예외 사유는 휴대용 정보처리 장치(휴대용 전화기를 포함하며 게임 전용 기기를 제외한다)의 운영체제와 합법적으로 취득한 응용 프로그램 간의 호환을 위하여, 그 운영체제 및 펌웨어에 적용된 접근통제조치를 무력화하는 경우이다. 이 규정은 이른바 스마트폰 탈옥을 위한 예외 사유이다. 미국의 해당 규정은 무선 전화기라고 규정하고 있기 때문에 iPad와 같은 태블릿의 탈옥은 허용되지 않는다. 그러나 우리나라 예외 고시의 경우 휴대용 정보처리 장치라고 규정되어 있기 때문에 태블릿의 탈옥 역시 허용된다.

세 번째 예외 사유는 프로그램 복제물 소유자가 무선 통신망에 접속하기 위하여, 휴대용 전화기를 통신망에 접속할 수 있게 해 주는 프로그램에 적용된 접근통제조치를 무력화하는 경우이다. 다만 그 통신망 운영자가 접속을 승인한 경우에 한한다. 이 규정은 잠금 해제를 위한 예외 사유로서 역시 미국 규정과 내용이 거의 동일하다.

네 번째 예외 사유는 보안상 결함이나 취약성을 검사·조사·보정하기 위하여, 합법적으로 취득한 컴퓨터용 비디오게임에 적용된 접근통제조치를 무력화하는 경우이다. 다만 이를 통해 취득한 정보는 보안 강화에 이용되어야 하며, 저작권 침해 또는 다른 법률의 위반을 용이하게 하지 않는 방법으로 이용되거나 관리되어야 한다. 이 규정도 미국 규정과 거의 동일하다.

다섯 번째 예외 사유는 더 이상 제조 또는 시판되지 않는 동글의 손상 또는 결함으로 인하여 프로그램에 대한 접근이 차단되었을 때 그 프로그램에 적용된 접근통제조치를 무력화하는 경우이다. 역시 미국 규정과 흡사하다.

여섯 번째 예외 사유는 전자적 형태의 어문 저작물에 적용된 낭독 기능 또는 텍스트를 대체 형식으로 변환하는 화면 읽기 기능을 방지하거나 억제하기 위하여 접근통제조치를 무력화하는 경우이다. 다만 그 기능을 제공하는 다른 전자적 형태의 동일한 어문 저작물이 있는 경우에는 그러하지 아니한다. 이 경우 역시 미국의 해당 규정과 유사하다.

결론적으로 우리의 예외 고시는 미국의 2010년 면제 규칙에서 결정된 여섯 가지 특정한 종류의 저작물에 대하여 무력화 예외 사유를 규정하고 있다. 대부분의 예외 사유가 미국 규정과 대동소이하지만 DVD 무력화와 관련하여 영화 미디어 관련 교육적 이용을 할 수 있는 주체가 고등학교 이하의 학교까지 확대된다는 점과 태블릿의 탈옥도 허용된다는 점에서는 우리의 예외 고시가 미국의 면제 규칙보다 그 범위가 더 넓다.

2) 제2차 예외 고시

2015년 1월 31일 기존의 예외 고시를 개정하여 그날부터 현재까지 제2차 예외 고시[4]가 시행되고 있다. 개정된 예외 고시는 개정 당시의 미국의 2012년 면제 규칙과 다소 차이가 난다. 오히려 2012년에 제정된 제1차 예외 고시를 거의 그대로 수용한 것으로 보인다. 제2차 예외 고시 역시 제1차 예외 고시와 마찬가지로 여섯 가지의 예외 사유를 규정하였다.

첫 번째 예외 사유는 합법적으로 제작·취득한 영상물(고화질 영상 기록 매체에 수록되었거나 정보통신망을 통해 취득한 경우에 한한다)의 일부를 비평 또는 논평 등의 정당한 목적으로 (1) 영화·미디어 관련 교육, (2) 다큐멘터리 영화의 제작 또는 (3) 비상업적인 영상물의 제작에 이용하기 위하여 영상물에 적용된 접근통제조치를 무력화하는 경우이다.

제1차 예외 고시에서는 고화질 영상 기록 매체를 CSS가 적용된 영상물에 한정하였기 때문에 고화질 영상 기록 매체에 DVD만 포함되

---

4) 문화체육관광부 고시 제2015-2호.

었으나 제2차 예외 고시에서는 그러한 제한이 없기 때문에 블루레이 디스크도 포함되는 것으로 해석된다. 또한 정보통신망을 통해 취득한 영상물을 포함시켰는데 이 규정은 미국의 2012년 면제 규칙에서 규정된 "온라인 배포 서비스를 통해 취득한 영상물"을 수용한 것으로 보인다. 영화 등의 영상물을 이용하는 방식이 기존의 DVD, 블루레이 디스크와 같은 물리적 매체에서 대부분 클라우드(cloud), 다운로드, 스트리밍 등의 온라인 서비스로 옮겨 가고 있기 때문에 이를 반영한 것으로 보인다.[5] 미국의 2012년 면제 규칙에는 영화 분석을 제공하는 논픽션 멀티미디어 전자책에서의 이용이 들어가 있는데 향후 그 수용 여부를 검토할 만한 것으로 보인다. 또한 비상업적 영상물과 관련하여 미국의 면제 규칙에서는 대가를 지불하고 영상물 제작을 위탁하여 제작된 영상물의 경우에도 위탁 주체가 그 영상물을 비영리적으로 이용할 경우에는 비영리적 동영상에 포함된다고 정의하고 있는 것도 주목할 만하다.

두 번째 예외 사유는 휴대용 정보처리 장치(휴대용 전화기를 포함하며 게임 전용 기기를 제외한다.)의 운영체제와 합법적으로 취득한 응용 프로그램 간의 호환을 위하여, 그 운영체제 및 펌웨어에 적용된 접근통제조치를 무력화하는 경우이다. 이 예외 사유는 제1차 예외 고시의 내용이 수정 없이 그대로 갱신되었다.

세 번째 예외 사유는 프로그램 복제물 소유자가 무선 통신망에 접속하기 위하여 휴대용 전화기를 통신망에 접속할 수 있게 해 주는 프로그램에 적용된 접근통제조치를 무력화하는 경우이다. 다만 그 통신망 운영자가 접속을 승인한 경우에 한한다. 이 예외 사유 역시 제1차 예외 고시의 내용이 수정 없이 갱신되었다.

네 번째 예외 사유는 휴대용 기록 매체에 수록된 저작물에 적용

---

5) 개정 이유서는 온라인 취득 영상저작물의 교육적·비상업적 활용을 위하여 무력화를 허용하는 것이라고 설명하고 있다.

된 기술적 보호조치가 그 매체와 연결된 주된 장치 또는 그 주된 장치와 연결된 다른 장치의 보안을 취약하게 하는 경우에 이를 검사·조사·보정하기 위하여 그 기술적 보호조치를 무력화하는 경우이다. 다만 이를 통해 취득한 정보는 보안 강화에 이용되어야 하며 저작권법 또는 다른 법률의 위반을 용이하게 하지 않는 방법으로 이용되거나 관리되어야 한다. 이 예외 사유와 관련하여 제1차 예외 고시에서는 특정 종류의 저작물이 '합법적으로 취득한 컴퓨터용 비디오게임'이라고 규정되었는데 제2차 예외 고시에서는 '휴대용 기록 매체에 수록된 저작물'로 그 대상이 확장되었다. 개정 이유서는 비디오게임을 포함하여 다른 저작물 이용 시에도 컴퓨터 보안의 취약성 검사·보정을 위해 기술적 보호조치 해제를 허용하기 위한 것이라고 설명하고 있다.

다섯 번째 예외 사유는 더 이상 제조 또는 시판되지 않는 동글의 손상 또는 결함으로 인하여 프로그램에 대한 접근이 차단되었을 때 그 프로그램에 적용된 접근통제조치를 무력화하는 경우이다. 이 사유는 제1차 예외 고시의 사유와 동일하다. 미국은 2012년 규칙부터 동글과 관련된 예외 사유는 삭제되었다.

여섯 번째 예외 사유는 전자적 형태의 어문 저작물에 적용된 기술적 보호조치가 (1) 낭독 또는 수화 기능 또는 (2) 텍스트를 대체 형식으로 변환하는 화면 읽기 기능을 방지하거나 억제하는 경우에 그러한 기능을 가능하게 하기 위하여 접근통제조치를 무력화하는 경우이다. 다만 그 기능을 제공하는 다른 전자적 형태의 동일한 어문 저작물이 있는 경우에는 그러하지 아니한다. 이 규정도 제1차 예외 고시와 대동소이하다. 다만 개정 이유서에 따르면 시각장애인뿐만 아니라 청각장애인도 전자책을 이용할 수 있도록 수화 기능을 방지하거나 억제하는 접근통제조치를 무력화할 수 있도록 추가하였다.

제4절 소결

우리 저작권법에 따라 처음 제정된 2012년 예외 고시는 제정 당시 미국에서 시행되고 있던 2010년 면제 규칙을 거의 그대로 수용하였다. 다만 DVD상 영상물의 일부를 영화와 관련된 교육에서 이용하기 위하여 무력화할 수 있는 이용자의 유형과 관련하여 대학뿐만 아니라 고등학교 이하의 학교까지 포함시킨 점, 탈옥이 가능한 대상을 스마트폰에서 태블릿까지 확장한 점 등에 비추어 보면 우리의 예외 고시는 미국의 면제 규칙을 기본으로 하면서 그 예외의 범위를 넓힌 것이라고 평가할 수 있다.

접근통제조치의 무력화를 원칙적으로 금지하면서 이용자의 이익을 위한 보완 조치로서 무력화에 대한 예외 사유를 고시로 정하도록 한 것은 미국이 행정입법 절차를 통하여 무력화에 대한 면제 사유를 규칙으로 정하도록 한 방식을 한미 FTA를 통하여 받아들인 결과이다. 현재까지 미국은 여섯 번에 걸쳐서 면제 규칙을 제정하였다. 2000년 면제 규칙은 두 가지 종류의 저작물에 적용된 접근통제조치에 대하여 무력화를 허용하였으나 2015년 면제 규칙은 저작물 이용자 또는 이용의 유형에 의하여 한정된 특정한 종류의 저작물이 총 열 가지로 늘었다.

디지털 저작물과 관련된 다양한 새로운 제품에서 기술적 보호조치가 계속해서 광범위하게 적용되고 있고 그러한 기술적 보호조치가 이용자의 비침해적 이용에 악영향을 끼칠 우려가 증가하고 있다. 3년마다 이루어지는 행정입법 절차이지만 기술적 환경 변화에 기민하게 대처하여 면제 사유를 확장해 나가는 미국의 행정입법 상황은 우리에게 시사하는 바가 크다. 특히 2012년 면제 규칙이 시행되고 있던 중 국민들의 청원을 수용하는 차원에서 잠금 해제 법률을 제정하여 잠금 해제 무력화가 허용되는 전화기의 시간적 제한을 없애고 모든 전화기로 확장시킨 사례는, 3년 기간 중에도 기술적 보호조치가 미치는 악영향에 대한 평가가 언제든지 바뀔 수 있고 비록 저작권법에 따른 공식적인 행정입법 절차를 거친 것은 아니지만 기존의 면제 규칙을 신속히 개정하는 전례를 보인 것이라는 점에서, 역시 우리에게 시사하는 바가 크다고 생각한다.

미국의 행정입법 절차는 특정한 종류의 저작물의 범위를 정하는 기준과 관련하여 저작물 자체의 성질에만 국한하는 방식의 매우 협소한 기준에서 시작해 저작물 이용자 또는 이용의 유형까지 고려하는 다소 완화된 기준으로 발전하였다. 그러나 여전히 구체적인 이용자나 이용 유형을 벗어나 '공정 이용'을 위한 무력화와 같이 추상적으로 규정하는 방식은 여전히 금지되는 것으로 해석하고 있는 점에서 그 한계가 노정되어 있다.

우리나라의 예외 고시에 대해서도 미국의 면제 규칙에 대한 평가와 비슷한 평가를 내릴 수 있다. 아직까지 '공정 이용'과 같이 광범위한 이용 형태를 반영한 무력화 예외 사유는 규정되지 않았고 무력화 도구 거래 금지와 관련해서도 예외 사유가 규정된 바 없다.

한편 우리나라의 저작권법에 따르면 사적 이용을 위한 복제가 허용된다. 즉, 공표된 저작물을 영리를 목적으로 하지 아니하고 개인적으로 이용하는 경우에는 그 이용자는 이를 복제할 수 있다.[1] 또한 이 경우에 그 저작물을 개작하여 이용할 수 있다.[2] 사적 이용을 위한 복제 규정의 요건은 저작물이 공표되었을 것, 저작물을 비영리적으로 이용할 것, 저작물을 개인적으로 이용할 것이라는 세 가지에 불과하다. 따라서 사적 이용을 위한 복제 규정 및 관련 규정은 굉장히 광범위한 저작권 제한 규정이라고 할 수 있다. 이처럼 우리나라

---

1) 저작권법 제30조.
2) 저작권법 제36조 제1항.

에서는 미국과 달리 사적 복제 규정이 존재한다는 점을 고려할 때 미국보다 더 다양한 형태의 무력화 예외 사유가 존재할 여지가 있다. 특히 미국 행정입법의 연혁 과정에서 비침해적 이용에 해당하지 않는다는 이유로 채택되지 않았던 스페이스시프팅이나 포맷시프팅은 사적 복제에 해당하기 때문에 우리의 예외 고시에 충분히 채택할 만하고 그러한 이용을 하지 못하는 것은 적어도 우리 법제에 따르면 정당한 이용이 불합리하게 영향을 받는 것으로 평가된다. 따라서 이와 관련된 예외 사유가 채택되는 것이 바람직하다고 생각한다.

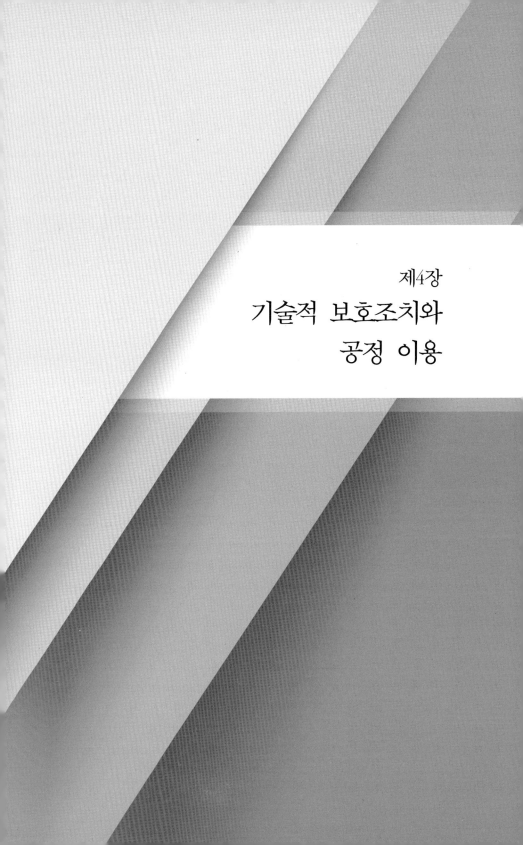

제4장

기술적 보호조치와
공정 이용

제1절 공정 이용의 의의

　디지털 기술과 인터넷이 발달함에 따라 불법 복제 등 저작권 침해가 만연하게 되었다. 디지털 복제물은 일단 저작권자의 허락 없이 유출되면 인터넷을 통하여 전 세계적으로 전파된다. 저작권법만으로는 인터넷상에서 발생하는 이러한 불법 복제를 효과적으로 제어할 수 없다. 저작권자는 저작권법에 따른 보호를 보충하고자 디지털 저작물에 기술적 보호조치를 적용하기 시작하였다. 그러나 저작물에 기술적 보호조치를 적용하는 것은 저작물을 공정하게 이용할 수 있는 이용자의 능력에 영향을 미칠 수 있다.[1] 예를 들어 기술적 보호조치는 저작권이 만료된 저작물과 같이 저작권에 의하여 보호되지 않는 공공 영역의 저작물에 대한 접근을 제한할 수 있다.[2] 따라서 기술적 보호조치는 저작권에 의하여 보호되는 자료의 불법적인 이용뿐만 아니라 합법적인 이용까지도 막아 버리는 위험을 초래할 수 있다.[3]

　우리 저작권법에 공정 이용이 도입되기 전에는 저작재산권 제한 규정이 저작물 이용자의 이익을 보호하는 기능을 하였다. 그러나 저작재산권 제한 규정만으로는 이용자의 특권을 완전히 보호할 수 없고 결과적으로 저작권자와 이용자 사이의 균형의 추가 저작권자 쪽으로 기울어져 있었다. 그런데 2011년 12월 2일에 개정된 저작권법은 제35조의3을 두어 공정 이용을 도입하였다. 이 규정의 내용은 미국 저작권법 제107조의 공정 이용 규정과 거의 흡사하다. 공정 이용과 같은 일반적인 저작재산권 제한 규정이 도입됨으로써 저작권자와

---

1) *Universal City Studios, Inc. v. Reimerdes*, 111 F. Supp. 2d 294, 322 (SDNY 2000).
2) *Id.*, p. 322 n. 159.
3) *Id.*, p. 322.

이용자 사이의 균형이 제대로 달성된 것으로 볼 수 있다. 다만 어떤 행위가 공정 이용에 해당하는지 판단하는 것이 반드시 명백한 것은 아니기 때문에 법적 안정성을 해칠 수 있다. 결국 이용자의 저작물 이용 행위가 공정 이용에 해당하는지 여부에 대한 최종적인 판단은 법원의 판단에 달려 있다. 형법의 정당행위와 같은 일반적인 위법성 조각사유도 판례가 축적되면서 일정한 유형이 생기고 어느 정도 예측 가능성이 생기면서 법적 안정성이 상당히 높아지는 것처럼 저작물의 공정한 이용과 관련해서도 앞으로 판례의 축적에 따라 공정 이용에 대한 판단은 어느 정도 예측할 수 있을 것이다.

한편 공정 이용에 관한 미국 판례가 다수 축적되어 있기 때문에 공정 이용에 관한 미국 판례를 검토하는 것은 우리의 공정 이용과 관련된 해석에도 많은 도움이 될 수 있을 것이다.

제2절 문제의 제기

저작권자가 저작물에 적용한 접근통제조치를 무력화하는 것은 원칙적으로 금지된다. 다만 이용자가 저작물을 정당하게 이용할 수 있는 특권을 보장하기 위하여 일정한 예외 사유에 대해서는 무력화 행위가 허용된다. 저작권 보호 규정과 저작권 제한 규정이 함께 저작권자와 저작물 이용자 사이에서 균형을 이루는 것처럼 접근통제조치의 무력화 금지와 관련된 시스템을 설계함에 있어서도 저작권자와 저작물 이용자 사이에서 균형을 이루는 것이 필요하다. 무력화 금지에 대한 예외는 저작권자와 저작물 이용자 사이의 균형을 이루기 위한 수단이라고 볼 수 있다.

무력화 금지에 대한 예외 사유에 해당하는 행위는 접근통제조치를 법적으로 보호하기 이전에는 저작물의 비침해적 행위에 해당한다고 볼 수 있으며 이용자가 저작권자로부터 허락받지 않더라도 그러한 행위를 할 수 있다. 무력화 금지에 대한 예외 사유는 저작권법에 법정 예외 사유로 일곱 가지가 규정되어 있고 고시를 통하여 3년마다 그 사유를 정할 수 있는데 현재의 예외 고시는 제2차 예외 고시로서 총 여섯 가지의 예외 사유를 규정하고 있다. 결과적으로 현행 법령상 접근통제조치의 무력화에 대하여 총 열세 가지의 예외 사유가 존재하는 셈이다.

무력화에 대한 예외 사유 중에는 공정 이용과 같은 일반적인 비침해적 이용에 대한 예외 사유가 존재하지 않는다. 이용자의 행위가 비침해적인 행위로서 비록 저작권 침해가 성립하지 않는다고 하더라도 무력화 예외 사유에 해당하지 않는 경우 만약 접근통제조치의 무력화를 이유로 제기된 소에서 공정 이용 항변이 허용되지 않는다면 그 이용자는 무력화 금지 위반에 대한 책임을 지게 된다. 기술적 보호조치는 원래 직간접적으로 저작권 침해를 방지하거나 억제하기 위하여 도입되었는데도 불구하고 기술적 보호조치를 무력화하고 그 저작물의 공정 이용을 하는 경우에 저작권 침해는 성립하지 않지만 여전히 기술적 보호조치의 무력화 금지에 위반된다는 문제가 발생한다. 이 문제에 대해서는 이용자가 기술적 보호조치의 법적 보호로 인하여 정당하게 저작물을 이용하지 못하기 때문에 기술적 보호조치에 관한 법적 시스템이 권리자의 보호에 치우친 것이라는 비판이 가능하다. 이러한 문제를 해결하는 것은 저작권 그 자체의 균형이 중요한 것과 마찬가지로 저작권을 보호하는 수단으로서의 기술적 보호조치의 균형이라는 측면에서 중요한 의미를 가진다.

기술적 보호조치에 관한 현행 규정이 내포하고 있는 구체적인 문제점은 두 가지가 있다.

첫째, 무력화 금지 조항이 명시적으로 인정하고 있는 일곱 가지의 법정 예외 사유와 예외 고시에 의한 예외 사유보다 접근통제조치를 무력화할 정당한 이유가 훨씬 더 많다.[1] 이용자가 비침해적 이용을 하기 위하여 접근통제조치를 무력화한 경우 그 비침해적 이용이 법령상 예외 사유에 해당하지 않으면 그러한 이용이 저작권 침해와 전혀 상관없다고 하더라도 무력화 금지 규정에 위반된다고 해석될 여지가 있다. 저작권 보호와 전혀 상관없는 경우에도 접근통제조치를 보호하는 것은 지나치게 권리자의 이익에 치중한 것이라고 할 수 있다.

둘째, 도구 거래 금지 조항은 무력화 금지에 대한 예외 사유를 누릴 수 있는 무력화 특권을 약화시킬 가능성이 있다.[2] 먼저 도구 거래 금지 조항은 접근통제조치와 관련해서는 법정 예외 사유 중 암호화 연구, 미성년자 보호, 법 집행, 프로그램코드역분석 및 보안 검사

---

1) Samuelson (1999), p. 524.
2) Id.

에 대해서만 예외가 인정되고 권리통제조치와 관련해서는 법 집행과 프로그램코드역분석에 대해서만 예외가 인정된다.[3] 나아가 예외 고시에 따른 예외 사유에 대해서는 어느 기술적 보호조치와 관련해서도 도구 거래 금지에 대한 예외가 인정되지 않는다. 따라서 예외 고시에 따른 예외 사유와 도구 거래 금지에 대한 예외가 인정되지 않는 나머지 법정 예외 사유와 관련해서는 무력화를 하고자 하더라도 무력화 도구를 직접 개발할 수 있을 정도의 기술을 가지고 있거나 어떤 경로를 통해서든지 무력화 도구를 입수한 사람이 아니라면 해당 예외 사유를 향유할 수 없다.[4] 저작권법이 이용자의 이익을 고려해서 무력화 금지에 대한 예외 사유를 인정하였음에도 불구하고 실제로 이용자가 그러한 예외 사유를 활용할 수 없다면 이러한 상황은 큰 문제가 아닐 수 없다.

두 가지 문제 모두에 대한 전제로서 무력화 금지 위반과 무력화 도구 거래 금지 위반에 대하여 현행법 해석상 공정 이용 항변이 가능한지에 대하여 검토하기로 한다. 현행법의 테두리 내에서 일반적인 공정 이용을 적용할 수 있다면 더 이상 문제가 없겠으나 그렇지 않은 경우에는 역시 현행법의 테두리 내에서 해결할 수 있는 방안을 먼저 모색하여야 할 것이다.

---

3) 저작권법 제104조의2 제3항.
4) Nimmer (2000), pp. 736-737.

제3절 기술적 보호조치 위반에 대한 공정 이용 항변

1. 의의

디지털 환경에서 저작권만으로는 저작물을 충분히 보호하지 못하기 때문에 저작권자는 자구책의 일환으로 기술적 보호조치를 저작물에 적용하게 되었고 WIPO 조약 이후에 각국은 기술적 보호조치에 대해서도 법적으로 보호하게 되었다. 저작권법은 저작권 침해에 대한 구제 수단을 마련함으로써 저작권 침해 행위를 직접 겨냥하는 데 반하여 기술적 보호조치에 대한 법적 보호는 접근통제조치의 무력화와 기술적 보호조치의 거래 행위를 겨냥한다. 그런데 기술적 보호조치를 법적으로 보호하는 것은 기술적 보호조치 자체를 보호하기 위한 것이라기보다 디지털 저작물에 대한 저작권의 보호를 보완하기 위하여 도입된 것이라고 할 수 있다. 이런 맥락에서 생각할 때 저작권 침해 책임이 없는 경우에 접근통제조치의 무력화에 대한 책임을 지거나 기술적 보호조치의 무력화 도구의 거래 책임을 지는 것은 주객이 전도되었다고 볼 여지가 있다.

무력화 예외 사유에 해당하지 않지만 비침해적인 이용 목적으로 접근통제조치를 무력화하거나 기술적 보호조치의 무력화 도구를 거래한 행위에 대하여 책임을 묻는 소송에서 공정 이용 항변이 가능하다면 저작권 침해가 성립하지 않을 뿐만 아니라 기술적 보호조치 위반도 성립하지 않을 것이다. 따라서 현행법에 따를 경우 기술적 보호조치 위반 책임에 대하여 공정 이용 항변이 가능한지 검토해 보기로 한다.

기술적 보호조치에 관한 우리 저작권법의 법체계는 큰 틀에서 보면 미국 저작권법의 법체계와 동일하다. 따라서 기술적 보호조치에 대한 공정 이용 항변이 허용되는지에 관한 미국의 해석은 우리 저작권법 해석에도 참조할 만하다고 생각한다. 그러므로 이 문제와 관련하여 먼저 미국의 판례를 살펴보기로 한다.

2. 미국 판례

CSS에 의하여 보호되는 DVD에 들어 있는 영화를 보기 위해서는 CSS 키를 갖춘 DVD 플레이어가 필요하고 CSS 기술은 영화의 복제를 방지하는 기능도 수행하기 때문에 CSS를 무력화하지 않으면 영화의 공정한 이용도 불가능하다. 따라서 CSS와 같은 기술적 보호조치는 저작권에 의하여 보호되는 자료의 불법적인 이용을 막는 순기능뿐 아니라 합법적인 이용을 막는 역기능을 수반한다.[1] Reimerdes 법원은 미국 의회가 DMCA를 제정할 때 접근통제조치가 공정 이용에 끼칠 수 있는 위험에 대하여 이미 인식하고 있었으며[2] 만약 의회가 기술적 보호조치의 무력화 금지 위반 책임을 묻는 청구에 대하여 공정 이용 항변을 허용하려고 의도하였다면 그러한 내용으로 법을 제정하였을 것이라고 판단하였다.[3] 또한 DeCSS가 공정 이용을 위하여 저작물에 접근할 목적으로 사용될 가능성이 있기 때문에 Sony 판결[4]에 따라 피고들이 면책될 것이라는 주장에 대하여, Reimerdes 법원은 Sony 판결이 피고들의 행위에 적용되지 않으며 설사 적용된다고 하더라도 DMCA의 제정으로 Sony 판결과 DMCA의 규정이 불일치하는 한도에서 Sony 판결은 폐기된 것으로 보아야 한다고 판단하였다.[5]

---

1) *Universal City Studios, Inc. v. Reimerdes*, 111 F. Supp. 2d 294, 322 (SDNY 2000).
2) H. R. Rep. No. 105-551, pt. 2, pp. 25-26 (1998).
3) *Universal City Studios, Inc. v. Reimerdes*, 111 F. Supp. 2d 294, 322 (SDNY 2000).
4) *Sony Corp. of America v. Universal City Studios, Inc.*, 464 U. S. 417 (1984).
5) *Universal City Studios, Inc. v. Reimerdes*, 111 F. Supp. 2d 294, 323 (SDNY 2000).

한편 법원은 피고인들이 제기한 정책 문제, 즉 암호화된 저작물의 공정 이용을 원하는 기술적으로 문외한인 사람들에게 그렇게 할 수 있는 기술적 수단을 제공하지 않은 채 내버려 두는 상황에 대해서도 입법 과정에서 의회가 검토하였으며 § 1201(a)에 따른 청구에 대한 공정 이용 항변의 적용 가능성에 대해서도 의회가 명백히 거절한 것이므로 법원은 이에 반하는 해석을 할 수 없다고 판단하였다.[6]

321 Studios 판결[7]에서도 법원은 DVD의 무력화 도구인 DVD 복제용 소프트웨어를 개발한 원고 회사의 고객들이 그 소프트웨어를 어떻게 이용하는지의 문제는 그 이용이 합법적이든 불법적이든 간에 원고 회사가 권리통제조치의 무력화 도구의 거래 금지 조항을 위반하고 있는지 여부를 결정하는 것과는 상관없다고 판단하였다.[8] 법원은 고객들이 저작권에 의하여 보호되는 자료를 무력화 이후에 합법적으로 이용하는 것은 소프트웨어 개발업체의 § 1201(b)(1) 위반에 대한 항변이 될 수 없다고 판단하였다.[9]

미국의 모드칩(mod chip) 사건[10]에서 법원은 모드칩이 호환성 확보를 위한 리버스 엔지니어링의 유일한 방법이 될 수 있다는 주장은 인정하였으나 모드칩 이용자가 모드칩을 합법적으로 또는 공정하게 이용할 수 있다는 사실이 무력화 도구인 모드칩을 거래한 행위에 대한 책임을 면제하지 않는다고 판단하였다.[11]

한편 미국 저작권법 § 1201(c)(1)은 제1201조 중 어느 규정도 미국

---

6) Id., p. 324.

7) 321 Studios v. Metro Goldwyn Mayer Studios, Inc., 307 F. Supp. 2d 1085 (ND Cal. 2004).

8) Id., p. 1097.

9) Id., pp. 1097-1098.

10) Sony Computer Entertainment America, Inc. v. Divineo, Inc., 457 F. Supp. 2d 957 (ND Cal. 2006).

11) Id., p. 965.

저작권법에 따른 권리, 구제 수단, 제한 또는 공정 이용을 포함한 저작권 침해에 대한 항변에 영향을 미치지 않는다고 규정하고 있는데, 이 조항 때문에 공정 이용 항변이 가능한 것이 아닌지 논란이 되었다. Reimerdes 사건의 항소심 판결인 Corley 판결[12]에서 법원은 저작물이 공정하게 이용될 때 § 1201(c)(1)이 그 저작물을 보호하는 암호화 기술의 무력화를 허용하도록 해석될 수 있다는 항소인들의 주장에 동의하지 않았으며 오히려 § 1201(c)(1)은 DMCA가 저작물을 보호하는 디지털 벽의 무력화와 무력화 도구의 거래를 타깃으로 삼고 있지만 무력화가 발생한 이후에 그 저작물의 이용에는 관심이 없다는 것을 분명하게 한 것에 불과하다고 판단하였다. 법원은 또한 § 1201(c)(1)은 단지 DMCA가 불법화하는 방식으로 저작권에 의하여 보호되는 정보를 취득하였다고 하더라도 DMCA가 그 정보의 공정한 이용을 금지하는 것으로 해석되지 않는다는 의미일 뿐이라고 판단하였다.[13]

미국 저작권청 역시 "공정 이용 원칙은 저작물에 권한 없이 접근하는 행위에 대한 항변이 아니기 때문에 접근하기 위하여 기술적 조치를 무력화하는 행위는 금지된다."라고 설명함으로써 전통적인 저작권 침해에 대한 공정 이용 항변이 접근통제조치의 무력화 금지 위반에 적용되지 않는다는 견해를 밝혔다.[14]

한편 미국 대법원은 Eldred 판결[15]에서 저작권법에는 '아이디어·표현 이분법'과 '공정 이용'과 같은 수정 헌법 제1조가 구현된 조항이 포함되어 있다고 판단하였다.[16] 이 대법원 판결은 공정 이용을 수정 헌법 제1조가 저작권법에 구체화된 것이라고 바라본다는 점에서 헌

---

12) *Universal City Studios, Inc. v. Corley*, 273 F. 3d 429 (CA2 2001).

13) *Id.*, p. 443.

14) U.S. Copyright Office, The Digital Millennium Copyright Act of 1998: U.S. Copyright Offcie Summary (1998), p. 4.

15) *Eldred v. Ashcroft*, 537 U. S. 186 (2003).

16) *Id.*, pp. 219-220.

법상 도출되는 공정 이용 법리는 기술적 보호조치 위반에 대한 항변
으로 사용할 수 있다는 법리가 도출될 여지가 있다. 실제로 DMCA의
기술적 보호조치 규정이 수정 헌법 제1조에 위반된다는 취지의 견해
를 제시하는 학설도 존재한다.[17] 그러나 2003년 Eldred 판결 이후에
선고된 2004년 321 Studios 판결과 2006년 Divineo 판결은 모두 공정 이
용 항변을 부정하고 있다.

결론적으로 미국 법원은 기술적 보호조치의 무력화 도구의 거래
금지 위반에 대하여 공정 이용 항변이 허용되지 않는다는 입장이고
미국 저작권청은 접근통제조치의 무력화 금지 위반에 대하여 공정
이용 항변이 허용되지 않는다는 입장을 취하고 있다.

3. 우리 법 해석상 공정 이용 항변의 허용 여부

1) 공정 이용 법리의 법적 지위

우리 헌법 제22조에 따르면 모든 국민은 학문과 예술의 자유를
가지고 저작자의 권리는 법률에 의하여 보호된다. 그리고 우리 헌법
은 제23조 제1항에서 모든 국민의 재산권은 보장되고 그 내용과 한
계는 법률로 정한다고 규정하고 있다.

저작권법은 저작자의 권리를 저작인접권과 저작재산권으로 나누
어 보호한다. 그리고 저작재산권은 무체재산권이다. 저작재산권의
내용은 복제권, 공연권, 공중송신권, 전시권, 배포권, 2차적 저작물
작성권으로 구성되며[18] 저작재산권은 저작권법 제23조 내지 제36조
에 따른 제한 규정의 적용을 받는다.[19] 따라서 저작재산권은 저작권

---

17) Yochai Benkler, *Free as the Air to Common Use: First Amendment Contraints on Enclosure of the Public Domain*, 74 N. Y. U. L. Rev. 354, 414-429 (1999).
18) 저작권법 제16조 내지 제22조.

법 제23조 내지 제36조에 따른 제한 규정이 적용되는 범위에서 그 한계가 정해진다.

한편 헌법 제21조 제1항은 언론·출판의 자유를 규정하고 있고 저작권법 제35조의3은 공정 이용을 규정하고 있다. 미국 대법원의 해석처럼 공정 이용 조항은 헌법상 언론·출판의 자유가 구체화된 것이라고 해석할 수도 있다. 그러나 이러한 해석은 공정 이용 조항이 헌법상 언론·출판의 자유를 저작권법에 구체화한 것이라는 의미에 불과하고 법률상 규정이 없더라도 헌법상 언론·출판의 자유로부터 직접 도출되는 기본권으로 해석하는 것은 적절하지 않다고 생각한다. 다시 말해 공정 이용은 다른 저작재산권 제한 규정과 마찬가지로 법률에 구체적으로 규정될 때에만 인정되는 법률상 권리에 불과하다고 생각한다.[20] 이러한 해석은 헌법 제23조 제1항에 기초하고 있는데 저작재산권의 내용과 한계는 저작권법에 의하여 정해지기 때문에 저작재산권에 대한 제한은 저작권법에 규정되지 않은 경우에는 공

---

19) 다만 프로그램에는 제23조(재판 절차 등에서의 복제), 제25조(학교 교육 목적 등에의 이용), 제30조(사적 이용을 위한 복제) 및 제32조(시험문제로서의 복제)가 적용되지 않는다(저작권법 제37조의2). 이와 관련된 내용은 프로그램에 대한 특례로서 제101조의3에 따로 규정되어 있기 때문이다. 프로그램은 또한 제101조의4(프로그램코드역분석) 및 제101조의5(정당한 이용자에 의한 보존을 위한 복제 등)에 따른 제한을 받게 된다.

20) 동지: 대법원 2013. 2. 15. 선고 2011도5835 판결(공2013상, 533): 저작물의 공정이용은 저작권자의 이익과 공공의 이익이라고 하는 대립되는 이해의 조정 위에서 성립하는 것이므로 공정이용의 법리가 적용되기 위해서는 그 요건이 명확하게 규정되어 있을 것이 필요하다 할 것인데, 구 저작권법(2009. 3. 25. 법률 제9529호로 개정되기 전의 것. 이하 같다)은 이에 관하여 명시적 규정을 두지 않으면서('저작물의 공정한 이용'에 관한 규정은 2011. 12. 2. 법률 제11110호로 개정된 저작권법 제35조의3으로 비로소 신설되었다) 제23조 이하에서 저작재산권의 제한사유를 개별적으로 나열하고 있을 뿐이므로, 구 저작권법하에서는 널리 공정이용의 법리가 인정되는 것으로 보기는 어렵다.

정 이용을 비롯하여 그 어떠한 내용도 인정될 수 없다.

결국 저작재산권 제한 규정은 저작재산권자에 대한 법률상 제한 또는 이용자의 법률상 특권의 하나이고 이러한 법리는 저작권법에 새로 도입된 무력화 금지권에 대해서도 그대로 적용된다고 생각한다. 따라서 기술적 보호조치 위반에 대하여 헌법상 언론·출판의 자유라는 기본권에서 도출되는 공정 이용 항변을 주장하는 것은 부적절하다.

2) 공정 이용 항변 여부에 대한 판단

공정 이용은 저작권법이 인정하는 이용자의 법률상 특권이므로 결국 기술적 보호조치 위반에 대하여 공정 이용 항변이 가능한지 여부에 대한 판단은 헌법상 기본권 침해의 문제가 아니라 저작권법의 해석을 통하여 이루어져야 한다.

우리 저작권법 제104조의2 제1항 단서는 무력화 금지에 대한 예외를 여덟 가지로 열거하고 있고 같은 조 제3항은 무력화 도구의 거래 금지에 대한 예외를 접근통제조치와 권리통제조치에 대하여 각각 특정하고 있다. 따라서 무력화 금지와 도구 거래 금지에 대한 예외는 무력화 금지권에 대한 법률상 제한 규정에 해당하고 이 제한 규정에 공정 이용이 명시적으로 규정되어 있지 않은 이상 기술적 보호조치 위반에 대하여 공정 이용 항변을 주장할 수 없다. 이러한 해석은 미국 판례의 입장과 동일선상에 있다고 할 수 있다.

더구나 우리 저작권법에는 미국 저작권법 § 1201(c)(1)에 상응하는 규정 자체가 없다는 사실도 기술적 보호조치 위반에 대하여 공정 이용 항변이 허용되지 않는다는 해석에 힘을 실어 준다.

또한 한미 FTA에 따르면 각 당사국은 기술적 조치의 무력화에 대한 충분한 법적 보호와 효과적인 법적 구제 수단을 마련하는 조치를

이행함에 있어서 그 예외와 제한은 여덟 가지의 행위[21]에 한정하여
야 하고,[22] 접근통제조치의 무력화 금지에 대해서는 이 여덟 가지의
행위가 모두 예외 사유가 될 수 있고,[23] 접근통제조치의 무력화 도구
의 거래 금지에 대해서는 이 여덟 가지의 행위 중 다섯 가지가 예외
사유가 될 수 있으며,[24] 권리통제조치의 무력화 도구의 거래 금지에
대해서는 이 여덟 가지의 행위 중 두 가지가 예외 사유가 될 수 있
다.[25] 따라서 접근통제조치의 무력화 금지 및 기술적 보호조치의 무
력화 도구의 거래 금지에 대하여 한미 FTA에 규정된 여덟 가지 예외
사유 이외에 공정 이용을 적용하는 것은 한미 FTA에도 반하는 결과
가 된다.

결론적으로 저작권법 규정 및 한미 FTA 규정에 비추어 볼 때 기
술적 보호조치 위반에 대하여 공정 이용 항변은 허용되지 않는다.

다음은 현행법 테두리 내에서 기술적 보호조치와 관련하여 저작
권자의 이익을 위하여 기울어진 균형의 추를 되돌려 이용자의 이익
을 고려하기 위한 해결 방안을 검토하기로 한다.

---

21) 저작권법 제104조의2 제1항 제1호 내지 제8호와 동일한 내용이다.
22) 한미 FTA 제18.4조 제7항 (d)호 본문.
23) 한미 FTA 제18.4조 제7항 (e)호 본문 및 제1목.
24) 한미 FTA 제18.4조 제7항 (e)호 본문 및 제2목. 이 다섯 가지 예외 사유는
    저작권법 제104조의2 제3항 제1호의 예외 사유와 동일하다.
25) 한미 FTA 제18.4조 제7항 (e)호 본문 및 제3목. 이 두 가지 예외 사유는 저작
    권법 제104조의2 제3항 제2호의 예외 사유와 동일하다.

제4절 기술적 보호조치 조항의 축소해석

1. 의의

접근통제조치의 무력화를 원칙적으로 금지하면서도 일곱 가지의 법정 예외 사유와 예외 고시에 의한 예외 사유에 대해서는 무력화가 허용되고, 기술적 보호조치를 무력화하는 도구의 거래를 원칙적으로 금지하면서도 기술적 보호조치의 종류에 따라 예외 사유가 존재한다.[1]

개인 식별 정보의 보호, 교육기관 등의 저작물 구입 여부의 결정 및 예외 고시에 의한 예외 사유에 대해서는 접근통제조치의 무력화가 허용되지만 여전히 접근통제조치를 무력화하는 도구의 거래는 금지된다.[2] 따라서 이러한 예외 사유에 해당하기 때문에 허용되는 무력화 행위를 시도하려는 사람이 그 무력화를 위한 기술적 수단을 스스로 개발하거나 확보하지 못할 경우에는 그러한 무력화 행위가 허용된다고 하더라도 그것은 무의미하게 될 것이다.

한편 권리통제조치를 무력화하는 것은 금지되지 않기 때문에 권리통제조치의 무력화 자체가 허용되지만 권리통제조치의 무력화 도구의 거래 금지 조항이 적용된다면 실제 권리통제조치를 무력화하려는 사람이 기술에 관해서 문외한일 경우 실질적으로 무력화를 허용하는 것이 아무런 의미가 없을 수 있다. 특히 권리통제조치의 무력화 도구의 거래는 국가의 법 집행과 호환을 위한 프로그램코드역분석 두 가지 예외 사유에 대해서만 허용될 뿐이다.

결국 기술적 보호조치가 접근통제조치이든 권리통제조치이든 일

---

1) 저작권법 제104조의2.
2) *Id.*

정한 예외 사유에 대해서는 무력화가 허용됨에도 불구하고 무력화
도구를 직접 개발할 수 있는 기술자나 무력화 도구를 운 좋게 입수
한 사람만이 그러한 혜택을 받을 수 있다는 사실은 법적으로 허용되
는 행위가 실제로는 활용될 수 없다는 문제점을 낳게 되는 것이다.

우리나라의 모드칩 사건[3]에서 대법원은 컴퓨터프로그램보호법에
따른 도구 거래 금지 조항[4]은 프로그램의 복제품을 정당한 권원에
의하여 소지·사용하는 사람이 개인적으로 프로그램 저작물을 이용
하는 행위를 제한하기 위한 규정이 아니라 다수의 사람이 프로그램
저작물을 불법적으로 이용할 수 있도록 기술적 보호조치의 무력화
장치를 전파하는 행위 등을 제한하고자 하는 규정이고, 특정 프로그
램 저작물을 정당하게 구입한 사람이 그 프로그램 저작물의 원본을
보호할 목적으로 기술적 보호조치를 무력화하여 복제물을 생성하는
것은 같은 법 조항들[5]에 의하여 허용되므로 도구 거래 금지 조항이
프로그램 저작물의 적법한 취득자의 원본 보호를 위한 복제 행위를

---

3) 대법원 2006. 2. 24. 선고 2004도2743 판결[공2006.4.1.(247), 551].
4) 제30조 ② 누구든지 상당히 기술적 보호조치를 무력화하는 기기·장치·부품
   등을 제조·수입하거나 공중에 양도·대여 또는 유통하여서는 아니 되며, 기
   술적 보호조치를 무력화하는 프로그램을 전송·배포하거나 기술적 보호조
   치를 무력화하는 기술을 제공하여서는 아니 된다.
5) 제30조 ① 누구든지 정당한 권원 없이 기술적 보호조치를 회피, 제거, 손괴
   등의 방법으로 무력화하여서는 아니 된다. 다만, 다음 각 호의 1에 해당하
   는 경우에는 그러하지 아니하다. ... 3. 제14조의 규정에 의한 프로그램 사
   용자가 필요한 범위 안에서 복제하는 경우...
   제14조 ① 프로그램의 복제물을 정당한 권원에 의하여 소지·사용하는 자는
   그 복제물의 멸실·훼손 또는 변질 등에 대비하기 위하여 필요한 범위 안에
   서 당해 복제물을 복제할 수 있다. ② 프로그램의 복제물을 소지·사용하는
   자는 당해 프로그램의 복제물을 소지·사용할 권리를 상실한 때에는 그 프
   로그램 저작권자의 특별한 의사 표시가 없는 한 제1항의 규정에 의하여 복
   제한 것을 폐기하여야 한다. 다만, 프로그램의 복제물을 소지·사용할 권리
   가 당해 복제물이 멸실됨으로 인하여 상실된 경우에는 그러하지 아니하다.

부당하게 제한하는 것으로서 헌법 제23조 및 제10조에 위반된다는 상고 이유의 주장은 받아들일 수 없다고 판단하였다.

이 사건 당시의 컴퓨터프로그램보호법은 기술적 보호조치[6]의 무력화 도구의 거래를 원칙적으로 금지하면서 현행 저작권법 제104조 제3항과 같이 도구 거래가 예외적으로 허용되는 규정을 두고 있지 않았다. 그럼에도 불구하고 대법원은 도구 거래 금지 규정이 금지하는 것은 무력화 도구의 전파를 금지하는 것이지 프로그램 저작권의 제한 규정 중 하나에 해당하는 행위를 금지하는 것은 아니라고 판단함으로써 대법원이 프로그램 저작권의 제한 사유에 대해서는 도구 거래 금지에 대한 예외가 명문의 규정이 없음에도 불구하고 허용된다는 전제에 서 있는 것으로 추론할 수 있는 여지가 있다.

그러나 현행법은 명시적으로 접근통제조치와 권리통제조치에 대하여 도구 거래 금지에 대한 예외 사유를 각각 달리 인정하는 태도를 취하고 있다. 따라서 적어도 현행법 해석상으로는 무력화 금지가 허용되는 예외 사유라고 하더라도 그 사유에 대하여 도구 거래 금지에 대한 예외가 동시에 인정되지 않을 경우에는 여전히 무력화 도구의 거래는 금지되는 것으로 해석할 수밖에 없다.

따라서 도구 거래 금지와 관련하여 앞에서 제기한 문제를 해결하기 위한 논의를 하지 않을 수 없다. 먼저 접근통제조치의 축소해석과 관련된 논의를 한 다음 도구 거래 금지의 축소해석에 관하여 논하기로 한다.

---

6) 다만 대법원 2012. 2. 23. 선고 2010도1422 판결(공2012상, 542)이 판시한 것처럼 구 컴퓨터프로그램보호법이 보호하는 기술적 보호조치는 접근통제조치가 아니라 권리통제조치이다.

2. 접근통제조치의 축소해석

1) 접근통제조치의 무력화 금지 조항의 본질

접근통제조치는 저작권의 행사와 관련하여 저작물에 대한 접근을 효과적으로 통제하기 위하여 저작권자나 저작권자의 동의를 받은 사람이 적용하는 기술적 조치이다.[7] 누구든지 정당한 권한 없이 고의 또는 과실로 접근통제조치를 무력화하여서는 아니 된다.[8]

저작권자는 고의 또는 과실로 정당한 권한 없이 접근통제조치를 무력화한 사람에 대하여 손해배상의 담보 또는 손해배상이나 이를 갈음하는 법정 손해배상의 청구를 할 수 있고, 무력화하는 사람에 대하여 무력화의 정지를 청구할 수 있으며, 무력화할 우려가 있는 사람에 대하여 무력화의 예방 또는 손해배상의 담보를 청구할 수 있다.[9]

저작권자는 또한 고의 또는 과실 없이 접근통제조치를 무력화하는 사람에 대하여 무력화의 정지를 청구할 수 있고, 무력화할 우려가 있는 사람에 대하여 무력화의 예방 또는 손해배상의 담보를 청구할 수 있다.[10]

저작권법 제104조의2와 제104조의8은 청구권자와 피청구권자 및 청구권의 내용을 규정하고 있다. 이 규정들과 관련하여 청구권의 성질이 무엇인지에 대한 문제와 청구권의 보호 대상이 무엇인지에 대한 문제가 제기될 수 있고 두 가지 문제는 서로 관련되었다고 볼 수 있다.

---

7) 저작권법 제2조 제28호 (가)목.
8) 저작권법 제104조의2 제1항.
9) 저작권법 제104조의8.
10) *Id.*

기술적 보호조치 규정이 정하고 있는 청구권의 성질과 관련하여 미국 판례는 입장이 갈린다. 먼저 접근통제조치의 무력화 금지 규정은 법적 책임(liability)을 물을 수 있는 청구원인일 뿐이지 새로운 재산권(property right)을 만드는 것은 아니라는 판례[11]가 있다. 반면에 기술적 보호조치 규정은 새로운 형태의 배타적 권리, 즉 접근권을 만드는 것이라는 견해[12]와 접근통제조치의 무력화 금지 조항은 저작권 침해와 무관한 새로운 무력화 금지권을 만들고 권리통제조치의 무력화 도구의 거래 금지 조항은 저작권 침해에 대한 전통적 금지를 강화한다는 판례가 있다.[13] 이 두 견해의 대립은 접근과 저작권 침해의 관련성에 관한 문제와 연결된다. 기술적 보호조치와 관련된 청구권을 접근권이라는 재산권으로 보는 견해는 저작권 침해와 상관없이 무력화 금지 조항에 위반되면 접근권 또는 무력화 금지권이 침해된다는 결론으로 연결되는 반면에, 청구원인에 불과하다는 견해는 저작권 침해와 관련이 있어서 법적으로 보호받을 수 있는 접근을 통제하는 접근통제조치를 무력화한 경우에만 법적 책임을 진다고 해석한다.

2) 접근과 저작권 침해의 관련성에 관하여 상반되는 판례

기술적 보호조치와 관련된 청구권과 관련하여 청구원인설을 주장하는 Chamberlain 판결과 무력화 금지권설을 주장하는 MDY 판결을 검토하기로 한다.

---

11) *Chamberlain Group, Inc. v. Skylink Technologies, Inc.*, 381 F. 3d 1178, 1192-1193 (CA Fed. 2004).

12) Burk (2003), p. 1106.

13) *MDY Industries, LLC v. Blizzard Entertainment*, 629 F. 3d 928, 948 (CA9 2010).

(1) 접근과 저작권 침해의 관련성이 필요하다는 판례

Chamberlain 사건[14]에서 법원은 접근통제조치의 무력화 도구에 해당하기 위해서는 접근통제조치의 접근과 저작권 침해의 관련성이 요구되기 때문에 저작권 침해를 용이하게 하지 않는 무력화 도구를 거래한 경우에는 도구 거래 금지 조항이 적용되지 않는다고 판결하였다. 따라서 저작권 침해를 용이하게 하는 방식으로 접근통제조치를 무력화하는 도구를 거래한 사람들은 접근통제조치의 도구 거래 금지 조항에 따라 책임을 지고 그러한 도구를 사용하여 접근통제조치를 무력화한 사람들은 그들이 저작권을 침해하였는지 여부와 상관없이 접근통제조치의 무력화 금지 조항에 따른 책임을 진다. 권리통제조치의 무력화 도구를 거래한 사람들은 필연적으로 저작권 침해를 용이하게 하기 때문에 그들은 권리통제조치의 도구 거래 금지 조항에 따라 책임을 지고 그러한 도구를 사용하여 권리통제조치를 무력화한 사람은 저작권 침해 책임을 질 수 있다. 결론적으로 무력화 도구가 저작권 침해를 용이하게 하지 않으면 제1201조의 책임을 지지 않는다.[15]

Chamberlain 법원이 접근통제조치의 무력화 도구의 거래 책임을 묻기 위해서는 접근과 저작권 침해의 관련성 요건이 필요하다고 판단한 이유를 살펴보면 다음과 같다.

§ 1201(b)는 보호되는 저작물에 대한 접근을 허용하면서도 저작권자의 개별 권리를 보호하는 기술적 조치를 무력화하는 도구의 거래를 금지하고 접근통제조치의 무력화 도구의 거래 금지 조항인 § 1201(a)(2)와 상응한다. 그러나 접근통제조치의 무력화 금지 조항인 § 1201(a)(1)에 상응하는, 권리통제조치의 무력화를 금지하는 규정은

---

14) *Chamberlain Group, Inc. v. Skylink Technologies, Inc.*, 381 F. 3d 1178 (CA Fed. 2004).

15) *Id.*, p. 1195.

없으며 미국 의회가 이 규정을 두지 않은 것은 의도적이었다.[16)

　DMCA 이전에 기술적 보호조치를 무력화하였지만 저작권 침해가 없으면 무력화 행위를 한 사람에 대하여 어떤 청구원인도 존재하지 않는다. 그러나 DMCA는 저작권자에게 유리하도록 이러한 이익을 재조정하였다. 즉, DMCA는 § 1201(a)(1)을 통하여 '디지털 침해'에 대하여 무력화 책임을 만들었고 무력화를 용이하게 하는 것에 대하여 § 1201(a)(2)에 따른 도구 거래 책임을 만들었으며 저작권 침해를 용이하게 하는 것에 대하여 § 1201(b)에 따른 도구 거래 책임을 만들었다.[17) 따라서 접근통제조치의 무력화 금지 조항 위반이 없는 경우에는 접근통제조치의 무력화 도구의 거래 책임도 존재할 수 없다.[18)

　접근통제조치의 무력화 금지 조항과 거래 금지 조항, 즉 § 1201(a)(1)과 § 1201(a)(2)의 입법 연혁 전체를 관통하면서 흐르고 있는 가장 중요하고 일관된 주제는 경쟁하는 이익 간의 균형이다. 하원 상무 위원회의 보고서에 의하면 위원회는 콘텐츠 창작자의 이익과 정보 이용자의 이익 사이에서 균형을 유지하기 위하여 무력화 금지에 대한 권리의 자격이 어떻게 되는지를 최대한 분명하게 규정하려고 노력하였고 제1201조가 미국 지적재산권법에 있어서 '균형'이라는 근본 원칙을 철저히 준수하고 그것을 디지털 환경 속으로 확장시킨다고 결론지었다.[19)

---

16) DMCA가 제정되기 전에 무력화 행위가 결코 불법이었던 적이 없었기 때문에 § 1201(a)(1)의 무력화 금지가 필요하고 § 1201(a)(2)의 도구 거래 금지는 새로운 무력화 행위 금지를 강화하는 역할을 하는 데 반해 저작권법은 오랫동안 저작권 침해를 금지해 왔기 때문에 저작권 침해에 대한 새로운 금지가 필요 없고 § 1201(b)의 도구 거래 금지는 오랫동안 지속된 저작권 침해 금지를 강화하는 역할을 한다. S. Rep. No. 105-190, p. 12 (1998).

17) *Chamberlain Group, Inc. v. Skylink Technologies, Inc.*, 381 F. 3d 1178, 1195-1196 (CA Fed. 2004).

18) *Id.*, p. 1196 n. 13.

19) H. R. Rep. No. 105-551, pt. 2, p. 26 (1998).

Chamberlain은 DMCA를 저작권자가 이미 받고 있는 보호나 저작권법이 공중에게 부여한 권리를 전혀 고려하지 않고 저작권에 의하여 보호되는 저작물을 위한 새로운 보호를 제공하는 것으로 해석하여야 하는데 Chamberlain 제품과 호환하는 유일한 방법이 저작권에 의하여 보호되는 소프트웨어에 접근하는 것이므로 그 자체로 DMCA 위반이고 접근과 저작권 사이에서 어떠한 연결의 필요성도 존재하지 않는다고 주장하였다.[20] 법원은 이 해석이 저작권에 의하여 보호되는 소프트웨어의 복제를 가능하게 하는 제품과 그것의 정당한 이용만 가능하게 하는 제품 사이의 중요한 차이를 무시하는 것이라고 판시하였다.[21]

Chamberlain의 주장에 따르면 무력화 행위자가 접근통제조치를 무력화하고 저작물에 접근할 경우, 비록 그 접근으로 저작권법이 공중에게 부여한 권리의 행사만 가능하게 되었다고 할지라도 저작물에 접근통제조치를 적용한 저작권자는 그 무력화 행위자에게 § 1201(a)에 따른 책임을 지울 수 있는 무제한의 권리를 갖게 될 뿐만 아니라 어떤 제조업체가 저작권에 의하여 보호되는 한 문장 또는 소프트웨어의 일부를 사소한 암호화 체계로 감싼 후 제품에 첨가하면 그 때문에 그 제조업체는 그 제품을 경쟁 회사의 부품과 함께 사용하려는 소비자의 권리를 제한하는 권리를 얻게 될 것이다. 다시 말해 Chamberlain의 DMCA 해석에 따르면 거의 어떤 회사라도 부품 시장의 독점적 지위를 이용하여 부품을 판매하려고 하는 것이 허용될 것이다. 이것은 독점금지법과 저작권 남용 원칙이 모두 정상적으로 금지하는 관행이다.[22]

---

20) *Chamberlain Group, Inc. v. Skylink Technologies, Inc.*, 381 F. 3d 1178, 1197 (CA Fed. 2004).
21) *Id.*, p. 1198.
22) *Id.*, p. 1201.

마지막으로, '권한'의 개념이 § 1201(a)를 이해하는 데 중심된다. 저작권자가 저작권법에 의하여 보호되는 저작물의 복제물이나 음반에 접근통제조치를 적용한 경우 그 저작물의 복제물이나 음반에 권한 없이 접근하였을 때 § 1201(a)가 적용된다.[23] Chamberlain이 접근 권한을 부여하지 않았다는 주장은 내장형 소프트웨어의 정당한 구매자가 그 소프트웨어를 사용함으로써 그 소프트웨어에 접근하는 것조차 Chamberlain이 금지시킬 자격을 가지고 있다는 가정에 근거한 것이다. Chamberlain이 주장한 해석은 부당한 이용이 없는 상황에서조차도 저작권자가 전적으로 공정한 이용을 금지시키는 것을 허용하게 될 것이다. 따라서 Chamberlain의 해석은 저작권자가 계약 조항과 기술적 보호조치의 조합을 통하여 저작권에 의하여 보호되는 저작물에 대하여 공정 이용 원칙을 폐지하는 것을 허용하게 될 것이다. 이 결과는 § 1201(c)(1)과 직접적으로 모순된다. 저작권법은 직접 공중에게 저작권에 의하여 보호되는 자료를 특정하게 이용할 수 있는 권한을 부여한다. 내장형 소프트웨어의 복제물이 들어 있는 제품을 구매한 소비자는 그 소프트웨어의 복제물을 사용할 수 있는 고유한 법적 권리를 가진다. Chamberlain은 법이 부여한 권한을 폐지할 수 없다.[24]

법원은 Chamberlain의 주장을 전부 배척하였고 제1201조는 저작권법이 저작권자에게 제공하는 보호와 합리적인 관계를 맺고 있는 접근 형태만을 금지한다고 결론지었다.[25] 따라서 § 1201(a)(2) 위반을 주장하는 원고는 피고의 제품 때문에 제3자가 저작권법에 의하여 보호되는 권리를 침해하거나 침해하는 것을 용이하게 하는 방식으로 접

---

23) S. Rep. No. 105-190, p. 28 (1998).
24) *Chamberlain Group, Inc. v. Skylink Technologies, Inc.*, 381 F. 3d 1178, 1202 (CA Fed. 2004).
25) *Id.*

근할 수 있다는 사실을 증명하여야 한다.[26] 다시 말해 § 1201(a) 위반을 주장하는 원고는 접근통제조치의 무력화가 원고의 저작권을 침해하거나 저작권 침해를 용이하게 한다는 사실을 증명하여야 한다.[27]

(2) 접근과 저작권 침해의 관련성이 필요 없다는 판례

제9 순회법원은 MDY 사건[28]에서 § 1201(a)는 접근통제조치의 무력화를 금지하는 반면에 § 1201(b)(1)은 권리통제조치를 무력화하는 기술의 거래를 금지하기 때문에 결국 § 1201(b)(1)의 금지는 권리통제조치의 무력화를 겨냥한다는 이유로 제1201조가 두 가지 구별되는 유형의 청구권을 만들어 낸다고 해석하였다.[29]

제9 순회법원은 또한 § 1201(a)와 § 1201(b) 사이에 중요한 네 가지 법문상 차이가 있다고 판시하였다.

첫째, § 1201(a)(2)는 '저작권법에 의하여 보호되는 저작물'에 대한 접근을 효과적으로 통제하는 조치의 무력화를 금지하는 반면, § 1201(b)(1)은 '저작물이나 그 일부에 대한 저작권법에 따른 저작권자의 권리'를 효과적으로 보호하는 조치와 관계가 있다. § 1201(b)(1)은 침해를 용이하게 하는 무력화 장치를 거래하는 사람에 대하여 저작권자에게 추가적인 청구원인을 부여함으로써 저작권자의 전통적인 배타적 권리를 강화한다. 그러나 § 1201(a)(1)과 § 1201(a)(2)는 "저작권법에 의하여 보호되는 저작물"이라는 문구를 사용하지만 어느 조항도 전통적인 저작권 침해를 명시적으로 언급하고 있지 않다. 따라

---

26) *Id.*, p. 1203.

27) *Storage Technology Corp. v. Custom Harware Engineering & Consulting Inc.*, 421 F. 3d 1307, 1318 (CA Fed. 2005).

28) *MDY Industries, LLC v. Blizzard Entertainment*, 629 F. 3d 928 (CA9 2010).

29) *Id.*, p. 944.

서 이 문구는 새로운 형식의 보호를 확장하는 것, 즉 저작권에 의하여 보호되는 저작물에 대한 접근통제조치의 무력화를 방지하는 권리로 읽힌다.[30]

둘째, § 1201(a)(3)(A)에 규정되어 있는 불법적인 무력화의 두 가지 구체적 예, 즉 뒤섞인 저작물을 복호화하는 것과 암호화된 저작물을 해독하는 것은 필수적으로 저작권을 침해하거나 저작권 침해를 용이하게 하지 않는다. 복호화 또는 해독은 단지 누군가가 권한 없이 저작물을 보거나 듣는 것을 가능하게 하는데 그것이 필수적으로 저작권자의 배타적 권리에 대한 침해가 되는 것은 아니다.[31]

셋째, § 1201(a)(1)은 접근통제조치의 무력화를 금지하지만 § 1201(b)는 무력화 도구의 거래를 금지할 뿐 무력화 자체를 금지하지 않는데 그 이유는 그러한 행위가 이미 저작권 침해로서 불법화되었기 때문이다. 이 차이는 § 1201(b)가 저작권자의 저작권 침해에 대한 전통적인 권리를 강화하는 것이고 § 1201(a)가 저작권자에게 새로운 무력화 금지권을 부여하는 것이라는 해석을 뒷받침한다.[32]

넷째, § 1201(a)(1)(B)-(D)에 따라 의회 도서관장은 저작물 이용자의 비침해적 이용이 불리하게 영향을 받거나 받을 가능성이 있는 저작물의 종류를 정하여야 하고 § 1201(a)(1)(A)의 무력화 금지는 그렇게 정해진 특정한 종류의 저작물에 대하여 향후 3년 동안 적용되지 않지만 § 1201(b)에는 유사한 규정이 없다.[33] 이러한 대칭의 결여는 저작권자의 새로운 무력화 금지권과 공중의 저작물에 대한 접근권 사이에서 균형을 맞추려는 의회의 필요에 기인한다.[34] 따라서 § 1201(a)(1)(B)-(D)는 특별히 공중의 접근권이 저작권자가 접근을 제한하는

---

30) Id., pp. 944-945.
31) Id., p. 945.
32) Id.
33) Id.
34) Id., pp. 945-946.

이익보다 더 중요하다고 의회 도서관장이 결정한 사유에 대해서만 무력화가 허용되도록 함으로써 공중의 접근권을 증진시킨다.[35)]

무력화 자체를 금지하는 § 1201(a)에 대한 위반 행위는 무력화에 대하여 유사한 금지가 없는 § 1201(b)에 대한 위반 행위가 되지 않는다. 또한 접근통제조치의 무력화를 용이하게 하는 도구를 거래하는 것을 금지하는 § 1201(a)(2)에 대한 위반 행위가 항상 권리통제조치의 무력화를 용이하게 하는 도구를 거래하는 것을 금지하는 § 1201(b)(1)에 대한 위반 행위가 되는 것은 아니다. 물론 저작권자가 접근도 통제하고 저작권 침해도 방지하는 효과적인 조치를 적용하면 그 조치를 무력화하는 장치를 거래하는 피고는 § 1201(a)와 § 1201(b)에 따라 모두 책임을 질 수 있다. 그럼에도 불구하고 두 조항은 구조적 차이로 말미암아 서로 다른 요소를 지닌 서로 다른 권리를 만들어 낸다.[36)]

법원은 또한 입법 연혁에 대한 검토를 통하여 § 1201(a)(2)가 전통적인 저작권 침해와 별도로 새로운 무력화 금지권을 만들고 § 1201(b)(1)이 저작권자에게 저작권 침해를 방지하는 새로운 무기를 부여한다고 판시하였다.[37)]

먼저 상원 사법 위원회(Senate Judiciary Committee)의 보고서에 따르면 § 1201(a)(2)와 § 1201(b)(1)은 두 가지 구별되는 권리를 보호하고 두 가지 종류의 구별되는 장치를 목표로 하여 고안되었고 이 두 조항은 교체될 수 없으며 많은 장치들은 두 조항 중 오직 하나만의 적용 대상이 될 것이다.

즉, § 1201(a)(2)는 저작권에 의하여 보호되는 저작물에 대한 접근을 보호하기 위하여 고안된 반면, § 1201(b)(1)은 저작권자의 저작권

---

35) *Id.*, p. 946.
36) *Id.*
37) *Id.*

을 구성하는 전통적인 권리를 보호하기 위하여 고안되었다. 따라서 기술적 보호조치가 저작물에 대한 접근을 막기 위해서 아무것도 하지 않지만 저작물의 복제를 방지하기 위해서 고안되었다면 그 조치를 무력화하기 위하여 고안된 장치의 제조자에 대하여 가능한 청구원인은 § 1201(a)(2)가 아니라 § 1201(b)(1)이다. 반대로 효과적인 기술적 조치는 권한을 가지고 접근한 사람에게만 저작물에 대한 접근을 허용하지만 저작물의 복제, 배포 등에 대하여 추가적인 보호를 제공하지 않는 기술적 조치의 무력화 장치의 제조자에 대하여 가능한 청구원인은 § 1201(a)(2)이다.[38]

상원 사법 위원회의 보고서는 또한 저작권자가 패스워드를 사용하여 저작권에 의하여 보호되는 저작물에 대한 접근을 효과적으로 보호하면 그것은 § 1201(a)(2)(A) 위반이 될 것이라고 설명하였다. 패스워드를 무력화하는 도구를 만드는 것은 그 도구의 주목적이 패스워드의 무력화인 경우 § 1201(a) 위반이 되고, 이것은 주목적이 주거침입인 도구를 사용하여 주거에 침입하는 것을 불법화하는 것과 유사하다.[39]

한편 하원 사법 위원회(House Judiciary Committee)의 보고서는 저작권자가 저작권에 의하여 보호되는 저작물에 대한 접근을 통제하기 위하여 적용한 기술적 보호조치를 무력화하는 행위는 책을 입수하기 위하여 잠긴 방에 침입하는 것과 전자적 등가물이라고 설명한다.[40]

제9 순회법원은 저작권에 의하여 보호되는 저작물을 읽거나 보기 위하여 패스워드를 우회하는 것과 잠긴 방에 침입하는 것은 저작권자의 배타적 권리 중 어떤 것도 침해하지 않을 것이라는 점을 주목

---

38) S. Rep. No. 105-190, p. 12 (1998).
39) S. Rep. No. 105-190, p. 11 (1998).
40) H. R. Rep. No. 105-551, pt. 1, p. 17 (1998).

하였다.[41]

제9 순회법원은 또한 현재의 디지털 시대에 비추어 볼 때 저작권
자에게 접근통제조치의 무력화 금지 위반에 대하여 책임을 물을 수
있는 독립적인 권리를 부여하는 것이 입법자의 의사라고 해석하였
다. 입법자는 저작권자가 저작물을 '온디맨드(on-demand)'나 '페이퍼
뷰(pay-per-view)'와 같은 디지털 포맷으로 제공하도록 권장하는 데 특
별히 관심이 있었는데 온디맨드나 페이퍼뷰와 같은 디지털 포맷은
소비자가 저작물의 복제물을 제한된 시간 동안 또는 제한된 이용 횟
수만큼 효과적으로 빌리는 것을 허용한다.[42] 이러한 환경에서 콘텐
츠 제공업체는 새로운 이용을 가능하게 하는 기술뿐만 아니라 저작
물을 불법 복제로부터 보호할 수 있도록 보장하는 법체계도 필요로
할 것이다.[43]

결론적으로 제9 순회법원은 § 1201(a)는 저작권 침해와 구별되는
새로운 무력화 금지권을 만들고 § 1201(b)는 저작권 침해에 대한 전
통적인 금지를 강화한다고 해석하였다.[44]

(3) 평가

MDY 법원은 제1201조의 문언해석[45]과 입법 연혁[46]에 바탕을 두고
Chamberlain 법원의 견해와 달리 § 1201(a)는 저작권 침해와 구별되는

---

41) *MDY Industries, LLC v. Blizzard Entertainment*, 629 F. 3d 928, 947 (CA9 2010).
42) *Id.*
43) H. R. Rep. No. 105-551 pt. 2, p. 23 (1998). 점점 더 많은 저작물이 '클라이언
트·서버' 모델을 이용하여 배포되고 있다. 이 경우 이용자는 저작물을 효
과적으로 빌릴 수 있다. 예를 들어 비싼 소프트웨어의 흔치 않은 이용자들
이 꽤 많은 수의 이용권을 구입하거나 시청자들이 페이퍼뷰에 기초하여
영화를 본다. *Id.*
44) *MDY Industries, LLC v. Blizzard Entertainment*, 629 F. 3d 928, 948 (CA9 2010).
45) *Id.*, pp. 944-946.
46) *Id.*, pp. 946-948.

새로운 무력화 금지권을 만드는 반면에, § 1201(b)는 저작권 침해에 대한 전통적인 금지를 강화한다고 판단하였다.[47]

그러나 Chamberlain 법원은 여섯 가지 이유를 들어 § 1201(a)가 저작권 침해와 관련된 새로운 청구원인을 만든다고 결론지었다.

첫째, DMCA는 저작권자의 이익과 이용자의 이익 사이의 균형을 맞추려고 제정되었다.[48]

둘째, 침해 관련성 요건이 없으면 § 1201(a)의 저작권자는 공중의 무력화가 허용되지 않는 접근통제조치를 적용함으로써 공중의 모든 접근을 거절할 수 있다.[49]

셋째, § 1201(a)와 동시에 제정된 § 1201(c)(1)에 따라 제1201조의 어느 것도 권리, 구제 수단, 제한 또는 공정 이용을 포함하여 저작권법에 따른 저작권 침해에 대한 항변에 영향을 미치지 않는데 § 1201(a)가 저작권법의 나머지 규정과 상관없이 접근에 대한 책임을 만든다면 § 1201(a)는 권리 및 제한 규정에 명백히 영향을 미치게 될 것이다.[50]

넷째, 저작권에 의하여 보호되는 자료가 있는 집에 침입하기 위하여 도난 경보기를 해제하는 것에 대하여 DMCA 책임을 묻는 것과 같은 터무니없고 참담한 결과를 막는 데 침해 관련성 요건이 필요하다.[51]

다섯째, § 1201(a)가 독점금지법과 저작권 남용 원칙에 반하는 부품 시장의 독점 판매를 허용하게 된다.[52]

여섯째, 저작권자가 전혀 위법하지 않고 완전히 공정한 이용을

---

47) *Id.*, p. 948.
48) *Chamberlain Group, Inc. v. Skylink Technologies, Inc.*, 381 F. 3d 1178, 1196 (CA Fed. 2004).
49) *Id.*, p. 1200.
50) *Id.*
51) *Id.*, pp. 1200-1201.
52) *Id.*, p. 1201.

금지시키기 위하여 접근 통제권을 이용할 수 있게 된다.[53]

따라서 피고가 저작권 침해를 용이하게 하지 않는 장치를 거래하였다면 § 1201(a)(2) 위반 책임을 묻는 원고의 청구는 기각된다.

3) 우리 저작권법상 접근통제조치에 대한 해석

저작권법 제104조의2 제1항에 의하여 보호되는, 저작권법 제2조 제28호 (가)목이 규정하고 있는 접근통제조치가 저작권 침해와 무관한 모든 형태의 접근을 통제하는 기술적 조치를 의미하는 것인지 저작권 침해와 관련된 접근만을 통제하는 기술적 조치인지에 대하여 살펴보기로 한다.

(1) 침해 관련성 불요설

우리 저작권법상 보호되는 접근통제조치는 저작권 침해와 무관하다는 견해는 다음과 같은 논거를 바탕으로 주장될 수 있다.

첫째, 저작권법 제2조 제28호 (가)목 및 제104조의2는 접근통제조치의 정의, 접근통제조치의 무력화 금지 및 접근통제조치의 무력화 도구의 거래 금지를 규정하고 있을 뿐 저작권 침해와의 관련성을 명시적으로 규정하고 있지 않다.

둘째, 접근통제조치의 무력화에 대한 법정 예외 사유와 예외 고시에 따른 예외 사유로 인하여 저작권자의 이익과 이용자의 이익 사이에서 균형이 보장된다.

셋째, 한미 FTA에 따르면 기술적 보호조치 조항에 대한 위반 책임은 저작권 침해와 독립된 별개의 청구원인이다.[54]

넷째, 저작권법은 저작권자가 제104조의2의 규정을 위반한 사람

---

53) *Id.*, p. 1202.
54) 한미 FTA 제18.4조 제7항 (c)호.

에 대하여 '침해'의 정지·예방을 청구할 수 있다고 규정하고 있다.[55] 이 조항의 의미는 제104조의2를 위반한 사람은 그 자체로 기술적 보호조치를 침해한 것이라는 의미로 해석된다. 따라서 기술적 보호조치 규정은 저작권 침해와 별개로 기술적 보호조치 그 자체를 보호한다.

이 견해는 MDY 법원의 입장과 일맥상통하는 입장이라고 할 수 있다.

(2) 침해 관련성 필요설

저작권법 제2조 제28호 (가)목에 의하면 접근통제조치는 '저작권의 행사와 관련하여' 저작물에 대한 접근을 효과적으로 통제하는 기술적 조치이다.[56] 따라서 저작권을 구성하는 개별 권리의 행사와 무관한 기술적 보호조치는, 비록 그 기술적 보호조치가 저작물에 대한 접근을 효과적으로 통제한다고 하더라도, 저작권법에 의하여 보호되는 접근통제조치가 아니다. 그런데 "저작권의 행사와 관련하여"라는 의미가 구체적으로 무엇인지에 대해서는 저작권법에 정의되어 있지 않다. 따라서 우리 저작권법에 따른 접근통제조치의 요건 중 '저작권의 행사와 관련하여'에 대하여 구체적으로 살펴보기로 한다.

저작물에 적용된 접근통제조치를 무력화하면 그 저작물에 접근할 수 있다. 그리고 나서 그 저작물을 어떻게 이용할 수 있는지는 개별적인 사례마다 달라질 것이다. 접근통제조치의 무력화 이후에 저작권의 개별 권리의 행사가 가능한 경우도 있을 것이고 저작권의 개별 권리의 행사와 전혀 상관없는 이용만 할 수 있는 경우도 있을 것이다.

---

55) 저작권법 제104조의8.

56) "저작권의 행사와 관련하여(in connection with the exercise of their rights)"라는 문구는 WCT 규정과 한미 FTA에도 규정되어 있다. WCT 제11조 및 한미 FTA 제18.4조 제7항 (a)호 본문 참조.

접근통제조치가 저작권의 행사와 관련이 있는 예로 노래 반주기에 들어 있는 신곡 인증과 관련된 접근통제조치 사례[57]를 살펴보기로 한다. 이 사건에서 접근통제조치의 무력화가 이루어지지 않으면 노래 반주기에 들어 있는 신곡을 재생할 수 없기 때문에 음악 저작물의 공연은 불가능하다. 그러나 접근통제조치를 무력화하면 노래 반주기에 들어 있는 신곡의 재생을 통하여 그 신곡을 공중에게 공개할 수 있다. 따라서 이 접근통제조치는 공연권의 행사와 관련된 기술적 조치이고 이 접근통제조치의 무력화는 신곡에 관한 저작권자의 공연권에 대한 침해를 용이하게 한다고 할 수 있다.[58]

반면에, 접근통제조치가 저작권의 행사와 관련이 없는 예로 MDY 사건[59]을 살펴보기로 한다. WoW 플레이어가 Glider를 사용하여 접근통제조치에 해당하는 Warden을 무력화하고 나서 저작물에 해당하는 WoW의 동적 비문자 요소, 즉 실시간 게임 경험과 관련하여 이용할 수 있는 것은 단순히 게임을 즐기면서 실시간으로 게임을 경험하는 것뿐이다. 게임의 실시간 경험이라는 저작물의 이용은 저작권의 개별 권리의 행사와 전혀 관련이 없다. 따라서 Warden을 무력화하더라도 실시간 게임 경험에 대한 저작권 침해가 용이하게 되었다고 할 수 없다.

Warden은 복제권을 보호하는 권리통제조치에 해당한다는 Blizzard의 주장에 대하여, 법원은 WoW 플레이어가 게임을 하는 동안 소프트웨어 코드를 램에 복제하는 것은 최종 사용자 라이선스 계약(End User License Agreement, EULA)과 이용 약관(Terms of Use, ToU)이 허용하

---

57) 대법원 2015. 7. 9. 선고 2015도3352 판결(공2015하, 1187).
58) 대법원은 이 사건에서 노래 반주기에 적용된 기술적 보호조치가 복제권, 배포권 등과 관련해서는 접근통제조치에 해당하고 공연권과 관련해서는 권리통제조치에 해당한다고 판시하였다. *Id.* 이 판단에 대한 비판은 뒤에서 상세하게 다루기로 한다.
59) *MDY Industries, LLC v. Blizzard Entertainment*, 629 F. 3d 928 (CA9 2010).

기 때문이고 봇을 금지하는 이용 약관 조항은 조건(condition)이 아니라 라이선스 규약(covenant)이기 때문에 이 규약을 위반한 Glider 이용자는 코드를 램에 계속 복사하더라도 저작권 침해가 아니라고 판단하였다.[60] 또한 WoW 플레이어가 Glider를 사용하여 게임을 하면서 실시간으로 게임 플레이를 녹화할 수 있지만 그것은 어디까지나 게임 자체에서 그러한 녹화 기능을 제공하기 때문에 가능한 것이고 Warden과는 아무런 상관이 없다. 결론적으로 Glider를 사용하여 WoW의 게임을 즐기는 동안에 Warden의 무력화가 발생하고 저작물인 WoW의 동적 비문자 요소, 즉 실시간 게임 경험의 복제가 발생할 수 있다고 하더라도 그러한 복제는 저작권 침해와 무관한 라이선스 규약 위반에 불과하다. 이 사례에서는 접근통제조치의 무력화가 발생하더라도 복제권 침해가 발생하지 않는다. 다시 말해 Warden은 복제권의 행사와 무관하다.

이 두 가지 사례에서 알 수 있는 것은 접근통제조치가 저작권을 구성하는 개별 권리의 행사와 관련된 경우에는 무력화가 그 개별 권리에 대한 침해를 용이하게 한다고 말할 수 있지만 접근통제조치가 저작권을 구성하는 개별 권리의 행사와 무관한 경우에는 무력화가 저작권 침해를 용이하게 한다고 말할 수 없다는 것이다.

그러므로 접근통제조치가 저작권을 구성하는 개별 권리의 행사와 관련되었다는 것은 접근통제조치의 무력화가 그 개별 권리에 대한 침해와 관련되었다는 것을 의미한다. 따라서 우리 저작권법상 접근통제조치의 무력화 책임은 저작권 침해와의 관련성을 요구한다고 해석하지 않을 수 없다. 결국 이 견해는 미국의 Chamberlain 법원의 견해와 같은 입장을 취하고 있다고 할 수 있다.

대법원은 접근통제조치가 저작권을 구성하는 개별 권리에 대한

---

60) *Id.*, p. 954.

침해 행위 그 자체를 직접적으로 통제하는 것은 아니지만 저작물이 수록된 매체의 재생, 작동 등을 통하여 저작물의 내용에 대한 접근을 통제함으로써 저작권을 보호하는 조치라고 정의하였다.[61] 그런데 우리 저작권법은 권리통제조치를 저작권 침해 행위를 효과적으로 방지하거나 억제하는 기술적 조치라고 정의하고 있고[62] 미국 저작권법은 권리통제조치를 저작권자의 권리를 효과적으로 보호하는 기술적 조치라고 규정하고 있다.[63] 그러므로 저작권을 보호한다는 것은 저작권 침해 행위를 방지하거나 억제하는 것을 의미한다. 결국 대법원은 접근통제조치를 저작물에 대한 접근을 통제함으로써 저작권 침해 행위를 방지하거나 억제하는 기술적 조치로 이해한다고 해석할 수 있다.[64] 이 법리는 접근 또는 무력화가 저작권 침해와 관련될 것을 요구하는 침해 관련성 필요설과 동일 선상에 있다고 할 수 있다.

그리고 침해 관련성 불요설이 내세울 수 있는 각각의 근거에 대하여 다음과 같이 비판할 수 있다.

첫째, 저작권법 제104조의2가 저작권 침해와의 관련성을 명시적으로 규정하고 있지 않지만, 제2조 제8호는 "저작권의 행사와 관련하여"라고 분명히 규정하고 있고 저작권 행사와의 관련성은 저작권 침해와의 관련성과 유사한 의미를 가지므로 침해 관련성 요건이 필요하다.

둘째, 접근통제조치의 무력화에 대한 법정 예외 사유는 모든 비침해적 이용을 망라하지 못하며 예외 고시를 통한 예외 사유 역시 향후 발생할 가능성이 있는 모든 비침해적 이용에 대응하는 것은 불

---

61) 대법원 2015. 7. 9. 선고 2015도3352 판결(공2015하, 1187).
62) 저작권법 제2조 제28호 (나)목.
63) 17 U. S. C. § 1201(b)(1).
64) 달리 말하면 대법원은 접근통제조치를 접근을 통제함으로써 저작권을 '간접적으로' 보호하는 기술적 조치로 보는 입장이라고 할 수 있다.

가능하다. 따라서 법정 예외 사유와 예외 고시에 따른 예외 사유만으로 저작권자의 이익과 이용자의 이익 사이에서 균형이 이루어졌다고 말할 수 없다.

셋째, 한미 FTA에서 말하는 "기술적 보호조치 위반은 저작권 침해와 독립된 별개의 청구원인"이라는 규정의 의미는 저작권 침해가 발생하지 않은 경우에도 기술적 보호조치 위반 책임을 물을 수 있다는 의미에 불과하다. 즉, 이 문구는 접근통제조치가 저작권 침해 관련성이 있는 경우 그 접근통제조치의 무력화에 대하여 비록 저작권 침해가 없더라도 무력화 금지 위반 책임을 질 수 있다는 의미를 가지는 것에 불과하다.

넷째, 저작권법 제104조의8에 규정되어 있는 '침해의 정지·예방'에서 '침해'의 의미는 제104조의2 내지 제104조의4의 위반 행위를 포괄하는 개념으로 사용된 용어에 불과하기 때문에 제104조의2의 규정을 위반한다는 것은 정당한 권한 없이 접근통제조치를 무력화하거나 기술적 보호조치의 무력화 도구를 거래하는 것을 의미한다. 따라서 제104조의2 위반인 경우에는 '침해'가 '무력화' 또는 '거래'를 의미한다고 해석하여야 한다.

결론적으로 어떤 접근통제조치가 저작권 침해와 아무런 관련이 없을 때에는 그 접근통제조치는 저작권법이 보호하는 접근통제조치에 해당하지 않는다.

4) 저작권의 행사와 관련된 접근통제조치의 축소해석

지금까지 우리 저작권법에 따라 보호받을 수 있는 접근통제조치의 해석론을 전개하였다. 저작권의 행사와 관련된 접근통제조치만이 법적 보호를 받기 때문에 접근통제조치가 저작권의 행사와 무관할 경우에는 그 접근통제조치를 무력화하는 것이 금지되지 않는다.

그러나 접근통제조치가 저작권을 구성하는 개별 권리의 행사와 관련되었다고 할 수 있지만 그 접근통제조치의 무력화가 그 개별 권리에 대한 침해를 용이하게 한다고 할 수 없는 경우가 있을 수 있다.

만약 접근통제조치를 무력화하고 접근한 저작물의 이용이 복제, 공연, 공중송신, 전시, 배포, 대여, 2차적 저작물 작성에 해당한다고 하더라도 계약이나 법률에 의하여 그러한 이용이 허용되는 경우라면 접근통제조치의 무력화가 저작권 침해로 이어지지 않기 때문에 그러한 무력화는 저작권 침해를 용이하게 한다고 할 수 없다. 예를 들어 스마트폰 탈옥이 그러한 경우에 해당한다. 스마트폰을 탈옥하면 저작권에 의하여 보호되는 저작물에 해당하는 스마트폰의 펌웨어를 복제하거나 개작할 수 있지만 앞에서 본 바와 같이 이러한 복제나 개작은 사적 이용을 위한 복제 또는 공정 이용에 해당한다. 스마트폰 탈옥 이후의 펌웨어의 이용 행위는 복제와 개작이기 때문에 스마트폰에 적용된 접근통제조치는 복제권 및 2차적 저작물 작성권의 행사와 관련되었다고 할 수 있지만 그러한 권리 행사가 모두 저작권 침해에 해당하지 않기 때문에 스마트폰의 탈옥 이후에도 저작권 침해가 용이하게 되었다고 할 수는 없다.

접근통제조치는 앞에서 분석한 바와 같이 저작물에 대한 접근을 통제함으로써 저작권 침해 행위를 통제하는 기술적 조치 또는 저작권을 '간접적으로' 보호하는 조치라고 할 수 있다. 그런데 무력화 이후의 이용 행위가, 비록 저작권자의 허락 없이 이루어졌다고 하더라도, 사적 복제 또는 공정 이용에 해당하여 저작권 침해가 성립하지 않는다면 무력화가 저작권 침해를 용이하게 하였다고 할 수 없다.

그러므로 접근통제조치가 일견 저작권의 행사와 관련되었다고 하더라도 계약 또는 법률의 규정 때문에 저작물의 이용 행위가 저작권 침해로 연결되지 않는다면 그러한 경우의 접근통제조치 역시 저작권법에 의하여 보호되는 접근통제조치에 해당하지 않는다고 축소

해석을 하여야 한다고 생각한다.

3. 도구 거래 금지에 관한 축소해석

1) 미국의 논의

1) 학설과 판례

　Chamberlain 판결이 나오기 전에 이미 도구 거래 금지 조항을 축소 해석하여야 한다는 견해가 등장하였다.[65] 이 견해에 따르면 미국 저 작권법 제1201조의 가장 어려운 퍼즐은 저작권법이 합법적인 무력화 행위를 하는 데 필요한 기술을 개발하고 배포하는 것을 인정하는지 아니면 그것이 결국 많은 무의미한 특권을 만들어 내는 것에 불과한 지 여부이다.[66] 먼저 이 견해는 이 문제를 해결하기 위하여 저작권 법 제1201조가 드러내는 독특한 특징에 주목한다. 무력화 금지에 대 한 법정 면제 조항 중 법 집행 활동, 리버스 엔지니어링, 암호화 연 구, 미성년자에 관한 예외 및 보안 테스트를 위한 무력화에 대해서 는 무력화 도구의 거래가 가능하지만 개인 식별 정보의 보호, 도서 관을 위한 면제 및 면제 규칙에 따른 면제를 위한 무력화에 대해서 는 무력화 도구의 거래가 금지된다. 저작권법이 비침해적 이용을 위 하여 접근통제조치를 무력화할 수 있는 권리를 인정한다고 하더라 도 기술적 보호조치의 무력화 도구를 개발하지 않고서는 또는 그러 한 도구를 구하지 않고서는 무력화가 불가능한 경우라면 그러한 권 리는 약화될 수밖에 없을 것이다.[67]

　무력화 금지에 대한 면제 중 법 집행 활동과 리버스 엔지니어링

---

65) Samuelson (1999), p. 546.
66) Id., p. 547.
67) Id., p. 548.

을 위한 무력화에 대해서는 접근통제조치와 권리통제조치 모두와 관련하여 무력화 장치의 거래가 가능하지만 암호화 연구, 미성년자에 관한 예외 및 보안 테스트를 위한 무력화에 대해서는 접근통제조치와 관련해서만 무력화 장치의 거래가 가능하다. 그러나 암호화 연구와 보안 테스트는 종종 기술적 보호 시스템의 접근 통제 요소와 권리 통제 요소를 모두 테스트하는 것이 필요할 것으로 보인다.[68]

이 견해는 또한 기술적 보호조치에 대한 법적 보호가 도입되기 전인 1988년에 선고된 Vault 판결[69]이 DMCA가 도입되고 나서 발생하였을 경우 어떻게 판단될 것인지를 살펴보았다. Vault는 다른 소프트웨어 개발자에게 PROLOK 디스켓을 판매하였는데 그 디스켓은 소프트웨어의 무단 복제를 방지해 준다. Quaid가 RAMKEY라고 불리는 프로그램을 개발하고 RAMKEY가 포함된 CopyWrite라는 디스켓을 판매하였는데 Quaid의 고객은 Vault의 복제 방지 시스템을 속이고 PROLOK 디스켓에 들어 있는 소프트웨어를 복제하기 위하여 CopyWrite 디스켓을 이용할 수 있다. Vault는 Quaid의 기여 저작권 침해에 대하여 Quaid를 상대로 제소하였다. Quaid는 Sony 판결[70]에 근거하여 주로 Vault의 PROLOK 디스켓을 무력화하기 위하여 고안된 RAMKEY가 저작권법에 따른 백업용 복사를 가능하게 해 주는 상당한 비침해적 용도를 가진다는 것을 증명함으로써 기여 침해 책임을 성공적으로 방어하였다.[71]

이 사례를 DMCA의 규정에 비추어 분석하면 다음과 같다. 프로그램 개발 회사가 소프트웨어를 Vault의 PROLOK 디스켓에 저장한 것은 보호되는 저작물에 기술적 보호조치를 적용한 것이다.[72] RAMKEY는 주

---

68) Id.
69) Vault Corp. v. Quaid Software Ltd., 847 F. 2d 255 (CA5 1988).
70) Sony Corp. of America v. Universal City Studios, Inc., 464 U. S. 417 (1984).
71) Samuelson (1999), p. 549.
72) Samuelson은 PROLOK 디스켓에 적용된 기술적 보호조치를 접근통제조치가

로 PROLOK 디스켓을 무력화하기 위하여 고안된 기술이므로 CopyWrite 디스켓은 기술적 보호조치의 무력화를 주목적으로 고안된 무력화 제품이다. Quaid가 CopyWrite 디스켓을 고객에게 판매한 것은 기술적 보호조치의 무력화 도구를 거래한 것이므로 Quaid는 도구 거래 금지 조항을 위반한 것이라는 결론이 도출될 수 있다.

백업 복제는 저작권법에서 특별히 허용되는 행위이므로 PROLOK 에 의하여 보호되는 소프트웨어의 합법적인 이용자가 RAMKEY와 같은 기술을 개발할 능력이 없다면 백업 복제를 가능하게 해 주는 기술을 개발하고 배포하는 것이 합법적이어야 한다. 저작권법의 취지가 RAMKEY와 같은 무력화 도구를 직접 만들 수 있을 정도로 기술적으로 정통한 사람만이 특권이 부여된 무력화 행위를 할 수 있는 유일한 사람이라는 것인지는 불분명하다.[73]

미국 저작권법 § 1201(c)(2)는 제1201조의 어떤 것도 기술, 제품, 서비스, 장치, 부품 또는 그 일부와 관련하여 저작권 침해에 대한 대위 책임 또는 기여 책임을 강화하거나 약화시키지 않는다고 규정하고 있다. 이 조항에 의하면 아마도 Quaid의 기여 책임을 부정한 Vault 판결의 결과는 DMCA 이후에도 마찬가지일 것이다.[74]

그러나 무력화 기술에 대한 광범위한 금지를 지지하였던 주요 저작권 산업은 DMCA를 그렇게 축소 해석해서는 안 된다고 주장할 것이다.[75] 더욱이 그들은 RAMKEY가 합법적인 백업을 가능하게 할 뿐만 아니라 불법 복제도 가능하게 한다고 지적할 가능성이 높고 RAMKEY의 금지를 정당화하기 위하여 Quaid의 의도와 무관하게 RAMKEY가 불

아니라 권리통제조치로 보고 있다. *Id.*, p. 550. 그러나 본 연구자는 이 사건의 기술적 보호조치가 접근통제조치와 권리통제조치에 모두 해당한다고 생각한다. 이에 대한 상세한 논의는 뒤에서 보기로 한다.
73) *Id.*, p. 551.
74) *Id.*
75) *Id.*

법 목적을 위해 사용될 위험이 상당하다고 간주할 것이다. RAMKEY
와 같은 기술의 주된 용도가 침해에의 관여라는 점을 증명하는 것은
저작권자에게 불필요한 부담이 될 것이고 이러한 증명은 특히 시장
에 막 도입되려는 기술에 대해서는 힘들 것이다. 그들은 침해의 위
험이 높을 때 어떤 기술의 목적이 저작권자가 사용하는 기술적 보호
조치를 무력화하는 것이라면 그 기술은 불법으로 간주되어야 한다
고 주장할 것이다. 이러한 관점에 따르면 RAMKEY는 DMCA 아래에서
불법이다.[76]

현실적으로 도구 거래 금지 조항이 훨씬 더 중요한 규정이라는
점을 고려하면 제1201조에 관한 미국 의회의 논쟁이 무력화 행위 규
정을 다듬는 데 초점을 맞춘 것은 당연히 아이러니하다.[77]

도구 거래 금지 조항이 정당한 이용을 가능하게 해 주는 기술을 개
발하고 배포하는 것을 허용하도록 해석될지 여부는 불명확하다. 도구
거래 금지 조항이 법원의 축소해석이나 법률의 개정을 통하여 수정되
지 않으면 그 조항은 첨단 기술 영역에서 경쟁과 혁신에 악영향을 끼
칠 가능성이 높다. 이것은 디지털 경제에 좋은 뉴스가 아니다.[78]

도구 거래 금지 조항은 기술적 보호조치의 법적 보호에 관한 규
정의 진정한 심장이다. 그것은 무력화 금지 조항과 완전히 밀접하게
연관되어 있다. 도구 거래 금지 조항을 고려하지 않고 무력화 금지
조항을 평가하는 것은 기술적 보호조치에 관한 규정에서 가장 중요
한 기술 규제 규정을 무시하는 것이다. 따라서 도구 거래 금지 조항
이 좁게 해석되지 않으면 무력화 금지 조항이 비침해적 학문적 이용
에 가하는 해악만큼이나 도구 거래 금지 조항이 정보 기술 산업의
경쟁과 혁신에 해악을 가할지도 모른다.[79]

---

76) *Id.*, p. 552.
77) *Id.*, p. 554.
78) *Id.*, p. 557.

결론적으로 미국 저작권법 제1201조의 규율 범위는 너무 넓어서 중요한 정보 기술 영역의 경쟁과 혁신을 해치고 그 분야에 상당한 피해를 초래할 수 있다.[80]

그러나 이 견해가 발표되고 난 이후 2001년에 선고된 Corley 판결[81]에서 제2 순회법원은 다음과 같은 이유로 축소해석에 대하여 부정적인 판단을 하였다.

첫째, § 1201(c)(1)은 제1201조의 어떤 것도 미국 저작권법에 따른 권리, 구제 수단, 제한 또는 공정 이용을 포함한 저작권 침해에 대한 항변에 영향을 미치지 않는다고 규정하고 있다. 항소인들은 이 조항이 저작권에 의하여 보호되는 자료가 공정하게 이용될 때에는 그 자료를 보호하고 있는 암호화 기술의 무력화가 허용되는 것으로 해석될 수 있다고 주장하였다. 그러나 제2 순회법원은 항소인들의 주장에 동의하지 않는 대신에 이 조항은 DMCA가 저작권에 의하여 보호되는 자료를 지키는 디지털 벽의 무력화와 무력화 도구의 거래를 겨냥하고 있지만 무력화된 이후 그 자료의 이용에는 관심을 갖지 않는다는 것을 명확하게 한 것일 뿐이라고 해석하였다. 즉, 이 조항은 단지 DMCA가 불법화한 방식으로 정보를 취득한 것 때문에 DMCA가 그 정보의 '공정한 이용'을 금지하는 것으로 해석되지 않도록 보장한다는 것이다.[82]

둘째, § 1201(c)(4)는 제1201조의 어떤 것도 가전제품, 원격 통신 또는 전산 제품을 이용하는 활동에 대하여 언론·출판의 자유를 확장하거나 축소하지 않는다고 규정하고 있다. 항소인들은 이 조항으로부터 제1201조의 축소해석을 추론할 수 있다고 주장하였다. 그러나 제2

---

79) *Id.*, p. 561.
80) *Id.*, p. 562.
81) *Universal City Studios, Inc. v. Corley*, 273 F. 3d 429 (CA2 2001).
82) *Id.*, p. 443.

순회법원은 미국 의회가 바라더라도 언론의 자유라는 헌법상 기본 권을 축소할 수 없을 뿐만 아니라 의회가 언론의 자유를 확장하는 것을 꺼린다고 표현하였다는 사실이 제1201조를 축소 해석할 여지를 잘라 버리기 때문에 이 조항은 명백히 '기원을 표현한(precatory)' 것에 불과하다고 판시하였다.[83]

셋째, 항소인들은 DVD를 구입한 개인은 저작권자로부터 DVD를 볼 수 있는 권한을 받았기 때문에 그 구매자가 Linux와 같은 경쟁 플랫폼에서 DVD를 보기 위하여 암호화 기술을 무력화할 때 § 1201(a)(3)(A)[84]에 따라 그 책임이 면제된다고 주장하였다. 그러나 제2 순회법원은 이 조항이 책임을 면제하는 대상은 저작권자로부터 부여받은 권한을 가지고 DVD를 보려는 사람이 아니라 저작권자로부터 부여받은 권한을 가지고 암호화된 DVD를 해독하려는 사람이라고 판시하였다.[85]

결론적으로 제2 순회법원은 DMCA의 거래 금지 규정 및 무력화 금지 규정의 축소해석이 가능하지 않다고 결론지었다.[86]

---

83) *Id.*, p. 444.

84) '기술적 조치를 무력화하는 것'은 저작권자로부터 부여받은 권한 없이 뒤섞인 저작물을 복호화하거나 암호화된 저작물을 해독하거나 그 밖에 기술적 조치를 피하거나 우회하거나 제거하거나 비활성화하거나 손상시키는 것을 의미한다.

85) *Universal City Studios, Inc. v. Corley*, 273 F. 3d 429, 444 (CA2 2001). 제2 순회법원은 또한 "피고들은 원고들이 복수의 플랫폼에서의 사용을 지원하기 위하여 DVD 구매자들에게 암호화 기술을 무력화할 수 있는 권한을 명시적 또는 묵시적으로 부여하였다는 증거를 제출하지 않았다."라고 판시하였다. *Id.* 결국 제2 순회법원은 DVD 구매자로서 특정 플랫폼에서 합법적으로 암호화된 영화에 접근할 수 있는 사람도 다른 플랫폼에서 접근하기 위하여 암호화 기술을 무력화하는 것 역시 § 1201(a)에 의하여 금지된다는 입장을 취하고 있는데 이러한 입장은 '접근'이 아닌 '무력화'가 § 1201(a)(3)(A)에서 말하는 '권한'의 대상이라는 전제에 기초한 것이라고 할 수 있다. *MDY Industries, LLC v. Blizzard Entertainment*, 629 F. 3d 928, 953 n. 16 (CA9 2010).

권리통제조치의 무력화 도구의 거래 금지와 관련하여 § 1201(b)의
축소해석을 인정하지 않은 Elcom 판결[87]을 살펴보기로 한다. 이 사건
은 전자책을 복제하고 프린트하고 낭독하는 것을 막기 위하여 전자
책 리더 소프트웨어가 사용하는 기술적 조치를 무력화하는 컴퓨터
프로그램과 관련되었다.[88]

피고인의 소프트웨어는 전자책의 합법적 소유자가 그 전자책이
처음 다운로드가 된 컴퓨터 이외의 다른 컴퓨터에서 그 전자책을
읽거나 그 전자책의 백업 복제물을 만드는 것과 같은 비침해적 행
위에 관여하는 것을 가능하게 한다.[89] 그러나 이 사건 법원은 무력
화가 저작권자의 권리 범위 밖에 있는 공정 이용을 가능하게 하기
위하여 이루어진 경우라고 하더라도 권리통제조치의 무력화 도구
가 § 1201(b)에 의하여 금지된다고 판결하였다.[90]

(2) 평가

미국 판례는 비침해적 이용을 목적으로 무력화를 하려는 사람에
게 무력화 도구를 제공한 경우에도 도구 거래 금지 조항에 위반된다
고 해석함으로써 도구 거래 금지 조항의 축소해석을 인정하지 않고
있다. 그러나 Chamberlain 법원은 접근통제조치의 무력화 도구의 거
래 행위에 대하여 접근 또는 무력화가 저작권 침해와 관련되지 않을
경우에는 도구 거래 책임을 지지 않는다고 판단함으로써 이 범위에
서는 도구 거래 금지 조항의 축소해석이 인정된 것으로 볼 수 있다.[91]

---

86) *Universal City Studios, Inc. v. Corley*, 273 F. 3d 429, 444 (CA2 2001).
87) *United States v. Elcom Ltd.*, 203 F. Supp. 2d 1111 (ND Cal. 2002).
88) *Id.*, p. 1118.
89) *Id.*, pp. 1118-1119.
90) *Id.*, p. 1124.
91) 물론 MDY 법원은 이와 반대되는 견해를 취하고 있다.

2) 도구 거래 금지 조항의 축소해석이 가능한지 여부

(1) 무력화 도구의 해석
① 제104조의2 제2항 각 호의 관계

저작권법 제104조의2 제2항은 기술적 보호조치의 무력화 도구의 예로 장치·제품·부품·서비스를 규정하고 있고 구체적으로 무엇이 무력화 도구에 해당하는지에 대한 내용으로 세 가지 요건을 규정하고 있는데 그 내용은 첫째, 도구의 목적이 기술적 보호조치의 무력화라고 홍보·광고·판촉이 되는 도구, 둘째, 기술적 보호조치를 무력화하는 것 이외에는 상업적인 목적이나 용도가 제한적인 도구, 셋째, 기술적 보호조치를 무력화하는 것을 가능하게 하거나 용이하게 하는 것을 주목적으로 고안·제작·개조되거나 기능하는 도구이다.

저작권법 제104조의2 제1항 내지 제3항은 모두 각 호를 그 내용으로 규정하고 있는데, 제1항과 제3항은 "다음 각 호의 어느 하나에 해당하는"이라는 문구를 사용하는 데 반하여, 제2항은 "다음과 같은"이라는 문구를 사용하고 있다. 어떤 도구가 제2항의 각 호를 모두 충족할 경우에 무력화 도구가 된다고 해석할 것인지 각 호 중 어느 하나만 충족하더라도 무력화 도구가 된다고 해석할 것인지 논란의 여지가 있다.

먼저 이 조항과 관련된 한미 FTA와 한·EU FTA의 규정[92]은 세 가지 요건을 명시적으로 '또는(or)'으로 연결하고 있기 때문에 이 FTA 규정을 참조하여 우리 저작권법 해석에 있어서도 어떤 도구가 제104조의2 제2항의 각 호 중 어느 하나에 해당하면 거래가 금지되는 무력화 도구라고 해석할 여지가 없는 것은 아니다. 그러나 한미 FTA와 한·EU FTA를 반영한 저작권법의 해석에 있어서 저작권법에 규정되지

---

92) 한미 FTA 제18.4조 제7항 (a)호 제2목 및 한·EU FTA 제10.12조 제2항.

않은 내용이 FTA에 규정되어 있다면 그 내용은 참조할 가치가 있을 수 있지만 저작권법과 명시적으로 배치되는 내용이 FTA에 규정되어 있다면 그 내용은 참조할 수 없다. 따라서 먼저 저작권법 제104조의2가 규정하고 있는 문구에 충실하게 문언해석을 하기로 한다.

제104조의2에서 제1항 내지 제3항이 서로 다른 내용을 규정하고 있다면 그러한 차이는 입법자의 의도라고 할 수 있다. "다음 각 호의 어느 하나에 해당하는"이라는 문구는 각 호가 '또는'으로 연결될 것을 요구한다는 것은 명백하다. 따라서 제104조의2 제1항과 제3항에 규정되어 있는 각 호는 서로 '또는'의 관계에 있다. 그러나 제2항에 규정되어 있는 "다음과 같은"이라는 문구는 "다음 각 호의 어느 하나에 해당하는"이라는 문구와 대비할 때 '그리고'로 연결되는 것으로 해석할 수 있다. 이와 같은 해석론에 따르면 어떤 도구가 제2항의 각 호를 모두 충족할 경우에만 무력화 도구가 된다고 할 수 있다.

이러한 해석의 가장 중요한 논거는 역시 명문의 규정이다. "다음 각 호의 어느 하나에 해당하는"이라는 문구는 각 호의 관계를 명확하게 드러내고 있고 "다음과 같은"이라는 문구와 분명히 대비된다. 이 두 문구의 구별은 저작권법 전체를 관통하고 있다.[93] 또한 입법

---

93) "다음 각 호의 어느 하나에 해당하는"이라는 문구를 사용하는 조항은 제7조, 제8조 제1항, 제13조 제2항, 제24조의2 제1항, 제25조 제7항, 제31조 제1항, 제35조 제2항, 제40조 제2항, 제49조, 제55조 제2항, 제61조, 제86조 제1항, 제86조 제2항, 제91조 제1항, 제92조, 제94조 제2항, 제101조의3 제1항, 제101조의4 제2항, 제104조의2 제1항, 제104조의2 제3항, 제104조의3 제1항, 제104조의4, 제104조의5, 제105조 제3항, 제109조 제1항, 제109조 제2항, 제119조 제1항, 제124조 제1항, 제129조의2 제2항, 제132조, 제136조 제1항, 제136조 제2항, 제137조 제1항, 제138조, 제140조, 제142조 제2항 등 총 36개이고, "다음 각 목의 어느 하나에 해당하는"이라는 문구를 사용하는 조항은 제2조 제28호, 제2조 제29호, 제2조 제30호, 제129조의2 제2항 제1호 등 네 개이며, 제64조 제1항은 "다음 각 호 각 목의 어느 하나에 해당하는"이라는 문구를 사용한다. 이에 반하여 "다음과 같은"이라는 문구를 사용하는 조항은 제

자는 무력화 도구의 거래 금지가 광범위하게 적용됨으로써 이용자
의 이익에 초래될 부작용을 우려하여 의도적으로 제2항에서 각 호의
관계를 제1항 및 제3항과 달리 규정하였다고 추론할 수 있다.

따라서 제104조의2 제2항 각 호는 '그리고'의 관계에 있다고 해석
하는 것이 명문의 규정과 입법자의 의도에 부합하는 해석론이라고
생각한다. 그러므로 어떤 도구가 거래가 금지되는 무력화 도구에 해
당하기 위해서는 제104조의2 제2항의 세 가지 요건을 모두 충족시켜
야 한다. 예를 들어 어떤 도구가 기술적 보호조치를 무력화하는 것
을 가능하게 하거나 용이하게 하는 것을 주목적으로 제작된 도구라
고 하더라도 그 도구가 기술적 보호조치를 무력화하는 것 이외에 상
업적인 목적이나 용도가 있다면 그 도구는 거래가 금지되는 무력화
도구에 해당하지 않는다.

② '기술적 보호조치를 무력화하는 것 이외에는 상업적인 목적이
　　나 용도가 제한적인 도구'와 관련된 해석

어떤 도구의 상업적인 목적이나 용도가 기술적 보호조치를 무력
화하는 것만 있는 경우 그 도구는 제104조의2 제2항 제2호의 요건을
만족시킨다. 기술적 보호조치를 무력화하는 것 이외에 상업적인 목
적이나 용도가 제한적인 도구와 관련하여 먼저 사법재판소 판결[94]을
살펴보기로 한다.

Nintendo는 비디오게임을 개발하고 생산하며 그 게임을 위하여 두
가지 유형의 제품, 즉 휴대용 시스템인 DS 콘솔과 고정 비디오게임

104조의2 제2항이 유일하다. 한편 제2조와 제4조는 "다음과 같다"라는 문구
를 사용하고 있는데 제2조의 각 호는 정의 규정이고 제4조의 각 호는 저작
물의 예에 해당하기 때문에 각 호의 관계가 '그리고'인지 '또는'인지 여부
가 무의미하다.

94) Judgment of 23 January 2014, *Nintendo and Others*, (Case C-355/12, EU:C:2014:25).

시스템인 Wii 콘솔을 판매한다.[95] Nintendo는 콘솔에 설치된 인식 시
스템과 비디오게임이 저장된 디스크의 암호화된 코드로 구성된 기
술적 조치를 채택하였다. 그 기술적 조치는 비디오게임의 불법 복제
물의 사용을 막는 효과를 가진다. 코드가 없는 게임은 Nintendo가 판
매하는 두 가지 유형의 장비에서 실행되지 않는다.[96] 그 기술적 조
치는 Nintendo와 무관한 프로그램, 게임 및 멀티미디어 콘텐츠를 콘
솔에서 사용하는 것을 막는다.[97] 그런데 PC Box 장비가 일단 콘솔에
설치되면 그 장비는 하드웨어에 존재하는 보호 시스템을 무력화하
고 비디오게임의 불법 사용을 가능하게 한다.[98]

EU 저작권 지침 제6조와 관련하여 회원국은 효과적인 기술적 조
치의 무력화에 대하여 충분한 법적 보호를 마련하여야 하고 기술적
조치는 정상적인 작동 과정에서 저작물과 관련하여 저작권자로부터
권한을 부여받지 않은 행위를 방지하거나 제한하기 위하여 고안된
기술, 장치 또는 부품으로 정의되어 있다. 그러한 행위는 EU 저작권
지침 제2조 내지 제4조에 따라 저작물의 복제, 공중 전달, 공중의 이
용에의 제공 및 저작물의 원본이나 복제물의 배포를 의미한다. EU
저작권 지침 제6조가 말하는 법적 보호는 저작권자의 권한 부여
를 필요로 하는 행위로부터 저작권자를 보호하는 관점에서만 적
용된다.[99]

저작권자로부터 권한을 부여받지 않은 행위에 대한 법적 보호는
EU 저작권 지침 전문 제48 리사이틀에 비추어 비례의 원칙을 존중하
여야 하고 기술적 조치를 무력화하는 것 이외에 상업적으로 중요한
목적이나 용도가 있는 장치 또는 활동을 금지하여서는 안 된다.[100]

---

95) *Id.*, paragraph 9.
96) *Id.*, paragraph 10.
97) *Id.*, paragraph 11.
98) *Id.*, paragraph 12.
99) *Id.*, paragraph 25.

따라서 법적 보호는 저작물과 관련하여 저작권자로부터 권한을 부
여받지 않은 행위를 방지하거나 제거하는 목표를 추구하는 기술적
조치에 대해서만 부여된다. 그러한 조치는 그 목표를 달성하는 데
적합하여야 하고 그 목적에 필요한 범위를 넘어서면 안 된다.[101] 그
러한 상황에서 다른 조치 또는 콘솔에 설치되지 않은 조치가 저작권
자의 권한 부여를 요하지 않는 제3자의 활동에 대한 간섭이나 제한
을 줄일 수 있는지 여부를 검토하는 것이 필요하다.[102] 따라서 무엇
보다도 다양한 유형의 기술적 조치의 상대적 비용, 기술 구현의 기
술적 측면 및 실용적 측면의 상대적 비용 및 저작권자의 보호에 관
한 다양한 유형의 기술적 조치의 효율성 비교를 고려하는 것이 적절
하다. 그러나 효율성이 절대적일 필요는 없다.[103]

　EU 저작권 지침 제6조 제2항은 회원국이 효과적인 기술적 조치의
보호를 무력화하는 목적을 가진 도구에 대하여 충분한 법적 보호를
마련할 것을 요구하고 그러한 도구는 기술적 조치의 보호를 무력화
하는 것 이외에 상업적으로 중요한 목적이나 용도가 제한적인 장치·
제품·부품 또는 그러한 무력화를 가능하게 하거나 용이하게 하는 것
을 주목적으로 고안되거나 생산된 장치·제품·부품을 의미한다.[104]
이와 관련하여 도구의 목적을 검토하는 데에는 특히 제3자의 실제
사용 증거가 적합할 것이다. 따라서 법원은 Nintendo 게임의 불법 복
제물이 Nintendo 콘솔에서 사용되는 것을 허용하기 위해 PC Box 장치
가 실제로 얼마나 자주 사용되는지 그리고 그 장치가 Nintendo 게임
의 저작권을 침해하지 않는 목적으로 얼마나 자주 사용되는지 조사
하는 것이 필요하다.[105]

---

100) *Id.*, paragraph 30.
101) *Id.*, paragraph 31.
102) *Id.*, paragraph 32.
103) *Id.*, paragraph 33.
104) *Id.*, paragraphs 34-35.

이 판결의 중요한 두 가지 의의는 다음과 같다.

첫째, 사법재판소는 비례의 원칙에 따라 저작권의 개별 권리의 행사를 방지하거나 제한하는 기술적 보호조치에 대해서만 법적 보호를 하여야 한다고 판단하였다. 따라서 권리자가 필요 이상으로 강력한 기술적 조치를 취한 모든 경우에 법적 보호를 하는 것은 적절하지 않다. 이와 관련하여 사법재판소는 저작권자가 채택할 수 있는 다양한 유형의 기술적 조치의 상대적 비용, 기술 구현의 기술적 측면 및 실용적 측면의 상대적 비용 및 저작권자의 보호에 관한 다양한 유형의 기술적 조치의 효율성 비교를 검토하는 것이 적절하다고 판시하였다.

둘째, 무력화 도구의 두 번째 요건인 '기술적 보호조치를 무력화하는 것 외에는 상업적인 목적이나 용도가 제한적일 것'과 관련하여 도구의 목적을 검토하기 위해서는 실제로 제3자가 그 도구를 어떻게 사용하는지에 대한 증거조사가 필요하다고 판시하였다. 따라서 법원은 무력화 도구가 불법 복제물의 사용을 위하여 자주 사용되는지 합법적 목적으로 자주 사용되는지에 대하여 증거조사를 할 필요가 있다.

이 두 번째 의의는 무력화 도구의 해석과 관련하여 참조할 가치가 매우 높다. 이 내용은 결과적으로 미국 대법원의 Sony 판결[106]과 매우 흡사하다. Sony 판결에 의하면 피상고인이 타임시프팅(time-shifting)이 저작물의 잠재적 시장 또는 가치에 최소한의 피해를 입힐 가능성을 증명하지 못하였고, 따라서 Betamax는 상당한 비침해적 이용이 가능하기 때문에 Sony가 Betamax를 일반 공중에게 판매한 것은 피상고인의 저작권에 대한 기여 침해에 해당하지 않는다. 그러므로 어떤 도구가 상당한 비침해적 용도를 가지고 있으면 그 도구는 기술적 보호

---

105) *Id.*, paragraph 36.

106) *Sony Corp. of America v. Universal City Studios, Inc.*, 464 U. S. 417 (1984).

조치를 무력화하는 것 외에도 상업적으로 중요한 목적이나 용도를 가지는 것으로 해석되어야 한다.

무력화 도구의 거래 책임은 저작권 침해의 방조 책임과 그 성격이 유사한 면이 있다. 저작권 침해에 대한 방조 책임은 저작권 침해 책임이 인정되는 경우에만 성립한다. 저작권법이 보호하는 저작권의 침해를 방조하는 행위란 정범의 저작권 침해를 용이하게 해 주는 직간접의 모든 행위로서 정범의 저작권 침해 행위 중에 이를 방조하는 경우는 물론, 저작권 침해 행위에 착수하기 전에 장래의 저작권 침해 행위를 예상하고 이를 용이하게 해 주는 경우도 포함한다.[107] 어떤 도구가 상당한 비침해적 용도를 가지고 있을 경우 그 도구는 기술적 보호조치를 무력화하는 것 이외에도 상업적으로 중요한 목적이나 용도를 가지기 때문에 그 도구를 거래한 행위가 기술적 보호조치의 무력화 자체를 용이하게 한다고 할 수 없다.

결론적으로 상당한 비침해적 용도를 가진 도구는 무력화 도구의 두 번째 요건을 충족하지 못하기 때문에 거래가 금지되는 무력화 도구에 해당하지 않고 그 도구를 거래한 사람도 거래 행위에 대해서 책임을 지지 않는다.

(2) 도구 거래 금지 조항의 축소해석

접근통제조치가 저작권의 행사와 관련되어 있지 않을 때에는 그 접근통제조치가 저작권법에 의하여 보호되는 접근통제조치에 해당하지 않기 때문에 그러한 접근통제조치를 무력화하는 도구를 거래하더라도 도구 거래 책임을 지지 않는다. 뿐만 아니라 접근통제조치가 일견 저작권의 행사와 관련되어 있다고 하더라도 계약이나 법률의 규정 때문에 저작권의 행사가 저작권 침해로 연결될 여지가 없다

---

107) 대법원 2007. 12. 14. 선고 2005도872 판결(공2008상, 91).

면 그러한 접근통제조치 역시 저작권법에 의하여 보호되는 접근통
제조치에 해당하지 않고 그러한 접근통제조치를 무력화하는 도구를
거래하는 경우에도 도구 거래 책임을 지지 않는다고 해석하여야 한
다. 접근통제조치가 저작권법에 의하여 보호되지 않는데 그러한 접
근통제조치를 무력화하는 도구를 거래한 사람의 책임을 묻는 것은
앞뒤가 맞지 않기 때문이다. 따라서 접근통제조치와 관련된 축소해
석이 그대로 접근통제조치의 무력화 도구의 거래 금지에도 적용된다.

앞에서 보았던 것처럼 접근통제조치의 무력화 도구 거래 책임과
관련하여 축소해석의 여지가 있는 예는 스마트폰 탈옥이다. 스마트
폰의 탈옥 과정에서 일어나는 펌웨어의 복제나 개작은 사적 이용을
위한 복제나 공정 이용에 해당하기 때문에 저작권 침해가 아니다.
따라서 스마트폰 펌웨어에 적용된 접근통제조치를 무력화하더라도
그 펌웨어에 대한 저작권 침해가 용이하게 되었다고 할 수 없다. 또
한 펌웨어는 스마트폰의 운영을 위한 컴퓨터 프로그램으로서 스마
트폰을 떠나서는 그 존재 의의가 없기 때문에 그 펌웨어를 복제하여
전파하는 것은 무의미하고 따라서 그러한 이용은 거의 발생하지 않
는다고 예상하는 것이 합리적이다. 그러므로 스마트폰 탈옥을 위한
도구를 개발하거나 제공하더라도 도구 거래 책임을 지지 않는다.

이 해석론은 권리통제조치와 관련해서도 그대로 적용될 수 있다.
그러나 권리통제조치는 저작권을 직접 보호하는 기술적 조치로서
권리통제조치의 무력화는 일견 저작권 침해를 용이하게 한다고 할
수 있기 때문에 좀 더 상세한 논의가 필요하다.

권리통제조치는 저작권을 구성하는 개별 권리를 직접 보호하는
기술적 조치이므로 권리통제조치를 무력화하면 통상 저작권 침해가
용이하게 된다고 할 수 있다. 즉, 권리통제조치의 무력화 도구는 저
작권 침해 또는 저작권 침해의 용이성과 관련이 있다고 사실상 추정
된다고 할 수 있다. 따라서 권리통제조치의 무력화 도구와 관련해서

는 저작권 침해 관련성 요건을 이용하여 축소해석을 할 여지가 없다고 볼 수 있다. 그러나 권리통제조치의 무력화와 저작권 침해의 용이성 사이의 인과관계는 사실상 추정에 불과하기 때문에 반증이 있을 경우에는 그러한 추정을 번복할 수 있다.

권리통제조치를 무력화한 경우에도 저작권 침해가 용이하게 되지 않는 경우를 생각할 수 있다. 이러한 예를 '공연'과 관련하여 살펴보기로 한다. '공연'은 저작물을 재생하여 공중에게 공개하는 것을 말한다.[108] 저작물의 재생 장치에 인증을 받은 경우에만 저작물을 재생할 수 있도록 기술적 보호조치가 적용된 경우를 가정해 보자. 인증은 접근통제조치라고 할 수 있지만 인증이 이루어지지 않으면 재생 장치가 작동하지 않기 때문에 이 기술적 보호조치는 재생을 직접 통제함으로써 공연권을 보호하는 권리통제조치라고도 할 수 있다. 이 재생 장치의 인증을 권한 없이 우회한 다음 저작물을 재생하여 공중에게 공개하면 이 행위는 공연권 침해가 된다. 따라서 이 재생 장치를 무력화하는 도구를 거래하는 사람은 도구 거래 책임을 지게 된다. 그러나 이 재생 장치가 주로 영리를 목적으로 하지 않고 개인적으로 사용되거나 가정이나 이에 준하는 장소에서 사용된다면, 즉 저작물을 재생하여 공중에게 공개하지 않고 사적으로 이용하는 것이 더 통상적인 이용 방법이라면, 일반적으로 재생 장치의 인증을 우회하고 저작물을 재생하더라도 공중에 대한 공개가 없을 것이므로 공연권 침해가 발생하지 않을 가능성이 높다. 그렇다면 이 기술적 보호조치를 무력화하더라도 저작권 침해가 발생하지 않거나 저작권 침해가 용이하게 된 것이 아니라고 할 수 있다.

따라서 권리통제조치를 무력화하더라도 저작권 침해가 발생할 여지가 없거나 저작권 침해를 용이하게 한다고 할 수 없는 경우에는

---

108) 저작권법 제2조 제3호.

권리통제조치의 무력화 도구의 거래 행위도 책임을 지지 않는다고
해석하여야 한다.

결론적으로 본 연구자는 다음과 같은 주장을 하고자 한다.

기술적 보호조치가 접근통제조치이건 권리통제조치이건 간에 기
술적 보호조치의 무력화 도구의 거래 책임과 관련하여 그 책임을 묻
기 위해서는 저작권자는 무력화 도구로 인하여 제3자가 권한 없이
무력화를 함으로써 저작권을 침해하거나 침해하는 것을 용이하게
하였다는 사실을 증명하여야 한다. 다만 권리통제조치의 무력화 도
구와 저작권 침해 또는 침해의 용이성 사이의 인과관계는 사실상 추
정되기 때문에 피고가 거래 책임을 면하기 위해서는 반증을 통하여
인과관계의 사실상 추정을 번복하여야 한다.

(3) 축소해석의 한계

무력화 도구의 거래 금지 조항과 관련하여 법원의 축소해석에 의
하여 또는 저작권법의 개정을 통하여 정당한 이용을 가능하게 하는
무력화 도구의 개발과 배포가 허용되어야 하고 그렇지 않을 경우 도
구 거래 금지 조항은 첨단 기술 분야에서 경쟁과 혁신에 악영향을
끼칠 가능성이 높기 때문에 디지털 경제에 대하여 좋은 뉴스가 아니
라고 주장하는 견해가 있다.[109] 이 견해가 제시하는 축소해석의 타당
성 여부는 불문하고 이 해석론에 따르면 무력화 행위자가 저작물의
공정한 이용을 위하여 기술적 보호조치를 무력화하려고 하는 경우
에 그 사람과 무력화 도구를 거래한 사람은 도구 거래 행위에 대하
여 책임을 지지 않는다.

이 견해는 저작권 침해 관련성이라는 객관적인 요건에서 더 나아
가 무력화 행위자의 주관적 의사를 고려한 해석론이라고 할 수 있

---

109) Samuelson (1999), p. 557.

다. 그러나 기술적 보호조치를 무력화한 이후 저작물의 합법적 이용과 불법적 이용이 가능한 모든 경우에 저작물이 반드시 비침해적으로만 이용되는 것이 아니라 불법적으로 이용되어 저작권 침해가 발생할 가능성은 언제나 존재한다. 따라서 무력화 행위자의 주관적 무력화 목적이 비침해적 이용을 위한 것이라는 이유만으로 도구 거래 책임을 면제하는 것은 해석론으로 주장하기에는 힘들다고 생각한다. 앞에서 논한 바와 같이 접근통제조치의 무력화 책임에 대하여 공정 이용 항변을 주장할 수 없는 것과 마찬가지로 기술적 보호조치의 무력화 도구의 거래 책임에 대해서도 공정 이용 항변을 주장할 수 없다고 생각한다. 따라서 도구 거래 책임에 대하여 공정 이용 항변이 가능하지 않는 것은 도구 거래 금지 조항의 축소해석의 한계가 된다고 생각한다.

3) 소결

결론적으로 무력화 도구의 거래 금지 조항과 관련하여 다음과 같은 해석론을 제시하기로 한다.

첫째, 어떤 도구가 무력화 도구에 해당하기 위해서는 무력화 도구의 세 가지 요건을 모두 충족하여야 한다. 문제되는 도구가 상당한 비침해적 용도를 가진다는 것이 증명될 경우 무력화 도구의 두 번째 요건이 충족되지 않기 때문에 그 도구는 무력화 도구에 해당하지 않는다.

둘째, 기술적 보호조치의 무력화 도구의 거래 책임과 관련하여 원고는 피고의 무력화 도구 때문에 제3자가 저작권을 침해하거나 저작권 침해를 용이하게 하였다는 사실을 증명하여야 한다.[110] 다만 권

---

110) *Chamberlain Group, Inc. v. Skylink Technologies, Inc.*, 381 F. 3d 1178, 1203-1204 (CA Fed. 2004).

리통제조치의 무력화 도구와 저작권 침해 또는 저작권 침해의 용이성과의 인과관계는 사실상 추정되기 때문에 피고가 도구 거래 책임을 면하기 위해서는 반증으로 이 사실상 추정을 번복하여야 한다.

셋째, 기술적 보호조치가 무력화된 이후에 저작물의 합법적 이용과 불법적 이용이 모두 가능한 경우 비록 무력화 행위자가 합법적 이용을 위한 주관적 의사를 가지고 기술적 보호조치를 무력화하였다고 하더라도 무력화 도구를 거래한 사람은 도구 거래 책임을 진다. 이 내용이 도구 거래 금지 조항과 관련된 축소해석의 한계이다.

제5절 예외 고시를 통한 예외 사유의 확장

1. 확장의 필요성

저작권법은 접근통제조치의 무력화 및 기술적 보호조치의 무력화 도구의 거래를 원칙적으로 금지하기 때문에 이용자의 정당한 이용이 침해될 여지가 있다. 특히 기술적 보호조치가 적용된 저작물에 공공 영역에 해당하는 자료가 포함되어 있을 경우 이러한 자료에 대한 공중의 접근이 제한되므로 헌법상 보장되는 표현의 자유에도 영향을 미칠 수 있다. 그러나 앞에서 본 것처럼 공정 이용 항변이 무력화 금지 위반에 대해서는 허용되지 않는다.

기술적 보호조치에 관한 현행 규정은 저작권자가 저작물에 적용한 기술적 보호조치를 보호하면서도 이용자의 정당한 이용을 허용하기 위하여 일정한 예외를 허용한다. 무력화 금지에 대하여 저작권법에서 직접 일곱 가지의 법정 예외 사유를 두고 있으며 위임명령으로서 문화체육관광부 장관이 정하는 고시를 통해서도 예외가 허용된다.[1] 그러나 이러한 예외 사유가 이용자의 모든 비침해적 이용을 망라할 수 없다. 따라서 저작권법이 명시적으로 정하고 있는 예외 사유 이외에 비침해적 이용을 최대한 반영하기 위한 해결책을 강구하여야 한다.

접근통제조치의 무력화 금지에 대한 예외 사유는 한정적이고 그 범위 또한 너무 좁게 만들어져 있다. 법정 예외 사유 이외에도 무력화에 대한 예외가 인정되어야 하는 구체적인 다섯 가지 예를 살펴보기로 한다.

첫째, 저작권자가 어떤 암호화된 저작물이 자신의 저작물의 불법

---

1) 저작권법 제104조의2 제1항 참조.

복제물을 포함하고 있다고 믿을 만한 이유가 있다고 가정하자. 저작
권자의 의심이 타당한지 알아낼 수 있는 유일한 방법은 그 암호화된
저작물에 접근하기 위하여 기술적 보호조치를 무력화하는 것이다.
의심이 맞다 하더라도 저작권자가 그것을 밝혀내는 과정에서 접근
통제조치의 무력화 금지를 위반하게 된다. 이러한 종류의 해독 행위
를 보호하기 위한 예외가 없다.[2]

둘째, 영화 제작자가 영화를 제작하는 과정에서 필수적으로 사용
되는 편집 소프트웨어의 라이선스를 취득하였다고 가정하자. 영화
제작자가 그 소프트웨어의 성능에 대한 불만의 표시로 사용료 지급
을 거절할 수 있다. 이때 저작권자는 그 소프트웨어의 작동을 멈추
기 위하여 그 소프트웨어에 내장되어 있는 기술적 시스템을 가동할
수 있다. 영화 제작자는 영화 제작을 마무리하기 위하여 그 소프트
웨어를 사용할 필요가 있고 저작권자에 대한 사용료 지급을 거절할
수 있는 항변권을 가지고 있다고 생각하기 때문에 그 소프트웨어에
대한 접근통제조치를 무력화하려고 시도할 것이다. 항변권의 행사
나 사용료의 미지급이 적법하다고 가정하더라도 영화 제작자의 행
위를 적법하게 해 주는 무력화 금지에 대한 예외 조항은 없다.[3]

셋째, 어떤 소프트웨어가 소프트웨어의 특정한 이용을 감시하는
경우 그 소프트웨어의 라이선스를 취득한 회사가 그러한 감시를 막
기 위하여 기술적 보호조치를 무력화하였다고 가정하자.[4] 저작권법
에 개인 식별 정보의 보호를 위한 예외가 있지만[5] 기밀 유지에 관한
이익을 보호하기 위한 일반적인 예외는 없다.

넷째, 슈퍼컴퓨터 제조업체가 매우 안전하다고 주장하는 수십억

---

2) Samuelson (1999), p. 543.
3) Id., pp. 543-544.
4) Id., p. 544.
5) 저작권법 제104조의2 제1항 제3호.

원짜리 슈퍼컴퓨터 시스템의 구입을 고려하고 있는 회사를 가정하자. 이 회사가 제조업체의 허락 없이 또는 제조업체의 반대에도 불구하고 제조업체의 주장의 진실성을 테스트하려고 무력화를 한다면 그 행위는 무력화 금지 조항에 위반될 것이다. 보안 검사 예외 규정이 있지만[6] 그것은 그 회사가 이미 그 슈퍼컴퓨터 시스템을 소유하게 되었다는 등 보안성을 검사할 수 있는 정당한 권한을 가진 경우에만 적용된다. 널리 보급된 시스템에서 밝혀진 많은 보안 결함은 시스템 소유자나 제조자의 허락 없이 그 시스템을 테스트하였던 연구자들이 발견한 경우가 많은데 이러한 활동 역시 저작권법에 규정된 보안 검사 예외의 적용을 받을 수 없다.[7]

다섯째, 화학 회사의 종업원이 그 회사가 덮으려고 노력 중인 화학 물질의 유출에 관한 보고서와 여러 장의 디지털 사진의 복제물이 담겨 있는 USB를 기자에게 주었다고 가정하자. 그 USB에 들어 있는 정보가 기술적으로 보호되어 있고 기자가 그 정보에 접근하기 위하여 기술적 보호조치를 무력화한다면, 표현의 자유라는 이익이 그러한 무력화를 정당화할 수 있을 것으로 보임에도 불구하고, 무력화 금지 규정에 위반된 것으로 판명이 날 수 있다.[8]

원칙적으로 금지하면서 개별적으로 예외를 허용하는 시스템은 복잡하고 다양한 기술이 시시각각 등장하는 디지털 인터넷 세상을 커버하는 입법으로는 현명하지 못한 접근법이고 이용자에게 무력화를 허용하는 것이 타당함에도 불구하고 비침해적 이용에 악영향을 끼치는 모든 활동을 사전에 예상한다는 것은 사실상 불가능하다.[9]

이러한 문제의식을 가지고 예외 고시에 추가할 수 예외 사유를

---

6) 저작권법 제104조의2 제1항 제7호 참조.
7) Samuelson (1999), pp. 544-545.
8) Id., p. 545.
9) Burk (2003), p. 1106.

살펴보기로 한다.

2. 예외 고시를 통한 해결 방안

1) 문제점

무력화 금지에 대한 예외가 상당히 제한적이므로 이용자가 허용되는 예외 사유 이외에 다른 비침해적 이용을 위하여 무력화하는 행위는 말할 것도 없고 심지어 합법적으로 취득한 저작물에 적용된 접근통제조치를 무력화하는 행위 역시 금지된다. 따라서 접근통제조치는 공정 이용의 제한을 받는 저작권보다 더 강한 법적 보호를 받게 된다. 기술적 보호조치를 도입한 취지가 그러한 기술적 보호조치 자체를 보호하기 위한 것이 아닌 이상 이러한 강력한 보호는 모순적이다. 따라서 접근통제조치의 무력화 금지에 대한 예외 규정은 일반적인 목적 또는 다른 합법적인 목적 규정이 있어야 하며 이것이 기술적 보호조치에 관한 법에 융통성, 적응성 및 공정성을 더할 것이라는 주장이 제기되기도 한다.[10]

그러나 먼저 현행법의 테두리 내에서 이러한 문제를 해결하는 방안을 강구하기로 한다. 기술적 보호조치 제도는 일반적인 공정 이용의 경우에 무력화가 허용되지 않기 때문에 저작권자를 지나치게 보호하는 측면이 있다. 이 문제를 현행법 테두리 내에서 해결하는 방법은 먼저 예외 고시에 광범위한 예외 사유를 규정하는 것이다.

2) 예외 고시에 따른 예외 사유의 요건

저작권법 제104조의2 제1항 제8호에서 규정하고 있는 "기술적 보

---

10) Samuelson (1999), pp. 545-546.

호조치의 무력화 금지에 의하여 특정 종류의 저작물을 정당하게 이용하는 것이 불합리하게 영향을 받거나 받을 가능성이 있는 경우"라는 요건에 비추어 볼 때 예외 고시를 통하여 정해지는 예외 사유는 세 가지 요건을 충족시켜야 한다.

첫째, 특정 종류의 저작물에 관한 것이어야 한다. 둘째, 무력화의 목적이 특정 종류의 저작물을 정당하게 이용하기 위한 것이어야 한다. 셋째, 저작물의 정당한 이용이 불합리하게 영향을 받거나 받을 가능성이 있는 경우이어야 한다. 즉, 특정 종류의 저작물을 정당하게 이용할 수 있는 이용자의 권능에 악영향을 끼치거나 끼칠 가능성이 있는 경우이어야 한다.

첫 번째 요건과 관련하여 미국 저작권청장은 미국의 제1차 행정 입법 과정에서 법률 문구와 입법 연혁에 기초하여 특정한 종류의 저작물은 미국 저작권법 제102조가 규정하고 있는 저작물 범주나 그 부분집합이어야 한다고 판단하였다.[11] 그러나 미국 상무부 통신·정보 차관보는 면제되는 저작물 종류를 결정하기 위해서는 저작권에 의하여 보호되는 자료의 이용에 대한 사실 조사가 포함되어야 한다는 견해를 피력하였고 도서관과 학계가 제안한, 합법적으로 취득한 복제물에 구체화된 저작물의 비침해적 이용을 위한 무력화에 대한 면제를 지지하였다.[12]

미국 저작권법 § 102(a)의 '범주(category)'와 § 1201(a)(1)의 '종류(class)'를 반드시 같은 의미라고 해석하도록 요구하는 명시적인 규정은 없다.

특정 종류의 저작물에 대하여 예외 고시를 통하여 예외 사유를 정하도록 한 이유는 아무런 제한이 없는 저작물에 적용되는 일반적인 예외 사유는 저작권법에서 직접 규정하는 것이 더 적절하다고 보기 때문이라고 추론할 수 있다. 이용자의 정당한 이익을 보장하기

---

11) 2000 Final Rule, pp. 64559-64561.

12) *Id.*, p. 64561.

위해서 예외 고시에서 가능한 범위 내에서 최대한 넓게 예외 사유를 정할 필요가 있다. 그리고 '특정 종류의 저작물'이 반드시 저작권법 제4조 제1항에서 말하는 어문 저작물, 음악 저작물, 연극 저작물 등과 동일하거나 그러한 저작물의 부분집합이어야 할 필연적인 이유는 없다. 우리 저작권법의 해석에 있어서도 미국 상무부 통신·정보 차관보의 견해처럼 저작물 이용의 구체적 사실에 기초하여 특정 종류의 저작물을 정할 수 있다고 생각한다. 따라서 '특정 종류의 저작물'은 '일정한 범위가 설정된 저작물'을 의미하는 것으로 이해할 수 있다.

한편 저작권자가 디지털 저작물에 접근통제조치를 적용하는 이유에는 저작물의 복제, 전송 등을 방지하는 것뿐만 아니라 이용 기간 및 조건에 따라 가격을 차별함으로써 더 많은 수익을 얻을 수 있는 사업 모델을 구상하는 것도 있을 것이다. 이러한 저작권자의 합리적인 선택은 법적으로 존중되어야 한다. 따라서 무력화 금지에 대한 예외 사유를 정할 때에는 보호받을 자격이 있는 저작권자의 이익 역시 고려할 필요가 있다.

3) 예외 사유의 제안

(1) 표현을 만들지 않는 프로그램의 공정 이용

저작권에 의하여 보호되는 프로그램이 기계 또는 장치에 내장되어 있는 경우 그 프로그램은 그 기계 또는 장치의 작동을 가능하게 하는 기능을 수행한다. 그러한 프로그램에 적용된 접근통제조치의 무력화를 금지하게 되면 공중이 자동차 수리나 제3자 부품의 사용과 같은 합법적인 활동을 할 수 없게 되고 이러한 활동은 무력화 금지 조항이 다루려고 의도하였던 창작적 표현의 보호와는 거리가 멀다.[13] 이러한 합법적인 활동을 위하여 프로그램에 적용된 접근통제조치를 무력화할 필요가 있다. 예를 들어 프로그램을 합법적으로 이용할 수 있는 사람은 진단, 유지 또는 수리[14] 목적으로 프로그램에 적용된 접근통제조치를 무력화할 수 있어야 한다.[15] 무력화 예외 사유는 진단, 유지 또는 수리 이외에도 프로그램의 합법적 이용에 관여할 목적에까지 확장되는 것이 바람직하다고 생각한다. 이렇게 되면 예외 사유는 프로그램 이용 과정에서의 일시적 복제,[16] 공정 이용 등을 포함하여 비침해적 이용을 위한 무력화를 허용하게 될 것이다.

그런데 디지털 환경에서 저작권 보호는 두 가지 평면 위에서 작동한다. 첫째는 저작물을 지배하는 문자 코드라는 평면이고, 둘째는 문자 코드의 실행에 의하여 생성되는 시각 표현 또는 음성 표현이라는 평면이다. 예를 들어 CD에 있는 암호화된 데이터는 음악으로 전환되고 DVD에 있는 암호화된 데이터는 영화로 전환되며 비디오게임이나 컴퓨터를 위한 소프트웨어에 있는 프로그램 명령은 시각 표현과 음성 표현으로 전환된다.[17] 반면에, 기계나 장치에 내장되어 그 기계나 장치를 작동시키는 기능을 수행하는 프로그램의 경우 저작권에 의하여 보호될 수 있는 표현은 소스 코드와 오브젝트 코드라고 하는 프로그램의 문자 요소라는 평면에서만 의미를 가진다. 비디오게임이나 DVD의 기초가 되는 코드와 달리 기능적 저작물로서의 프

---

13) Section 1201 Study, p. 66297.
14) 저작권법 제101조의3 ② 컴퓨터의 유지·보수를 위하여 그 컴퓨터를 이용하는 과정에서 프로그램(정당하게 취득한 경우에 한한다)을 일시적으로 복제할 수 있다.
15) Section 1201 Study, p. 66297.
16) 저작권법 제35조의2 컴퓨터에서 저작물을 이용하는 경우에는 원활하고 효율적인 정보처리를 위하여 필요하다고 인정되는 범위 안에서 그 저작물을 그 컴퓨터에 일시적으로 복제할 수 있다. 다만, 그 저작물의 이용이 저작권을 침해하는 경우에는 그러하지 아니하다.
17) *Lexmark Int'l, Inc. v. Static Control Components, Inc.*, 387 F. 3d 522, 548 (CA6 2004).

로그램을 이용하거나 실행하는 것은 결국 보호되는 어떠한 표현도 만들어 내지 않는다. 그러한 프로그램의 아웃풋은 순수하게 기능적이다.[18]

프로그램과 관련된 예외 사유를 프로그램 전체에 대하여 광범위하게 설정하면 프로그램의 실행에 의하여 프로그램 이외의 저작물이 생성되는 경우 그 저작물의 무단 이용으로 저작권자에게 경제적으로 손해를 끼치는 결과가 초래될 수 있다.[19] 예를 들어 영국의 무력화 금지 규정은 프로그램에 적용된 기술적 보호조치를 명시적으로 배제하고 있으며[20] 무력화 금지는 비디오게임에서의 그래픽 콘텐츠와 같이 적어도 프로그램이 저작권에 의하여 보호되는 콘텐츠를 생성하는 상황에서만 적용된다.[21]

그러므로 본 연구자는 다음과 같은 예외 사유를 제안하기로 한다.

프로그램이 실행될 때 보호되는 표현이 생성되지 않는 경우 그 프로그램의 정당한 이용자는 그 프로그램의 공정한 이용을 위하여 프로그램에 적용된 접근통제조치를 무력화할 수 있다.

이 예외 사유는 보호되는 표현이 생성되지 않는 프로그램에 국한되므로 특정 종류의 저작물이라는 요건을 충족시킨다. 뿐만 아니라 프로그램의 공정한 이용을 위하여 무력화를 허용하는 것이므로 이용자가 저작물을 정당하게 이용하는 데 불합리하게 영향을 받거나 받을 가능성이 있다는 요건 역시 충족시킨다고 볼 수 있다.

(2) 사적 이용을 위한 복제 또는 개작

우리나라 저작권법에 규정된 여러 저작재산권 제한 규정 중 이용

---

18) *Id.*
19) Section 1201 Study, p. 66297.
20) Copyright, Designs and Patents Act 1988, § 296ZA(1)(a).
21) *Nintendo Co Ltd v Playables Ltd* [2010] EWHC 1932 (Ch).

자의 측면에서 볼 때 가장 광범위한 제한 규정은 저작권법 제30조의 사적 이용을 위한 복제라고 할 수 있다. 미국 저작권법에는 사적 이용을 위한 복제 조항이 없기 때문에 앞에서 보았던 것처럼 스페이스 시프팅 또는 포맷시프팅이 비침해적 이용인지 여부가 불분명하다는 이유로 그것과 관련된 면제안이 행정입법 과정에서 채택되지 않았다. 그러나 우리나라의 경우 사적 이용을 위한 복제가 허용되기 때문에 이와 관련된 예외 사유를 추가하는 것은 의미가 있다. 본 연구자는 합법적으로 제작되고 공표된 저작물을 합법적으로 취득한 사람이 사적 이용을 위한 복제나 개작을 위하여 무력화할 수 있는 예외 사유를 추가할 필요가 있다고 생각한다.[22]

이 예외 사유를 제안하는 이유는 다음과 같다. 사적 이용을 위한 복제는 다른 저작재산권 제한 규정과 달리 이용자와 저작자가 한정되지 않는 광범위한 제한 규정이다.[23] 따라서 접근통제조치가 적용된 디지털 저작물의 복제물을 합법적으로 취득한 사람이 사적 복제나 개작을 위하여 그 복제물을 이용할 수 없다면 가장 광범위한 이용자들이 우리 저작권법이 인정하고 있는 제한 사유의 혜택을 받지 못하게 되고 사적 이용을 위한 복제나 개작을 할 수 있는 이용자의 능력에 명백히 악영향을 끼친다고 할 수 있다. 예를 들어 특정한 매

---

22) 저작권법 제30조는 이용 유형으로 복제만을 규정하고 있지만 제36조 제1항은 번역, 편곡 또는 개작을 이용 유형으로 추가하고 있다. 번역이나 편곡은 원저작물을 보고 들으면서, 즉 무력화를 하지 않고서도 가능한 데 반하여 개작은 원저작물에 접근하지 않고서는 가능하지 않다. 따라서 사적 이용을 위한 복제와 관련하여 허용되는 무력화로 인하여 허용될 필요가 있는 이용 유형은 복제와 개작이다.

23) 예를 들어 저작권법 제23조(재판 절차 등에서의 복제)와 관련해서는 재판 절차와 관련된 사람이 그 이용 주체가 되고, 제24조의2(공공 저작물의 자유 이용)와 관련해서는 저작권자가 국가 또는 지방자치단체인 저작물로 한정되며, 제25조(학교 교육 목적 등에의 이용)와 관련해서는 학교, 교육기관 및 교육 지원 기관이 그 이용 주체가 된다.

체에 저장된 디지털 저작물을 개인적 비영리적 목적을 위하여 다른 매체로 이동시키거나 패러디 작품을 만들기 위하여 디지털 저작물에 접근하여 그 저작물을 복제하거나 개작할 필요가 있다. 그리고 EU 저작권 지침은 체약국이 사적 이용을 위한 복제의 수혜자와 관련하여 적절한 조치를 취할 수 있다고 규정하고 있다.[24]

이 예외 사유와 관련하여 미국의 제6차 행정입법 절차에서 제안되었지만 채택되지 않았던, 스페이스시프팅 또는 포맷시프팅과 관련된 두 가지 면제안을 살펴보기로 한다.

첫 번째 면제안은 비영리적 스페이스시프팅 또는 포맷시프팅의 목적으로 합법적으로 제작되고 획득된 시청각 저작물에 적용된 접근통제조치의 무력화를 허용하기 위한 것이다. 이 면제안은 CSS에 의하여 보호되는 DVD, AACS에 의하여 보호되는 블루레이 디스크 및 기술적 보호조치에 의하여 보호되는 온라인 배포 서비스가 제공하는 시청각 저작물에 대하여 제안되었다.[25]

두 번째 면제안은 비영리적 스페이스시프팅 또는 포맷시프팅의 목적으로 합법적으로 제작되고 획득된 어문 저작물에 적용된 접근통제조치의 무력화를 허용하기 위한 것이다. 이 면제안은 전자책처럼 전자적으로 배포된 어문 저작물에 대하여 제안되었다.[26]

이와 같이 미국의 제6차 행정입법 절차에서 제안된 스페이스시프팅 또는 포맷시프팅과 관련된 면제는 합법적으로 제작되고 획득된 시청각 저작물과 어문 저작물에 한정되었으며 시청각 저작물은 저작물이 담긴 매체의 종류를 통하여 그 범위가 제한되었고 어문 저작물은 배포 방식을 통하여 그 범위가 제한되었다.

그러나 기술적 보호조치의 도입 이전에 이용자가 사적 이용을 위

---

24) EU 저작권 지침 제6조 제4항 제2호 및 제5조 제2(b)항.
25) 2015 Final Rule, p. 65960.
26) Id.

한 복제와 관련하여 누리던 지위를 최대한 존중하기 위하여 본 연구자는 '합법적으로 제작되고 획득되었다는 요건' 이외에 저작물의 종류, 이용 형태, 저작물의 복제물이 저장되어 있는 매체의 종류 등과 같은 추가적인 요건을 부가하지 않는 것이 더 적절하다고 생각한다. 이용자가 접근통제조치를 무력화하여 아무런 이용 제한이 없는 저작물의 복제물을 무단 전송하는 것이 가능하지만 무단 복제나 전송을 방지하기 위하여 기술적 보호조치를 적용함으로써 사적 이용을 위한 복제를 아예 무의미하게 만드는 것 역시 이용자의 정당한 이익에 미치는 악영향이 크다고 하지 않을 수 없다. 다시 말해 단순히 불법 전송의 가능성만으로 사적 복제를 불가능하게 하는 것은 기술적 보호조치가 도입되기 전의 이용자의 법적 이익을 지나치게 손상시킨다고 볼 수 있다.

한편 영상저작물과 관련하여 가격 옵션에 따라 시청할 수 있는 기간이 달라지는 서비스가 존재한다. 즉, 영구 시청이 가능한 비싼 가격 옵션도 있고 일정 기간 동안만 시청이 가능한 저렴한 가격 옵션도 있다. 그런데 누군가가 영상저작물에 대하여 패러디 작품을 만들기 위하여 일정 기간 동안만 시청이 가능한 저렴한 가격 옵션을 구입하고 사적 이용을 위한 개작을 한다는 명분으로 일정 기간이 지나면 영상저작물에 접근할 수 없도록 기능하는 접근통제조치를 무력화할 수 있다. 이러한 무력화가 허용되면 영상저작물 제공자가 다양한 가격 옵션을 가진 상품을 내놓을 인센티브가 사라지고 비싼 옵션 한 가지만 제공되는 결과가 초래될 수 있다. 그렇게 되면 이용자의 입장에서도 일정 기간 동안 시청하는 것으로 족한 영상저작물에 대해서 항상 비싼 값을 지불해야 되는 부작용이 생긴다. 이러한 부작용을 방지하고 합리적인 저작권자의 이익도 고려하기 위하여 사적 이용을 위한 복제를 위한 무력화는 저작권자의 정당한 이익을 해치지 않는 범위에서 허용하는 것이 타당하다고 생각한다.

그러므로 본 연구자는 사적 이용을 위한 복제와 관련하여 다음과 같은 예외 사유를 제안한다.

합법적으로 제작되고 공표된 저작물의 복제물을 합법적으로 취득한 이용자는 그 저작물을 영리를 목적으로 하지 아니하고 개인적으로 또는 가정 및 이에 준하는 한정된 범위 안에서 복제하거나 개작하기 위하여 그 저작물에 적용된 접근통제조치를 무력화할 수 있다. 다만 저작물의 복제 또는 개작이 저작권자의 정당한 이익을 부당하게 해하지 아니하는 경우에 한한다.

합법적으로 제작된 저작물의 복제물이어야 하기 때문에 불법 복제한 DVD나 블루레이 디스크를 취득한 경우에는 사적 이용을 위한 복제나 개작을 하기 위한 무력화가 허용되지 않는다. 그리고 단서는 저작권자가 자신의 정당한 이익을 극대화하기 위하여 다양한 사업 모델을 활용하는 경우 그러한 저작권자의 선택은 법적으로 보호될 필요가 있기 때문에 무력화가 저작권자의 정당한 이익을 부당하게 침해하지 않는 범위에서만 허용되도록 하기 위하여 부가된 것이다.

4) 소결

본 연구자는 예외 고시에 편입될 필요성이 있는 두 가지 예외 사유를 제안하였다. 접근통제조치의 무력화 금지에 대한 예외가 모든 비침해적 이용을 망라하지 못한다는 문제점을 극복하기 위하여 가능한 한 넓은 범위의 두 가지 예외 사유를 제안하였다.

첫째, 프로그램이 실행될 때 보호되는 표현이 생성되지 않는 경우 그 프로그램의 정당한 이용자는 그 프로그램의 공정한 이용을 위하여 프로그램에 적용된 접근통제조치를 무력화할 수 있다.

둘째, 합법적으로 제작되고 공표된 저작물의 복제물을 합법적으로 취득한 이용자는 그 저작물을 영리를 목적으로 하지 아니하고 개

인적으로 또는 가정 및 이에 준하는 한정된 범위 안에서 복제하거나
개작하기 위하여 그 저작물에 적용된 접근통제조치를 무력화할 수
있다. 다만 저작물의 복제 또는 개작이 저작권자의 정당한 이익을
부당하게 해하지 아니하는 경우에 한한다.

제6절 입법론

1. 미국에서의 논의

제109대 미국 의회의 디지털 미디어 소비자 권리 법률안(Digital Media Consumers' Rights Act, H. R. 1201)은 공정 이용과 관련된 내용을 담고 있었다. 이 법률안은 § 1201(a)(2)(A)와 (b)(1)(A)에 '오로지 기술적 보호조치에 관한 과학적 연구를 증진하기 위하여 행동한' 사람에 대한 좁은 예외를 추가하였고, § 1201(c)(1)의 끝에 "그리고 저작물을 비침해적으로 이용할 목적으로 저작물에 접근하기 위하여 기술적 조치를 무력화하는 것은 이 조의 위반 행위가 아니다."라는 내용을 추가하였으며, § 1201(c)(5)를 신설하여 "직접 침해의 경우를 제외하고 상당한 비침해적 이용이 가능한 하드웨어 또는 소프트웨어 제품을 제조하거나 배포하는 것은 저작권법 위반 행위가 아니다."라는 내용을 추가하였다.[1]

또한 제110대 미국 의회의 '2007년 미국 기업가 정신에 새로운 활력을 불어넣는 자유와 혁신 법률안(Freedom and Innovation Revitalizing U.S. Entrepreneurship Act of 2007)' 또는 '공정 이용 법률안(FAIR USE Act)'은 접근통제조치의 무력화 금지에 대한 예외로서 행정입법 절차에 의하여 정해진 특정한 종류의 저작물을 비침해적으로 이용하는 경우를 추가하였다.[2] 이것은 면제 규칙에서 허용하는 이용의 범위를 넘어서는, 특정한 종류의 저작물에 대한 모든 비침해적 이용을 허용하기 위한 법정 면제 사유이다. 이 법률안은 또한 다음과 같은 여섯 가지의 면제 사유를 추가하였다. 첫 번째 면제 사유는 강사가 교실

---

1) H. R. 1201, 109th Cong., 1st Sess., § 5.
2) H. R. 1201, 110th Cong., 1st Sess., § 3(a).

에서 교육적 용도로 도서관 또는 기록 보존소에 있는 시청각 저작물 일부의 편집저작물을 만들 목적으로 수행되는 무력화 행위이고,[3] 두 번째 면제 사유는 시청각 저작물에서 상업적 내용 또는 개인적으로 불쾌한 내용을 건너뛰거나 피하는 것을 가능하게 할 목적으로 수행되는 무력화 행위이며,[4] 세 번째 면제 사유는 저작물을 가정 또는 개인적 네트워크에서 전송하는 것을 가능하게 할 목적으로 수행되는 무력화 행위이고,[5] 네 번째 면제 사유는 주로 공공 영역에 있는 저작물로 구성된 편집저작물에 포함된, 공공 영역에 있는 하나 이상의 저작물에 접근할 목적으로 수행되는 무력화 행위이며,[6] 다섯 번째 면제 사유는 비판, 비평, 뉴스 보도, 학문 또는 연구의 목적으로 상당한 공익을 가진 저작물에 접근하기 위하여 수행되는 무력화 행위이고,[7] 여섯 번째 면제 사유는 도서관 또는 기록 보존소가 소장품에 포함된 저작물과 관련하여 복제물을 유지하거나 확보하는 것을 가능하게 할 목적으로 또는 손상되거나 분실된 복제물을 대체하는 것을 가능하게 할 목적으로 수행되는 무력화 행위이다.[8]

한편 공정 이용 원칙과 같은 복잡한 일반적인 규범을 내재화하는 자동화된 시스템을 설계하는 것은 아마도 불가능할 것이다. 그러나 더 구체적으로 정의된 행위를 가능하게 하는 시스템을 설계하는 것은 명백히 가능하다. 따라서 유럽과 미국의 몇몇 학자들은 '설계에 의한 공정 이용(fair use by design)'이라는 접근법을 주창하였는데 그

---

3) *Id.*, § 3(b)(i).

4) *Id.*, § 3(b)(ii).

5) *Id.*, § 3(b)(iii). 다만 이 면제는 기술적 조치가 대량의 무차별적 재배포를 위하여 저작물을 인터넷에 업로드를 하는 것을 방지하는 한 그 기술적 조치의 무력화에는 적용되지 않는다.

6) *Id.*, § 3(b)(iv).

7) *Id.*, § 3(b)(v).

8) *Id.*, § 3(b)(vi).

것은 이용자들이 현존하는 예외 및 제한과 일치하게 저작물을 이용할 수 있도록 프로그램이 된 기술적 조치를 설계하도록 권리자에게 요구하는 것이다. 이 견해는 권리자가 합법적인 이용자를 위하여 그러한 편의를 도모하지 않으면 법이 그러한 이용을 위한 무력화를 허용하거나 권리자가 그 저작물의 암호화되지 않은 버전을 제공하도록 요구하여야 한다고 주장한다.[9]

2. 입법론적 해결

본 연구자는 접근통제조치가 저작권의 행사와 관련되었지만 그 접근통제조치의 무력화가 저작권 침해를 용이하게 한다고 할 수 없는 경우에 무력화 책임을 물을 수 없고 무력화 도구의 거래 금지 조항과 관련하여 무력화 도구를 사용하여 기술적 보호조치를 무력화하더라도 저작권 침해가 발생할 여지가 없는 경우에는 무력화 도구를 거래한 사람은 도구 거래 책임을 지지 않는다고 축소 해석하여야 한다고 주장하였다. 그러나 기술적 보호조치가 저작권 침해와 무관한 새로운 배타적 권리를 창설한 것이라는 주장이 여전히 대두될 여지가 있다.[10]

우리 저작권법상 기술적 보호조치는 저작권을 직간접적으로 보호하는 기술적 조치이기 때문에 저작권법은 이 범위 내에서만 기술적 보호조치를 보호하여야 한다. 따라서 본 연구자는 다음과 같은 입법론을 주장하는 바이다.

---

9) Dan L. Burk & Julie E. Cohen, *Fair Use Infrastructure for Rights Management Systems*, 15 Harv. J. L. & Tech. 41, 55-70 (2001); Séverine Dusollier, *Exceptions and Technological Measures in the European Copyright Directive of 2001 - An Empty Promise*, 34 Int'l Rev. Indus. Prop. & Copyright L. 62, 70 (2003).

10) *MDY Industries, LLC v. Blizzard Entertainment*, 629 F. 3d 928, 948 (CA9 2010).

저작권법 제104조의2 제1항에 "기술적 보호조치의 무력화가 저작권 침해를 야기하지 아니하는 경우"라는 내용의 제9호를 신설하여야 한다.[11] 이 제안에 따르면 접근통제조치가 저작권 침해와 무관한 경우 접근통제조치의 무력화가 가능하다. 이와 더불어 도구 거래 금지 조항도 개정할 필요가 있다. 따라서 제104조의2 제3항의 제1호 및 제2호에 "제9호"를 추가하여야 한다. 저작권법이 이렇게 개정되면 접근통제조치를 무력화하더라도 저작권 침해가 발생하지 않는 경우에는 무력화 도구를 거래한 사람도 책임을 지지 않는다는 것이 명확하게 될 것이다. 또한 기술적 보호조치를 무력화하더라도 저작권 침해가 발생하지 않는 경우에도 도구 거래 책임을 지지 않게 될 것이다.

3. 한미 FTA 및 한·EU FTA와의 관계

입법론적인 해결 방법은 한·EU FTA와의 관계에서는 아무런 문제가 없다. 한·EU FTA는 각 체약 당사국이 무력화 금지 규정과 도구 거래 금지 규정에 대하여 예외 및 제한 규정을 마련할 수 있다고 규정하고 있기 때문이다.[12] 따라서 저작권법을 개정하여 무력화 금지에 대한 예외를 추가하거나 도구 거래 금지에 대한 예외를 추가하더라도 상관없다.

반면에, 한미 FTA는 각 체약 당사국이 기술적 보호조치의 무력화 금지에 대한 예외를 추가하기 위해서는 상대 당사국과 협의를 요청하도록 하고 있다.[13] 따라서 접근통제조치의 무력화 금지에 대하여

---

11) 비슷한 취지의 논문은 Daniel S. Hurwitz, *A Proposal in Hindsight; Restoring Copyright's Delicate Balance by Reworking 17 U.S.C. § 1201*, 13 UCLA Ent. L. Rev. 263, 288 (2006).
12) 한·EU FTA 제10.12조 제4항.
13) 한미 FTA 제18.4조 제7항 (d)호 주 14.

제9호를 신설하기 위해서는 미국과의 추가 협의가 필요하다.

이와 같이 입법론적 해결은 한미 FTA에 따른 제한이라는 장벽이 있다. 그러나 미국의 판례나 학설 또는 법률안이 본 연구자가 제기한 문제와 비슷한 방식의 입장을 취하기도 하였고 현재 미국 저작권청이 수행한 미국 저작권법 제1201조의 문제점에 관한 연구[14]를 통하여 추후 미국 저작권법이 개정될 가능성이 있기 때문에 앞으로 미국과의 협상을 통해서 이 문제를 명확하게 해결하는 것이 중요하다고 생각한다.

---

14) U.S. Copyright Office, Section 1201 of Title 17: A Report of the Register of Copyrights (June 2017).

제7절 소결

현행 기술적 보호조치 제도는 공정 이용을 위한 무력화가 허용되지 않기 때문에 저작권자를 지나치게 보호하는 측면이 있다. 이 문제를 현행법 테두리 내에서 해결하는 방법은 접근통제조치의 무력화 금지 조항과 기술적 보호조치의 무력화 도구의 거래 금지 조항에 대하여 축소해석을 하는 것이다. 본 연구자는 접근통제조치의 무력화 도구에 해당하기 위한 요건으로 접근과 저작권 침해의 관련성이 요구된다고 주장하였다. 그 근거는 접근통제조치의 정의 규정에 "저작권의 행사와 관련하여"라는 요건이 명시되어 있는 점, 대법원이 접근통제조치를 저작권을 간접적으로 보호하는 기술적 보호조치로 해석하고 있고 기술적 보호조치를 구별하는 기준으로 저작권을 구성하는 개별 권리와 관련하여 판단하여야 한다고 설시한 점 및 미국의 항소법원이 그와 같이 해석한 사례가 있다는 점에 비추어 볼 때 접근통제조치는 저작권을 구성하는 개별 권리의 행사와 관련되어 있어야 하고 간접적으로 저작권을 보호하여야 한다. 따라서 접근은 저작권을 구성하는 개별 권리의 침해와 관련성이 있어야 한다. 그러므로 권한 없이 무력화를 통하여 저작물에 접근하더라도 그 접근통제조치가 저작권 침해와 전혀 상관없이 단순히 접근을 통제하는 기능만 수행하는 것이라면 그 접근통제조치를 무력화하는 행위와 무력화 도구를 거래하는 행위에 대하여 책임을 물을 수 없다고 해석하여야 할 것이다. 이 법리는 권리통제조치에도 그대로 적용될 수 있다. 따라서 권리통제조치의 무력화 도구를 거래한 사람은 이용자의 무력화에도 불구하고 저작권 침해가 발생하지 않는 경우에는 도구 거래 책임을 지지 않는다고 해석하여야 한다. 다만 권리통제조치의 무력화는 저작권 침해를 용이하게 한다고 추정되므로 반증을 통하여 이 추정을 번복한 경우에 한하여 도구 거래 책임을 지지 않는다.

도구 거래 책임과 관련하여 무력화 도구의 세 가지 요건은 모두 충족되어야 한다. 저작권법 제104조의2 제2항은 제1항 및 제3항이 취하고 있는 "다음 각 호의 어느 하나에 해당하는"이라는 문구 대신에 "다음과 같은"이라는 문구를 사용하고 있기 때문이다. 이로 인하여 거래가 금지되는 무력화 도구의 범위가 줄어든다. 또한 어떤 도구가 상당한 비침해적 이용이 가능할 경우에는 그 도구는 무력화 도구의 두 번째 요건, 즉 기술적 보호조치를 무력화하는 것 외에는 상업적으로 중요한 목적이나 용도가 제한적일 것이라는 요건을 충족시키지 못하기 때문에 그 도구는 거래가 금지되는 무력화 도구에 해당하지 않는다.

한편 예외 고시에 광범위한 예외 사유를 규정하는 방식으로 공정 이용을 포함하여 비침해적 이용을 위한 무력화 예외를 인정할 수 있다.

먼저 프로그램이 실행될 때 보호되는 표현이 생성되지 않는 프로그램의 정당한 이용자는 공정 이용을 위하여 접근통제조치를 무력화할 수 있다는 예외 사유를 제안하였다. 그러나 저작자의 정당한 이익을 부당하게 해치지 않는 범위에서만 무력화가 가능하다.

다음으로 합법적으로 제작되고 공표된 저작물의 복제물을 합법적으로 취득한 이용자가 사적 복제 또는 개작을 위하여 접근통제조치를 무력화할 수 있다는 예외 사유를 제안하였다. 역시 저작자의 정당한 이익을 부당하게 해치지 않는 범위에서만 무력화가 가능하다.

예외 고시에 예외 규정을 규정하는 것은 한미 FTA와의 관계에서도 문제가 되지 않는다. 현재 저작권법 제104조의2 제1항 단서 및 각호에 규정된 여덟 가지 예외 사유 이외의 예외 사유를 정할 때에만 미국과의 협의가 필요하기 때문이다.

마지막으로, 입법론에 의한 해결로서 기술적 보호조치의 무력화가 저작권 침해를 야기하지 않는 경우에는 무력화 금지 및 도구 거래 금지에 대한 예외 사유가 되어야 한다는 주장을 하였다. 다만 이러한 입법론적인 해결은 한미 FTA와의 관계에서 미국과의 협의 또는 추가적인 협상이 필요하다. 미국에서도 저작권청이 현재의 기술적 보호조치에 대한 문제점을 개선하기 위한 연구를 수행하였고 모든 법원들이 한 목소리를 내는 것은 아니지만 일정한 범위에서 축소해석을 하는 등 기술적 보호조치 제도가 노정하고 있는 권리자 중심의 보호에 대한 비판이 제기되고 있다. 따라서 향후 미국과의 협의나 협상에서 본 연구자가 제시한 해석론과 입법론에 기초하여 새로운 합의를 도출하여야 한다고 생각한다.

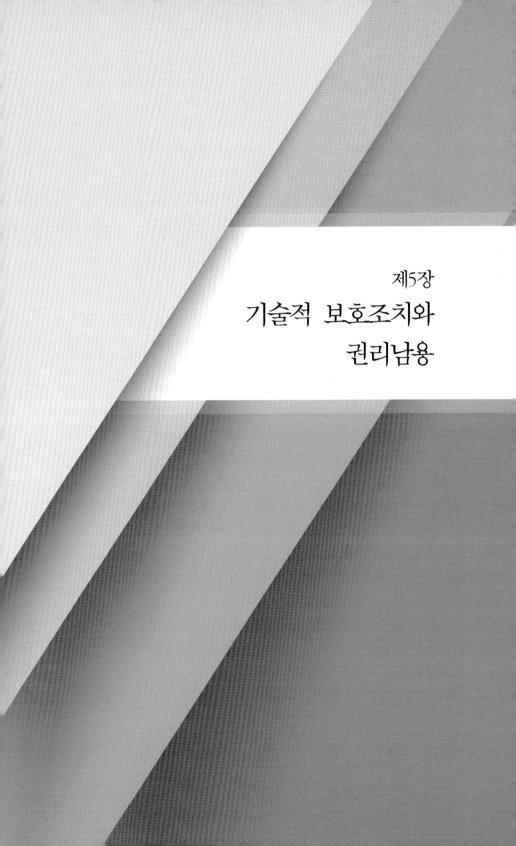

제5장

기술적 보호조치와 권리남용

제1절 의의

지금까지의 논의는 기술적 보호조치를 무력화하는 사람 또는 그 사람과 무력화 도구를 거래한 사람의 책임과 관련하여 주로 이용자의 입장에서 기술적 보호조치 위반 책임과 관련된 축소해석 및 접근통제조치의 무력화에 대한 예외의 확장이 주를 이루었다.

한편 기술적 보호조치와 관련하여 저작권자가 저작물에 기술적 보호조치를 적용하는 것이 정당한 권리 행사에 해당하는지에 관한 문제가 대두될 수 있다. 저작권자가 기술적 보호조치를 사용하는 이유가 저작권을 보호하기 위한 것이 아니라 공정한 경쟁의 제한, 독점 시장의 확보 등과 같이 공익 또는 공공 정책에 반하는 사적 영리적 목적인 경우를 생각할 수 있다. 이러한 목적은 저작권법의 목적인 저작권자의 이익과 이용자의 이익 사이의 균형과는 또 다른 차원의 논의 영역에 해당한다.

프로그램은 기능적 저작물이라는 특성상 그 보호 범위가 좁을 수밖에 없는데 이러한 프로그램에 기술적 보호조치를 적용하는 주된 이유는 프로그램 자체의 보호보다는 프로그램의 호환성 확보, 기술 생태계의 구축 등 다른 목적을 위한 경우가 많을 것이다. 이러한 기술적 보호조치의 목적이 통상적인 경쟁의 일환인 경우에는 별 문제가 없다. 그러나 기술적 보호조치를 적용하는 이유가 다른 경쟁 업체와의 관계에서 공정한 경쟁을 제한하거나 저작권 보호라는 기술적 보호조치 제도의 취지와 전혀 상관없는 경우에는 이에 대한 적절한 해결책이 필요하다.

결국 앞 장에서 논의한 내용은 기술적 보호조치로 인하여 이용자가 공정 이용을 행사할 수 있는 능력에 악영향을 끼치는 문제라는 점에서 이용자의 측면에서 기술적 보호조치의 문제점을 해결하려는 것이라면 여기서 논하는 내용은 저작권자의 권리 행사의 정당성 측면에서 기술적 보호조치의 문제점을 해결하려는 것이라고 할 수 있다.

그런데 저작권자가 독점 시장의 확보와 같은 정당하지 않은 목적을 위하여 기술적 보호조치를 적용한 경우 경쟁 업체가 그 기술적 보호조치를 무력화하지 못한 경우에는 공정거래법에 의한 해결이 문제될 수 있다. 기술적 보호조치로 말미암아 부품 시장에 진입하지 못할 뿐만 아니라 소비자의 입장에서도 비싼 부품을 살 수밖에 없기 때문이다. 그러나 실제로 발생하는 문제는 무력화에 성공하여 호환 정보를 확보한 경쟁 업체가 경쟁 제품을 개발하고 판매한 경우가 많을 것이다. 따라서 공정거래법과 관련된 논의는 기술적 보호조치와 관련해서도 공정거래법이 적용될 여지가 있는지에 관한 논의에 국한하기로 한다.

다음으로 경쟁 업체가 호환 정보를 얻기 위하여 무력화하는 경우 프로그램코드역분석 항변이 가능하다. 그런데 문제는 경쟁 업체가 입수한 호환 정보를 이용하여 경쟁 부품을 개발하고 판매하는 경우 그 경쟁 부품이 무력화 도구가 될 여지가 있다는 것이다. 이 제품을 판매한 경쟁 회사와 이 제품을 구입한 소비자는 프로그램코드역분석 항변을 통하여 기술적 보호조치 책임으로부터 벗어날 수 있는지에 관한 논의가 필요하다.

경쟁 부품의 판매와 사용에 대한 기술적 보호조치 위반 책임을 묻는 소송에서 프로그램코드역분석 항변이 인정되지 않을 경우 마지막으로 남는 것은 권리남용 항변이다. 기술적 보호조치 제도의 취지와 상관없이 그 제도의 본질에 반하는 목적을 위하여 기술적 보호조치 제도를 활용하는 저작권자의 권리 행사에 대해서는 권리남용 항변이 적용될 여지가 있다. 기술적 보호조치 위반 책임을 묻는 청구에 대하여 권리남용 항변이 가능한지에 대한 논의에 이어 구체적으로 어떤 요건하에 그리고 어떤 사례에서 권리남용 항변이 가능할 것인지에 대하여 논하기로 한다.

제2절 기술적 보호조치의 정당한 행사

공정거래법 제59조는 "이 법의 규정은 저작권법, 특허법, 실용신안법, 디자인보호법 또는 상표법에 의한 권리의 정당한 행사라고 인정되는 행위에 대하여는 적용하지 아니한다."라고 규정하고 있다. 이 조항과 관련하여 대법원은 '특허권의 정당한 행사라고 인정되지 아니하는 행위'에 대하여는 공정거래법이 적용되고 '특허권의 정당한 행사라고 인정되지 아니하는 행위'란 행위의 외형상 특허권의 행사로 보이더라도 그 실질이 특허 제도의 취지를 벗어나 제도의 본질적 목적에 반하는 경우를 의미하고, 여기에 해당하는지는 특허법의 목적과 취지, 당해 특허권의 내용과 아울러 당해 행위가 공정하고 자유로운 경쟁에 미치는 영향 등 제반 사정을 함께 고려하여 판단하여야 한다고 판시하였다.[1]

이 법리는 저작권법에도 그대로 적용되기 때문에 저작권법에 따른 저작권뿐만 아니라 기술적 보호조치와 관련된 권리에 대해서도 그 권리의 정당한 행사라고 인정되지 아니하는 행위에 대해서는 공정거래법이 적용될 수 있다. 기술적 보호조치의 정당한 행사라고 인정되지 아니하는 행위란 행위의 외형상 기술적 보호조치의 행사로 보이더라도 그 실질이 기술적 보호조치 제도의 취지를 벗어나 제도의 본질적 목적에 반하는 경우를 의미한다고 할 수 있다. 여기에 해당하는지는 저작권법의 목적과 취지, 해당 기술적 보호조치가 공정하고 자유로운 경쟁에 미치는 영향 등 제반 사정을 함께 고려하여 판단하여야 한다.

기술적 보호조치와 관련된 권리 행사의 구체적 예는 접근통제조

---

1) 대법원 2014. 2. 27. 선고 2012두24498 판결(공2014상, 729).

치의 무력화 금지 조항 또는 기술적 보호조치의 무력화 도구의 거래 금지 조항을 위반한 사람을 상대로 민사책임 또는 형사책임을 묻는 것이다. 이러한 다툼이 발생하였다는 것은 이미 경쟁 업체가 저작권자의 기술적 보호조치를 무력화하고 호환 정보를 입수하였다는 것을 의미한다.

그런데 저작권자의 불공정거래행위에 대한 공정거래법에 의한 구제 수단은 공정거래위원회가 저작권자에게 시정조치를 명하거나[2] 과징금을 부과하는 것[3] 또는 피해자가 손해배상책임을 묻는 것[4]이다. 그러나 이것은 경쟁 업체가 기술적 보호조치를 무력화하지 못하였기 때문에 경쟁 제품을 제조할 수 없어서 새로 부품 시장에 진입하지 못하는 경우에 해당하는 구제 수단이라고 할 수 있다. 실제로 이러한 상황이 벌어질 가능성은 희박하다. 경쟁 업체가 기술적 보호조치를 무력화할 수 있는 정도의 기술은 갖추고 있을 것이기 때문이다. 따라서 이하에서는 기술적 보호조치의 무력화가 발생한 이후의 다툼에 논의를 집중하기로 한다.

---

2) 공정거래법 제24조.
3) 공정거래법 제24조의2.
4) 공정거래법 제56조.

제3절 프로그램코드역분석 항변의 한계

1. 문제점

저작권자가 주된 상품과 종된 상품 사이의 호환을 위하여 프로그램에 기술적 보호조치를 적용함으로써 경쟁 업체의 정당한 경쟁을 제한하는 경우 경쟁 회사가 호환 정보를 확보하기 위하여 기술적 보호조치를 무력화하면 프로그램코드역분석 항변이 적용될 수 있는지 검토하기로 한다.

저작권자는 주된 상품과 종된 상품으로 이루어진 일체형 시스템에 기술적 보호조치를 도입하여 두 가지 상품을 동시에 보호하는 사업 모델을 구사할 수 있다. 레이저 프린터와 토너 카트리지, 차고 문 오프너와 발신기 등이 그러한 예에 해당한다. 경쟁 회사는 애프터마켓(aftermarket) 또는 부품 시장에서 토너 카트리지와 차고 문 오프너와 같은 종된 상품을 판매할 수 있다. 그런데 문제는 저작권자가 기술적 보호조치를 적용하여 저작권자 이외의 회사가 제조한 종된 상품은 저작권자의 주된 상품과 함께 사용될 수 없도록 할 수 있다는 것이다. 이 문제는 저작권자가 기술적 보호조치를 사용함으로써 그 기술적 보호조치를 무력화하고 경쟁 상품을 개발하려고 하는 경쟁 업체와의 관계에서 공정한 경쟁을 제한하는 효과를 초래하고 결과적으로 더 저렴한 종된 상품을 사용할 수 없게 함으로써 이용자에게도 손해를 발생시킬 수 있다.

이 문제와 관련하여 미국 Lexmark 사건[1]에서 등장한 메릿(Merritt)

---

1) *Lexmark Int'l, Inc. v. Static Control Components, Inc.*, 387 F. 3d 522 (CA6 2004). 이 사건에서 문제가 된 프로그램은 토너 로딩 프로그램과 프린터 엔진 프로그램이었는데 전자는 저작물성이 부정되었고 후자는 저작물성이 인정

판사의 보충 의견[2]을 살펴보기로 한다. 보충 의견은 Lexmark와 같은 회사가 이 사건의 사실관계를 벗어나 토너 로딩 프로그램을 더 복잡하고 독창적인 것으로 작성하거나 프린터 엔진 프로그램에 대한 접근을 완전히 차단하는 방식으로 상품을 제조함으로써 그렇게 제조된 상품의 독점을 위하여 기술적 보호조치 규정을 이용하는 것이 허용되어서는 안 된다고 설시하였다.[3] 이를 허용하게 되면 제조업체들은 더 독창적인 로크아웃 코드를 만듦으로써 교체 부품에 대한 독점을 만들 수 있는데 예를 들어 자동차 제조업체는 로크아웃 칩을 포함시킴으로써 그들의 차량에 대한 교체 부품 시장 전체를 통제할 수 있다.[4] 부품 시장의 중요한 문제를 다룬 보충 의견에 의하면 소비재의 생산업체들이 교체 부품을 위한 독점을 꾀하는 것을 허용하기 위하여 DMCA가 이용되어서는 안 된다.

그런데 종된 상품이 주된 상품과 호환되도록 하기 위해서는 프로그램코드역분석이 필요하고 이 사유에 대해서는 접근통제조치의 무

되었지만 프린터 엔진 프로그램에 대하여 모든 접근이 차단된 것이 아니라 다른 방법으로 쉽게 그 프로그램에 접근할 수 있다는 이유로 이 사건 법원은 피고가 도구 거래 책임을 진다는 원고의 주장을 배척하였다.

2) Id., pp. 551-553.

3) Id., p. 551. 메릿 판사는 원고의 청구를 배척하기 위하여 접근통제조치를 무력화하는 것을 주목적으로 고안되거나 생산된 기술의 거래가 금지된다는 점에 주목하면서 핵심 질문은 무력화 기술의 '목적'이라고 판시하였다. 메릿 판사는 SCC의 토너 카트리지에 있는 마이크로칩이 토너 로딩 프로그램으로부터 어떤 혜택을 받으려는 것이 아니라 오히려 그 목적은 그것이 Lexmark가 제조한 프린터와 함께 작동되게 하기 위한 것이라고 판단하였다. 또한 메릿 판사는 DMCA가 이런 방식으로 공격적으로 이용되는 것을 미국 의회가 허용하려고 하지 않았고 오히려 저작물을 불법 복제하려는 목적으로 기술적 보호조치를 무력화하는 사람들에게 미치도록 하였다고 판단하였다. 결론적으로 메릿 판사는 피고가 불법 복제 목적으로 기술적 보호조치를 무력화하였다는 것을 원고가 증명하지 못하면 원고의 청구는 기각되어야 한다고 판시하였다. Id., pp. 551-552.

4) Id., p. 552.

력화가 허용된다. 따라서 종된 상품의 경쟁 제한 목적으로 접근통제
조치가 적용된 사안을 프로그램코드역분석 예외 사유를 통하여 해
결할 수 있는지 검토하기로 한다.

2. 프로그램코드역분석 예외

1) 의의

프로그램코드역분석은 독립적으로 창작된 프로그램과 다른 컴퓨
터 프로그램과의 호환에 필요한 정보를 얻기 위하여 프로그램 코드
를 복제 또는 변환하는 것을 말한다.[5] 그리고 정당한 권한을 가지고
프로그램을 사용하는 사람이 다른 프로그램과의 호환을 위하여 필
요한 범위에서 프로그램코드역분석을 하는 경우 접근통제조치를 무
력화할 수 있을 뿐만 아니라 기술적 보호조치를 무력화하는 도구를
거래할 수도 있다.[6]

프로그램코드역분석의 요건은 1) 독립적으로 창작된 프로그램이
존재하여야 하고, 2) 다른 컴퓨터 프로그램과의 호환에 필요한 정보
를 얻기 위한 것이어야 하며, 3) 프로그램 코드를 복제 또는 변환하
는 것이어야 한다. 그리고 프로그램코드역분석을 위한 무력화가 허
용되기 위해서는 추가적으로 4) 독립적으로 창작된 프로그램을 사용
할 수 있는 정당한 권한을 가지고 있어야 하고, 5) 다른 프로그램과
의 호환을 위하여 필요한 범위에서만 프로그램코드역분석을 하여야
한다.

---

5) 저작권법 제2조 제34호. 미국 저작권법의 '리버스 엔지니어링'과 동일한 개
   념이다.
6) 저작권법 제104조의2 제1항 본문 및 제6호, 제2항 및 제3항.

2) 프로그램코드역분석을 위한 무력화 허용 여부

(1) 문제점

기술적 보호조치를 저작물에 적용하는 것이 부당한 목적으로 이루어지는 대표적인 사례는 부품 또는 종된 제품과 주된 제품 사이의 호환이 문제가 되는 경우이다. 이 경우 기술적 보호조치가 적용된 저작물은 대개 프로그램이며 저작권자도 프로그램 그 자체를 보호하기 위하여 기술적 보호조치를 적용하였다기보다는 경쟁사가 제조한 종된 제품 또는 부품이 저작권자의 주된 제품과 호환이 되지 않도록 하기 위하여 호환 관련 프로그램에 접근통제조치를 적용하는 경우가 많을 것이다. 따라서 부품 또는 종된 제품을 제조하려는 경쟁사는 주된 제품과의 호환성을 확보하기 위하여 접근통제조치를 무력화할 수밖에 없다. 또한 그렇게 접근통제조치를 무력화하고 얻은 정보를 활용하여 종된 제품 또는 부품을 제조하면 그 종된 제품 또는 부품이 접근통제조치를 무력화하는 도구가 될 여지가 있다. 따라서 그러한 부품 또는 종된 제품을 판매하는 사람은 도구 거래 책임을 질 수 있다.

그러나 정당한 권한을 가지고 프로그램을 사용하는 자가 다른 프로그램과의 호환을 위하여 필요한 범위에서 프로그램코드역분석을 하는 경우에는 접근통제조치를 무력화할 수 있고[7] 접근통제조치 및 권리통제조치와 관련하여 무력화 도구를 거래하는 것도 가능하다.[8] 따라서 경쟁 제한적 목적으로 기술적 보호조치를 적용한 저작권자가 기술적 보호조치 위반 책임을 묻는 소송에서 프로그램코드역분석 항변을 하는 것이 가능한지 살펴보기로 한다.

---

7) 저작권법 제104조의2 제1항 본문 및 제6호.
8) 저작권법 제104조의2 제3항.

(2) 우리나라 예외 조항과 미국 면제 조항의 비교

먼저 우리 저작권법의 규정과 미국 저작권법의 관련 규정을 비교하기로 한다.

미국은 리버스 엔지니어링과 관련하여 프로그램의 합법적 이용권자는 프로그램 중 호환에 필요한 요소를 확인하고 분석하는 목적으로만 접근통제조치를 무력화할 수 있고 접근통제조치와 권리통제조치를 무력화하는 수단을 개발하고 이용할 수 있으며 그 이용권자는 호환을 가능하게 할 목적으로만 무력화를 통해 취득한 정보와 무력화 수단을 제공할 수 있다.[9] 미국의 리버스 엔지니어링 면제 사유에 따르면 무력화 도구 거래의 구체적인 유형은 개발, 이용 및 호환을 가능하게 하기 위한 제공에 국한되고 이러한 제한적인 거래 행위역시 리버스 엔지니어링을 직접 수행한 사람만이 할 수 있다.[10]

우리 저작권법에 따르면 도구의 거래에 포함된 모든 유형이 허용될 뿐만 아니라 호환 정보를 취득하거나 무력화 도구를 개발한 사람이외에 누구든지 무력화 도구를 거래할 수 있다. 따라서 호환을 위한 프로그램코드역분석을 하는 경우 무력화를 하는 사람과 무력화도구를 제공하는 사람이 일치할 필요도 없다.

우리 저작권법에 다른 프로그램코드역분석 예외 사유는 미국 저작권법의 리버스 엔지니어링 면제 사유에 비하여 그 범위가 상당히넓은 것을 알 수 있다.

(3) 사례에의 적용

실제로 Lexmark 사건의 레이저 프린터와 토너 카트리지의 사례에이 논의를 적용해 보기로 한다. 이 사건의 사실관계를 비틀어 보충의견이 가정한 것처럼 토너 카트리지에 들어 있는 칩에 내장된 토너

---

9) 17 U. S. C. § 1201(f).

10) *Universal City Studios, Inc. v. Reimerdes*, 111 F. Supp. 2d 294, 320 (SDNY 2000).

로딩 프로그램에 창작성을 가미하여 그 프로그램이 저작물에 해당한다고 가정하고 프린터 본체에 있는 프린터 엔진 프로그램에 대한 접근이 완전히 통제된다고 가정하기로 하자.

이 사례에서 Lexmark가 프린터 시스템에 기술적 보호조치를 적용한 목적은 Lexmark가 생산한 정품 카트리지만 Lexmark 프린터와 호환되도록 함으로써 제3자가 생산한 재생 카트리지의 사용을 차단하기 위한 것이라고 할 수 있다. SCC는 Lexmark 프린터와 호환이 가능하고 Lexmark 토너 카트리지 칩을 대체하는 칩을 개발하였다. 이 칩은 재생 카트리지에 탑재되고 그 카트리지는 소비자에게 판매된다. Lexmark 프린터를 소유하고 있는 소비자는 이 재생 카트리지를 구입한 후 프린터를 사용할 때마다 Lexmark 프린터의 인증 시스템을 무력화하게 된다. 미국의 리버스 엔지니어링 면제 사유나 우리나라의 프로그램코드역분석 예외 사유는 모두 호환을 위한 리버스 엔지니어링 또는 프로그램코드역분석의 경우 무력화를 허용하고 있다. 그러나 호환 확보를 위한 정보 취득 및 분석이 끝난 이후에도 계속 무력화하는 것과 취득한 정보를 이용하여 무력화 도구를 거래하는 것에 대해서는 규정하고 있지 않다.[11]

부품 또는 종된 제품의 구매자가 이 부품 또는 종된 제품을 주된 제품에 사용하는 것을 프로그램코드역분석을 한다고 말하기는 어렵다. 단지 그 부품이나 종된 제품을 사용하는 과정에서 계속적으로 호환과 관련된 요소에 적용된 기술적 보호조치를 무력화하고 있을 뿐이다. 또한 무력화 도구를 거래하는 것이 허용되는 것도 프로그램코드역분석을 하는 경우에 인정되는 것으로 규정되어 있을 뿐 분석 결과를 반영한 제품을 판매하는 것이 허용된다고 단정하기는 어렵다.[12]

---

11) 미국 저작권청도 이 문제를 지적하면서 적절한 입법적 해결책에 관하여 전문가의 의견을 요청하고 있다. Section 1201 Study, p. 66298.

결국 현재의 예외 규정만 놓고 볼 때에는 저작권자가 호환 목적
으로 기술적 보호조치를 적용한 경우 특히 공정한 경쟁을 제한하기
위하여 그러한 조치를 취한 경우 경쟁 업체가 호환 가능한 제품을
생산하여 판매하는 것과 소비자가 그 제품을 구입하여 사용하는 것
에 대하여 프로그램코드역분석 항변이 적용된다고 단정할 수 없다.

---

12) Lexmark 법원은 리버스 엔지니어링 항변에 대하여 인정할 여지가 있다고
   판단하였다. *Lexmark Int'l, Inc. v. Static Control Components, Inc.*, 387 F. 3d 522,
   550-551 (CA6 2004).

제4절 권리남용 법리의 적용 문제

1. 문제의 제기

  기술적 보호조치로 인하여 이용자가 비침해적 이용을 할 수 없는 영역은 지금까지 논의한 바에 따르면 법정 예외 사유와 예외 고시에 따른 예외 사유에 해당하지 않는 비침해적 이용을 위한 경우, 법정 예외 사유에 해당하지만 도구 거래 금지의 예외 사유에 해당하지 않는 경우 및 프로그램코드역분석과 같이 첫 번째 무력화는 법정 예외 사유와 도구 거래 금지의 예외 사유에 해당하지만 그 이후의 무력화는 동일한 예외 사유에 해당하지 않은 경우이다.

  호환되는 부품을 만들기 위하여 프로그램코드역분석을 하거나 그렇게 생산된 호환 부품을 구입하여 사용하는 소비자의 행위와 같이 비침해적 이용의 측면과 저작권자의 부당한 권리 행사가 교차하는 영역도 존재하지만 이용자의 비침해적 이용과 상관없이 저작권자가 기술적 보호조치 위반 책임을 묻는 것이 권리남용에 해당하여 남용이 지속되는 동안 그 권리의 집행을 할 수 없게 되는 효과를 거둘 수 있는지 검토하기로 한다.

  먼저 한국의 권리남용 법리를 살펴보고 이러한 법리가 저작권 분야에서 어떻게 적용될 수 있는지 한국과 미국의 사례를 중심으로 살펴본다. 마지막으로 권리남용 법리를 기술적 보호조치에도 적용할 수 있는지 검토하기로 한다.

2. 한국에서의 논의

1) 권리남용에 관한 논의

권리남용은 외형상으로는 권리의 행사인 것과 같이 보이나 실질적으로는 권리의 공공성·사회성에 반하여 권리 본래의 사회적 목적을 벗어난 것이어서 정당한 권리의 행사로서 인정할 수 없는 행위를 말한다.[1]

권리남용의 요건은 다음과 같다. 첫째, 외형상 권리의 행사라고 볼 수 있는 행위가 있어야 한다. 둘째, 권리가 인정되는 사회적 이유에 반하는 행사이어야 한다. 달리 말해 권리의 본래의 사회적 목적에 부합하지 않게 권리를 행사하는 것을 의미한다. 이에 해당하는 것으로는 신의칙 위반, 사회질서 위반, 정당한 이익의 흠결, 권리의 경제적·사회적 목적에 대한 위반, 사회적 이익의 균형의 파괴 등이 있다. 그러나 이 예들은 추상적 기준에 불과하며 구체적인 사안에 따라 개별적으로 남용 여부를 결정하여야 한다.[2]

권리자의 주관적인 의사, 즉 가해의 의사나 목적이 권리남용의 성립 요건인지 여부에 관하여 대법원은 "권리의 남용이 되려면 주관적으로는 그 권리 행사의 목적이 오직 상대자에게 고통이나 손해를 주는 데 그칠 뿐이요, 권리를 행사하는 사람에게는 아무러한 이익이 없을 경우라야 될 것이며, 아울러 객관적으로는 그 권리 행사가 사회질서에 위반된다고 볼 수 있는 경우라야 할 것"[3]이라고 함으로써 주관적 의사를 권리남용의 요건으로 보고 있다. 그러나 대법원 판결 중에 주관적 요건은 권리자의 정당한 이익을 결여한 권리 행사로 보

---

1) 곽윤직·김재형, 민법총칙(제9판), 박영사 (2013), 82면.
2) 곽윤직·김재형(2013), 82~83면.
3) 대법원 1962. 3. 8. 선고 4294민상934 판결[집10(1)민, 181].

이는 객관적인 사정에 의하여 추인할 수 있다고 한 사례[4]가 있을 뿐만 아니라 상계권의 행사가 상계 제도의 목적이나 기능을 일탈하고 법적으로 보호받을 만한 가치가 없는 경우 그 상계권의 행사는 신의칙에 반하거나 상계에 관한 권리를 남용하는 것으로서 허용되지 않고 상계권 행사를 제한하는 근거에 비추어 볼 때 일반적인 권리남용의 경우에 요구되는 주관적 요건을 필요로 하는 것은 아니라고 한 사례도 있다.[5]

권리자에게 가해의 의사나 목적이 없더라도 권리남용을 인정할 수 있고 이러한 주관적 사정은 권리남용을 판단하는 고려 요소로 보는 것으로 충분하다는 것이 학설의 대체적인 입장이다.[6]

2) 저작권 남용에 관한 논의

대법원 판례 중에서 지적재산권을 둘러싼 특허권 남용의 금지[7]와 상표권 남용의 금지[8]와 관련하여 대법원은 권리자의 '가해 목적'보다는 특허의 진보성이 결여되어 특허 무효임이 명백한 경우와 상표 등록이 무효임이 명백한 경우의 '객관적 사정'을 핵심적인 요건 사실

---

4) 대법원 1998. 6. 26. 선고 97다42823 판결[공1998.8.1.(63), 1968].
5) 대법원 2003. 4. 11. 선고 2002다59481 판결[공2003.6.1.(179), 1156].
6) 곽윤직·김재형(2013), 86면.
7) 대법원 2012. 1. 19. 선고 2010다95390 전원합의체 판결(공2012상, 299): 특허 발명이 무효임이 명백한 경우에 특허권을 행사하면서 특허권 침해 금지 소송을 제기하는 것은 특허권 남용에 해당하여 허용되지 않는다는 취지의 판례이며, 권리자의 '가해 목적'보다는 '진보성이 결여되었음이 명백한 상황'이 핵심적인 요건 사실로 다루어지고 있다.
8) 대법원 2007. 1. 25. 선고 2005다67223 판결[공2007.3.1.(269), 344]: 상표등록이 무효임이 명백한 경우에 상표권을 행사하면서 상표권 침해 금지 소송을 제기하는 것은 상표권 남용에 해당하여 허용되지 않는다는 취지의 판례이며, 권리자의 '가해 목적'보다는 '상표등록이 무효임이 명백한 상황'이 핵심적인 요건 사실로 다루어지고 있다.

로 다루고 있다.

지적재산권의 경우에는 법률에 의하여 개인에 대한 독점권이 부여되는 것인 만큼 천부인권 사상에서 유래되는 소유권과 비교하여 볼 때 해당 지적재산권에 대한 '공익 적합성'은 한층 더 강조되고 '가해 목적'이 아니라 해당 지적재산권법의 법률 체계와 사회질서 및 공공복리 등의 구체적인 상황을 종합적으로 고려한 '객관적 사정'이 지적재산권 남용의 금지를 긍정하는 데 중요한 판단 기준이 될 수 있다.[9] 민법상 권리남용에 있어서 권리자의 가해 의사라는 주관적 요건을 저작권 남용에 적용하게 되면 문화 및 관련 산업의 향상 발전이라는 저작권법의 목적에 반하는 저작권 행사의 대부분이 그 적용 대상에서 배제될 것이다.[10] 따라서 저작권 남용 역시 객관적 사유만으로 충분하고 주관적 사유는 필요 없다고 생각한다.

저작권 남용을 인정한 하급심 사례 세 가지를 살펴보기로 한다.

(1) 도자기 문양 사건

첫 번째 사례[11]는 최초 판매 원칙 및 상표로서 사용된 저작물과 관련된 사안으로서 그 사실관계는 다음과 같다.

원고 회사는 고급 생활 도자기, 그릇 등을 생산·판매하고 있는 영국 법인으로 이 사건 문양들을 사용한 도자기, 컵, 그릇 등을 국내에 수출·판매하고 있다. 한편 이 사건 문양들은 원고 회사의 직원이 원고 회사의 기획 및 지시에 따라 작성한 것이고 원고 회사는 이 사건 문양들에 대하여 미술 저작물 등록을 마쳤다. 피고는 생활용품·주방

---

9) 수원지방법원 성남지원 2013. 12. 10. 선고 2012가합8921 판결(미공간, 확정).
10) 백승엽, "우리나라에서의 저작권 남용법리의 정립을 위한 일고찰", Law & Technology (2013. 1.), 20면.
11) 서울서부지방법원 2012. 2. 17. 선고 2011가합5721 판결(미공간, 항소심에서 화해권고결정으로 사건 종결).

용품 도·소매업을 목적으로 하는 회사로서 이 사건 문양들이 새겨진 원고 회사의 머그잔을 독일에 있는 총판매업자로부터 수입하고 인터넷 쇼핑몰 사이트를 통하여 국내에 판매하면서 이 사이트에 이 사건 문양들을 복제하여 게시하였다.

법원은 원고 회사의 이 사건 청구는 이 사건 문양들에 대한 저작권자로서 저작권 침해의 회복을 구하기 위한 목적보다는 이 사건 문양들이 새겨진 상품에 대한 상표권자로서 이 상품을 병행 수입하여 판매하는 피고에 대하여 그 판매를 금지시키고 이 상품에 대한 독점적 판매권을 회복하는 데 그 목적이 있다고 판단하였다. 그러나 법원은 병행 수입 그 자체는 위법성이 없는 정당한 행위로서 병행 수입업자가 상표권자의 상표가 부착된 상태에서 상품을 판매하는 행위는 당연히 허용되고 원고 회사가 피고에 대하여 이 사건 문양들의 사용 금지를 구하는 것은 결국 상표법상의 법리를 침탈하여 병행 수입업자에게 허용되는 상품의 판매 행위를 저작권을 들어 제한하려는 것에 불과하다고 판단하였다.

법원은 또한 상품의 생산자가 저작물을 작성하여 상품에 부착하는 행위는 저작물의 창작 그 자체보다는 심미적 만족감을 이용하여 궁극적으로 상품 판매를 향상시키는 데 그 목적이 있으므로 저작물이 포함된 상품 판매에 있어 제품의 종류를 구별하거나 제품을 홍보·광고하기 위하여 그 저작물을 게시하고 사용하는 행위는 상품의 판매를 향상시키기 위한 것으로서 저작물의 이용 목적에 합치될 뿐만 아니라 상품이 판매되었다면 생산자는 저작물을 창작한 부분에 대하여 이미 보상을 받았다고도 보아야 할 것이므로 독일의 총판업자로부터 이 사건 문양들이 새겨진 원고 회사의 머그잔을 수입하고 판매할 목적으로 이 사건 문양들을 복제·게시한 피고의 행위는 저작권자인 원고 회사가 저작물의 이용에 대하여 이미 허락한 범위 내에 있다고 볼 여지가 상당하다고 판단하였다. 따라서 법원은 피고가 이 사건 문양들을 복제·게시한 행위가 원고 회사의 저작권을 침해하였다고 보기 어렵다고 판단하였다.

결론적으로 법원은 피고에 대하여 이 사건 문양들의 사용을 금지하는 원고 회사의 청구는 저작권법에 따른 저작물의 정당한 보호 범위를 넘어 원고의 독점적 권리만을 주장하고 저작물의 공정한 이용과 이에 따른 일반 공중의 이익을 해하는 것으로서 신의성실의 원칙에 위배된다고 봄이 상당하므로 원고 회사의 청구가 설령 권리 행사의 외형을 갖추었다고 하더라도 이는 저작권을 남용하는 것으로서 허용될 수 없다고 판결하였다.

(2) 음악 저작물의 이용 제한 사건

한국음악저작권협회가 KBS를 상대로 음악 저작물에 관한 저작권 침해 금지 소송을 제기하자 법원은 원고의 청구가 저작권 남용에 해당한다고 기각하였다.[12]

법원은 먼저 소송당사자들 사이에 저작물 이용 계약이 성립되지 않았으므로 KBS가 음악 저작물을 이용, 송신할 권리가 없다고 전제하였다. 그러나 법원은 (1) 소송당사자들 모두 국민 전체의 공공복리와 직결되는 공적 기능을 수행하고 있는 점, (2) 관계 법령에 의하여 관할 관청에 음악 저작물에 관한 이용 계약의 내역을 감독·통제할 수 있는 권한을 부여하고 있는 점, (3) 소송당사자들이 음악 저작물에 관한 이용 계약을 체결하면서 차기 이용 계약의 체결을 당연히 전제하고 있는 점, (4) 소송당사자들 사이의 금전 관계로 말미암아 국민 전체의 공공복리가 훼손될 가능성, (5) 문화관광부 장관이 저작권 사용료 징수규정 개정안을 승인하여 한국음악저작권협회에 이에 따른 이용 계약을 새롭게 체결할 의무가 부여된 점 등을 종합하여

---

12) 서울중앙지방법원 2013. 2. 5. 선고 2012가합508727 판결(미공간, 확정).

소송당사자들 사이에 음악 저작물에 관한 이용 계약이 체결되지 않았다고 하여 원고의 저작권 침해 금지 청구를 인용하는 것은 정의 관념에 현저히 반하여 허용될 수 없다고 판단하였다.

(3) 지상파방송의 재송신 사건

방송의 재송신과 관련하여 저작권 남용을 인정한 판결[13]을 살펴 보기로 한다. 이 사건의 사실관계는 다음과 같다.

원고들은 이른바 PP(program provider)로서 방송프로그램을 제작·구매하여 이를 시청자에게 제공하면서 방송 채널을 사용하는 방송채널사용사업자이고, 피고는 이른바 SO(system operator)로서 경기도 성남시 방송 구역에 대한 지역사업권을 받아 종합유선방송국을 관리·운영하는 종합유선방송사업자이다. 원고들은 이 사건 방송 저작물에 대하여 저작권 또는 저작인접권(동시 중계방송권)을 갖고 있고 2006년 1월 1일부터 2011년 12월 31일까지 피고와 사이에 방송 저작물에 대한 저작물 이용 계약을 매년 체결하고 피고에 대하여 IRD (integrated receiver & decoder) 장비를 설치한 가운데 원고들의 방송 저작물을 위 계약 기간에 걸쳐 약 6년 동안 제공하여 왔다. 피고는 계약 기간 동안 원고들에게 방송 저작물의 사용료를 매월 정기적으로 지급하였고 원고들은 방송 저작물의 사용료에 대하여 별다른 이의를 제기하지 않았다. 그런데 원고들이 2011년 12월 2일부터 2011년 12월 28일까지 3회에 걸쳐 피고에게 각 저작물 이용 계약에 대한 해지 통지 내지 갱신 거절의 의사표시를 일제히 하자 피고는 IRD 장비를 반환하지 아니한 채 원고들이 송출하는 방송 신호를 수신하여 이를 경기도 성남시 방송 구역의 시청자 약 백만 명에게 송신하는 방법으로 원고들의 방송 저작물을 계속 이용하고 있다.

---

13) 수원지방법원 성남지원 2013. 12. 10. 선고 2012가합8921 판결(미공간, 확정).

법원은 방송법의 관련 규정에 비추어 보면 지상파방송사의 계열사로서 방송사업자의 지위에 있는 원고들이 전국의 종합유선방송사업자 73개 업체 중 유독 피고만을 상대로 약 6년 동안 기존에 해 오던 방송프로그램의 제공을 2012년 1월 1일의 시점을 기준으로 일제히 거부·중단한 행위는 특별한 사정이 없는 이상 방송사업자는 사업자 간의 공정한 경쟁을 저해하거나 저해할 우려가 있는 행위 또는 시청자의 이익을 저해하거나 저해할 우려가 있는 행위의 하나로서 정당한 사유 없이 방송프로그램의 제공을 거부·중단하는 행위를 하여서는 안 된다고 규정하고 있는 방송법 제85조의2 제1항 제1호에 저촉되는 위법행위에 해당한다고 판단하였다.

그리고 법원은 원고들의 이러한 행위가 경기도 성남시 지역 약 백만 명 정도의 시청자들로 하여금 정당한 시청료를 지불하고서도 다른 지역과 차별을 받으면서 지상파방송사의 방송프로그램에 대하여 접근·이용할 수 없는 부당한 상황을 초래하는 것으로서 이러한 상황이 약 2년 동안 지속되어 온 것은 방송의 공익성 이념에 반한다고 판단하였다.

법원은 또한 원고들이 지상파방송사의 계열사들과 연합하여 "지상파방송사들이 이른바 '미디어법'의 개정에 따라 대기업, 신문사, 통신사 등으로부터 방송 시장을 잠식당하는 상황에서 채널 편성권을 갖고 있는 종합유선방송사업자에게 압박을 가하여 사업상 유리한 지위를 획득하자."라는 취지의 담합행위를 한 가운데 이러한 사업상 목적을 실현하기 위한 방편으로 이 사건 저작권 침해 금지 소송을 제기하는 것은 창작에 대한 합리적인 '대가' 및 '저작인격권'이 존중받는 조건하에서는 공중에 대한 문화와 정보의 확산 과정이 널리 권장되어야 한다는 저작권법의 목적과 이념을 훼손하는 행위일 뿐만 아니라 저작권자인 원고들이 법률제도와 공공 정책에 어긋나게 사회적·경제적으로 부당한 이익을 획득하기 위한 방편으로 저작권에 관한 소송 제도를 부당하게 이용하는 행위라고 판단하였다.

법원은 위와 같은 제반 사정을 종합하여 원고들이 피고를 상대로 이 사건 저작권 침해 금지 소송을 제기하는 것은 저작권 남용에 해당하여 허용되지 않는다고 판결하였다.

(4) 요약 및 평가

저작권 남용을 인정한 세 건의 하급심 판결은 모두 저작권 남용의 요건으로 주관적 의사를 요구하지 않고 객관적 요건만으로 저작권 남용을 인정하였다. 도자기 문양 사건에서 법원이 인정한 저작권 남용의 객관적 요건은 저작권의 행사 목적이 상품의 판매 행위를 제한하기 위한 것이므로 저작권의 정당한 보호 범위를 넘어선 권리 행사라는 점과 저작물의 공정한 이용 및 공중의 이익을 해할 수 있다는 점이다. 음악 저작물의 이용 제한 사건에서 법원이 인정한 저작권 남용의 객관적 요건은 국민 전체의 공공복리가 훼손될 가능성이다. 지상파방송의 재송신 사건에서 법원이 인정한 저작권 남용의 객관적 요건은 방송법에 저촉되는 위법행위, 공익성 이념에 반하는 행위 및 저작권 제도와 공공 정책에 어긋나게 사회적·경제적으로 부당한 이익을 획득하는 행위이다.

세 가지 사례를 관통하는 공통된 객관적 요건을 추출하는 것은 쉽지 않다. 그러나 저작권의 정당한 보호 범위를 넘어서는 저작권 행사, 공익 또는 공공 정책에 반하는 저작권 행사, 위법한 저작권 행사, 저작권법의 목적과 이념을 훼손하는 저작권 행사는 저작권 남용의 객관적 요건에 해당하는 요소라고 할 수 있다.

3) 저작권 남용과 민법상 권리남용의 관계

저작권 남용과 일반적인 민법상 권리남용의 관계에 대해서는 저작권법 특유의 저작권 남용 이론을 발전시켜야 한다고 주장하는 견해[14]와 권리남용 이론의 지나친 세분화에 반대하는 견해[15]가 대립한다.

저작권 남용 이론을 발전시켜야 한다는 견해는 저작권 남용에 대하여 다음과 같이 설명하고 있다.

"첫째, 저작권의 남용이란 저작권의 행사가 저작권을 부여하는 공공 정책에 반하는 경우를 의미하며, 특히 저작권의 보호를 받는 부분에 대한 이용 허락 계약을 통하여 저작권의 보호를 받지 못하는 부분까지 통제하려는 시도가 여기에 해당한다. 둘째, 저작권 남용은 독점규제법 위반과는 다른 개념이므로 저작권 남용의 법리를 개발함에 있어서 독점규제법리를 참고할 수는 있겠지만 저작권법 고유의 취지를 지향하는 법리를 개발하여야 한다. 셋째, 저작권법과 특허법은 그 추구하는 공공 정책이 공통점도 있지만 다른 점도 있으므로 저작권 남용이 비록 특허권 남용에 의존하여 개발되었지만 특허권 남용의 법리와는 독자적으로 전개되어야 한다."[16]

한편 남용 이론의 세분화에 반대하는 견해는 저작권법의 본질이 표현의 다양성을 추구하므로 과학 기술과 같이 객관적 유용성을 다루는 특허와 달리 권리남용과 친하지 않고 다른 표현을 선택하기보다 그대로 채용해 이용할 만한 두드러진 표현이라면 협의의 권리남용이 문제되는 상황이 등장할 여지가 있다고 주장한다.[17]

---

14) 박준우, "저작권 남용에 관한 미국 연방항소법원의 'Lasercomb 사건'의 의미와 한계", 지식재산연구 제5권 제2호 (2010. 6.), 126면.
15) 박준석, "특허권 등 지적재산권의 남용을 긍정한 우리 판례들의 논리분석", 민사판례연구 제34편, 박영사 (2012), 993면.
16) 박준우(2010), 112면.
17) 박준석(2012), 998~1000면. 다만 이 견해는 저작권 남용에 대해서는 상세한 논의를 하고 있지 않아 협의의 권리남용이 저작권 분야에서 어떻게 문제가 될 수 있고 어떤 경우에 문제가 되는 것인지에 대한 상세한 설명은 하

결국 사법의 대원칙 중 하나인 권리남용 법리가 저작권 분야에 어떻게 적용되는지에 대한 정확한 분석이 필요하다. 일반적인 권리남용 법리에서도 핵심은 객관적 요건이라고 할 수 있다. 저작권 남용은 결국 권리남용 법리가 저작권과 관련하여 적용될 때 객관적 요건에 해당하는 개념 징표를 어떻게 도출할 것인지가 중요한 문제가 될 것이다.

3. 미국에서의 논의

1) 미국 판례

지적재산권법 분야에서 처음 남용이 문제가 된 것은 특허권 남용이다. 미국 대법원이 최초로 특허권 남용을 인정한 사례는 Morton Salt 사건[18]이다. 특허권 남용 법리를 저작권으로 확장한 것은 미국 항소법원들이다.

(1) Lasercomb 사건

제4 순회법원이 미국에서 최초로 저작권 남용 항변을 인정하였다.[19]

항소인(피고) Larry Holliday는 Holiday Steel의 대표이사이자 1인 주주이고 Job Reynolds는 이 회사의 컴퓨터 프로그래머이다. Holiday Steel과 피항소인 Lasercomb은 박스와 통으로 접기 위한 종이와 판지를 자르고 금을 내는 스틸 룰 다이(steel rule die) 제조에 있어서 경쟁 업체이다. Lasercomb은 Interact라는 프로그램을 개발하였다. 설계자가 Interact

---

고 있지 않다.

18) *Morton Salt Co. v. G. S. Suppiger Co.*, 314 U. S. 488 (1942).

19) *Lasercomb America, Inc. v. Reynolds*, 911 F. 2d 970 (CA4 1990).

로 컴퓨터 화면에서 '통 오린 것의 템플릿(a template of a cardboard cutout)'을 생성하면 Interact는 그것에 해당하는 스틸 룰 다이를 기계적으로 만든다.[20] 이러한 소프트웨어 장르는 캐드캠(CAD/CAM)[21]이라고 불린다.

Lasercomb은 Interact 출시 전에 Holiday Steel에 시험판 네 카피(copy)에 대한 라이선스를 부여하였다. Lasercomb은 권한 없이 Interact에 접근하는 것을 막는 'chronoguards'라고 불리는 보호 장치를 Interact에 적용하였다. Holiday Steel은 chronoguards를 무력화하고 권한 없이 Interact 세 카피를 만들었다. 그리고 나서 Holiday Steel은 'PDS-1000'이라고 불리는 프로그램을 만들었는데 이 프로그램은 Interact를 거의 그대로 복제한 것이었고 그것을 자체적인 캐드캠 금형 제작 소프트웨어로 출시하였다.[22]

제1심 법원은 피고들이 소프트웨어 PDS-1000을 출시하는 것을 금지시켰고 Holliday와 Reynolds는 항소하였다. 그들은 Interact를 복제하였다는 점은 다투지 않았지만 라이선시가 어떤 자체적인 캐드캠 금형 제작 소프트웨어도 만들지 못하도록 제한하는 Lasercomb의 표준 라이선스 계약의 문구에 대하여 저작권 남용 항변을 하였다.[23]

법원은 Lasercomb의 라이선스 계약이 Lasercomb의 소프트웨어에 구체화된 근본 아이디어에 대한 모든 표현을 통제하려고 하였고 아이디어는 저작권 독점의 범위 밖에 있기 때문에 Lasercomb의 라이선스 계약은 저작권 남용에 해당한다고 판결하였다.

---

20) *Id.*, p. 971.
21) 캐드캠은 'computer-aided design and computer-aided manufacturing'의 약어로서 '컴퓨터를 이용하여 제품을 설계하거나 제조하는 것'을 의미한다. 국립국어원, "표준국어대사전" 참조.
22) *Lasercomb America, Inc. v. Reynolds*, 911 F. 2d 970, 971 (CA4 1990).
23) *Id.*, p. 972.

(2) Practice Management 사건

1997년에 제9 순회법원은 제4 순회법원의 추론을 따라 저작권 남
용 항변을 명시적으로 채택하였다.[24]

미국 의학 협회(American Medical Association, AMA)는 보건 의료 재
정국(Health Care Financing Administration, HCFA)에 저작권에 의하여 보
호되는 코딩 시스템에 대한 라이선스를 부여하였다. 그 계약은 HCFA
에 사용료 없이 AMA의 코딩 시스템을 이용할 수 있는 비배타적 라이
선스를 부여하였다. 답례로 HCFA는 그 밖의 다른 어떤 코딩 시스템
도 사용하지 않기로 약속하였고 또한 에이전트가 운영하는 프로그
램에 AMA 시스템을 사용하도록 요구하기 위하여 규제 기관으로서의
권한을 행사하기로 약속하였다.[25]

AMA의 코딩 시스템 책의 가장 큰 재판매업자인 Practice Management
와 AMA 사이에 별개의 분쟁이 발생하였다. Practice Management는 확인
의 소를 제기하면서 HCFA와 AMA 사이의 라이선스 계약이 부당하게
제한적이기 때문에 AMA가 저작권을 남용하고 있다고 주장하였다.[26]
제9 순회법원은 라이선스 계약을 면밀히 검토하고 Practice Management
의 편을 들었고 HCFA가 경쟁 코딩 시스템을 사용하지 않아야 한다는
조건은 AMA 저작권의 독점력의 확장을 의미한다고 판단하였다.[27]

법원은 반독점 분석에서는 행하여졌을 AMA의 시장 지배력 또는
경쟁에 대한 사실상 효과의 정도를 살피지는 않았다. 대신에 법원은
계약 문구만 심리하고 나서 경쟁자들보다 실질적이고 불공정한 이
점을 AMA에 주는 라이선스 계약의 분명한 악영향에 주목하였다.[28]

---

24) *Practice Management Information Corp. v. American Medical Ass'n*, 121 F. 3d 516
   (CA9 1997).
25) *Id.*, pp. 517-518.
26) *Id.*, p. 518.
27) *Id.*, p. 521.
28) *Id.*

법원은 경쟁 우위를 차지하려는 이러한 저작권 행사가 저작권에 구
체화된 공공 정책에 위반된다고 추론하였다.[29]

(3) 평가

Lasercomb 법원과 Practice Management 법원은 원고가 독점금지법을
위반하거나 부당하게 제한적인 저작권 라이선스 계약을 체결할 때
저작권 남용이 존재한다고 판단하였다. 그러나 어느 법원도 지금까
지 '부당하게 제한적인 라이선스'의 경계 또는 언제 라이선스 또는
그 밖의 다른 위법행위가 공공 정책이라는 무정형 개념에 위반되는
지 분명하게 설명하지 않았다.[30]

법원들이 반복적으로 남용은 반독점과 다르다고 표명하면서 여
전히 어떤 라이선스 계약이 공공 정책에 반하는지를 판단함에 있어
서 반독점과 같은 심리에 의존하기 때문에 혼란이 발생한다. 대부분
의 법원은 라이선스 계약이 외관상 부당하게 제한적이기 때문에 저
작권 남용에 해당하는지 판단함에 있어서 독점금지법의 당연(per se)
위법의 원칙을 흉내 낸다. 어느 법원도 아직 독점금지법의 합리의
원칙(rule of reason)과 유사한 분석을 채택함으로써 라이선스 조항의
효과를 규명하는 것이 필요하다고 판단하지 않았고 대신에 공공 정
책에 초점을 맞추었다. 결과적으로 '공공 정책' 남용 판례법은 터무
니없는 남용 사례, 즉 특정 라이선스 조항이 도를 넘어선 것이 분명
한 경우를 식별하는 데만 도움이 된다. 라이선스 조항 자체의 문구
가 결정적이지 않은 더 정교한 사례에 접근하는 방법에 대한 길잡이
는 없다.[31]

독점금지법 위반이 저작권 배후의 공공 정책에 위배되면 저작권

---

29) Id.
30) In re Napster, Inc. Copyright Litigation, 191 F. Supp. 2d 1087, 1105 (ND Cal. 2002).
31) Id.

남용을 야기할 수 있다.[32] 그러나 일반적인 독점금지법 위반만으로는 충분하지 않다. 경쟁 제한 행위와 저작권에 의하여 보호되는 자료에 대한 원고의 파워 사이의 관련성을 증명하여야 한다.[33]

저작권 남용은 원고가 공익에 반하는 권리를 사용하는 경우 법원이 적절하게 도움을 주지 않는다는 에쿼티에 따른 원칙으로부터 확장된 것이다.[34] 남용은 저작권을 무효로 만드는 원인이 아니라 남용 기간 동안 그 집행을 배제할 뿐이다.[35] 저작권자가 공공 정책에 반하는 방식으로 저작권을 행사하는 경우에 저작권 남용이 인정된다.[36] 남용은 종종 저작권자가 경쟁 제한적 행위에 종사하는 경우에도 존재한다. 저작권이 저작권법에 구체화된 공공 정책에 반하는 방식으로 행사되고 있는지 여부가 중요하다.[37] 저작권법의 궁극적 목적은 일반적인 공익을 위한 예술적 창작성을 자극하는 것이고[38] 저작권의 목적은 창작과 자유로운 표현의 전파를 촉진하는 것이다.[39] 미국 헌법은 저작권의 목적과 가치를 강조하고 남용에 의하여 야기된 해악은 저작권의 유용성을 훼손한다.[40]

경쟁 제한적 라이선스 계약은 공중으로부터 장래 경쟁자의 창조성을 박탈함으로써 저작권을 보호하는 목적과 상충할 수 있다. 공정이용 원칙이 인정되고 사실 및 아이디어에 저작권이 부여되지 않는

---

32) *Lasercomb America, Inc. v. Reynolds*, 911 F. 2d 970, 977 (CA4 1990). 독점금지법은 공공 정책이 법률에 구체화된 것이다.

33) *Orth-O-Vision, Inc. v. Home Box Office*, 474 F. Supp. 672, 686 (SDNY 1979).

34) *Morton Salt Co. v. G. S. Suppiger Co.*, 314 U. S. 488, 492 (1942).

35) *Practice Management Information Corp. v. American Medical Ass'n*, 121 F. 3d 516, 520 n. 9 (CA9 1997).

36) *Lasercomb America, Inc. v. Reynolds*, 911 F. 2d 970, 979 (CA4 1990).

37) *Id.*, p. 978.

38) *Sony Corp. of America v. Universal City Studios, Inc.*, 464 U. S. 417, 432 (1984).

39) *Eldred v. Ashcroft*, 537 U. S. 186 (2003).

40) *Video Pipeline, Inc. v. Buena Vista Home Entertainment, Inc.*, 342 F. 3d 191, 204 (CA3 2003).

이유도 저작권 보호를 이 영역에 적용하면 저작권의 헌법상 목적과 상충되기 때문이다. 그러나 저작권자는 경쟁 제한적 행위에 종사하지 않거나 공정 이용 원칙 및 아이디어·표현 이분법에 영향을 주지 않으면서도 저작권을 이용하여 다른 사람의 창작적 표현을 억누르는 것이 가능하다.[41)

예를 들어 Rosemont Enterprises 사건[42)의 보충 의견은 더러운 손 원칙(unclean hands doctrine)에 따라 지방법원은 저작권자가 정보의 전파를 억누르기 위하여 저작권을 행사하려는 경우 저작권 침해자라고 주장되는 사람에 대하여 금지 가처분 명령을 내리지 말았어야 했다고 결론지었다.[43) 이 사건에서 매스컴을 기피하는 Howard Hughes를 대리하는 회사가 오로지 곧 있을 Hughes 전기의 발행을 금지하기 위한 침해의 소를 제기하려고 Hughes에 관한 기사에 대한 저작권을 양수하였다.[44) 보충 의견은 "누군가가 상당히 다른 성질의 이익을 보호하기 위하여 설계된 저작권법을 이용하고자 할 때 법원이 적어도 일반적인 관심사에 대한 공중의 알 권리를 방해하려는 시도를 용인해서는 안 된다는 한도에서 수정 헌법 제1조의 정신은 저작권법에 적용된다."라고 추론하였다.[45)

비록 Rosemont Enterprises 법원이 전형적인 남용 사례에서처럼 경쟁 제한적 라이선스 계약을 우려하지는 않았지만 이 법원은 공익을 위한 창작적인 표현의 창고를 증가시키려는 저작권의 목표를 붕괴시키려고 하는 저작권자의 시도에 초점을 맞추었다.[46) 공익에 중요한 표현을 억누르려고 하는 저작권자의 시도는, 경쟁 제한이 그런

---

41) Id., pp. 204-205.
42) Rosemont Enterprises, Inc. v. Random House, Inc., 366 F. 2d 303 (CA2 1966).
43) Id., p. 311.
44) Id., p. 313.
45) Id., p. 311.
46) Id.

것처럼, 창작 및 공중에게 창작적 활동을 전파하는 것을 장려하려는 저작권의 정책 목표를 전복시킬 수 있다.[47]

결론적으로 미국 법원은 저작권 남용 판단에 있어서 다르지만 밀접하게 연관된 두 가지 접근법을 활용한다.[48]

저작권자의 저작권 행사가 저작권 남용에 해당하기 위해서는 피고는 (1) 원고가 독점금지법을 위반하였다는 사실 또는 (2) 원고의 저작권 행사가 위법하게 저작권의 범위를 넘어 저작권 독점을 확장하였거나 저작권법의 기초가 되는 공공 정책에 위반된다는 사실을 증명하여야 한다.[49]

첫 번째 접근법은 법원이 저작권 남용 원칙을 적용하려면 원고가 독점금지법에 위반하였다고 판단할 것을 요구한다.[50] 이 접근법은 일정한 행위를 당연 저작권 남용이라고 지칭하고 그 밖의 다른 행위에 대해서는 합리의 원칙을 사용한다.[51] 합리의 원칙 테스트에 해당하는 행위에 대해서 법원은 먼저 제한이 저작권 독점의 범위 내에 있는지 여부를 묻는다. 그러하다면 그 행위는 당연 합법이다. 그렇지 않다면 법원은 다시 그 행위가 경쟁을 촉진하는지 제한하는지 여부를 묻는다. 라이선스 조항과 같은 특정한 행위가 경쟁을 제한하면 그것은 저작권 남용이다.[52]

---

47) *Video Pipeline, Inc. v. Buena Vista Home Entertainment, Inc.*, 342 F. 3d 191, 205-206 (CA3 2003).

48) *In re Napster, Inc. Copyright Litigation*, 191 F. Supp. 2d 1087, 1103 (ND Cal. 2002).

49) Burk (2003), p. 1124.

50) *Saturday Evening Post Co. v. Rumbleseat Press, Inc.*, 816 F. 2d 1191, 1200 (CA7 1987).

51) Brett Frischmann & Dan Moylan, *The Evolving Common Law Doctrine of Copyright Misuse: A Unified Theory and Its Application to Software*, 15 Berkeley Tech. L. J. 865, 898 (2000).

52) *In re Napster, Inc. Copyright Litigation*, 191 F. Supp. 2d 1087, 1103 n. 10 (ND Cal. 2002).

제9 순회법원이 채택한 두 번째 접근법은 공공 정책에 초점을 맞추고 반독점 접근법보다 더 넓은 범위의 행위에 적용된다.[53] '공공 정책' 접근법에 따르면 원고가 법률이 정한 저작권 독점의 범위를 넘는 영역을 통제하기 위하여 그 독점을 확장할 때 저작권 남용이 존재한다. 이 테스트는 원고의 저작권 사용이 저작권에 구체화된 공공 정책에 위반되는지 여부에 관한 것이지 그 이용이 경쟁 제한적인지 여부에 관한 것은 아니다. 그러나 실제로 이 테스트는 종종 적용하기가 어렵고 불가피하게 법원이 어느 정도 반독점 원칙에 의존할 것을 요구한다.[54]

2) 학설

원고가 아이디어의 자유로운 거래를 억누르기 위하여 저작권 파워를 부적절하게 사용한 경우 저작권 남용 항변의 적용을 지지하는 견해가 있다. 이 견해는 다음과 같이 설명한다. "저작권 남용 원칙은 아이디어의 전파에 대한 공익을 정당화함에 있어서 아이디어·표현 이분법과 공정 이용 원칙에 필요한 보완을 제공한다. 아이디어·표현 제한은 단순히 소송에서 문제가 된 특정 저작권의 범위를 제한할 뿐이고 부적절한 라이선스 제한 또는 그 밖의 다른 위법행위에 영향을 끼칠 수 없다. 남용 항변과 마찬가지로 공정 이용 원칙은 아이디어의 확산을 촉진하는 저작권 정책을 정당화하기 위하여 침해가 되었을 복제 행위를 용납한다. 그러나 남용 원칙과 달리 공정 이용 심리는 법원이 원고의 저작권 행사에 의하여 야기된 사회적 해악보다는 피고 행위의 사회적 가치에 관심을 기울이게 한다."[55]

---

53) *Practice Management Information Corp. v. American Medical Ass'n*, 121 F. 3d 516 (CA9 1997).

54) *In re Napster, Inc. Copyright Litigation*, 191 F. Supp. 2d 1087, 1103 (ND Cal. 2002).

3) 소결

지금까지 미국 판례에서 등장한 저작권 남용 법리는 아직도 그 윤곽이 형성되고 있는 미완성의 법리이다.[55] 그러나 대체로 저작권의 행사가 독점금지법에 위반되거나 공공 정책에 반하는 경우에 저작권 남용이 적용된다고 할 수 있다. 공공 정책에 반하는 경우에는 저작권법이 보호하지 않는 영역에까지 저작권을 확장시키려고 함으로써 저작권의 본질 내지 목적에 위반하거나 헌법상 표현의 자유의 일환인 아이디어의 자유로운 전파를 방해하는 행위가 포함된다고 말할 수 있다.

4. 저작권 남용의 객관적 요건

한국에서 저작권 남용이 인정된 사례와 미국의 사례로부터 저작권과 관련된 권리남용의 객관적 요건을 도출해 보자.

첫째, 저작권의 행사가 저작권 제도의 취지와 저작권법의 목적에 반하는 경우가 이에 해당한다고 할 수 있다. 저작권법이 인정하는 저작권의 보호 범위를 벗어나 저작권을 행사하는 경우라고 할 수 있다. 저작물이 새겨진 상품의 판매를 금지하기 위하여 저작권을 행사하는 경우, 계약을 이용하여 저작권 존속기간이 만료하여 공공 영역에 포함된 저작물에 대하여 저작권을 행사하는 경우가 이에 해당할 수 있다. 저작권의 보호 범위에 상품 판매 금지나 존속기간이 만료된 저작물의 이용 금지는 포함되지 않기 때문이다.

---

55) Note, *Clarifying the Copyright Misuse Defense: The Role of Antitrust Standards and First Amendment Values*, 104 Harv. L. Rev. 1289, 1304-1306 (1991).

56) *MDY Industries, LLC v. Blizzard Entertainment*, 629 F. 3d 928, 941 (CA9 2010); Burk (2003), p. 1126.

둘째, 저작권의 행사가 공익 또는 공공 정책에 반하는 경우가 이에 해당한다고 할 수 있다. 저작권법 이외에 공익 또는 공공 정책을 추구하는 다른 법률에 위반한 경우, 예를 들어 저작권의 정당한 행사라고 할 수 없어 공정거래법이 적용되는 저작권의 행사, 방송법에 위반하여 공익을 해하는 저작권의 행사 등이 이에 해당한다.

5. 기술적 보호조치에 권리남용이 적용될 수 있는지 여부

1) 견해의 대립

제9 순회법원은 MDY 사건에서 접근통제조치의 무력화 금지 규정이 저작권 침해와 구별되는 권리를 만들기 때문에 저작권 남용을 다룰 필요가 없다고 판결하였다.[57] 이 판결은 명시적으로 설시하지는 않았지만 기술적 보호조치와 관련해서는 저작권 남용 법리가 적용되지 않는다는 전제에 서 있는 것으로 보인다.

한편 남용 법리가 기술적 보호조치와 관련하여 인정될 수 있다는 견해를 살펴보면 다음과 같다.

남용 원칙은 디지털 콘텐츠의 라이선스 남용을 억제하기 위하여 이용될 수 있다는 견해에 따르면 라이선스 남용은 '수축포장(shrinkwrap)' 라이선스 또는 대량 판매 시장 라이선스가 저작권의 범위를 넘는 경우에 발생하며 여기에는 기술적 보호조치의 도입으로 야기된 남용이 포함된다.[58] 또한 기술적 보호조치에 대한 특허권 또는 저작권이

---

57) *MDY Industries, LLC v. Blizzard Entertainment*, 629 F. 3d 928, 941, 951 n. 13 (CA9 2010).

58) Mark A. Lemley, *Beyond Preemption: The Law and Policy of Intellectual Property Licensing*, 87 Cal. L. Rev. 111, 151-158 (1999); J. H. Reichman & Jonathan A.

기술적 보호조치의 무력화를 저지하고 보호되는 저작물의 리버스
엔지니어링을 막기 위하여 사용될 경우 특허권 또는 저작권 남용이
작동할 수 있다는 견해도 있다.[59]

한편 DMCA는 기술적으로 보호되는 저작물에 대한 접근뿐만 아니
라 콘텐츠 보호와 관련한 부수적 기술을 통제하는 새로운 배타적 권
리를 부여한다는 전제에서 무력화 금지권으로 영향력을 행사하는
사례에서 무력화 금지권 또는 준저작권에 대한 남용 항변을 인정하
여야 한다는 견해가 있다.[60]

2) 평가

저작물에 기술적 보호조치를 적용함으로써 취득하는 무력화 금
지권 또는 도구 거래 금지권을 취득하는 저작권자의 권리 행사가 저
작권의 직간접적인 보호라는 기술적 보호조치 제도의 취지나 목적
을 벗어날 경우에는 권리남용이 적용될 여지가 있다.

기술적 보호조치를 법적으로 보호하는 이유는 디지털 시대에 디
지털 저작물에 적용된 기술적 보호조치를 보호함으로써 궁극적으로
는 디지털 저작물을 보호하기 위한 것이다. 기술적 보호조치를 법적
으로 보호하게 되면 디지털 시대에 저작권자는 모든 디지털 저작물
에 기술적 보호조치를 취함으로써 자신의 저작물을 보호하려고 할
것이다. 그렇게 되면 공공 영역에 해당하는 자료에 대해서도 기술적

Franklin, *Privately Legislated Intellectual Property Rights: Reconciling Freedom of Contract with Public Good Uses of Information*, 147 U. Penn. L. Rev. 875, 922-925 (1999).

59) Julie E. Cohen, *Reverse Engineering and the Rise of Electronic Vigilantism: Intellectual Property Implications of "Lock-Out" Programs*, 68 S. Cal. L. Rev. 1091, 1096-1097 (1995).

60) Burk (2003), p. 1132.

보호조치의 효력이 미칠 수 있다. 이 경우에는 저작권법의 두 축 중 하나인 이용자의 저작물 이용 활성화라는 측면에서 부작용이 발생한다. 따라서 기술적 보호조치의 법적 보호를 위한 법체계는 이용자의 정당한 이익을 고려하여 무력화 금지와 도구 거래 금지에 대하여 예외를 인정하고 있다.

만일 저작권자가 보호받을 가치가 있는 표현이 미미한 기능적 저작물에 기술적 보호조치를 적용하였다고 가정해 보자. 주로 프로그램이 이러한 경우에 해당한다고 할 수 있다. 프로그램이 내장된 제품을 유지하고 보수하기 위해서는 소모품이나 부품의 교체가 필요하다. 이 제품의 제조업체는 소모품 또는 부품 시장을 독점하기 위하여 제품 내부에 저작물을 삽입하고 제품과 부품 사이의 호환을 보장하기 위하여 기술적 보호조치를 적용한다. 이때 제조업체는 기능적 저작물에 불과한 프로그램의 보호에 관심이 있는 것이 아니라 제품과 부품 사이의 호환에 관심이 있고 나아가 부품 시장으로부터 독점적인 이익을 얻으려는 목적을 가지고 있는 것이다.

저작권자가 부품 시장에 대한 독점적 지위를 누리고 이익을 극대화하기 위한 방책의 일환으로 기술적 보호조치를 이용하는 경우 그러한 사업 모델이 위법하다고 할 수 없고 그러한 전략을 구사하는 저작권자가 법적으로 아무런 보호를 받을 수 없다고 할 수도 없다. 그러나 이러한 경우에 저작권자가 기술적 보호조치 위반 책임을 묻는 청구를 인용하게 되면 결국 그 피해는 더 비싼 가격의 부품을 사서 쓸 수밖에 없는 이용자에게로 돌아갈 것이고 부품 시장의 공정하고 자유로운 경쟁에도 악영향을 미치게 된다. 따라서 기술적 보호조치의 무력화와 무력화 도구의 거래에 대하여 예외를 인정함으로써 저작권자의 이익뿐만 아니라 이용자의 이익도 함께 도모하려고 하는 저작권법의 목적이나 취지 및 부품 시장에서의 공정하고 자유로운 경쟁에 미치는 영향에 비추어 볼 때 저작권자가 기술적 보호조치와 관련된 권리를 행사하는 것이 정당하다고 할 수 없는 경우에는 권리남용 항변이 인정될 여지가 있다.

결론적으로 저작권자가 기술적 보호조치를 적용한 프로그램이 기능적 저작물로서 프로그램 자체의 가치가 적기 때문에 저작권자가 프로그램으로부터 얻을 수 있는 이익이 미미하고 저작권자가 프로그램이 포함된 제품 시장의 독점을 누리거나 공정한 경쟁을 제한하거나 그 밖에 저작권 보호와 무관한 목적을 달성하기 위하여 기술적 보호조치를 적용한 경우 저작권자가 기술적 보호조치 규정 위반을 이유로 권리 행사를 하게 되면 외형상 기술적 보호조치와 관련된 권리의 행사라고 할 수 있지만 기술적 보호조치의 법적 보호 제도의 취지를 벗어나 이 제도의 본질적 목적에 반한다고 할 수 있다. 따라서 이러한 경우에는 권리남용 항변이 적용될 수 있다고 생각한다.

3) 권리남용 항변이 가능한 사례

지금까지 기술적 보호조치와 관련하여 공정 이용, 경쟁 제한적 행위 등 여러 가지 문제를 제기하면서 나타난 사례 가운데 권리남용 법리가 적용될 만한 구체적인 몇 가지 사례를 고찰해 보기로 한다.

(1) 스마트폰 탈옥 사례

먼저 스마트폰 탈옥과 관련하여 탈옥 도구를 이용하여 스마트폰의 펌웨어를 무력화하는 것은 예외 고시에 규정되어 있는 예외 사유에 해당하기 때문에 허용된다. 그러나 탈옥 도구를 개발하고 제공한 사람은 도구 거래 금지에 대한 예외 중 이에 해당하는 사유가 없기 때문에 원칙적으로 도구 거래 책임을 지게 된다.

도구 거래 책임은 방조 책임과 그 성격이 비슷하다. 그런데 직접 행위자에 해당하는 이용자 또는 소비자의 탈옥이라는 무력화 행위는 무력화 금지에 대한 예외 사유에 해당하기 때문에 무력화 책임이 없고 또한 탈옥 과정에서 일어나는 펌웨어라는 저작물의 복제 또는 그 저작물에 대한 2차적 저작물의 작성은 각각 사적 이용을 위한 복제 또는 공정 이용에 해당하기 때문에 저작권 침해가 발생할 여지가 없다. 펌웨어는 스마트폰에 내장되어 스마트폰을 운영하는 프로그램에 불과하기 때문에 일반 소비자가 탈옥을 통하여 펌웨어를 복제한 후 그것을 유포할 가능성도 희박하다. 이 경우 펌웨어에 적용된 접근통제조치가 저작권 침해와 관련성이 없기 때문에 그 접근통제조치는 저작권법에 의하여 보호되는 접근통제조치라고 할 수 없다. 이 해석에 따르면 탈옥 도구를 제공한 사람도 도구 거래 책임을 지지 않는다.

그러나 이러한 해석과 달리 저작권 침해 관련성이 필요 없다고 해석하는 견해 또는 무력화 과정에서 발생하는 펌웨어의 복제나 개작이 침해는 아니지만 접근통제조치가 복제권 또는 2차적 저작물 작성권의 행사와 관련되기 때문에 저작권법에 의하여 보호되는 접근통제조치라고 해석하는 견해에 따르면 탈옥 도구를 거래한 사람은 도구 거래 책임을 질 수밖에 없다. 이때 펌웨어의 저작권자가 도구 거래 책임을 묻는다면 권리남용 항변을 할 수 있다고 생각된다. 저작권자가 펌웨어에 접근통제조치를 적용한 진정한 이유는 펌웨어라는 저작물을 보호하기 위한 것이라기보다는 저작권자가 승인하지 않은 앱을 스마트폰에 설치할 수 없도록 함으로써 스마트폰 생태계의 완전성을 보전하려는 것이라고 할 수 있다.[61] 이러한 이유나 목적은 이용자의 비침해적 이용을 불가능하게 함으로써[62] 저작권법의

---

61) 2010 Final Rule, p. 43830.
62) 일반 소비자들은 탈옥 도구가 없으면 실제로 스마트폰 탈옥을 하기가 매우 어렵기 때문에 도구 거래 책임이 인정되면 간접적으로 이용자의 탈옥을 억제하는 결과를 초래하게 된다.

목적에 반할 뿐만 아니라 저작권의 직간접적인 보호라는 기술적 보호조치 제도의 취지에도 반하기 때문에 저작권자가 제104조의2 위반 책임을 묻는 것은 권리남용에 해당한다고 볼 수 있다.

(2) DVD 또는 블루레이 디스크의 지역 코드 사례

DVD 또는 블루레이 디스크의 지역 코드는 정당한 이용자가 특정한 지역 코드를 가진 DVD 또는 블루레이 디스크만 재생하도록 암호화된 기계에서 다른 지역에서 구입한 DVD 또는 블루레이 디스크에 있는 외국 영화가 재생되는 것을 막는다.[63]

DVD 지역 코드 시스템은 DVD에 있는 지역 코드 플래그(flag)와 승인된 DVD 플레이어에 의하여 수행되는 지역 코드 체크라는 두 가지 요소로 이루어진다. 승인된 플레이어에 의하여 수행되는 지역 코드 체크는 DVD에서 해당 지역 코드 플래그가 발견되지 않으면 플레이어가 DVD 콘텐츠를 재생하지 못하도록 설계되어 있다. 정상적인 작동 과정에서 플래그를 지역 코드 체크에 적용하는 과정은 디스크 지역과 플레이어 지역이 일치하면 접근을 허용하는 방식으로 이루어진다.[64] 따라서 DVD 지역 코드는 접근통제조치에 해당한다.

미국에서는 접근통제조치의 무력화 금지에 대한 예외 사유를 정하기 위한 2000년, 2003년, 2006년 행정입법 절차에서 DVD 지역 코드에 대한 무력화를 허용해 달라는 제안이 있었으나 모두 채택되지 않았다.[65] 특히 2000년 행정입법 절차에서 저작권청장은 DVD 플레이어에 제한된 횟수[66]만큼 지역 코드의 리셋을 할 수 있는 기능이 있다

---

63) 2000 Final Rule, p. 64569.
64) 2003 Recommendation, p. 121.
65) 2010 Final Rule, p. 64569; 2003 Final Rule, p. 62016; 2006 Final Rule, p. 68478.
66) 통상 다섯 번의 횟수 제한이 있는데 공인 딜러의 도움을 받아 스물다섯 번까지 변경할 수 있다. 2003 Recommendation, p. 123 n. 219.

는 점과 다른 지역 코드를 가진 플레이어를 살 수 있다는 점을 대표적인 거절 사유로 들었다.

그러나 리셋 기능을 모두 사용하고 나면 결국 나중에는 DVD 플레이어의 지역 코드가 하나로 고정되기 때문에 그 이후에는 여전히 문제가 되고 외국에서 DVD를 살 때마다 그 DVD를 재생할 수 있는, 그 지역에 해당하는 플레이어를 함께 사야 한다는 것은 일종의 끼워팔기라고 하지 않을 수 없다. 더구나 DVD보다 DVD 플레이어의 가격이 현저히 높다는 것을 고려하면 이러한 거절 이유는 매우 부적절하다.

저작권자가 DVD에 지역 코드를 달리하여 판매하는 이유는 DVD에 담겨 있는 영화 저작물의 보호를 위한 것이 아니라 지역에 따라 가격 차별 정책을 사용하여 이익을 극대화하기 위한 것이다. DVD 지역 코드를 무력화하더라도 소비자가 그 DVD를 이용하는 것은 단순히 시청하는 것에 불과하다. 이러한 이용은 저작권을 구성하는 개별 권리의 행사와 관련된 것이 아니다. 따라서 이 접근통제조치는 저작권법에 의하여 보호될 수 없고 지역 코드가 해제된 플레이어와 해제 기능이 있는 소프트웨어를 제공하는 사람도 제104조의2 제2항 위반 책임을 지지 않는다고 생각한다.

호주 저작권법은 아예 영화 또는 컴퓨터 프로그램(컴퓨터 게임을 포함한다)을 통제하거나 저작권을 이루고 있는 행위의 실행을 막거나 제한하는 장치, 제품, 기술 또는 부품이 호주 이외에서 취득한 비침해적 복제물을 호주 내에서 재생하는 것을 막음으로써 지역적 시장 분할을 통제하는 경우에는 기술적 보호조치에 포함되지 않는다고 규정함으로써[67] 접근통제조치에서 지역 코드를 명시적으로 제외하고 있다.

그러나 저작권 침해 관련성을 부정하는 견해에 따르면 DVD 지역

---

[67] 호주 저작권법(Copyright Act 1968, Act No. 33, 2016) 제10조 제1항.

코드 시스템은 보호되는 접근통제조치에 해당하고 이미 시중에서
유통되고 있는 지역 코드가 해제된 DVD 플레이어 또는 인터넷에서
구할 수 있는, 컴퓨터용 DVD 드라이브의 지역 코드를 해제시킬 수
있는 소프트웨어는 접근통제조치를 무력화하는 도구에 해당한다.
따라서 DVD 플레이어의 제조업체와 지역 코드 해제 소프트웨어의
개발자는 도구 거래 책임을 질 수밖에 없다. 그러나 이러한 결과는
부당하다.

소비자가 해외여행을 하면서 또는 국내에서 인터넷 쇼핑을 통하
여 합법적으로 지역 코드가 다른 국가의 DVD를 구입할 수 있다. 소
비자가 소유하고 있는 DVD 플레이어의 지역 코드 리셋 기능의 횟수
가 다 소진된 경우라면 소비자가 DVD를 보기 위해서는 그 DVD의 지
역 코드와 동일한 지역 코드를 가진 새 DVD 플레이어를 사야만 한다.

저작권자가 지역 분할 및 제한을 통하여 지역마다 서로 다른 가
격 정책을 실시하여 이윤을 극대화하려는 이익 못지않게 소비자가
합법적으로 구입한 비침해적 복제물인 DVD에 담긴 영화에 접근하여
그 영화를 볼 수 있는 이익 역시 중요하다. 또한 소비자는 자신이 살
고 있는 국가에서 판매되는 DVD보다 더 저렴한 가격으로 외국에서
동일한 DVD를 사는 경우도 있지만 다른 국가에서 출시한 DVD에 더
많은 내용이 담겨 있기 때문에 그 DVD를 구입할 수도 있다. 예를 들
어 미국 영화 DVD에는 그 영화 제작 과정을 보여 준다든지 그 영화
에 출연한 배우의 인터뷰가 실리는 데 반하여, 같은 영화에 대하여
한국에서 판매되는 DVD에는 그러한 내용이 없을 수도 있다.[68]

결국 저작권자가 DVD에 지역 제한을 가하는 것은 기술적 보호조
치의 취지와 무관하게 이용자의 저작물 이용을 심각하게 제한하기
때문에 저작권자가 지역 코드가 해제된 DVD 플레이어의 제조업체

---

68) 2000 Final Rule, p. 64569.

또는 지역 코드 해제 소프트웨어의 개발자를 상대로 도구 거래 책임을 묻는다면 피고는 권리남용 항변을 할 수 있다고 생각한다.

(3) 프로그램코드역분석 이후의 무력화 사례

앞에서 프로그램코드역분석에 관한 상세한 논의를 하였다. 호환 정보를 얻기 위하여 최초로 이루어지는 무력화는 프로그램코드역분석 예외에 해당하기 때문에 허용되지만 그 이후에 호환 정보를 이용하여 개발한 경쟁 제품을 사용하는 과정에서 이루어지는 무력화나 그러한 경쟁 제품을 판매하는 행위에 대해서는 아무런 규정이 없다.

저작권자가 호환 기능을 담당하는 프로그램의 보호에는 관심이 없고 경쟁 제품의 제조업체의 공정한 경쟁을 제한하기 위하여 접근통제조치를 취하는 경우에 해당하는 경우에는 권리남용 항변이 인정되어야 한다고 생각한다.

제5절 소결

저작권의 행사가 저작권 제도의 취지와 저작권법의 목적에 반하는 경우 또는 공익이나 공공 정책에 반하는 경우 저작권 항변이 가능하다. 저작권 남용은 객관적 요건만으로 충분하고 주관적 요건은 필요 없다.

마찬가지로 저작권자가 기술적 보호조치를 적용한 프로그램이 기능적 저작물로서 프로그램 자체의 가치가 적기 때문에 저작권자가 프로그램으로부터 얻을 수 있는 이익이 미미하고 저작권자가 프로그램이 포함된 제품 시장의 독점을 누리거나 공정한 경쟁을 제한하거나 그 밖에 저작권 보호와 무관한 목적을 달성하기 위하여 기술적 보호조치를 적용한 경우 저작권자가 기술적 보호조치 규정 위반을 이유로 하는 권리 행사에 대하여 권리남용 항변이 적용될 수 있다. 특히 저작권자가 공정한 경쟁을 제한하기 위하여 제품에 호환과 관련된 기술적 보호조치를 적용한 경우 경쟁 업체가 호환 가능한 부품을 생산하여 판매하는 것과 소비자가 그 부품을 구입하여 사용하는 것에 대하여 프로그램코드역분석 항변이 적용될 수 없다. 부품을 판매하는 것과 부품의 구매자가 그 부품을 제품에 사용하는 것은 프로그램코드역분석을 하는 것이 아니라 무력화를 통하여 생산된 부품을 판매하고 사용하는 것에 불과하기 때문이다.

스마트폰 탈옥 도구의 거래 책임에 대해서도 권리남용 법리가 적용될 수 있다. 저작권자가 스마트폰 펌웨어의 보호에 관심이 있는 것이 아닐 뿐만 아니라 이용자의 비침해적 이용을 불가능하게 함으로써 저작권법의 목적에 반하고 저작권 보호라는 기술적 보호조치 제도의 취지에도 반하기 때문이다. 또한 DVD 또는 블루레이 디스크의 지역 코드와 관련해서도 저작권자의 지역 제한은 저작권 보호와

무관하게 이용자의 저작물 이용을 심각하게 제한하기 때문에 권리
남용 법리가 적용될 수 있다.

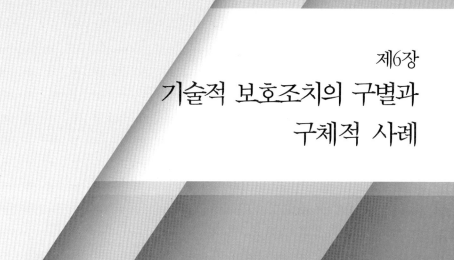

제1절 서설

기술적 보호조치가 접근통제조치인지 권리통제조치인지에 따라 그 법적 보호 범위가 다르다. 접근통제조치의 무력화는 금지되지만 권리통제조치의 무력화는 허용되기 때문이다. 또한 기술적 보호조치가 접근통제조치인지 권리통제조치인지에 따라 기술적 보호조치의 무력화 도구의 거래 금지에 대하여 허용되는 예외 사유에 차이가 있다. 따라서 어떠한 기술적 보호조치가 접근통제조치와 권리통제조치 중 어디에 해당하는지 구별하는 것은 그 의미가 있다.

접근통제조치는 저작권의 행사와 관련하여 저작물에 대한 접근을 효과적으로 통제하는 기술적 조치이므로 어떤 기술적 보호조치가 접근통제조치인지 판단하기 위해서는 '접근'이라는 개념과 저작권 행사와의 관련성을 이해하여야 한다.

한편 어떤 기술적 보호조치가 저작권에 대한 침해 행위를 효과적으로 통제하는 기술적 조치인 권리통제조치인지 여부를 판단하기 위해서는 '저작권에 대한 침해 행위를 통제한다는 것'의 의미를 파악하여야 한다. 그런데 이하에서 보게 되는 것처럼 권리통제조치인지 여부에 대한 판단에서 사실적 판단에 더 비중을 두고 기술적 조치의 기능에 초점을 맞출 것인지 규범적 판단에 더 비중을 두고 기술적 조치의 실질적 효과에 초점을 맞출 것인지에 대한 결정이 필요하다.

이 장에서는 먼저 기술적 보호조치의 구별과 그 기준에 관하여 논의하기로 한다. 다음으로 본 연구에서 제안된 축소해석, 입법론 등 여러 가지 주장의 결과를 실제 다양한 사례에 적용해 보기로 한다. 이 과정에서 본 연구자의 입장에서 실제 판결의 결과에 대하여 비판적으로 고찰하기로 한다.

제2절 기술적 보호조치의 구별

1. 의의

기술적 보호조치는 접근통제조치와 권리통제조치로 구별된다.[1] 접근통제조치를 무력화하는 행위는 금지되지만 권리통제조치를 무력화하는 행위는 금지되지 않는다.[2] 이 점에서 접근통제조치는 권리통제조치보다 법적으로 더 강한 보호를 받는다고 할 수 있다. 다만 1) 암호화 연구, 2) 미성년자 보호, 3) 개인 식별 정보의 보호, 4) 국가의 법 집행, 5) 도서관의 저작물 구입 결정, 6) 프로그램코드역분석, 7) 보안 검사 및 8) 예외 고시에 따른 예외 사유에 해당할 경우에는 접근통제조치의 무력화가 허용된다.[3]

한편 기술적 보호조치의 무력화 도구의 거래도 금지되는데 이 금지는 접근통제조치와 권리통제조치 모두에 적용된다.[4] 그러나 접근통제조치와 관련해서는 암호화 연구, 미성년자 보호, 국가의 법 집행, 프로그램코드역분석, 보안 검사 등 다섯 가지 사유에 무력화 도구의 거래가 허용되고, 권리통제조치와 관련해서는 국가의 법 집행과 프로그램코드역분석에 해당하는 경우에만 무력화 도구의 거래가 허용된다.[5] 도구 거래 금지에 대한 예외 사유의 개수가 더 적다는 점에서 일면 권리통제조치가 접근통제조치보다 더 강한 보호를 받는다고 할 수 있다.[6]

---

1) 저작권법 제2조 제28호.
2) 저작권법 제104조의2 제1항.
3) Id.
4) 저작권법 제104조의2 제2항.
5) 저작권법 제104조의2 제3항.
6) 우리나라의 입법 이유서에는 이와 관련한 이유가 설명되어 있지 않다. 미

　　그러나 암호화 연구 예외 사유의 주체는 암호 기술이 적용된 저
작물을 정당하게 취득한, 암호 분야의 연구에 종사하는 사람이고[7]
보안 검사 예외 사유의 주체는 컴퓨터 또는 정보통신망의 소유자[8]
로부터 정당한 권한을 받은 사람이다.[9] 두 가지 예외 사유는 모두
컴퓨터와 관련된 전문가를 대상으로 무력화를 허용하고 있다. 따라
서 일반적인 이용자가 이 두 가지 예외 사유의 혜택을 받는 경우는
상정하기 힘들다. 또한 미성년자 보호 예외 사유는 미성년자가 유해
한 저작물에 "접근하는 것을 방지하기 위하여" 마련된 것이기 때문
에 이 예외 사유는 접근통제조치와만 관련된 것이다.[10] 결국 권리통
제조치와 관련해서는 적용되지 않고 접근통제조치와 관련해서만 적
용되는 도구 거래 금지에 대한 예외 사유 세 가지는 도구 거래 금지
와 관련된 법적 보호 강도의 측면에서 실질적으로 차이를 발생시킨
다고 생각하기 힘들다. 따라서 전체적인 법적 보호 강도를 실질적으
로 결정하는 것은 무력화 금지 여부라는 사실이다.

　　국의 입법 이유서에 의하면 미성년자 보호를 위한 면제 사유는 미성년자
　가 미심쩍은 자료에 접근하는 것을 방지할 수 있게 해 주는 도구가 저작물
　의 복제나 배포를 요한다고 예상되지 않았기 때문에 접근통제조치와 관련
　해서만 무력화 도구의 거래가 허용된 것이다. S. Rep. No. 105-190, p. 14
　(1998). 그러나 암호화 연구와 보안 검사와 관련하여 접근통제조치의 무력
　화 도구의 거래만 허용하고 권리통제조치의 무력화 도구의 거래를 금지하
　는 이유는 미국의 상·하원 입법 이유서에 명시적으로 설명되어 있지 않다.
　다만 입법 당시 사용되던 암호화 연구와 관련된 많은 기술이 무력화 금지
　조항에 위반되지 않을 것이라고 설명하고 있는 것으로 보아 입법자는 암
　호화 기술이 접근통제조치와 밀접하게 연관되어 있다는 전제에서 접근통
　제조치의 무력화 도구를 거래할 수 있도록 허용하는 것만으로 암호화 연
　구에 충분하다고 생각한 것으로 추정된다. S. Rep. No. 105-190, pp. 15-16
　(1998); H. R. Rep. No. 105-551, pt. 2, pp. 43-45 (1998).
　7) 저작권법 제104조의2 제1항 제1호.
　8) 한미 FTA 제18.4조 제7항 (d)호 제4목.
　9) 저작권법 제104조의2 제1항 제7호.
10) S. Rep. No. 105-190, p. 14 (1998).

결론적으로 접근통제조치가 권리통제조치보다 더 강한 법적 보호를 받는다. 이와 같이 접근통제조치와 권리통제조치는 법적으로 보호받는 범위가 다르기 때문에 어떤 기술적 보호조치가 접근통제조치인지 권리통제조치인지 구별할 필요가 있다.

2. 기술적 보호조치의 구별

1) 구별 기준

대법원은 기술적 보호조치가 접근통제조치와 권리통제조치 중 어느 쪽에 해당하는지를 결정함에 있어서는 복제권, 배포권, 공연권 등 저작권을 구성하는 각각의 권리를 기준으로 개별적으로 판단하여야 한다고 설시하였다.[11] 대법원이 저작권을 구성하는 개별 권리를 기준으로 개별적으로 판단하여야 한다고 설시한 부분은 타당하다.

먼저 접근통제조치는 저작권의 행사와 관련하여 저작물에 대한 접근을 통제하므로[12] 접근통제조치가 통제하는 접근이 저작권을 구성하는 개별 권리의 행사에 해당하는 행위, 즉 복제, 배포, 공연 등과 관련될 경우에만 접근통제조치는 저작권법에 의한 보호를 받을 수 있다. 따라서 저작권의 개별 권리를 기준으로 접근통제조치에 해당하는지 판단하는 것은 당연한 결과이다.

권리통제조치는 저작권 침해 행위를 통제하므로[13] 저작권의 개별 권리를 보호한다. 따라서 보호되는 저작권의 개별 권리를 기준으로 권리통제조치에 해당하는지 판단하는 것 역시 당연한 결과이다.

접근통제조치와 저작권 행사와의 관련성이 무엇을 의미하는지와

---

11) 대법원 2015. 7. 9. 선고 2015도3352 판결(공2015하, 1187).
12) 저작권법 제2조 제28호 (가)목.
13) 저작권법 제2조 제28호 (나)목.

권리통제조치가 보호하는 저작권의 개별 권리를 판단하는 기준이 무엇인지에 대하여 좀 더 심도 있게 고찰하기로 한다.

2) 접근통제조치 해당 여부에 대한 판단

(1) 접근

접근통제조치는 저작물에 대한 '접근'을 효과적으로 통제하는 기술적 조치이기 때문에 어떤 기술적 보호조치가 접근통제조치에 해당하는지 판단하기 위해서는 먼저 '접근'이 어떤 의미인지 이해하여야 한다. 우리 저작권법이나 미국 저작권법에는 '접근'에 대하여 어떤 내용도 정의되어 있지 않고 다만 저작물에 대한 '접근을 효과적으로 통제'한다는 내용만 규정되어 있다. 학자들이 접근에 대하여 이해하는 내용은 다음과 같다.

디지털 복제물의 인지(perception) 또는 구현(materialization)의 모든 행위는 접근이라는 선행 행위를 요한다.[14] 따라서 '저작물에 대한 접근'은 반복적인 작용이 되고 노래를 듣거나 문서를 읽는 행위는 모두 '접근' 행위가 된다.[15] 즉, 이용자가 저작물로부터 가치를 추출할 때마다 저작물에 대한 접근이 발생한다.[16] 이와 같이 접근이라는 개념은 저작물이 인지되는 모든 행위로 확장되도록 넓게 해석될 가능성이 있기 때문에 이용자가 저작물을 인지할 수 있는 능력을 통제하는 기술적 보호조치는 일견 접근통제조치의 무력화 금지 조항의 보호를 받을 자격이 있다.[17] 한편 '접근'이 프로그램 이외의 저작물 등을 인지할 수 있는 능력 또는 프로그램을 수동으로 실행시킬 수 있

---

14) Ginsburg (2003), p. 115.
15) *Id.*, p. 126.
16) Paul Goldstein, Goldstein on Copyright (3d ed. 2011-1 Supp.), p. 7:298.
17) Reese (2003), pp. 627-628.

는 능력을 의미하는 것으로 입법을 하자고 주장하는 학자도 있다.[18]

미국 상원 사법 위원회의 입법 이유서는 접근통제조치의 대표적인 예로 '패스워드'를 들고 있다.[19]

(2) 접근통제조치와 저작권 행사와의 관련성

기술적 보호조치가 접근통제조치로서 저작권법의 보호를 받기 위해서는 접근을 효과적으로 통제하여야 할 뿐만 아니라 저작권의 개별 권리의 행사와 관련되어야 한다. 접근통제조치는 저작물에 대한 접근을 효과적으로 통제하기 때문에 접근통제조치가 무력화되면 저작물에 접근할 수 있게 된다. 저작물에 접근한 이후에 가능한 이용 유형이 복제, 공연, 공중송신, 전시, 배포, 대여, 2차적 저작물 작성 중 어느 하나에 해당하면 접근통제조치는 그 이용 유형에 해당하는 개별 권리의 행사와 관련되었다고 말할 수 있다. 물론 두 개 이상의 개별 권리와 관련될 수도 있다. 그러나 무력화 이후에 가능하게 된 이용 유형이 복제, 공연, 공중송신 등 그 어느 것에도 해당하지 않을 경우에는 저작권의 행사와 관련이 없기 때문에 그 접근통제조치는 저작권법의 보호를 받을 수 없다. 예를 들어 저작물을 단순히 읽거나 보거나 듣는 것은 저작권의 행사와 관련 없는 이용 형태이다. 또한 이 과정에서 복제, 공연 등의 행위가 수반된다고 하더라도 그 수반되는 행위가 계약 또는 법률의 규정에 의하여 정당한 행위로 평가되면 여전히 그 접근통제조치는 보호를 받을 수 없다. MDY 사건[20]에서 Glider를 사용하여 접근통제조치에 해당하는 Blizzard의 Warden을 무력화하고 나면 게임 이용자는 게임을 즐기는 과정에서 생기는 동적 비문자 요소, 즉 실시간 게임 경험이라는 저작물을 이

---

18) Hurwitz (2006), p. 285.

19) S. Rep. No. 105-190, p. 11 (1998).

20) *MDY Industries, LLC v. Blizzard Entertainment*, 629 F. 3d 928 (CA9 2010).

용하게 된다. 설령 게임을 즐기는 과정에서 동적 비문자 요소의 일
시적 복제가 발생한다고 하더라도 그것은 WoW의 이용 약관에 의하
여 허용되는 행위에 불과하다. 결국 Glider는 저작권의 행사와 관련이
없고 Glider와 같은 봇을 탐지하고 그 작동을 막는 기능을 할 뿐이므
로 저작권법의 보호를 받지 못하는 접근통제조치라고 할 수 있다.[21]

3) 권리통제조치 해당 여부에 대한 판단

(1) 의의

저작권법은 권리통제조치를 저작권에 대한 침해 행위를 효과적
으로 통제하기 위하여 저작권자가 적용하는 기술적 조치라고 정의
하고 있고[22] 대법원은 이를 저작권에 대한 침해 행위 그 자체를 직
접적으로 통제하는 기술적 조치라고 해석한다.[23] 저작권법은 단순히
효과적인 통제 여부에 대해서만 규정하고 있는 데 반하여, 대법원은
통제의 '직접성'이라는 개념을 사용하고 있다. 한편 저작권자의 허락
없이 저작권의 개별 권리를 행사하면 저작권의 개별 권리에 대한 침
해가 된다. 따라서 저작권에 대한 침해 행위를 통제한다는 것은 이
용자가 저작권자의 허락 없이 저작권을 행사하지 못하게 함으로써
저작권을 구성하는 개별 권리의 행사를 통제하는 것을 의미한다. 따
라서 어떤 기술적 보호조치가 권리통제조치에 해당하는지 여부도
저작권을 구성하는 개별 권리의 차원에서 판단하여야 한다.

---

21) 다만 이 사건 법원은 접근통제조치 요건으로 접근과 저작권 침해와의 관
련성을 부정하기 때문에 저작권 침해 여부와 상관없이 Warden이라는 기술
적 보호조치를 보호되는 접근통제조치로 인정하였다. *Id.*, pp. 952, 954.
22) 저작권법 제2조 제28호 (나)목.
23) 대법원 2015. 7. 9. 선고 2015도3352 판결(공2015하, 1187).

(2) 권리 보호의 직접성

기술적 보호조치가 저작권에 대한 침해 행위를 직접적으로 통제하는지에 대한 판단은 저작권의 개별 권리의 행사를 직접적으로 통제하는지에 대한 판단으로 귀결되며 이것은 결국 기술적 보호조치가 저작권의 개별 권리를 직접적으로 보호하는지에 대한 판단과 동일한 결과가 된다.[24] 본 연구자는 권리통제조치와 관련한 이 쟁점을 '침해 통제의 직접성' 또는 '권리 보호의 직접성'이라고 부르기로 한다.

그런데 어떤 기술적 보호조치가 저작권의 행사를 직접적으로 통제한다고 할 때 또는 저작권을 직접적으로 보호한다고 할 때 직접성이 무엇을 의미하는지 규명할 필요가 있다. 이해의 편의를 위하여 이하에서는 복제권에 국한하여 논의를 진행하기로 한다.

권리통제조치의 직접성은 사실적 측면에서 파악하는 방법과 규범적 측면에서 파악하는 방법이 있을 수 있다.

직접성을 사실적 측면에서 파악하는 방법은 기술적 보호조치가 구현하고 있는 기술 그 자체의 성질에 기초하여 기술적 보호조치가 저작권의 개별 권리를 직접적으로 보호하는지 여부를 판단하는 해석론이라고 할 수 있다. 이 입장은 기술적 보호조치 그 자체의 순수한 기능에 초점을 맞춘다고 할 수 있다. 따라서 기술적 보호조치의 기술 자체가 직접 복제를 방지하거나 억제하는 기능을 수행하는 경우 그 기술적 보호조치는 복제권을 직접적으로 보호하는 권리통제조치가 된다. 이 해석론에 따를 경우 기술적 보호조치를 구성하는 기술 그 자체의 직접적인 기능을 파악하여야 한다.

---

24) 미국 저작권법은 권리통제조치를 저작권의 개별 권리를 효과적으로 보호하는 기술적 조치라고 규정하고 있다. 17 U. S. C. § 1201(b)(1). 미국 저작권법은 또한 기술적 조치가 정상적인 작동 과정에서 저작권의 개별 권리의 행사를 방지하거나 제한하면 그 기술적 조치는 저작권의 개별 권리를 효과적으로 보호한다고 규정하고 있다. 17 U. S. C. § 1201(b)(2)(B).

모드칩 사건과 관련하여 물리적으로 복제를 방지하지 않고 단지 이용자가 심리적으로 복제의 필요성을 느끼지 못하도록 하여 복제를 막는 기술적 조치는 권리통제조치로 볼 수 없다는 견해[25]와 액세스 코드를 권리통제조치로 넓게 인정하는 것은 접근통제조치와 권리통제조치를 구별하고 있는 입법 취지를 몰각하는 것이라는 견해[26]는 직접성을 사실적 측면에서 파악하는 방법과 같은 입장이라고 할 수 있다.

그러나 규범적 측면에서 파악하는 방법은 기술적 보호조치의 정의와 저작권법이 기술적 보호조치를 보호하는 취지에 바탕을 두고 기술적 보호조치가 초래하는 결과 내지 효과에 대하여 법적 평가를 내리는 방식이라고 할 수 있다. 이 해석론은 기술적 보호조치가 구현하고 있는 기술 그 자체에 관심을 갖기보다는 기술적 보호조치로 인하여 저작물의 이용에 어떤 제한이 가해지는지에 초점을 맞추는 것이라고 할 수 있다. 어떤 기술적 보호조치가 구현하는 기술이 복제 자체를 직접적으로 막지는 않지만 실질적으로 복제를 막는 것과 동일한 결과를 초래할 수 있다. 예를 들어 기술적 보호조치의 직접적인 기능이 복제 방지가 아니라서 저작물의 복제 자체는 가능하지만 그 복제로 인하여 저작물의 정상적인 이용이 이루어지지 않는다면, 즉 유용하게 이용할 수 없는 쓸모없는 복제물이 생성된다면 그 기술적 보호조치는 복제를 보호한다고 규범적으로 평가될 수 있다.

액세스 코드나 부트롬만으로 게임 프로그램의 물리적인 복제 자체를 막을 수는 없지만 액세스 코드의 복제가 불가능하여 설사 불법으로 게임프로그램을 복제한다 하더라도 프로그램의 실행은 할 수

---

25) 이종구, "디지털저작물과 접근권-소니사의 PS2의 기술적 조치와 모드칩-", 산업재산권 20호 (2006. 8.), 219면.

26) 강태욱, "PS2-Mod chip 사건을 통해 바라본 기술적 조치의 보호범위", 디지털재산법연구 제7호 (2006. 6.), 85면.

없기 때문에 액세스 코드는 게임 프로그램의 물리적인 복제를 막는 것과 동등한 효과가 있는 기술적 보호조치에 해당한다고 판결한 대법원의 견해[27]는 직접성을 규범적 측면에서 파악하는 방법과 같은 입장이라고 할 수 있다.

본 연구자는 권리 보호의 직접성과 관련하여 규범적 측면에서 판단하는 견해를 취하기로 한다. 그 이유는 다음과 같다.

우선 저작권법은 권리보호조치를 저작권에 대한 침해 행위를 효과적으로 통제하는 기술적 조치로 규정하고 있을 뿐 직접적으로 통제하는 기술적 조치라고 규정하고 있지 않다. 대법원 판결이 권리통제조치를 '직접적으로' 통제하는 기술적 조치라고 설시한 것은 접근통제조치가 저작권에 대한 침해 행위를 직접적으로 통제하는 것이 아니라는 사실과 대비하는 차원에서 "직접적으로"라는 표현을 사용한 것에 불과하다.

저작권자는 궁극적으로 저작물을 보호하기 위하여 저작물에 기술적 보호조치를 취하는 것이고 접근통제조치와 권리통제조치의 차이를 명백하게 인식하고 기술적 보호조치를 적용하는 것이라고 예상하기는 힘들다. 저작권 침해 행위를 효과적으로 통제하기 위하여 적용된 기술적 조치라는 권리통제조치의 정의도 순수한 사실적 개념이라기보다는 '효과적 통제'라는 개념을 해석에 의하여 밝힐 수밖에 없는 규범적 개념이라고 할 수 있다. 따라서 기술적 보호조치로 인하여 저작권의 행사가 방지되거나 억제되는 효과가 있는지에 대한 판단은 기술 자체의 성질에 더하여 궁극적으로 저작권의 보호라는 기술적 보호조치의 제도적 취지를 고려하여 기술적 보호조치의 실질적인 효과를 규범적으로 파악하는 것이 법 해석적 측면에서도 타당하다고 생각한다. 또한 권리통제조치와 관련하여 기술적 조치

---

27) 대법원 2006. 2. 24. 선고 2004도2743 판결[공2006.4.1.(247), 551].

가 정상적인 작동 과정에서 저작권자의 권리 행사를 막거나 억제하거나 제한하면 권리를 효과적으로 보호하는 기술적 조치라고 정의하고 있는 미국 저작권법 규정[28]도 규범적 해석에 힘을 실어 준다.

4) 소결

기술적 보호조치가 접근통제조치에 해당하는지 권리통제조치에 해당하는지를 결정하기 위해서는 저작권을 구성하는 개별 권리를 기준으로 판단하여야 한다.

기술적 보호조치의 직접적인 기능이 저작물에 대한 접근을 막는 것이라면 그 기술적 보호조치는 접근통제조치가 된다. 접근은 저작물을 인지하는 과정에서 반복적으로 발생하는 행위라고 할 수 있으므로 기술적 조치가 저작물을 인지하는 이용자의 행위를 효과적으로 통제하면 일단 그 기술적 조치는 접근통제조치라고 할 수 있다. 이 접근통제조치가 무력화되고 나서 저작물을 이용할 수 있는 유형이 저작권의 개별 권리의 행사와 관련되면 그 기술적 조치는 저작권법에 의한 보호를 받을 수 있는 접근통제조치에 해당한다.

한편 기술적 보호조치가 저작권의 개별 권리의 행사를 직접 통제하면 그 기술적 보호조치는 저작권의 개별 권리를 직접적으로 보호하므로 권리통제조치에 해당한다. 기술적 보호조치의 기능이 저작권의 개별 권리의 행사를 직접적으로 통제하지 않는다고 하더라도 그 기술적 보호조치를 저작물에 적용한 효과가 실질적으로 저작권 침해를 방지하거나 억제하는 효과를 가지는 것으로 규범적으로 평가된다면 그 기술적 보호조치는 저작권법에 의하여 보호되는 권리통제조치가 된다.

---

28) 17 U. S. C. § 1201(b)(2)(B).

제3절 사례에의 적용

지금까지 기술적 보호조치와 저작권 침해와의 관련성에 관한 논의, 축소해석 또는 권리남용 법리를 통하여 도구 거래 금지 조항의 집행을 막는 것에 관한 논의 및 어떤 기술적 보호조치가 저작권법에 의하여 보호되는 접근통제조치 또는 권리통제조치에 해당하는지 판단하는 것에 대한 논의를 고찰하였다. 이제 기술적 보호조치와 관련된 다양한 사례를 사실관계와 법적 판단 결과를 중심으로 살펴보면서 본 연구 결과를 적용하여 각 사례의 판단 결과에 대하여 비판적으로 검토하기로 한다.

1. 복제 방지 디스켓

1) 사실관계

먼저 미국에서 DMCA가 제정되기 전의 사례를 살펴보기로 한다. 이 사건[1]에서 Vault는 'PROLOK'이라는 등록상표가 붙은 디스켓을 소프트웨어 회사에 판매하였다. 소프트웨어 회사는 PROLOK 디스켓에 자사가 개발한 소프트웨어 제품을 담아 판매하였다. PROLOK은 디스켓에 들어 있는 프로그램의 복제를 막기 위하여 고안되었다. PROLOK 디스켓에 사용된 보호 장치는 핑거프린트(fingerprint)와 소프트웨어 프로그램 두 부분으로 이루어졌다. 핑거프린트는 PROLOK 디스켓의 마그네틱(magnetic) 표면에 있는 물리적인 작은 마크이고 그것은 변경되거나 지워질 수 없다. Vault의 프로그램은 핑거프린트와

---

1) *Vault Corp. v. Quaid Software Ltd.*, 847 F. 2d 255 (CA5 1988).

상호 작용을 하면서 컴퓨터 디스크 드라이브에 PROLOK 디스켓 원본
이 들어 있지 않으면 그 디스켓에 저장되어 있는 프로그램이 실행되
는 것을 막는다. 소프트웨어를 구입한 사람이 PROLOK에 의하여 보호
되는 프로그램을 다른 디스켓에 복제할 수는 있지만 PROLOK 디스켓
원본이 컴퓨터의 디스크 드라이브에 들어 있지 않으면 컴퓨터가 그
다른 디스켓으로부터 그 프로그램을 컴퓨터 메모리 안으로 읽어 들
이지 않기 때문에 그 프로그램은 실행되지 않는다.[2] 따라서 PROLOK
디스켓은 그 디스켓에 저장되어 있는 프로그램을 구매한 사람이 그
프로그램을 다른 사람들에게 배포하기 위하여 권한 없이 복제하는
것을 방지한다.[3]

　　Quaid의 제품인 'CopyWrite'라고 불리는 디스켓에는 'RAMKEY'라고
불리는 기능이 들어 있다. RAMKEY는 PROLOK 디스켓의 보호 장치를
풀고 PROLOK 디스켓에 저장되어 있는 프로그램이 완전히 정상적으
로 작동할 수 있는 복제물이 생성되도록 한다. 그 과정은 PROLOK 디
스켓의 콘텐츠를 CopyWrite 디스켓에 복제하는 것이 전부이다.
PROLOK 디스켓 원본이 컴퓨터 디스크 드라이브에 들어 있지 않은
상태에서 그 프로그램을 작동하기 위하여 CopyWrite 디스켓이 사용
될 수 있다. 컴퓨터가 CopyWrite 디스켓에 핑거프린트가 들어 있는
것으로 인식하도록 하기 위하여 RAMKEY는 Vault의 프로그램과 상호
작용한다. CopyWrite 디스켓에 복제된 프로그램은 PROLOK 디스켓 원
본이 없어도 사용될 수 있고 이런 방식으로 정상 작동하는 복제물이
무수히 만들어질 수 있다.[4]

---

2) *Id.*, p. 256.
3) *Id.*, pp. 256-257.
4) *Id.*, p. 257.

2) 평가

이 사건이 DMCA의 시행 이후에 발생하였다고 가정하면 PROLOK 디스켓은 접근통제조치가 아니라 권리통제조치라고 보는 견해가 있다.[5] 그런데 소프트웨어를 구매한 사람은 PROLOK에 의하여 보호되는 프로그램을 다른 디스켓에 복제할 수는 있지만 PROLOK 디스켓 원본이 컴퓨터의 디스크 드라이브에 들어 있지 않으면 그 프로그램을 실행할 수 없다. PROLOK 디스켓 원본이 디스크 드라이브에 존재할 경우에만 컴퓨터가 그 디스켓에 저장되어 있는 프로그램을 메모리 안으로 읽어 들여 실행시킬 수 있기 때문에 결국 PROLOK 디스켓의 기능은 프로그램에 대한 접근을 통제하는 것이다. Vault의 프로그램이 핑거프린트와 상호 작용을 하는 것은 정상적인 작동 과정에서의 프로세스나 처리에 해당하기 때문에 PROLOK 디스켓은 접근통제조치에 해당한다. 이 기술적 조치를 무력화하면, 즉 PROLOK 디스켓에 있는 프로그램을 CopyWrite 디스켓에 복제하면 CopyWrite 디스켓에 만들어진 프로그램의 복제물은 완전히 정상적으로 실행된다. 따라서 PROLOK 디스켓은 복제와 관련된 접근통제조치에 해당하고 저작권법에 의한 보호를 받을 수 있다.

한편 PROLOK 디스켓이 직접 프로그램의 복제 자체를 차단하지는 않는다. 그러나 PROLOK 디스켓 원본이 드라이브에 들어 있지 않은 상태에서 복제가 이루어지면 그 프로그램 복제물은 정상적인 작동이 되지 않으므로 PROLOK 기술은 실질적으로 복제권 침해를 방지하는 효과를 거둘 수 있다. 따라서 PROLOK 디스켓은 복제권을 보호하는 권리통제조치라고 할 수 있다.

결론적으로 PROLOK 디스켓은 복제와 관련된 접근통제조치인 동시에 복제권을 보호하는 권리통제조치에 해당한다.

---

5) Samuelson (1999), p. 550.

2. CSS에 의하여 보호되는 DVD

1) Reimerdes 사건

이 사건[6] 원고들인 여덟 개의 주요한 미국 영화 제작사는 디지털 형식의 영화가 저장된 DVD를 가정용으로 배포한다. 이 DVD에는 영화의 복제를 막기 위하여 CSS 기술이 적용되어 있다.[7] CSS는 암호화에 기반을 둔 시스템[8]으로서 암호화 알고리듬에 따라 DVD상의 영화를 구성하고 있는 디지털 음성 파일과 그래픽스(graphics) 파일을 암호화한다.[9] CSS에 의하여 보호되는 DVD는 DVD와 DVD 플레이어에 저장된 일련의 키를 이용하는 해독 알고리듬에 의하여 해독될 수 있기 때문에 그 키가 들어 있는 DVD 플레이어와 컴퓨터 드라이브만 DVD 파일을 해독하고 DVD에 저장된 영화를 재생할 수 있다.[10] 그러나 CSS는 DVD상의 영화를 복제하는 것은 허용하지 않는다.

한편 DeCSS는 이용자가 CSS 시스템을 깨뜨리는 것을 가능하게 함으로써 라이선스가 없는 플레이어에서 DVD를 재생할 수 있게 해 주고 DVD 영화의 디지털 복제물을 만드는 것을 가능하게 해 주는 컴퓨터 프로그램이다.[11]

2) 321 Studios 사건

이 사건[12]에서 원고 회사는 DVD Copy Plus와 DVD-X COPY라는 소

---

6) *Universal City Studios, Inc. v. Reimerdes*, 111 F. Supp. 2d 294 (SDNY 2000).

7) *Id.*, p. 303.

8) *Id.*, p. 308.

9) *Id.*, pp. 309-310.

10) *Id.*, p. 310.

11) *Id.*, p. 308.

프트웨어 제품을 판매한다.[13]

　DVD Copy Plus는 DVD의 백업 복제물을 생성하는 방법을 설명하는 전자 가이드, 두 개의 무료 소프트웨어 및 CD 굽는 응용 프로그램인 PowerCDR로 구성되어 있고 DVD가 CSS로 암호화되어 있는지 여부와 상관없이 DVD로부터 영상 콘텐츠를 복제할 수 있으며 이용자가 DVD상의 영상 콘텐츠의 일부를 기록 가능한 CD에 복제하는 것을 가능하게 한다.[14]

　DVD-X COPY는 DVD 데이터의 디코드를 한 다음 백업 복제물을 만든다. 이 데이터는 DVD 드라이브에 의하여 읽히고 DVD-X COPY 소프트웨어에 의하여 해독된 다음 DVD의 백업 복제물이 생성될 때까지 컴퓨터의 램이나 하드 드라이브에 저장된다. 일단 그 백업 복제물이 생성되고 나면 원래의 DVD로부터 추출되어 저장된 데이터는 자동적으로 삭제된다. DVD가 CSS로 암호화되어 있으면 DVD-X COPY는 DVD 데이터에 접근하기 위하여 CSS '플레이어 키(player key)'를 사용한다. DVD-X COPY에는 DVD 데이터의 디코드를 위한 알고리듬을 수행하는 컴퓨터 코드가 들어 있다.[15]

　원고 회사는 DVD Copy Plus와 DVD-X COPY의 배포 활동이 DMCA에 위반되지 않는다는 확인판결을 구하는 소를 제기하였고[16] CSS가 DVD에 대한 접근만을 통제하고 DVD의 복제를 통제하지 않기 때문에 CSS는 권리통제조치가 아니라고 주장하였다.[17]

　법원은 CSS가 암호화된 DVD에 대한 접근을 통제한다는 사실이 기

---

12) *321 Studios v. Metro Goldwyn Mayer Studios, Inc.*, 307 F. Supp. 2d 1085 (ND Cal. 2004).
13) *Id.*, p. 1089.
14) *Id.*
15) *Id.*
16) *Id.*, pp. 1089-1090.
17) *Id.*, p. 1096.

술적으로 옳지만 암호화된 DVD에 접근이 되지 않으면 복제도 될 수 없기 때문에 결국 접근 통제의 목적은 DVD의 복제를 통제하는 것이고 CSS를 무력화하지 않으면 복제를 하더라도 영화에 접근할 수 없거나 영화를 볼 수 없기 때문에 CSS를 무력화하지 않은 복제물은 특별히 유용하지 않다고 판단하였다. 법원은 또한 CSS가 복제 통제 시스템이라는 것이 분명하기 때문에 권리통제조치의 무력화 도구의 거래 금지 조항이 적용된다고 판단하였다.[18]

결론적으로 법원은 원고 회사의 소프트웨어가 접근통제조치의 무력화 도구의 거래 금지 조항과 권리통제조치의 무력화 도구의 거래 금지 규정에 모두 위반된다고 판결하였다.[19]

3) 평가

CSS는 전용 장치(compliant device)인 DVD 플레이어나 컴퓨터 드라이브를 통해서만 DVD를 볼 수 있게 함으로써 DVD상의 영화에 대한 접근을 효과적으로 통제하는 접근통제조치이다. DeCSS를 이용하여 CSS를 무력화하면 영화의 복제가 가능하다. 따라서 CSS는 복제와 관련된 접근통제조치이다.

한편 CSS와 무관하게 DVD에 들어 있는 음성 파일과 그래픽스 파일의 복제가 가능하다. 그러나 그 음성 파일과 그래픽스 파일이 CSS 기술에 의하여 암호화되어 있기 때문에 CSS를 무력화하지 않고 복제된 파일은 재생되지 않기 때문에 그 복제물은 전혀 유용하지 않다. 그러나 CSS가 무력화되면 완전한 재생이 가능한 복제물이 생성된다. 따라서 CSS는 실질적으로 복제권을 보호하는 권리통제조치에 해당한다.

---

18) *Id.*, p. 1097.
19) *Id.*, p. 1099.

결론적으로 CSS는 복제와 관련된 접근통제조치인 동시에 복제권을 보호하는 권리통제조치이다.

3. Adobe Acrobat eBook Reader

1) 사실관계

Elcom 사건[20]에서 Adobe Systems의 Adobe Acrobat eBook Reader는 전자책을 읽을 수 있게 해 주는 소프트웨어 제품이다.[21] 전자책 출판사나 유통업체가 Adobe의 전자책 포맷을 이용하면 Adobe Content Server를 통하여 대가를 지불한 사람들에게만 전자책을 배포할 수 있다. 전자책 출판사는 또한 소비자에게 다양한 종류의 이용 특권을 부여할지 여부를 선택할 수 있다.[22] 예를 들어 전자책 출판사는 전자책의 복제, 프린트, 대여 및 낭독 기능을 부여할지 여부를 선택할 수 있다.[23] 소비자가 Adobe Acrobat eBook Reader용 전자책을 인터넷 웹사이트에서 구입하면 그 전자책 유통업체의 Adobe Content Server로부터 직접 그 소비자의 컴퓨터로 그 전자책의 다운로드가 되면서 전자적 '바우처(voucher)'를 동반하게 되는데 Adobe Acrobat eBook Reader는 그 바우처를 인식하고 읽은 다음 그 전자책이 그 컴퓨터에서 읽힐 수 있는지를 알게 된다.[24] 즉, 전자책 구매자는 전자책이 다운로드가 된 컴퓨터에서만 그 전자책을 읽을 수 있고 그 전자책을 다른 컴퓨터로 이메일을 통해 보내거나 복제할 수 없다.[25] 따라서 디지털

---

20) *United States v. Elcom Ltd.*, 203 F. Supp. 2d 1111 (ND Cal. 2002).
21) *Id.*, p. 1117.
22) *Id.*, pp. 1117-1118.
23) *Id.*, p. 1118.
24) *Id.*
25) *Id.*

권리 관리가 가능하도록 Adobe가 고안한 Adobe Acrobat eBook Reader
는 정상적인 작동 과정에서 출판사나 유통업체가 Adobe Acrobat
eBook Reader용으로 배포된 전자책에 대한 저작권 중 일정한 권리의
행사를 제한하거나 한정하는 것을 효과적으로 가능하게 하였다.[26]

피고인 Elcomsoft는 Advanced eBook Processor로 알려진 제품을 개발
하고 판매하였다. 이 제품은 이용자가 Adobe Acrobat PDF 파일과
Adobe Acrobat eBook Reader용 파일로부터 이용 제한을 제거하는 것을
가능하게 하는 Windows 기반의 소프트웨어 프로그램이다. Advanced
eBook Processor는 Adobe Acrobat eBook Reader용 포맷의 전자책 구매자
가 그 포맷을 출판사가 가한 이용 제한 없이 PDF 뷰어에서 읽을 수
있는 포맷으로 전환하는 것을 가능하게 한다. Advanced eBook Processor
에 의하여 변환된 전자책은 쉽게 복제와 프린트가 될 수 있고 전자
적으로 배포될 수 있는 '무방비한(naked) PDF' 포맷으로 남겨진다. 피
고인은 Advanced eBook Processor의 거래 및 판촉에 대하여 권리통제
조치의 무력화 도구의 거래 금지 위반으로 기소되었다.[27]

2) 평가

바우처를 동반한 전자책은 그 전자책이 다운로드가 된 컴퓨터에
서만 읽힐 수 있기 때문에 그 컴퓨터를 제외한 다른 컴퓨터에서는
그 전자책에 접근할 수 없다. Advanced eBook Processor에 의하여 무력
화가 이루어지면 전자책은 다른 컴퓨터로 복제될 수 있을 뿐만 아니
라 그 다른 컴퓨터에서 그 전자책을 읽을 수 있고 낭독도 가능하다.
따라서 이 사건의 기술적 보호조치는 접근통제조치에 해당한다. 무
방비한 PDF 포맷으로 변환된 전자책은 복제되거나 전송되거나 낭독

---

26) *Id.*
27) *Id.*, pp. 1118-1119.

될 수 있기 때문에 전자책에 적용된 기술적 보호조치는 복제, 전송, 공연과 관련된 접근통제조치라고 할 수 있다.

한편 전자책에 적용된 기술적 보호조치는 직접적으로 전자책의 복제, 전송, 낭독을 제한하고 있다. 따라서 이 기술적 보호조치는 복제권, 전송권, 공연권을 보호하는 권리통제조치에 해당한다.

결과적으로 이 사건의 기술적 보호조치는 복제, 전송, 공연과 관련된 접근통제조치인 동시에 복제권, 전송권, 공연권을 보호하는 권리통제조치이다.

한편 이 사안에서 전자책의 낭독 기능은 주로 가정 및 이에 준하는 한정된 범위 내에서 이용되는 경우가 대부분일 것이다. 결국 낭독을 통하여 전자책이 공중에게 공개되는 경우는 거의 없을 것이다. 이 점에서 공연권과 관련된 부분은 이 사건의 기술적 보호조치와 무관하다고 생각한다.

4. 비밀번호

1) 사실관계

이 사건[28]에서 피고인은 집에서 피해자 회사의 컴퓨터 관리 프로그램의 시리얼 번호를 자신의 홈페이지에 무단으로 복제하고 배포하였다.

2) 법원의 판단

컴퓨터 프로그램의 시리얼 번호는 컴퓨터 프로그램을 설치 또는 사용할 권한이 있는지를 확인하는 수단인 기술적 보호조치로서 컴

---

28) 대법원 2002. 6. 28. 선고 2001도2900 판결[공2002.8.15.(160), 1889].

퓨터 프로그램에 특정한 포맷으로 된 시리얼 번호가 입력되면 인스톨을 진행하도록 하는 지시, 명령이 표현된 프로그램에서 이를 받아 처리하는 데이터에 불과하다. 시리얼 번호의 복제 또는 배포 행위 자체는 프로그램의 공표·복제·개작·번역·배포·발행 또는 전송에 해당하지 아니하므로 프로그램 저작권이 침해되었다고 할 수 없다.[29]

3) 평가

소프트웨어를 구입한 이후 소프트웨어를 컴퓨터에서 사용하기 위해서는 소프트웨어를 컴퓨터에 설치하여야 한다. 통상 소프트웨어의 설치 과정은 소프트웨어에 들어 있는 여러 파일 중 소프트웨어의 설치를 가능하게 하는 실행 파일을 실행시키는 것부터 시작된다. 소프트웨어 중 설치 과정에서 시리얼 번호를 입력하지 않으면 더 이상 실행 파일에 접근하여 설치를 진행할 수 없다. 따라서 시리얼 번호는 접근통제조치에 해당한다. 그런데 시리얼 번호를 무력화하면 설치를 계속 진행하여 소프트웨어가 완전히 정상적으로 실행될 수 있는 상태로 컴퓨터에 복제된다. 그 이후에도 정당한 권한 없이 소프트웨어를 실행할 때마다 램에의 일시적 복제가 발생한다. 그러므로 시리얼 번호는 복제와 관련되어 있다. 따라서 시리얼 번호는 복제와 관련된 접근통제조치에 해당한다.

한편 소프트웨어를 하드 디스크, DVD 등의 저장 장치에 복제하는 데에는 시리얼 번호가 관여하지 않는다. 즉, 시리얼 번호에 대한 정보가 없어도 원래의 소프트웨어와 완전히 동일한 복제물을 다른 저장 장치에 생성할 수 있다. 따라서 시리얼 번호는 복제를 막거나 제한하지 않는다. 따라서 시리얼 번호는 권리통제조치에 해당하지 않는다.

---

29) *Id.*

5. 지역 코드

1) DVD 또는 블루레이 디스크

DVD 또는 블루레이 디스크에는 지역 코드가 설정되어 있다. DVD 나 블루레이 디스크의 지역 코드를 무력화하면 지역 코드가 다른 플레이어를 통하여 DVD나 블루레이 디스크에 담긴 영화를 재생하여 공중에게 공개할 수 있다. 그러므로 지역 코드는 공연권과 관련된 접근통제조치에 해당한다. 미국의 2000년, 2003년 및 2006년 행정입법 과정에서 DVD 지역 코드의 무력화를 허용해 달라는 면제 요청이 있었으나 모두 기각되었다.[30] 이 사실은 미국에서 지역 코드를 접근통제조치로 파악하고 있다는 것을 말해 준다.

한편 DVD나 블루레이 디스크의 지역 코드가 플레이어의 지역 코드와 다르면 재생이 되지 않기 때문에 지역 코드는 실질적으로 DVD 나 블루레이 디스크에 담긴 저작물의 재생을 통제하는 기능을 한다. 저작물을 재생의 방법으로 공중에게 공개하는 것이 공연이므로 지역 코드는 결과적으로 공연권의 행사를 통제한다. 따라서 지역 코드는 공연권을 보호하는 권리통제조치라고 할 수 있다.

결론적으로 지역 코드는 공연과 관련된 접근통제조치인 동시에 공연권을 보호하는 권리통제조치이다.

그러나 합법적으로 취득한 DVD나 블루레이 디스크에 담긴 영화를 플레이어에서 재생시켜 공중에게 공개하지 않고 개인적으로 보는 것은 그 자체로 합법적인 행위이다. 따라서 지역 코드는 공연권 침해를 용이하게 한다고 말하기 힘들다. 실질적으로 DVD나 블루레이 디스크에 담긴 영화의 이용 유형은 대부분 개인적인 이용이거나 가정에서의 이용이 많을 것이고 영화를 공중에게 공개할 가능성은

---

30) 2000 Final Rule, p. 64569; 2003 Final Rule, p. 62016; 2006 Final Rule, p. 68478.

드물다. 결국 지역 코드는 기술적 보호조치로서 합법적인 이용 행위를 통제하는 결과를 낳는다.

지역 코드와 같은 기술적 보호조치가 재생 행위와 관련하여 접근을 통제하고 동시에 재생 행위를 통제한다고 하더라도 실질적으로 공중에게의 공개로 이어지지 않는 경우가 대부분이라면 이러한 기술적 보호조치의 무력화로 인하여 저작권 침해가 발생할 가능성이 거의 없으므로 지역 코드는 저작권법에 의하여 보호되는 기술적 보호조치라고 할 수 없다고 생각한다. 그러나 본 연구자의 해석과 달리 실제로 침해가 발생할 확률이 희박하다고 하더라도 침해와 완전히 관련이 없는 것은 아니므로 저작권법이 보호하는 기술적 보호조치에 해당한다는 견해에 따를 경우에는 앞에서 본 것처럼 기술적 보호조치 위반을 이유로 하는 저작권자의 청구에 대하여 권리남용 항변이 가능하다고 해석하여야 할 것이다.

2) 모드칩

(1) 사실관계

게임기에 대한 무력화 도구인 모드칩은 우리나라뿐만 아니라 미국, 이탈리아[31] 등에서도 문제가 되었다. 우리나라 판결과 미국 판결을 중심으로 모드칩에 관한 기술적인 내용을 먼저 살펴보기로 한다.

Sony는 게임 디스크가 PlayStation 시스템에서 작동될 때마다 인증이 필요하도록 하는 방식으로 디스크에 저장되어 있는 게임 프로그램을 보호한다.[32] Sony가 제작한 PlayStation 콘솔에서만 실행되는 게임 프로그램은 디스크에 저장되어 판매되고 있는데, 그 정품 게임

---

31) Judgment of 23 January 2014, *Nintendo and Others*, (Case C-355/12, EU:C:2014:25).
32) *Sony Computer Entertainment America, Inc. v. Divineo, Inc.*, 457 F. Supp. 2d 957, 959 (ND Cal. 2006).

디스크에는 게임 프로그램 외에도 고유의 액세스 코드(access code)가
저장되어 있고, PlayStation 콘솔에는 부트롬(boot ROM)이 내장되어 있
어 PlayStation 콘솔에 삽입되는 게임 디스크에 액세스 코드가 수록되
어 있는지를 검색한 후 액세스 코드 없이 게임 프로그램만 저장된
디스크에서는 프로그램이 실행되지 않도록 고안되어 있다.[33] 즉,
PlayStation 콘솔에 삽입된 게임 디스크가 정품이라는 것이 확인될 때
에만 이용자는 그 게임 디스크상의 게임에 접근할 수 있고 통상적인
장치나 프로그램에 의한 게임 프로그램의 복제도 가능하지만 액세
스 코드의 복제는 불가능하기 때문에 불법으로 복제된 게임 디스크
는 PlayStation 시스템에서 실행되지 않는다.[34]

모드칩이라는 부품은 액세스 코드가 수행하는 역할을 대신하는
것으로서 액세스 코드 없이 게임 프로그램만 저장된 디스크가
PlayStation 콘솔에 삽입되더라도 부트롬이 그것을 액세스 코드가 수
록되어 있는 정품 디스크로 인식하게 함으로써 불법으로 복제된 게
임 디스크의 실행이 가능하도록 하는 장치이다.[35] 결국 모드칩은
PlayStation 콘솔에 연결될 때 인증 시스템을 무력화하고 그 시스템이
인증되지 않은 소프트웨어를 재생할 수 있도록 하는 컴퓨터 칩으로
서 그 주된 기능은 PlayStation의 기술적 조치가 제공하는 저작권 보호
를 무력화하는 것이다.[36]

(2) 법원의 판단

미국 법원은 모드칩이 PlayStation 시스템에서 재생되는 소프트웨

---

33) 대법원 2006. 2. 24. 선고 2004도2743 판결[공2006.4.1.(247), 551].
34) *Sony Computer Entertainment America, Inc. v. Divineo, Inc.*, 457 F. Supp. 2d 957,
   959 (ND Cal. 2006); Id.
35) 대법원 2006. 2. 24. 선고 2004도2743 판결[공2006.4.1.(247), 551].
36) *Sony Computer Entertainment America, Inc. v. Divineo, Inc.*, 457 F. Supp. 2d 957,
   959 (ND Cal. 2006).

어에 대한 접근을 통제하는 PlayStation 인증 시스템을 무력화하는 것을 주목적으로 고안되거나 생산된 장치이고 모드칩이 DMCA의 '리버스 엔지니어링' 예외 규정에 따라 독립적으로 작성된 컴퓨터 프로그램과의 호환성을 확보하기 위하여 사용될 수 있다는 점과 모드칩이 미국 이외에서 합법적으로 구입한 정품 게임을 미국 PlayStation 콘솔에서 재생할 수 있게 해 주는 유일한 방법이 될 수 있다는 점도 인정하였다. 그러나 미국 법원은 모드칩을 구입한 고객들이 무력화 도구를 합법적으로 또는 공정하게 이용하는 것이 그러한 장치를 거래한 것에 대한 책임을 면제하지 않는다고 판단하였다.[37]

　우리나라 모드칩 사건의 적용 법률은 구 컴퓨터프로그램보호법[38]이었는데 대법원은 구 컴퓨터프로그램보호법 제2조 제9호와 제7조를 종합하면 '기술적 보호조치'란 프로그램에 관한 식별 번호 또는 고유 번호의 입력, 암호화 및 기타 법에 의한 권리를 보호하는 핵심 기술 또는 장치 등을 통하여 프로그램 저작자에게 부여된 프로그램 저작권, 즉 프로그램을 복제·개작·번역·배포·발행·전송할 수 있는 권리에 대한 침해를 효과적으로 방지하는 조치를 의미하고 액세스 코드나 부트롬만으로 게임 프로그램의 물리적인 복제 자체를 막을 수는 없지만 통상적인 장치나 프로그램만으로는 액세스 코드의 복제가 불가능하여 설사 불법으로 게임 프로그램을 복제한다 하더라도 프로그램을 실행할 수 없는 만큼 액세스 코드는 게임 프로그램의 물리적인 복제를 막는 것과 동등한 효과가 있는 기술적 보호조치에 해당한다고 판단하였다.[39]

---

37) Id., p. 965.

38) 2001년 1월 16일 법률 제6357호로 개정된 컴퓨터프로그램보호법은 2001년 7월 17일부터 시행되었고 2002년 12월 30일 법률 제6843호로 개정된 컴퓨터프로그램보호법은 2003년 7월 1일부터 시행되었다. 그런데 제1심 판결인 부산지방법원 2004. 1. 14. 선고 2003고정1043 판결(미간행)에 의하면 행위시가 2003년 6월 13일이므로 적용 법률은 법률 제6357호가 된다.

(3) 평가

미국 법원들은 모두 모드칩을 접근통제조치를 무력화하는 도구로 판단하였다.[40]

한편 우리 대법원은 구 컴퓨터프로그램보호법상의 기술적 보호조치를 기술 또는 장치를 통하여 프로그램 저작권에 대한 침해를 효과적으로 방지하는 조치라고 해석하였는데 이것은 대법원이 구 컴퓨터프로그램보호법상의 기술적 보호조치를 권리통제조치로 판단한 것으로 이해된다. 또한 대법원이 "액세스 코드는 게임 프로그램의 물리적인 복제를 막는 것과 동등한 효과가 있는 기술적 보호조치"에 해당한다고 판단한 것은 액세스 코드의 기능이 물리적 복제를 직접 막는 것은 아니지만 실질적으로 복제를 막는 것과 동등한 효과를 낸다는 점에 주목한 것으로서 사실적인 측면이 아니라 규범적인 측면에서 액세스 코드의 성질을 규명한 것이라고 할 수 있다.

정품 게임 디스크를 복제하면 액세스 코드는 복제되지 않는다. 액세스 코드가 없으면 그 게임은 재생되지 않기 때문에 액세스 코드는 접근통제조치에 해당한다. PlayStation의 인증 시스템을 무력화하면 액세스 코드 없이 게임 프로그램만 저장된 디스크가 콘솔에 삽입되더라도 게임의 실행이 가능하다. 따라서 PlayStation의 인증 시스템은 접근을 통제함으로써 복제를 간접적으로 통제한다. 따라서

---

39) 대법원 2006. 2. 24. 선고 2004도2743 판결[공2006.4.1.(247), 551]. 또한 대법원 2011. 7. 14. 선고 2010도1441 판결(미간행)은 이 사건 물품을 '모드칩'이라고 부르든 '어댑터'라고 부르든 이 사건 물품은 이른바 '닥터툴'로서 Nintendo DS 게임기와 불법 복제 게임 소프트웨어가 저장된 메모리 카드를 연결하여 불법 복제 게임 소프트웨어를 정품으로 인식하게 함으로써 이 게임기에 구축된 기술적 보호조치를 무력화시키는 장치에 해당한다고 판시하였다.

40) *Sony Computer Entertainment America, Inc. v. Filipiak*, 406 F. Supp. 2d 1068 (ND Cal. 2005); *Sony Computer Entertainment America, Inc. v. Divineo, Inc.*, 457 F. Supp. 2d 957 (ND Cal. 2006); *United States v. Reichert*, 747 F. 3d 445 (CA6 2014).

PlayStation의 인증 시스템은 복제와 관련된 접근통제조치이다. 또한 액세스 코드는 게임 프로그램의 물리적인 복제를 막는 것과 동등한 효과가 있기 때문에 복제권을 보호하는 권리통제조치에 해당한다.[41]

한편 액세스 코드는 지역 분할 기능이 들어가 있기 때문에 DVD 또는 블루레이 디스크의 지역 코드와 마찬가지로 지역 코드가 다를 경우 재생이 되지 않는다. 따라서 액세스 코드는 공연과 관련한 접근통제조치인 동시에 공연권을 보호하는 권리통제조치에 해당한다고 할 수 있다. 그러나 사실상 게임과 관련하여 공연권 침해로 이어질 가능성이 희박하기 때문에 공연권과 관련된 부분은 큰 의미가 없다고 생각한다.

결론적으로 액세스 코드는 복제와 관련된 접근통제조치인 동시에 복제권을 보호하는 권리통제조치이다. 그러나 모드칩은 DVD 또는 블루레이 디스크의 지역 코드의 무력화 도구와 달리 복제권 침해의 우려가 있기 때문에 축소해석 또는 권리남용 항변이 인정될 여지가 없다.

6. 대리운전 배차 프로그램

1) 사실관계

피해자 회사는 'I-Driver'라는 대리운전 배차 프로그램을 개발하였다. 고객이 대리운전을 요청하는 전화를 걸면 대리운전 회사의 콜센터(call center) 직원은 출발지, 도착지, 고객의 전화번호 등 배차 정보를 대리운전 회사 컴퓨터에 입력하고, 이 정보는 피해자 회사의 데이터베이스로 전송되며, 피해자 회사는 이 정보를 처리하여 I-Driver

---

41) 동지: 강기봉(2015), 20면. 그러나 액세스 코드는 권리통제조치가 아니라 접근통제조치라는 견해는 이종구(2006), 218~219면 참조.

프로그램을 실행하고 있는 대리운전 기사의 PDA 화면에 오더 리스트를 보내고, 대리운전 기사는 이 오더 리스트를 보면서 자신이 가능한 곳을 포인트로 터치하여 배차를 받을 수 있다.[42]

한편 피고인 2는 피고인 1의 의뢰하에 'AiCall'이라는 프로그램을 개발하였다. I-Driver 프로그램을 실행하면서 AiCall 프로그램을 같이 실행하면 대리운전 기사가 미리 설정한 검색 조건에 부합하는 대리운전 요청에 관하여 자동으로 클릭이 된다. 따라서 AiCall을 사용하는 대리운전 기사는 I-Driver 프로그램만 사용하는 대리운전 기사보다 우선 배차를 받을 수 있게 된다.[43]

이에 피해자 회사는 I-Driver 프로그램과 AiCall 프로그램이 동시에 실행되면 I-Driver 프로그램이 바로 종료되도록 조치하였다. 그러자 피고인들은 AiCall 프로그램의 실행 파일 이름을 변경하여 AiCall 프로그램이 종료되지 않도록 하였다.[44]

이에 다시 피해자 회사는 PDA 부팅 시 자동 실행되는 전화기 프로그램, Explorer, 파일 탐색기, 메모장 등 기본 프로그램 이외의 다른 프로그램은 I-Driver 프로그램과 동시에 실행되지 않도록 조치를 취하였다. 그러자 피고인들은 AiCall 프로그램의 실행 파일 이름을 위와 같이 허용된 프로그램 이름으로 변경하여 이를 사용할 수 있게 하였다.[45]

2) 법원의 판단

이 사건[46]에서 대법원은 모드칩 사건[47]의 대법원 판결과 같이 구

---

42) 수원지방법원 2009. 7. 9. 선고 2008고정52 판결(미간행).

43) Id.

44) Id.

45) Id.

46) 대법원 2012. 2. 23. 선고 2010도1422 판결(공2012상, 542).

47) 대법원 2006. 2. 24. 선고 2004도2743 판결[공2006.4.1.(247), 551].

컴퓨터프로그램보호법에 따른 기술적 보호조치는 프로그램 저작권에 대한 침해를 효과적으로 방지하는 조치를 의미한다고 판시하였다. 대법원은 또한 단순히 프로그램에 대한 접근만을 통제하는 기술적 조치는 구 컴퓨터프로그램보호법에 따른 기술적 보호조치에 포함되지 않는다고 판시하였다.[48]

대법원은 이 법리를 사실관계에 적용하면서 I-Driver 프로그램과 AiCall 프로그램이 동시에 실행되면 I-Driver 프로그램이 바로 종료되도록 한 조치, PDA 부팅 시 자동 실행되는 기본 프로그램 이외에는 I-Driver 프로그램과 다른 프로그램이 동시에 실행되지 않도록 한 조치 및 대리운전 기사가 실제 PDA 화면을 물리적으로 터치하였을 경우에만 I-Driver 프로그램이 실행되도록 한 조치는 모두 I-Driver 프로그램에 대한 접근을 허용하지 않는 접근통제조치에 해당될 뿐 I-Driver 프로그램의 저작권에 대한 침해를 효과적으로 방지하기 위한 권리통제조치로 보기 어려우므로 이 조치들은 구 컴퓨터프로그램보호법 제30조에 규정된 기술적 보호조치에 해당한다고 볼 수 없다고 판단하였다.[49]

---

48) Id.
49) Id. 한편 이 사건의 항소심 판결인 수원지방법원 2010. 1. 11. 선고 2009노3689 판결(미간행)은 I-Driver에 적용된 기술적 보호조치의 종류와 관련하여 구 컴퓨터프로그램보호법 제2조 제9호는 권리통제조치를 전제로 하고 있는 점, 우리 법에서 명시적으로 저작권자의 접근권을 인정하지 않는 한 저작물에 대한 접근 그 자체가 저작권의 침해를 가져온다고 할 수는 없고 저작권자가 설령 접근통제조치를 취한다고 해도 그것은 사실상의 이익 보호 수단에 불과한 것이지 그 자체가 법적으로 보호를 받아야 할 권리 보호 수단은 아닌 점, 기술적 보호조치는 기술적 특징으로 인하여 저작권이 제한되는 영역, 즉 일반 이용자의 자유로운 이용 영역까지도 제한하기 때문에 저작권자와 이용자 간의 이해관계의 충돌과 조절이 필요한 점, 형사처벌 규정이 있는 경우 그 규정을 해석함에 있어서 엄격하고 좁게 해석하여야 하며 기술적 보호조치를 넓게 해석하면 저작권자의 권리의 독점을 지나치게 강화시킬 여지가 있다는 점을 고려하여 구 컴퓨터프로그램보호법 제30

3) 평가

대법원은 이 사건의 행위시 법규인 구 컴퓨터프로그램보호법이 보호하는 기술적 보호조치는 접근통제조치가 아니라 권리통제조치라는 점을 분명히 하고 있다.

이 판결에서 대법원이 '단순히 프로그램에 대한 접근만을 통제하는 기술적 조치'는 구 컴퓨터프로그램보호법이 보호하는 기술적 보호조치에 해당하지 않는다고 해석한 것은 두 가지 의미를 지닌다고 볼 수 있다. 첫째는 접근통제조치가 이 법에서 말하는 기술적 보호조치에 해당하지 않는다는 의미이고, 둘째는 I-Driver에 적용된 기술적 조치가 단순히 프로그램에 대한 접근만을 통제하는 기술적 조치라는 의미이다.

I-Driver에 적용된 기술적 보호조치가 접근통제조치이기 때문에 이 사건 당시의 법에 의하여 보호되지 않는다는 점에는 이론의 여지가 없다. 그러나 현행 저작권법 아래에서 이 사안의 기술적 보호조치가 보호되는 접근통제조치에 해당하는지는 검토할 여지가 있다.

AiCall을 통하여 I-Driver에 적용된 기술적 보호조치를 무력화하더라도 I-Driver를 PDA에 설치하여 사용하는 과정에서 저작권 침해가 발생할 여지가 없다. I-Driver를 PDA에서 사용하는 과정에서 저작권의 행사와 관련된 것은 램에서의 일시적 복제에 불과한데 이것도 저작권법 제35조의2에 의하여 허용된다. 따라서 저작권의 행사와 관련 없이 단순히 접근만을 통제하는 기술적 조치는 현행 저작권법이 보호하는 접근통제조치에 해당하지 않는다고 보는 것이 타당하다.

조상의 기술적 보호조치에 접근통제조치는 포함되지 않는다고 해석함이 상당하다고 설시하였다.

7. 노래 반주기

1) 사실관계

이 사건[50]에서 노래 반주기 제작업체인 공소 외 회사는 사단법인 한국음악저작권협회로부터 음악 저작물의 복제·배포에 관한 이용 허락을 받아 매월 노래방에 신곡을 공급하고 있었다.

공소 외 회사는 매달 고유 번호가 부여된 데이터롬 칩을 제작하여 그 칩을 노래 반주기에 장착하거나 'KY 와이파이 모듈'이라는 USB를 노래 반주기에 삽입한 후 스마트폰을 이용하여 스마트 토큰을 구입하여야만 신곡 파일이 구동될 수 있도록 하는 두 가지 방식의 인증 수단을 마련하였다.[51]

피고인 1은 신곡 인증과 관련된 데이터를 조작하여 전월의 데이터롬 칩을 사용해도 신곡의 인증이 이루어지게 하거나 스마트 토큰을 사용하지 않고도 신곡 파일을 구동할 수 있도록 하는 장치의 제조·판매·보관을 하였고 이러한 과정에서 이 사건 인증 수단을 변경하거나 우회하였으며, 피고인 2는 피고인 1로부터 데이터롬 칩 방식의 인증 수단을 무력화하는 장치를 구매하여 노래 반주기에 신곡 파일을 설치해 주는 노래방 딜러에게 판매하였다.[52]

2) 법원의 판단

대법원은 접근통제조치는 저작권을 구성하는 개별 권리에 대한 침해 행위 그 자체를 직접적으로 방지하거나 억제하는 것은 아니지

---

50) 대법원 2015. 7. 9. 선고 2015도3352 판결(공2015하, 1187).

51) *Id.*

52) *Id.*

만 저작물이 수록된 매체의 재생·작동 등을 통하여 저작물의 내용에
대한 접근을 방지하거나 억제함으로써 저작권을 보호하는 조치를
의미하고 권리통제조치는 저작권을 구성하는 개별 권리에 대한 침
해 행위 그 자체를 직접적으로 방지하거나 억제하는 보호조치를 의
미한다고 판시하였다. 대법원은 또한 문제되는 기술적 보호조치가
둘 중 어느 쪽에 해당하는지를 결정함에 있어서 저작권은 하나의 단
일한 권리가 아니라 복제권, 배포권, 공연권 등 여러 권리의 집합체
이고 이들 권리는 각각 별개의 권리이므로 이 각각의 권리를 기준으
로 개별적으로 판단하여야 한다고 판시하면서 기술적 보호조치의
구별 기준을 제시하였다.[53)]

대법원은 이러한 법리에 따라 이 사건 인증 수단이 복제권, 배포
권 등과 관련하여서는 복제, 배포 등 행위 그 자체를 직접적으로 방
지하거나 억제하는 조치는 아니지만 신곡 파일의 재생을 통한 음악
저작물의 내용에 대한 접근을 방지하거나 억제함으로써 복제, 배포
등의 권리를 보호하는 접근통제조치에 해당할 뿐만 아니라 공연권
과 관련하여서는 신곡 파일을 재생의 방법으로 공중에게 공개하는
공연 행위 그 자체를 직접적으로 방지하거나 억제하는 권리통제조
치에 해당한다고 판단하였다.[54)]

따라서 대법원은 이 사건 인증 수단이 저작권의 행사와 무관하게
접근만을 통제한다고 볼 수는 없다고 판단하였다.[55)]

3) 평가

대법원 판결은 접근통제조치가 우리 법에 도입된 이후에 접근통

---

53) *Id.*
54) *Id.*
55) *Id.*

제조치와 관련하여 두 가지 중요한 점에 대하여 최초로 설시하였다는 데 그 의의가 있다고 생각한다.

첫째, 이 판결은 접근통제조치와 권리통제조치의 차이를 분명히 밝혔다. 특히 접근통제조치의 의미를 명확히 하고 있다. 주목할 점은 접근통제조치가 단순히 접근을 방지하거나 억제하는, 즉 통제하는 조치를 의미하는 것이 아니라 접근의 통제를 통하여 저작권을 '간접적으로'[56] 보호하는 조치라고 판단함으로써 접근통제조치를 제한적으로 해석하고 있다는 것이다. 따라서 권리통제조치는 저작권을 직접적으로 보호하는 기술적 보호조치이고 접근통제조치는 저작권을 간접적으로 보호하는 기술적 보호조치라고 할 수 있다. 따라서 기술적 보호조치 제도의 취지는 저작권의 직간접적 보호라고 할 수 있고 저작권 보호 또는 저작권 침해와 관련 없는 기술적 보호조치는 보호될 수 없다.

둘째, 이 판결은 저작권자가 적용한 기술적 보호조치가 접근통제조치와 권리통제조치 중 어느 쪽에 해당하는지를 결정하는 판단 기준을 제시하였다. 그 기준은 저작권을 구성하는 개별 권리에 따라 기술적 보호조치가 어느 쪽에 해당하는지 개별적으로 판단하여야 한다는 것이다. 이러한 해석은 접근통제조치와 관련하여 그 범위를 좁히는 역할을 하는 것으로 생각된다. 대법원 판결의 법리에 따르면 저작권을 구성하는 개별 권리와의 관련성이 없을 경우에는 저작물에 대한 접근을 통제한다고 하더라도 그것만으로는 접근통제조치로 볼 수 없을 것이다. 만약 접근을 통제하는 기술적 조치를 무력화하더라도 아무런 저작권 침해가 발생하지 않거나 발생할 가능성이 없는 경우라면 그러한 접근통제조치는 저작권을 구성하는 개별 권리와 관련성이 없을 것이다. 따라서 대법원이 제시한 접근통제조치의

---

56) 판결문에 명시적으로 기술되지는 않았으나 본 연구자는 대법원의 입장을 이와 같이 이해할 수 있다고 생각한다.

접근과 저작권의 관련성은 앞에서 본 것처럼 미국 법원의 접근과 저작권 침해의 관련성과 일맥상통한다고 할 수 있다.

한편 대법원은 이 사안에서 문제가 되는 기술적 보호조치가 복제권, 배포권 등과 관련하여서는 접근통제조치이고 공연권과 관련하여서는 권리통제조치라고 판단하였다.

먼저 권리통제조치와 관련된 판단에 대하여 살펴보자. 이 사건 인증 수단을 무력화하지 않으면 신곡이 노래 반주기에 들어 있더라도 재생이 되지 않는다. 그렇다면 이 사건 인증 수단은 재생을 직접 보호하고 있다고 평가할 수 있다. 노래 연습장 운영자가 아닌 개인이 노래 반주기를 구입하여 이용하는 경우는 적을 것이기 때문에 노래 반주기의 재생은 음악 저작물의 공연으로 이어질 것이다.

결과적으로 이 사건 인증 수단은, 그 인증 수단이 노래 반주기에 적용될 경우, 음악 저작물의 재생을 통제함으로써 공연권을 보호하는 권리통제조치에 해당한다고 판단한 대법원 판결은 타당하다고 생각한다.

그러나 대법원의 접근통제조치와 관련된 판단에는 동의하기 힘들다. 대법원은 이 사건 인증 수단이 '복제권, 배포권 등'과 관련하여 접근통제조치에 해당한다고 판단하였다. 그런데 이 사건의 제1심 판결[57]에 의하면 공소 외 회사가 제작한 이 사건 인증 수단은 그 인증 수단을 통하지 않을 경우 노래 반주기에 매달 출시된 신곡 파일이 저장되어 있다 하더라도 신곡 파일이 구동되지 않도록 할 목적으로 제작된 것이다. 따라서 이 사건 인증 수단은 신곡 파일의 복제와 관련된 것이 아니라 신곡 파일의 재생과 관련되어 있다. 이 사건 인증 수단을 무력화하더라도 재생을 통한 공연권 침해가 있을 뿐이고 복제권 침해가 발생하지 않는다. 또한 배포는 저작물의 원본 또는 그

---

57) 인천지방법원 2014. 9. 25. 선고 2014고단2421 판결(미공간).

복제물을 공중에게 양도하거나 대여하는 것인데[58] 이 사건 인증 수단은 신곡의 양도 또는 대여와 관련이 없다.

따라서 대법원이 판단한 것처럼 이 사건 인증 수단이 복제권 및 배포권과 관련하여 접근통제조치에 해당한다고 할 수 없다고 생각한다.

한편 제1심 판결에 의하면 피고인 1은 공소 외 회사의 기술적 보호조치를 무력화하기 위하여 정품 데이터롬 칩을 제어 보드에 꽂았을 때 이루어지는 노래 반주기 메인 보드의 중앙처리장치와 제어 보드 롬 사이의 통신 패킷(packet)의 캡처를 한 후 그중 신곡 인증과 관련된 16진수 데이터를 추출하여 데이터롬 칩을 제조하였고 스마트 토큰과 관련하여 알아낸 16진수 데이터를 이용하여 신곡 인증을 가능하게 하는 제어 보드를 제조하였다.

이 사실관계로부터 알 수 있는 것은 노래 반주기가 정상적으로 작동하는 과정에서 신곡 인증을 통하여 신곡을 재생하기 위해서는 신곡 인증과 관련된 16진수 데이터의 통신이 이루어진다는 것이다. 즉, 노래 반주기의 정상 작동 과정에서 신곡을 재생하기 위해서는 정보의 적용, 즉 프로세스 또는 처리가 필요하다. 다시 말해 이 사건 인증 수단은 공연권의 행사와 관련된 접근통제조치라고 할 수 있다.

결론적으로 이 사건 보호조치는 공연과 관련된 접근통제조치인 동시에 공연권을 보호하는 권리통제조치에 해당한다.

---

58) 저작권법 제2조 제23호.

8. 호환 기기

1) 차고 문 오프너

(1) 사실관계

Chamberlain 사건[59]에서 원고 Chamberlain은 '롤링 코드(rolling code)' 보안 시스템을 갖춘 차고 문 오프너(Garage Door Opener, GDO)를 판매하였다. 이 보안 시스템은 차고 문을 여는 데 필요한 발신기 신호를 계속 변경하고 고객은 변하는 신호를 보내기 위하여 GDO 발신기를 사용한다. GDO는 휴대용 발신기와 차고에 설치된 차고 문을 여는 장치로 구성된다. 집주인은 발신기 교체 또는 스페어 발신기를 원하면 부품 시장에서 구입할 수 있다. Skylink와 Chamberlain은 범용 GDO 발신기의 주요 판매업체이다. Chamberlain은 자사의 GDO 시스템과 함께 쓸 수 있는 발신기의 유형에 명시적 제한을 두지 않았다.[60]

Chamberlain의 Security+ GDO에는 차고 문을 여는 데 필요한 발신기 신호를 계속 바꾸는 롤링 코드 프로그램이 들어 있다. Skylink의 Model 39 발신기는 롤링 코드가 없음에도 불구하고 이용자가 Security+ GDO를 작동할 수 있게 해 준다.[61]

Chamberlain은 Skylink가 Security+ GDO와 호환되는 Model 39 발신기를 판매함으로써 Chamberlain의 GDO와 발신기에 들어 있는, 저작권에 의하여 보호되는 컴퓨터 프로그램에 대한 접근통제조치인 롤링 코드 보안 시스템의 무력화를 주목적으로 하는 도구를 거래하였다고 주장하였다.[62]

---

59) *Chamberlain Group, Inc. v. Skylink Technologies, Inc.*, 381 F. 3d 1178 (CA Fed. 2004).

60) *Id.*, p. 1183.

61) *Id.*

62) *Id.*, p. 1185.

(2) 법원의 판단

제1심 법원은 롤링 코드 컴퓨터 프로그램의 두 가지 기능이 롤링 코드를 확인하는 기능과 GDO에 있는 마이크로프로세서에 지시를 보냄으로써 GDO 모터를 작동하는 기능이라고 판시하였다.[63]

Chamberlain의 GDO를 구입한 집주인은 그 GDO를 소유하게 되고 자신의 차고에 접근하기 위하여 GDO를 사용할 권리를 가진다. Chamberlain은 GDO를 판매할 때 명시적인 사용 조건을 달지 않았다. Model 39 발신기를 사용하려는 집주인은 먼저 그 발신기가 자신의 GDO와 호환되도록 조작하여야 한다. Skylink는 이 행위를 집주인이 GDO와 호환될 수 있는 권한을 Model 39 발신기에 부여하는 것이라고 규정짓고 Skylink 발신기를 구입하는 Chamberlain GDO 소비자는 Chamberlain으로부터 그들의 GDO를 열 수 있는 어떤 브랜드의 발신기도 구입하여 사용할 수 있다는 내용의 묵시적 허락을 받은 것이라고 주장하였다.[64]

제1심 법원은 이 주장에 동의하면서 Skylink가 § 1201(a)(2)를 위반하였다는 주장과 Model 39를 사용한 Chamberlain의 고객이 § 1201(a)(1)을 위반한 것이라는 주장을 모두 배척하였다.[65] 항소법원은 제1심 법원의 판단을 인정하였다.[66]

이 사건에서 당사자와 법원은 모두 Chamberlain의 GDO 시스템에 들어 있는 컴퓨터 프로그램에 적용된 롤링 코드가 접근통제조치라는 전제에 서 있다.

---

63) *Id.*
64) *Id.*, p. 1187.
65) *Id.*
66) *Id.*, p. 1204.

(3) 평가

Chamberlain 사건은 앞에서 자세히 보았던 것처럼 접근통제조치를 무력화하는 도구를 거래한 사람에 대하여 책임을 묻기 위한 요건 중 하나로 접근과 저작권 침해의 관련성을 요구한 최초의 판결이다. 비록 미국 내에서는 MDY 판결과 견해가 대립하고 있지만 본 연구자는 접근통제조치의 정의에 저작권 행사와의 관련성이 규정되어 있는 우리 저작권법의 해석으로는 Chamberlain 판결과 같이 접근과 저작권 침해의 관련성 요건이 반드시 필요한 요건이라고 생각한다.

2) 재생 토너 카트리지

(1) 사실관계

Lexmark 사건[67]에서 Lexmark 프린터용 토너 카트리지에 들어 있는 마이크로칩은 Lexmark 프린터와 제3자가 제조한 재생 카트리지가 함께 기능하는 것을 방지하도록 고안되었다. SCC는 Lexmark의 칩을 모방하여 독자적인 칩을 제조하고 그것을 재생 토너 카트리지 판매업체에 판매하였다.[68]

쟁점이 되는 Lexmark의 첫 번째 프로그램은 카트리지에 남아 있는 토너의 양을 측정하는 '토너 로딩 프로그램(Toner Loading Program)'이다. 이 프로그램은 여덟 개의 프로그램 명령에 의존하고 프린터 모델에 따라 프로그램의 파일 크기가 37바이트와 55바이트에 이르는 두 가지 버전이 존재하며 Lexmark의 토너 카트리지에 들어 있는 마이크로칩에 위치하고 있다.[69]

쟁점이 되는 Lexmark의 두 번째 프로그램은 '프린터 엔진 프로그

---

67) *Lexmark Int'l, Inc. v. Static Control Components, Inc.*, 387 F. 3d 522 (CA6 2004).
68) *Id.*, p. 529.
69) *Id.*, pp. 529-530.

램(Printer Engine Program)'이다. 이 프로그램은 토너 로딩 프로그램보다 훨씬 많은 메모리를 차지하고 프로그램 명령을 프린트하면 20페이지가 넘으며 종이의 공급과 이동 및 프린터 모터 제어와 같은 프린터의 다양한 기능을 제어하고 토너 로딩 프로그램과 달리 Lexmark 프린터 내에 위치하고 있다.[70]

Lexmark는 'Prebate'와 'Non-Prebate'라는 두 종류의 레이저 프린터용 토너 카트리지의 판촉을 하였다. Prebate 카트리지는 할인 가격으로 기업 고객에게 판매되고 고객은 그 카트리지를 한 번만 사용하고 다 쓴 카트리지를 Lexmark에 반환하여야 한다. Non-Prebate 카트리지는 할인 없이 판매되고 소비자나 재생산업체가 그 카트리지에 토너를 다시 채우고 그것을 재사용할 수 있다.[71]

Lexmark는 고객이 Prebate 계약을 반드시 준수하도록 하기 위하여 '인증 시퀀스(authentication sequence)'를 사용하는데 그것은 프린터와 토너 카트리지의 마이크로칩 사이에서 '비밀 악수(secret handshake)'를 수행한다. 프린터와 마이크로칩은 모두 마이크로칩의 메모리에 있는 데이터에 기초하여 '메시지 인증 코드(Message Authentication Code)'를 계산하는데, 마이크로칩이 계산한 코드와 프린터가 계산한 코드가 일치하면 그 프린터는 정상적으로 작동하고 그 두 값이 일치하지 않으면 Lexmark 프린터는 에러 메시지를 내보내고 작동이 중지된다.[72]

SCC는 Lexmark의 인증 시퀀스를 충족시키는 'SMARTEK'이라는 마이크로칩을 판매하면서 SMARTEK이 Lexmark의 비밀 코드인 인증 시퀀스를 깬다고 광고하였다. SCC는 Prebate 카트리지에 있는 칩을 SMARTEK 칩으로 바꿀 수 있도록 SMARTEK 칩을 카트리지 재생산업체에 판매

---

70) *Id.*, p. 530.
71) *Id.*
72) *Id.*

하였다. 이렇게 재생산된 카트리지는 Lexmark 토너 카트리지보다 저렴한 가격으로 소비자에게 판매되었다. SCC의 SMARTEK 칩에는 토너 로딩 프로그램의 복제물이 들어 있는데 이 프로그램 복제물은 재생산된 카트리지가 Lexmark의 프린터와 호환하도록 하는 데 필요하다.[73]

Lexmark는 SCC가 SMARTEK 칩에 토너 로딩 프로그램을 복제함으로써 저작권 침해를 하였고 토너 로딩 프로그램과 프린터 엔진 프로그램에 대한 접근통제조치를 무력화하는 제품을 판매함으로써 DMCA를 위반하였다고 주장하였다.[74]

(2) 법원의 판단

제1심 법원은 Lexmark가 각 청구의 원인에 대하여 승소 가능성을 소명하였다고 판단하고 SCC에 대하여 금지 가처분 결정을 내렸다.[75] 그러나 항소법원인 제6 순회법원은 다음과 같은 이유로 제1심 법원의 판단에 동의하지 않았다.

먼저 토너 로딩 프로그램은 저작권에 의한 보호를 받을 수 있는 저작물에 해당하지 않는다.[76]

다음으로 Lexmark의 인증 시퀀스가 프린터 엔진 프로그램에 대한 접근을 통제하는 것이 아니다. 왜냐하면 Lexmark 프린터를 구입한·사람은 Lexmark 프린터를 구입하였다는 사실 때문에 그 프로그램에 접근할 수 있기 때문이다. Lexmark 프린터를 구입한 사람은 누구든지 인증 시퀀스의 유무와 상관없이 프린터 엔진 프로그램의 문자 코드를 프린터 메모리로부터 직접 읽을 수 있고 프린터 엔진 프로그램으로부터 읽어 들인 데이터는 소스 코드로 전환될 수 있으며 그 후 그

---

73) *Id.*, pp. 530-531.
74) *Id.*, p. 531.
75) *Id.*, p. 529.
76) *Id.*, p. 544.

복제물은 자유롭게 배포될 수 있다. 환언하면 프린터 엔진 프로그램 코드에 대한 접근을 막는 어떤 보안 장치도 없기 때문에 그 프로그램 코드에 접근하기 위하여 어떤 것도 무력화할 필요가 없다.[77] 인증 시퀀스가 '접근'의 한 가지 형태, 즉 프린터의 작동을 막음으로써 프린터 엔진 프로그램을 이용할 수 있는 능력을 막는 것은 사실이지만 그것이 접근의 다른 관련 형태, 즉 저작물의 복제물을 입수하거나 그 프로그램의 문자 요소를 이용할 수 있는 능력을 막는 것은 아니다. 저작권법에 의하여 보호되는 접근통제조치는 저작물에 대한 접근을 통제하는 기술적 조치이기 때문에 저작물에 달리 접근할 수 있을 때에는 § 1201(a)(2)가 당연히 적용되지 않는다.[78] 법원은 이러한 법리와 관련하여 다음과 같은 비유를 들고 있다. 어떤 집의 앞문에는 자물쇠가 없는데 뒷문에 있는 자물쇠가 그 집에 대한 접근을 통제한다고 말할 수 없고 어떤 집의 매수인이 열쇠를 받은 후에는 그 집의 문에 달려 있는 자물쇠가 그 집에 대한 접근을 통제한다고 말할 수 없는 것과 마찬가지로 달리 쉽게 접근할 수 있는 저작물에 § 1201(a)(2)가 적용된다고 말할 수 없다.[79]

결국 이 사건에서 항소법원은 Lexmark의 인증 시퀀스가 저작권법에 의하여 보호되는 접근통제조치가 아니라고 판단하였다.

3) UPS

(1) 사실관계

이 사건[80]에서 문제가 된 무정전전원장치(uninterruptible power

---

77) Id., pp. 546-547.

78) Id., p. 547.

79) Id.

80) MGE UPS Systems, Inc. v. GE Consumer and Indus., Inc., 622 F. 3d 361 (CA5 2010).

supply, UPS)는 정전 시에 중요한 운영 시스템에 전원을 공급하기 위하여 사용된다. MGE는 여러 라인의 UPS 기계를 제조하는데 그중 몇몇은 수리하는 동안 'Pacret'과 'Muguet'이라는 소프트웨어를 사용한다. 이 소프트웨어는 수리 시에 전통적인 수동적 수리 기술보다 더 빨리 보정 문제를 해결한다. 이 소프트웨어가 없어도 수리 기술자는 여전히 부분적으로 MGE의 UPS 기계를 수리할 수 있다. 그러나 전압 레벨의 재교정과 조정을 포함한 많은 중요한 절차는 이 소프트웨어의 사용을 통해서만 수행될 수 있다.[81]

이 소프트웨어를 실행하기 위해서는 '동글'이라고 불리는 하드웨어 보안 키를 랩톱 컴퓨터의 시리얼(serial) 포트에 연결하는 것이 필요하다. 동글은 만료일, 최대 이용 횟수 및 고유의 패스워드를 가지고 있다. 이 소프트웨어는 일단 실행되면 소프트웨어가 완전히 시작하기 전에 동글을 찾고 MGE 소프트웨어가 MGE 하드웨어와 통신하고 있다는 것을 확인하기 위하여 UPS 기계의 마이크로프로세서에 있는 데이터와 프로토콜 교환 과정을 거친다. 프로토콜 교환이 성공하면 MGE의 소프트웨어는 기술자를 위하여 시스템 상태 정보를 수집한다. MGE가 보안 기술을 도입하고 몇 년이 지나 많은 소프트웨어 해커들은 하드웨어 키의 외부 보안 기능을 무력화하는 방법에 관한 정보를 인터넷에 공개하였다. 이 소프트웨어와 보안 키가 무력화되면 아무런 제한 없이 이 소프트웨어에 접근하여 이 소프트웨어를 사용할 수 있다.[82]

PMI는 MGE의 UPS 기계를 포함하여 여러 상표의 UPS 기계를 수리하는 주요 전원 서비스 회사이다. PMI는 처음에 MGE와 하도급 계약을 체결하고 MGE의 UPS 기계의 소프트웨어 서비스를 하였으나 PMI의 종업원이 MGE의 소프트웨어 복제물을 하나 이상 입수하였다. GE

---

81) *Id.*, p. 364.
82) *Id.*

는 PMI를 인수하였다. MGE는 GE와 PMI를 상대로 저작권 침해, DMCA 위반 등을 주장하며 소를 제기하였다.[83]

(2) 법원의 판단

§ 1201(a)(1)은 무력화를 목적으로 하기 때문에 기술적 조치가 무력화된 이후의 저작물의 이용에는 적용되지 않는다. 따라서 이 사건의 쟁점은 MGE의 소프트웨어에 대한 접근통제조치가 어느 시점에 무력화되었는지 여부가 아니라 GE와 PMI의 행위가 무력화에 해당하는지 여부이다.

미국 저작권법이 무력화를 광범위하게 정의하고 있지만 '우회하다' 또는 '피하다'가 무력화 이후의 저작물의 이용을 포함하도록 해석되지는 않는다. GE와 PMI 대표는 동글 없이 Pacret과 Muguet을 사용할 수 있도록 Pacret과 Muguet을 변경하지 않았다. 오히려 종업원은 그 소프트웨어의 변경이 이루어진 후에 그 소프트웨어를 사용하였을 뿐이다. GE와 PMI의 종업원의 행위는 무력화에 해당하지 않는다.[84]

4) 호환 기기에 대한 평가

산업 관행과 소비자의 기대가 Chamberlain 법원과 Lexmark 법원의 판결에 영향을 미쳤다고 할 수 있다. 일반 소비자는 원래의 GDO 발신기를 잃어버리면 범용 발신기를 사용할 수 있을 것이라고 기대하고 컴퓨터 프린터를 구매한 소비자는 가격이 싼 재생 토너 카트리지를 구입할 수 있을 것이라고 기대한다.[85]

Chamberlain 법원과 Lexmark 법원은 모두 부품 시장의 제품을 만드

---

83) *Id.*
84) *Id.*, p. 366.
85) Cohen et al. (2015), p. 898.

는 활동이 합법적이라는 결론에 도달하였다. 그러나 두 법원은 그러한 결론에 이르기 위하여 제1201조에 대하여 서로 다른 요건을 해석하였다.

Chamberlain 법원은 '접근 권한이 없을 것'이라는 요건을 분석하면서 GDO를 구입함으로써 GDO에 내장된 프로그램에 대한 접근 권한을 이미 부여받은 것으로 판단하였다.

Lexmark 법원은 기술적 조치가 효과적으로 접근을 통제하여야 한다는 요건을 분석하면서 Lexmark의 인증 시퀀스가 프린터의 작동을 막음으로써 프린터 엔진 프로그램을 이용할 수 있는 능력을 막는 것은 사실이지만 저작물의 복제물을 입수하거나 그 프로그램의 문자 요소를 이용할 수 있는 능력을 막는 것은 아니므로 효과적인 기술적 조치가 아니라고 판단하였다.

한편 MGE UPS 사건의 동글은 프로그램이 제대로 실행되기 위하여 필요한 기술적 보호조치로서 프로그램에 대한 접근통제조치에 해당한다. 동글이 무력화되면 프로그램의 완전한 실행이 가능한데 그 과정에서 권한 없이 일시적 복제를 하게 된다. 따라서 동글은 복제권의 행사와 관련한 접근통제조치라고 할 수 있다. 그러나 이 사건의 당사자들은 동글이 이미 무력화가 된 MGE의 변경된 소프트웨어를 이용하였을 뿐이기 때문에 무력화에 대한 책임을 지지 않았다.

9. 자동 사냥 프로그램

1) 사실관계

MDY 사건[86]에서 Blizzard는 WoW의 개발업체이다.[87] WoW는 플레

---

86) *MDY Industries, LLC v. Blizzard Entertainment*, 629 F. 3d 928 (CA9 2010).
87) *Id.*, p. 934.

이어가 컴퓨터에 설치하는 '게임 클라이언트 소프트웨어'와 플레이어가 WoW 온라인 서버에 접속함으로써 접근하는 '게임 서버 소프트웨어'로 구성되어 있다.[88] 이 게임에서 플레이어는 가상 세계에서 상호 작용하면서 70 레벨까지 올라간다.[89]

MDY는 'Glider'라는 소프트웨어를 개발하고 판매하였다.[90] Glider는 '봇'의 일종인데 이 소프트웨어는 플레이어를 위하여 WoW의 초기 레벨의 플레이를 자동적으로 수행한다.[91]

Blizzard는 봇을 포함하여 권한 없는 제3자의 소프트웨어를 사용하는 플레이어가 WoW 서버에 접속하는 것을 방지하기 위하여 개발된 기술인 Warden[92]의 판촉을 하였다. Warden은 Glider를 탐지할 수 있고

---

88) *Id.*, p. 935.
89) *Id.*, p. 934.
90) *Id.*, pp. 934-945.
91) *Id.*, p. 935.
92) Warden은 'scan.dll'과 '상주(residen)' 요소라는 두 가지 요소로 이루어져 있다. 소프트웨어 모듈인 'scan.dll'은 플레이어가 WoW 서버에 접속하는 것을 허용하기 전에 컴퓨터 램을 검사하고 Glider와 같은 봇이 실행되고 있다는 사실을 탐지하면 플레이어의 서버 접속을 허용하지 않는다. Blizzard가 Warden을 출시한 후 MDY는 scan.dll이 검사를 완료할 때까지 Glider가 로딩이 되지 않도록 함으로써 scan.dll을 무력화하도록 Glider를 변경하였다. 상주 요소는 플레이어의 컴퓨터가 WoW 서버에 접속될 때 그 컴퓨터의 백그라운드에서 주기적으로 실행되면서 컴퓨터 램에서 실행되고 있는 WoW 코드의 일부를 보고하도록 플레이어의 컴퓨터에 요청하며 봇과 관련된 코드의 패턴을 찾고 봇이 탐지되면 그 플레이어를 게임에서 추방한다. *Id.*, p. 942. MDY는 Warden의 두 가지 요소는 별개이고 scan.dll만이 접근통제조치로서 간주되어야 한다고 주장하였으나, 제9 순회법원은 접근통제조치가 (1) 최초의 접근을 막으려고 시도할 수도 있고 (2) 2차적 검사에 의하여 권한 없이 이루어진 접근이라고 결정되면 이미 이루어진 접근을 취소할 수도 있다고 판단하였다. 따라서 제9 순회법원은 Warden의 scan.dll과 상주 요소가 모두 봇을 사용하는 플레이어가 WoW 소프트웨어에 계속 접근하는 것을 막는 것이라는 동일한 목적을 가지므로 두 가지 요소를 함께 심리하였다. *Id.*, p. 943.

Blizzard는 대부분의 Glider 이용자를 금지하기 위하여 즉시 Warden을 사용하였다. MDY는 탐지를 피하기 위하여 Glider를 수정하고 새로운 탐지 방지 기능을 홍보하였다.

법원은 WoW 플레이어가 WoW의 게임 클라이언트 소프트웨어의 라이선시라고 판단하였다.[93] WoW 소프트웨어의 소유자가 아니라 라이선시인 Glider 이용자는 소프트웨어의 복제물을 소유하고 있지 않기 때문에 필수적 단계 항변(essential step defense)[94]을 할 수 없다.[95]

MDY가 Glider 판매를 시작한 후 Blizzard는 봇을 사용하는 플레이어가 WoW 서버에 접속하는 것을 막기 위하여 고안된 기술인 Warden의 판촉을 하였고 2005년 9월 대부분의 Glider 이용자를 금지시키기 위하여 Warden을 사용하였다. 그 후 Blizzard는 MDY가 Warden의 탐지를 피하기 위하여 Glider 프로그램을 작성하였기 때문에 기술적 보호조치의

---

93) 저작권자가 (1) 소프트웨어 이용자에게 라이선스가 부여되었다고 명시하고 (2) 소프트웨어를 양도할 수 있는 이용자의 능력을 상당히 제한하며 (3) 주목할 만한 이용 제한을 가하는 경우 그 소프트웨어 이용자는 그 소프트웨어 복제물의 소유자가 아니라 라이선시이다. 제9 순회법원은 이러한 법리에 따라 다음과 같은 사실관계를 고려하여 WoW 플레이어가 라이선시라고 판단하였다. Blizzard는 WoW 소프트웨어의 권원(title)을 보유하고 플레이어에게 비배타적 제한적 라이선스를 부여한다. Blizzard는 또한 플레이어가 라이선스를 양도하려면 원래의 포장과 문서를 모두 양도하여야 하고 게임 클라이언트 소프트웨어의 모든 복제물과 설치 파일을 영구적으로 삭제하여야 하며 EULA에 승낙한 양수인에게만 양도하여야 하는 제한을 양도에 부가한다. 플레이어는 계정을 팔거나 줄 수 없다. WoW 게임은 비영리적 엔터테인먼트 목적으로만 사용되어야 한다. *Id.*, p. 938. 플레이어는 권한 없는 제3자의 프로그램을 동시에 사용할 수 없다. Blizzard는 게임 클라이언트 소프트웨어를 플레이어가 모르게 원격으로 또는 플레이어의 동의 없이 변경할 수 있고 플레이어가 EULA와 이용 약관을 위반하면 그것을 해지할 수 있다. 해지 후 플레이어는 즉시 게임 복제물을 폐기하여야 하고 컴퓨터로부터 게임 클라이언트 소프트웨어를 삭제하여야 한다. *Id.*, p. 939.

94) 17 U. S. C. § 117(a). 141면 각주 68 참조.

95) *MDY Industries, LLC v. Blizzard Entertainment*, 629 F. 3d 928, 939 (CA9 2010).

무력화 도구의 거래 금지 규정에 따라 책임을 진다고 주장하였다.[96]

2) 법원의 판단

제9 순회법원은 먼저 컴퓨터 게임을 하는 과정에서 생성되는 시청각적 전시가 부분적으로는 이용자의 인풋에 달려 있다 하더라도 그 시청각적 전시는 프로그램 코드와 독립적으로 저작권에 의하여 보호될 수 있기 때문에 WoW의 동적 비문자 요소, 즉 실시간 게임 경험은 저작권에 의하여 보호되는 저작물에 해당한다고 판단하였다.[97]

Warden의 두 가지 요소인 scan.dll과 상주 요소는 모두 저작물에 접근하기 위하여 정보의 적용, 즉 프로세스나 처리를 요한다. 플레이어가 Blizzard 서버에 접속하여 WoW의 동적 비문자 요소에 접근하기 위해서는 scan.dll이 플레이어의 컴퓨터 램을 검사하고 봇이 없다는 것을 확인하여야 한다. 이용자가 WoW의 동적 비문자 요소에 계속 접근하기 위해서 상주 요소는 이용자의 컴퓨터가 램에서 돌아가는 WoW 코드의 일부를 서버에 보고하도록 하는 프로세스를 요한다. 따라서 Warden은 WoW의 동적 비문자 요소에 대한 접근을 효과적으로 통제한다.[98]

따라서 제9 순회법원은 MDY가 WoW의 동적 비문자 요소에 관하여 § 1201(a)(2)에 따른 책임을 진다고 판결하였다.[99]

3) 평가

Glider는 접근통제조치에 해당한다. 그러나 Glider를 사용하여 온라

---

96) *Id.*, p. 942.
97) *Id.*, p. 954.
98) *Id.*
99) *Id.*

인 게임을 하는 경우 저작권 침해가 발생하지 않는다. 따라서 Warden
이 통제하는 접근은 저작권 침해와의 관련성이 없다. 그러므로 적어
도 우리 저작권법에 따르면 제9 순회법원의 결론과 달리 Warden은
저작권법에 의하여 보호를 받는 접근통제조치에 해당하지 않는다.

결론적으로 Glider를 판매하는 것은 접근통제조치의 무력화 도구
의 거래 금지 조항에 위반되지 않는다.

10. 암호화된 방송 신호

1) 사실관계

암호화된 방송 신호의 무력화를 금지하는 저작권법 제104조의4가
신설되기 전에 암호화된 방송 신호의 복호화와 관련된 사건이 있었
다. 이 사건[100]의 사실관계는 다음과 같다.

중동 또는 유럽 지역의 위성방송 서비스업체는 영상 신호인 오디
오·비디오 패킷과 함께 암호화된 컨트롤워드를 송신한다. 피고인들
은 해커들이 위성 수신 제한 시스템의 스마트카드에 설치된 콘텐츠
보호 설루션(solution)의 알고리듬을 해독하고 업로드를 해 놓은 것을
내려받은 후 그것을 수정하여 패치 프로그램을 개발하였다. 이 패치
프로그램을 위성방송 수신기에 설치하고 위성방송 수신기로 입력되
는 암호화된 컨트롤워드를 해독하면 위성방송을 시청할 수 있다. 피
고인들은 이 위성방송 수신기를 제조하여 해외로 수출하였고 패치
프로그램도 함께 제공하였다.

한편 피고인들이 고용한 사람들은 정식으로 중동 지역의 위성방
송에 가입하여 위성 수신 제한 시스템의 스마트카드를 받았다. 피고
인은 또한 한 인도인을 만나 직접 위성방송의 컨트롤워드 추출을 위

---

100) 대법원 2009. 10. 29. 선고 2007도10735 판결(미간행).

한 핵심적인 정보를 받아 해킹 프로그램을 개발하였고 이 해킹 프로그램을 이용하여 컨트롤워드를 실시간으로 추출하였다. 추출한 컨트롤워드를 위성 인터넷을 통해 국내에 있는 서버로 실시간으로 수신한 후 다시 위성방송 수신기로 실시간으로 전송하였다. 피고인들의 패치 프로그램이 제공되지 않으면 위성방송 서비스업체가 영상신호인 오디오·비디오 패킷과 함께 송신하는 암호화된 컨트롤워드가 해독될 수 없어 위성방송 시청이 불가능하다.

2) 법원의 판단

대법원은 피고인들이 이 사건 위성 수신 제한 시스템의 스마트카드에 들어 있는 컨트롤워드 해독용 프로그램 소스 파일을 이용하여 개발한 패치 프로그램을 피고인들이 제작한 위성방송 수신기에 장착한 행위는 불법 저작물의 복제, 전송, 방송 등의 행위를 가능하게 할 수 있는 행위로서 구 저작권법[101] 제92조 제2항에 정한 기술적 보호조치를 무력화하는 것을 주된 목적으로 하는 행위에 해당한다고 판단하였다.

대법원은 또한 실시간 전송 방식의 경우에도 피고인들이 개발한 해킹 프로그램을 이용하여 컨트롤워드를 실시간으로 추출하였으며 추출한 컨트롤워드를 위성 인터넷을 통해 국내에 있는 서버로 실시간으로 수신한 후 다시 위성방송 수신기로 실시간으로 전송하였다면 이러한 피고인들의 행위 역시 불법 저작물의 복제, 전송, 방송 등의 행위를 가능하게 할 수 있는 행위로서 구 저작권법 제92조 제2항에 정한 기술적 보호조치의 무력화 행위에 해당한다고 판단하였다.

---

101) 2006년 10월 4일 법률 제8029호로 개정되기 전의 것, 이하 같다.

3) 암호화된 방송 신호의 의의

(1) 저작권법 규정

우리나라는 한미 FTA 제18.7조의 이행을 위해 저작권법을 개정하면서 암호화된 방송 신호를 보호하는 규정을 신설하였다.[102]

'암호화된 방송 신호'는 유선방송 또는 위성통신 방송의 수신을 통제하기 위하여 방송사업자가 전자적으로 암호화한 방송 신호를 말한다.[103] 암호화된 방송 신호와 관련하여 세 가지 행위가 금지된다.

첫 번째 금지 행위는 암호화된 방송 신호의 복호화 도구를 거래하는 행위이다. 여기서 복호화 도구란 암호화된 방송 신호를 복호화하는 것이 목적인 장치, 제품, 주요 부품 또는 프로그램을 말하며 금지되는 거래 행위의 유형은 제조·조립·변경·수입·수출·판매·임대·전달이다. 그러나 암호화 연구, 미성년자 보호 또는 국가의 법 집행의 경우에는 복호화 도구의 거래가 허용된다.[104] 두 번째 금지 행위는 합법적으로 복호화가 된 방송 신호를 영리 목적으로 다른 사람에게 공중 송신하는 행위이다.[105] 세 번째 금지 행위는 무단으로 복호화가 된 방송 신호를 수신하여 청취·시청하거나 다른 사람에게 공중 송신하는 행위이다.[106]

암호화된 방송 신호와 관련하여 금지된 행위를 위반하면 민사책임[107]을 질 뿐만 아니라 형사처벌[108]을 받을 수 있다.

---

102) 저작권법 제104조의4.
103) 저작권법 제2조 제8호의2.
104) 저작권법 제104조의4 제1호.
105) 저작권법 제104조의4 제2호.
106) 저작권법 제104조의4 제3호.
107) 저작권법 제104조의8.
108) 저작권법 제136조 제2항 제3호의5 및 제137조 제1항 제3호의2.

(2) 기술적 보호조치와 암호화된 방송 신호

저작권법에 따른 '방송'은 공중이 동시에 수신하게 할 목적으로 음·영상 또는 음과 영상을 송신하는 것을 말한다.[109] 방송법에 따른 '방송'은 방송프로그램[110]을 기획·편성 또는 제작하여 이를 공중에게 전기통신설비에 의하여 송신하는 것을 말한다.[111] 이 두 규정을 종합하면 '방송'은 공중이 동시에 수신하게 할 목적으로 음·영상 또는 음과 영상 또는 방송프로그램을 공중에게 전기통신설비에 의하여 송신하는 것을 말한다. 따라서 방송의 정의는 '송신'이라는 행위에 초점이 맞추어져 있다.

방송사업자는 그의 방송을 복제할 권리,[112] 동시 중계방송할 권리[113] 및 공중의 접근이 가능한 장소에서 방송의 시청과 관련하여 입장료를 받는 경우에 공연할 권리를 가진다.[114] 방송사업자의 저작인접권인 복제권, 동시 중계방송권 및 공연권의 대상인 '방송'은 '방송프로그램의 송신'이라는 행위라기보다는 '방송프로그램' 그 자체로 이해된다. 복제권과의 관계에서 특히 그러하다. 방송프로그램의 송신 행위가 복제의 대상이 될 수는 없고 방송프로그램이 복제의 대상이라고 해석하는 것이 타당할 것이기 때문이다.

한편 한미 FTA에서 '방송 신호'에 해당하는 용어는 '방송프로그램을 전달하는 신호(program-carrying signal)'이다.[115] 이 정의에 따르면 방송 신호에는 항상 방송프로그램이 포함되어 있다고 할 수 있다.

암호화된 방송 신호는 방송사업자가 유선방송 및 위성방송을 정

---

109) 저작권법 제2조 제8호.
110) 방송편성의 단위가 되는 방송 내용물을 말한다(방송법 제2조 제17호).
111) 방송법 제2조 제1호.
112) 저작권법 제84조.
113) 저작권법 제85조.
114) 저작권법 제85조의2.
115) 한미 FTA 제18.7조.

당한 권한 없이 수신하는 것을 통제하기 위하여 방송 신호를 전자적으로 암호화한 것이다. 그런데 복호화 도구를 이용하여 암호화된 방송 신호를 복호화하면 그 방송 신호를 통하여 전달되는 방송프로그램에 접근하여 그 방송프로그램을 정상적으로 시청할 수 있다. 따라서 방송 신호의 암호화는 방송프로그램에 대한 접근을 효과적으로 통제하는 접근통제조치이고 암호화된 방송 신호를 복호화하는 것은 암호화된 방송 신호를 무력화하는 것이다. 암호화된 방송 신호가 복호화되면 방송프로그램의 정상적인 복제, 동시 중계방송 또는 공연이 가능하므로 암호화된 방송 신호는 방송사업자의 권리의 행사와 관련하여 방송프로그램에 대한 접근을 효과적으로 통제하는 기술적 조치가 방송프로그램에 적용된 것이라고 할 수 있다. 따라서 암호화된 방송 신호를 복호화하는 행위는 저작권법 제104조의2에 의하여 금지된다.

암호화된 방송 신호와 관련한 첫 번째 금지 행위 유형은 접근통제조치의 무력화 도구의 거래 금지 조항과 유사하다. 그러나 복호화 도구 요건에 암호화된 방송 신호를 복호화하는 것이 도구의 목적일 것 하나밖에 없다는 점에서 세 가지 요건을 필요로 하는 무력화 도구와 차이가 있다. 거래 유형은 제조, 수입, 판매가 공통적으로 제104조의2와 제104조의4에 모두 들어 있으며 제104조의2의 대여와 제104조의4의 임대는 유사한 개념이라고 할 수 있다. 이와 같이 첫 번째 금지 행위 유형은 접근통제조치의 무력화 도구 거래 금지와 유사하면서도 세부적으로는 차이가 있다. 세 번째 금지 행위 유형에는 청취 또는 시청이 포함되어 있기 때문에 가정에서 일반 소비자가 유선방송이나 위성통신 방송에 가입하지 않고 그 방송을 무단으로 시청할 경우 형사처벌[116]을 받을 수 있다.

---

116) 저작권법 제137조 제1항 제3호의2.

제104조의2 위반에 대한 벌칙 규정[117]과 제104조의4 제3호 위반에 대한 벌칙 규정[118]이 서로 다른 점, 제104조의4 제1호는 제104조의2 제2항과 유사하지만 무력화 도구가 세 가지 요건을 필요로 하는데 복호화 도구는 한 가지 요건만을 필요로 한다는 점, 도구 거래 책임에 대한 예외 사유도 서로 다른 점, 도구 거래 유형도 제조, 수입, 판매, 대여 또는 임대는 같지만 나머지는 서로 다르다는 점 등을 종합적으로 고려하면 제104조의4는 제104조의2에 대한 특별규정으로 보아야 한다.

(3) 평가

암호화된 컨트롤워드를 해킹하여 해독하면 위성방송을 시청할 수 있게 되는데 이것은 암호화된 위성방송 신호를 복호화하는 것이라고 말할 수 있다. 그러나 이 사건의 행위시 저작권법에는 기술적 보호조치를 무력화하는 도구를 거래하는 것을 금지하고 있었지만 현재의 저작권법과 같이 암호화된 방송 신호의 무력화를 금지하는 명시적 규정은 없었다. 또한 기술적 보호조치는 권리통제조치만 규정하고 있었고 접근통제조치는 없었다. 그럼에도 불구하고 대법원 판결은 암호화된 방송 신호를 복호화하는 도구를 거래하는 행위를 권리통제조치의 무력화 도구의 거래로 보았다.

컨트롤워드 기술은 그것이 해독되면 암호화된 방송 신호를 정상적인 방송 신호로 환원하여 위성방송을 시청할 수 있게 해 준다. 따라서 컨트롤워드 기술 자체만 놓고 보면 그것은 접근통제조치에 해당할 뿐 권리통제조치에 해당한다고 할 수 없다. 컨트롤워드가 기술적으로 복제, 전송 등을 직접적으로 통제하지는 않기 때문이다. 그러나 앞에서 보았던 것처럼 저작권을 보호하는 권리통제조치인지

---

117) 저작권법 제136조 제2항 제3호의3.
118) 저작권법 제137조 제1항 제3호의2.

여부를 판단함에 있어서는 기술 그 자체의 직접적인 기능을 사실적인 측면에서 볼 것이 아니라 기술이 실질적으로 저작권 침해를 방지하거나 억제하는 것과 동등한 효과를 창출하면 권리통제조치로 보아야 한다. 그런데 암호화된 방송 신호의 복호화가 이루어지면 그 방송 신호를 허락 없이 시청할 수 있게 되지만 방송의 시청은 저작권 침해와 아무런 관련이 없다. 물론 암호가 해독된 이후에 방송프로그램의 복제나 전송이 이루어질 수 있지만 그렇다고 하더라도 컨트롤워드 기술이 저작권의 복제나 전송을 실질적으로 방지하거나 억제하는 것이라고 해석하는 것은 지나친 확대해석이라고 할 수 있다. 그것은 암호화된 저작물에 접근하고 난 이후의 활용 행위에 불과하기 때문이다. 따라서 권리통제조치와 관련하여 규범적 측면에서 권리 보호의 직접성을 평가한다고 하더라도 컨트롤워드 기술을 권리통제조치라고 볼 수는 없다고 생각한다. 이 점에서 대법원 판결이 컨트롤워드를 해독하고 정상적인 시청을 할 수 있는 수신기를 판매한 데 대하여 권리통제조치의 무력화 도구 거래 책임을 인정한 것은 문제가 있다고 생각한다.[119]

그러나 현행 저작권법은 암호화된 방송 신호에 관한 제104조의4가 기술적 보호조치에 관한 제104조의2의 특별규정이므로 이 사안의 사실관계에 제104조의4를 적용하면 될 것이다. 구체적으로는 피고인들은 방송사업자의 허락 없이 복호화하는 데에 주로 사용될 것을 알면서 그러한 목적을 가진 제품을 제조하거나 판매하는 행위[120]와 암호화된 방송 신호가 방송사업자의 허락 없이 복호화된 것임을 알면서 그러한 신호를 수신하여 다른 사람에게 공중 송신하는 행위[121]를

---

119) 본 연구자의 박사 학위논문에는 컨트롤워드 기술이 권리통제조치에도 해당하고 대법원 판결이 타당하다는 견해를 피력하였으나 이와 같이 견해를 변경하기로 한다.

120) 저작권법 제104조의4 제1호 참조.

하였으므로 제104조의4 제1호 및 제3호 위반이 될 것이다.

---

121) 저작권법 제104조의4 제3호 참조.

제7장

결 론

　디지털 환경에서의 저작권 침해를 방지하기 위한 WIPO 조약인 WCT와 WPPT의 체약 당사국은 그 의무 이행의 일환으로 자국의 국내법에 기술적 보호조치에 대한 법적 보호를 도입하였다. 우리나라는 이러한 의무에 더하여 한미 FTA와 한·EU FTA를 이행하기 위하여 기존의 기술적 보호조치를 접근통제조치와 권리통제조치로 구별하는 이원적 체계로 수정하였다. 이러한 저작권법 개정의 직접적인 계기는 한·EU FTA이지만 오히려 먼저 체결된 한미 FTA의 내용이 우리 저작권법에 거의 그대로 반영되었기 때문에 실질적으로는 우리 저작권법이 한미 FTA를 수용하였다고 볼 수 있다. 미국의 기술적 보호조치 제도의 가장 큰 특징은 기술적 보호조치를 접근통제조치와 권리통제조치로 나누어서 법적 보호의 강도를 다르게 하고 있다는 점인데 이 특징은 우리나라의 기술적 보호조치 제도에도 그대로 적용된다.

　저작권법은 접근통제조치의 무력화와 기술적 보호조치의 무력화 도구의 거래를 금지한다. 무력화 금지는 접근통제조치에만 적용된다. 다만 이용자의 정당한 저작물 이용권을 보장하기 위하여 일정한 예외 사유에 대해서는 무력화가 허용된다. 한편 권리통제조치에 대해서는 무력화 금지 규정이 없다. 권리통제조치는 결국 저작권 침해를 방지함으로써 저작권을 보호하는 기술적 조치이므로 굳이 권리통제조치 그 자체를 보호하지 않더라도 저작권법의 다른 규정을 통하여 저작권을 보호하면 되기 때문이다. 이 점이 접근통제조치와 권리통제조치의 가장 큰 차이점이다.

　두 가지 기술적 보호조치의 공통점은 기술적 보호조치를 무력화하는 도구의 거래를 금지하는 것이다. 다만 접근통제조치와 관련한 도구 거래 금지의 예외 사유와 권리통제조치와 관련한 도구 거래 금지의 예외 사유에서 약간의 차이가 발생한다.

접근통제조치의 무력화 예외 사유는 법정 예외 사유와 위임명령에 따른 예외 사유로 나뉜다. 전자는 저작권법이 직접 규정하고 있는 일곱 가지 예외 사유로 이루어져 있고, 후자는 문화체육관광부장관이 고시로 정하게 되어 있다. 우리 저작권법에 따라 처음 제정된 2012년 예외 고시는 제정 당시 미국에서 시행되고 있던 2010년 면제 규칙을 거의 그대로 수용하였다. 다만 DVD상 영상물의 일부를 영화와 관련된 교육에서 이용하기 위하여 무력화할 수 있는 이용자의 유형과 관련하여 대학뿐만 아니라 고등학교 이하의 학교까지 포함시킨 점, 탈옥이 가능한 대상을 스마트폰에서 태블릿까지 확장한 점 등에 비추어 보면 우리의 예외 고시는 미국의 면제 규칙을 기본으로 하면서 그 예외의 범위를 넓힌 것이라고 평가할 수 있다.

접근통제조치의 무력화를 원칙적으로 금지하면서 이용자의 이익을 위한 보완 조치로서 무력화에 대한 예외 사유를 예외 고시로 정하도록 한 것은 미국이 행정입법 절차를 통하여 무력화에 대한 면제 규칙을 정하도록 한 방식을 한미 FTA를 통하여 받아들인 결과이다. 현재까지 미국은 여섯 번에 걸쳐서 면제 규칙을 제정하였다. 2000년 면제 규칙은 두 가지 종류의 저작물에 적용된 접근통제조치에 대하여 무력화를 허용하였으나 2015년 면제 규칙은 저작물 이용자 또는 이용의 유형에 의하여 한정된 특정한 종류의 저작물이 총 열 가지로 늘었다.

디지털 저작물과 관련된 다양한 새로운 제품에서 기술적 보호조치가 계속해서 광범위하게 적용되고 있고 그러한 기술적 보호조치가 이용자의 비침해적 이용에 악영향을 끼칠 우려가 증가하고 있다. 3년마다 이루어지는 행정입법 절차이지만 기술적 환경 변화에 기민하게 대처하여 면제 사유를 확장해 나가는 미국의 행정입법 상황은 우리에게 시사하는 바가 크다. 특히 2012년 면제 규칙이 시행되고 있던 중 국민들의 청원을 수용하는 차원에서 잠금 해제 법률을 제정하여 잠금 해제 무력화가 허용되는 전화기의 시간적 제한을 없애고 모든 전화기로 확장시킨 사례는, 3년 기간 중에도 기술적 보호조치가 미치는 악영향에 대한 평가가 언제든지 바뀔 수 있고 비록 저작권법에 따른 공식적인 행정입법 절차를 거친 것은 아니지만 기존의 면제 규칙을 신속히 개정하는 전례를 보인 것이라는 점에서, 역시 우리에게 시사하는 바가 크다.

미국의 행정입법 절차는 특정한 종류의 저작물의 범위를 정하는 기준과 관련하여 저작물 자체의 성질에만 국한하는 방식의 매우 협소한 기준에서 시작해 저작물 이용자 또는 이용의 유형까지 고려하는 다소 완화된 기준으로 발전하였다. 그러나 여전히 구체적인 이용자나 이용 유형을 벗어나 '공정 이용'을 위한 무력화와 같이 추상적으로 규정하는 방식은 여전히 금지되는 것으로 해석하고 있는 점에서 그 한계가 노정되어 있다.

우리나라의 예외 고시에 대해서도 미국의 면제 규칙에 대한 평가와 비슷한 평가를 내릴 수 있다. 아직까지 '공정 이용'과 같이 광범위한 이용 형태를 반영한 무력화 예외 사유는 규정되지 않았고 무력화 도구 거래 금지와 관련해서도 예외 사유가 규정된 바 없다.

현행 기술적 보호조치 제도는 공정 이용을 위한 무력화가 허용되지 않기 때문에 저작권자를 지나치게 보호하는 측면이 있다. 이 문제를 현행법 테두리 내에서 해결하는 방법은 접근통제조치의 무력화 금지 조항과 기술적 보호조치의 무력화 도구의 거래 금지 조항에 대하여 축소해석을 하는 것이다. 본 연구자는 접근통제조치의 무력화 도구에 해당하기 위한 요건으로 접근과 저작권 침해의 관련성이 요구된다고 주장하였다. 그 근거는 접근통제조치의 정의 규정에 "저작권의 행사와 관련하여"라는 요건이 명시되어 있는 점, 대법원이 접근통제조치를 저작권을 간접적으로 보호하는 기술적 보호조치로 해석하고 있고 기술적 보호조치를 구별하는 기준으로 저작권을 구성하는 개별 권리와 관련하여 판단하여야 한다고 설시한 점 및 미국의 항소법원이 그와 같이 해석한 사례가 있다는 점에 비추어 볼 때 접근통제조치는 저작권을 구성하는 개별 권리의 행사와 관련되어 있어야 하고 간접적으로 저작권을 보호하여야 한다. 따라서 접근은 저작권을 구성하는 개별 권리의 침해와 관련성이 있어야 한다. 그러므로 권한 없이 무력화를 통하여 저작물에 접근하더라도 그 접근통제조치가 저작권 침해와 전혀 상관없이 단순히 접근을 통제하는 기능만 수행하는 것이라면 그 접근통제조치를 무력화하는 행위와 무력화 도구를 거래하는 행위에 대하여 책임을 물을 수 없다고 해석하여야 할 것이다. 이 법리는 권리통제조치에도 그대로 적용될 수 있기 때문에 권리통제조치의 무력화 도구를 거래한 사람은 이용자의 무력화에도 불구하고 저작권 침해가 발생하지 않는 경우에는 도구 거래 책임을 지지 않는다고 해석하여야 한다. 다만 권리통제조치의 무력화는 저작권 침해를 용이하게 한다고 추정되므로 반증을 통하여 이 추정을 번복한 경우에 한하여 도구 거래 책임을 지지 않는다.

도구 거래 책임과 관련하여 무력화 도구의 세 가지 요건은 모두 충족되어야 한다. 저작권법 제104조의2 제2항은 제1항 및 제3항이 취하고 있는 "다음 각 호의 어느 하나에 해당하는"이라는 문구 대신에 "다음과 같은"이라는 문구를 사용하고 있기 때문이다. 이로 인하여 거래가 금지되는 무력화 도구의 범위가 줄어든다. 또한 어떤 도구가 상당한 비침해적 이용이 가능할 경우에는 그 도구는 무력화 도구의 두 번째 요건, 즉 기술적 보호조치를 무력화하는 것 외에는 상업적으로 중요한 목적이나 용도가 제한적일 것이라는 요건을 충족시키지 못하기 때문에 그 도구는 거래가 금지되는 무력화 도구에 해당하지 않는다.

한편 예외 고시에 광범위한 예외 사유를 규정하는 방식으로 공정 이용을 포함하여 비침해적 이용을 위한 무력화 예외를 인정할 수 있다.

먼저 프로그램이 실행될 때 보호되는 표현이 생성되지 않는 프로그램의 정당한 이용자는 공정 이용을 위하여 접근통제조치를 무력화할 수 있다는 예외 사유를 제안하였다. 그러나 저작자의 정당한 이익을 부당하게 해치지 않는 범위에서만 무력화가 가능하다.

다음으로 합법적으로 제작되고 공표된 저작물의 복제물을 합법적으로 취득한 이용자가 사적 복제 또는 개작을 위하여 접근통제조치를 무력화할 수 있다는 예외 사유를 제안하였다. 역시 저작자의 정당한 이익을 부당하게 해치지 않는 범위에서만 무력화가 가능하다.

마지막으로, 기술적 보호조치의 무력화가 저작권 침해를 야기하지 않은 경우에는 무력화 및 도구 거래에 대한 책임을 지지 않도록 하는 입법론을 주장하였다. 다만 이러한 입법론적인 해결은 한미 FTA로 인하여 미국과의 협의 또는 추가적인 협상이 필요하다.

저작권자가 기술적 보호조치를 적용한 저작물이 기능적 저작물이고 저작권자가 저작권 보호와 무관하게 공정한 경쟁의 제한, 독점 시장의 확보 등과 같이 공익 또는 공공 정책에 반하는 목적을 달성하기 위하여 기술적 보호조치를 적용한 경우 저작권자가 기술적 보호조치 규정 위반을 이유로 권리 행사를 하게 되면 권리남용 항변이 적용될 수 있다.

기능적 저작물로서의 프로그램의 경우 기능적 저작물이라는 특성상 그 보호 범위가 좁을 수밖에 없는데 이러한 프로그램에 기술적 보호조치를 적용하는 주된 이유는 프로그램 자체의 보호보다는 프로그램의 호환성 확보, 기술 생태계의 구축 등을 통하여 부당한 경쟁 제한, 독점 시장의 확보 등과 같이 공익에 반하는 목적을 위한 경우가 많기 때문에 권리남용 법리가 적용될 여지가 많다.

결론적으로 이 연구는 최근에 저작권법에 도입된 기술적 보호조치의 본질을 파악하고 공정 이용과의 관계에서 도출되는 문제점을 제시하고 이를 해결하기 위한 여러 가지 방안을 논하였다. 이 연구 결과가 기술적 보호조치에 대한 이해를 높이는 데 일조하기를 기대한다.

참고 문헌

1. 단행본

곽윤직, 채권각론(제6판), 박영사 (2003)

곽윤직·김재형, 민법총칙(제9판), 박영사 (2013)

양창수·김재형, 민법 I: 계약법(제2판), 박영사 (2015)

오승종, 저작권법(제4판), 박영사 (2016)

이해완, 저작권법(제3판), 박영사 (2015)

정상조, 저작권법 주해, 박영사 (2007)

정상조·박준석, 지식재산권법(제3판), 홍문사 (2013)

COHEN, Julie E., Lydia Pallas LOREN, Ruth L. OKEDIJI & Maureen A. O'ROURKE, Copyright in a Global Information Economy (4th ed. 2015)

GOLDSTEIN, Paul, Goldstein on Copyright (3d ed. 2011-1 Supp.)

2. 학위논문

신도욱, "디지털밀레니엄저작권법(digital millennium copyright act)상의 接近權(access right)에 관한 研究 : 公正利用 法理(fair use doctrine)의 適用與否 및 2次 市場(aftermarket)에서의 公正競爭을 위한 接近權(access right) 濫用防止 方案을 中心으로", 석사 학위논문, 서울대학교 (2009)

옥선기, "기술적 보호조치의 남용에 대한 저작권법적 제한 : 한미 FTA 협정 관련 규정을 중심으로", 석사 학위논문, 고려대학교 (2008)

이규홍, "저작권법상 기술적 보호조치의 법적 보호에 관한 연구: 헌법적 한계를 중심으로", 박사 학위논문, 연세대학교 (2008)

3. 논문

강기봉, "기술적 보호조치의 정의에 관한 소고 - 대법원 2015.7.9. 선고 2015도

3352 판결을 중심으로-", 창작과 권리 제80호 (2015. 9.)

강병화, "프로그램저작물의 기술적 보호조치(TRMs)로 인한 저작권 남용 문제에 관한 소고", 계간 저작권 제88호 (2009. 12.)

강태욱, "PS2-Mod chip 사건을 통해 바라본 기술적 조치의 보호범위", 디지털재산법연구 제7호 (2006. 6.)

김경일, "공정이용과 기술적 보호조치 우회에 관한 연구", Law & Technology 제8권 제3호 (2012. 5.)

김병일, "기술적 보호조치와 부정경쟁", 디지털재산법연구 제1권 제2호 (2002. 2)

_____, "기술적 보호조치와 접근권 인정여부에 관한 고찰", 디지털재산법연구 제4권 제1호 (2005. 12.)

김윤명, "접근권과 저작권 남용", 인터넷 법률 제47호 (2009. 6.)

민경재, "DVD 지역코드 우회기술의 기술적 보호조치의 면책범위 포함에 관한 연구 - 룰메이킹 절차에 의한 해결을 중심으로 -", 소비자문제연구 제43호 (2012. 12.)

박준석, "특허권 등 지적재산권의 남용을 긍정한 우리 판례들의 논리분석", 민사판례연구 제34편, 박영사 (2012)

박준우, "저작권 남용에 관한 미국 연방항소법원의 'Lasercomb 사건'의 의미와 한계", 지식재산연구 제5권 제2호 (2010. 6.)

백승엽, "우리나라에서의 저작권 남용법리의 정립을 위한 일고찰", Law & Technology 제9권 제1호 (2013. 1.)

이대희, "기술적 보호조치의 무력화금지 규정과 이용자 편익의 조화", Law & Technology 제3권 제3호 (2007. 5.)

_____, "기술적 보호조치의 범위 설정", 계간 저작권 제74호 (2006. 6.)

이세정, "기술적 보호조치의 무력화", Law & Technology 제5권 제1호 (2009. 1.)

이종구, "디지털저작물과 접근권-소니사의 PS2의 기술적 조치와 모드칩-", 산업재산권 제20호 (2006. 8.)

조정욱, "저작권법상 기술적 보호조치에 대한 침해행위-디지털 위성방송의 수신제한시스템(CAS) 및 방송사업자의 권리 보호의 문제-", Law & Technology 제3권 제2호 (2007. 3.)

최성준, "기술적 보호조치 무력화 행위에 관하여", Law & Technology 제2권 제3호 (2006. 5.)

ARMSTRONG, Timothy K., *Digital Rights Management and the Process of Fair Use*, 20 Harv. J. L. & Tech. 49 (2006)

BENKLER, Yochai, *Free as the Air to Common Use: First Amendment Contraints on Enclosure of the Public Domain*, 74 N. Y. U. L. Rev. 354 (1999)

BESEK, June M., *Anti-Circumvention Laws and Copyright: A Report from the Kernochan Center for Law, Media and the Arts*, 27 Colum. J. L. & Arts 385 (2004)

BRIJBASI, Vijay G., *Game Console Modification Chips: The Effect of Fair Use and the Digital Millennium Copyright Act on the Circumvention of Game Console Security Measures*, 28 Nova L. Rev. 411 (2004)

BURK, Dan L., *Anticircumvention Misuse*, 50 UCLA L. Rev. 1095 (2003)

BURK, Dan L. & Julie E. COHEN, *Fair Use Infrastructure for Rights Management Systems*, 15 Harv. J. L. & Tech. 41 (2001)

COHEN, Julie E., *Lochner in Cyberspace: The New Economic Orthodoxy of "Right Management,"* 97 Mich. L. Rev. 462 (1998)

_____, Reverse Engineering and the Rise of Electronic Vigilantism: Intellectual Property Implications of "Lock-Out" Programs, 68 S. Cal. L. Rev. 1091 (1995)

DUSOLLIER, Séverine, *Exceptions and Technological Measures in the European Copyright Directive of 2001 - An Empty Promise*, 34 Int'l Rev. Indus. Prop. & Copyright L. 62 (2003)

FRISCHMANN, Brett & Dan MOYLAN, *The Evolving Common Law Doctrine of Copyright Misuse: A Unified Theory and Its Application to Software*, 15 Berkeley Tech. L. J. 865 (2000)

GINSBURG, Jane C., *From Having Copies to Experiencing Works: the Development of an Access Right in U.S. Copyright Law*, 50 J. Copyright Soc'y USA 113 (2003)

HARRIS, Phillip A. Jr., *Mod Chips and Homebrew: A Recipe for Their Continued Use in the Wake of Sony v. Divineo*, 9 N. C. J. L. & Tech. 113 (2007)

HERMAN, Bill D. & Oscar H. GANDY, Jr., *Catch 1201: A Legislative History and Content Analysis of the DMCA Exemption Proceedings*, 24 Cardozo Arts & Ent. L. J. 121 (2006)

HURWITZ, Daniel S., *A Proposal in Hindsight; Restoring Copyright's Delicate Balance by Reworking 17 U.S.C. § 1201*, 13 UCLA Ent. L. Rev. 263 (2006)

LEMLEY, Mark A., *Beyond Preemption: The Law and Policy of Intellectual Property Licensing*, 87 Cal. L. Rev. 111 (1999)

LIU, Joseph P., *The DMCA and the Regulation of Scientific Research*, 18 Berkeley Tech.

L. J. 501 (2003)

NIMMER, David, *A Riff on Fair Use in the Digital Millennium Copyright Act*, 148 U. Pa. L. Rev. 673 (2000)

Note, *Clarifying the Copyright Misuse Defense: The Role of Antitrust Standards and First Amendment Values*, 104 Harv. L. Rev. 1289 (1991)

RAJANI, A. H., *Davidson & Associates v. Jung: (Re)Interpreting Access Control*, 21 Berkeley Tech. L. J. 365 (2006)

REESE, R. Anthony, *Will Merging Access Controls and Rights Controls Undermind the Structure of Anticircumvention Law?*, 18 Berkeley Tech. L. J. 619 (2003)

REICHMAN, J. H. & Jonathan A. FRANKLIN, *Privately Legislated Intellectual Property Rights: Reconciling Freedom of Contract with Public Good Uses of Information*, 147 U. Penn. L. Rev. 875 (1999)

ROSEN, Zvi, *Mod, Man, and Law: A Reexamination of the Law of Computer Game Modifications*, 4 Chi.-Kent J. Intell. Prop. 196 (2005)

SAMUELSON, Pamela, *Intellectual Property and the Digital Economy: Why the Anti-Circumvention Regulations Need to Be Revised*, 14 Berkeley Tech. L. J. 519 (1999)

STEVENSON, Lewis, *Fair Circumvention: A Judicial Analysis for the Digital Millennium Copyright Act Using the Playstation 3 as a Case Study*, 21 S. Cal. Interdisc. L. J. 681 (2012)

TROUPSON, Theresa M., *Yes, It's Illegal to Cheat a Paywall: Access Rights and the DMCA's Anticircumvention Provision*, 90 N. Y. U. L. Rev. 325 (2015)

TUSHNET, Rebecca, *I Put You There: User-Generated Content and Anti-Circumvention*, 12 Vand. J. Ent. & Tech. L. 889 (2010)

4. 입법 자료 및 보고서

H. R. Rep. No. 105-551, pt. 1 (1998) (하원 사법 위원회 입법 이유서)

H. R. Rep. No. 105-551, pt. 2 (1998) (하원 상무 위원회 입법 이유서)

Recommendation of the Register of Copyrights in RM 2008-8, Rulemaking on Exemptions from Prohibition on Circumvention of Copyright Protection Systems for Access Control Technologies (June 11, 2010) ("2010 Recommendation")

Register of Copyrights, Recommendation of the Register of Copyrights in RM 2002-4; Rulemaking on Exemptions from Prohibition on Circumvention of Copyright Protection Systems for Access Control Technologies, (Oct. 27, 2003) ("2003 Recommendation")

S. Rep. No. 105-190 (1998) (상원 사법 위원회 입법 이유서)

Section 1201 rulemaking: Fifth Triennial Proceeding to Determine Exemptions to the Prohibition on Circumvention, Recommendation of the Register of Copyrights (Oct. 2012) ("2012 Recommendation")

Staff of H. Comm. on the Judiciary, 105th Cong., Section-by-Section Analysis of H.R. 2281 as Passed by the United States House of Representatives on August 4, 1998 (Comm. Print 1998)

U.S. Copyright Office, The Digital Millennium Copyright Act of 1998: U.S. Copyright Offcie Summary (1998)

U.S. Copyright Office, Exemption to Prohibition on Circumvention of Copyright Protection Systems for Access Control Technologies, 65 Fed. Reg. 64556 (Oct. 27, 2000) ("2000 Final Rule")

U.S. Copyright Office, Exemption to Prohibition on Circumvention of Copyright Protection Systems for Access Control Technologies, 68 Fed. Reg. 62011 (Oct. 31, 2003) ("2003 Final Rule")

U.S. Copyright Office, Exemption to Prohibition on Circumvention of Copyright Protection Systems for Access Control Technologies, 71 Fed. Reg. 68472 (Nov. 27, 2006) ("2006 Final Rule")

U.S. Copyright Office, Exemption to Prohibition on Circumvention of Copyright Protection Systems for Access Control Technologies, 75 Fed. Reg. 43825 (July 27, 2010) ("2010 Final Rule")

U.S. Copyright Office, Exemption to Prohibition on Circumvention of Copyright Protection Systems for Access Control Technologies, 77 Fed. Reg. 65260 (Oct. 26, 2012) ("2012 Final Rule")

U.S. Copyright Office, Exemption to Prohibition on Circumvention of Copyright Protection Systems for Wireless Telephone Handsets, 79 Fed. Reg. 50552 (Aug. 25, 2014) ("2014 Final Rule")

U.S. Copyright Office, Exemption to Prohibition on Circumvention of Copyright Protection Systems for Access Control Technologies, 79 Fed. Reg. 55687 (Sep. 17, 2014)

U.S. Copyright Office, Exemption to Prohibition on Circumvention of Copyright Protection Systems for Access Control Technologies, 80 Fed. Reg. 65944 (Oct. 28, 2015) ("2015 Final Rule")

U.S. Copyright Office, Section 1201 Study: Request for Additional Comments, 81 Fed. Reg. 66296 (Sep. 27, 2016) ("Section 1201 Study")

U.S. Copyright Office, Section 1201 of Title 17: A Report of the Register of Copyrights (June 2017)

WIPO Copyright Treaties Implementation Act; and Online Copyright Liability Limitation Act: Hearing on H.R. 2281 and H.R. 2280 Before the Subcomm. on Courts and Intellectual Property of the House Comm. on the Judiciary, 105th Cong. 208 (1997)

판례 색인

1. 국내 판례

2. 미국 판례

3. EU 판례

4. 영국 판례

찾아보기

가

다

라

마

바

사

아

자

차

임광섭

서울대학교 공과대학 졸업
서울대학교 법과대학 졸업
공학석사(서울대학교)
법학박사(서울대학교)
전 삼성전자 선임연구원
전 한국저작권위원회 연구원
현 서울대학교 법학연구소 기술과법센터 박사후연구원

저작권법상 기술적 보호조치에 관한 연구

초판 인쇄 ǀ 2018년 2월 14일
초판 발행 ǀ 2018년 2월 21일

지 은 이   임광섭
발 행 인   한정희
발 행 처   경인문화사
총괄이사   김환기
편   집   김지선 박수진 한명진 유지혜
마 케 팅   김선규 하재일 유인순
출판번호   406-1973-000003호
주   소   파주시 회동길 445-1 경인빌딩 B동 4층
전   화   031-955-9300 팩 스 031-955-9310
홈 페 이 지   www.kyunginp.co.kr
이 메 일   kyungin@kyunginp.co.kr

ISBN 978-89-499-4722-8 93360
값 29,000원